Inhaltsverzeichnis

Einführung

Das vorliegende Lehr- und Arbeitsbuch gibt eine Einführung in Pädagogik und Psychologie für die berufliche Oberstufe in der Ausbildungsrichtung Sozialwesen. Es enthält alle wichtigen Informationen, die hierfür von Bedeutung sind, sodass es für die Vorbereitung auf den Unterricht und auf Prüfungen eine wertvolle Hilfe sein kann. Zudem ergeben sich zahlreiche Möglichkeiten für einen nutzbringenden Einsatz im Unterricht.

Der Inhalt gliedert sich in **drei Bände** mit insgesamt 25 Kapiteln. Da die Lehrpläne dem Lehrer zu einem bestimmten Thema oft Auswahlmöglichkeiten geben, liegt es an der Lehrkraft, welche Abschnitte sie auswählt und welcher Lernstoff damit für die Unterrichtsvorbereitung und für die Vorbereitung auf Prüfungen relevant ist. Darüber hinaus bietet das Buch einige weitere Informationen, um bestimmte Zusammenhänge klarer herauszustellen.

Der vorliegende **Band 3** behandelt die folgenden Lerngebiete:

– Wissenschaftliche Grundlagen pädagogisch-psychologischer Forschung
– Heil- bzw. Sonderpädagogik
– Klinische Psychologie
– Organisationspsychologie
– Pädagogische und psychologische Handlungsfelder

Hinweise zur Erstellung von Prüfungsarbeiten und Übungsaufgaben können eine wertvolle Hilfe zur Vorbereitung auf die schriftliche und mündliche Abiturprüfung zum Erwerb der fachgebundenen und allgemeinen Hochschulreife sein *(Kapitel 25)*.

Zu diesen drei Bänden ist auch ein **Lehrerhandbuch** erschienen, in welchem Lehrerinnen und Lehrer verschiedene Ideen, Vorschläge, Anregungen und Hinweise zur Gestaltung des Unterrichts finden.

Verlag, Herausgeber und Autoren freuen sich, dass vorliegendes Buch so großen Anklang findet. Viele konstruktive Anregungen von Lesern dieses Buches halfen bei der Herausgabe dieser 2. Auflage. Verlag, Herausgeber und Autoren hoffen, dass Lehrer und Schüler auch daran viel Freude haben, vor allem, dass es ihnen Erfolg bringt.

Der flüssigen Lesbarkeit wegen wurde die männliche Form bevorzugt, doch das Lehrbuch ist natürlich für Leser beiderlei Geschlechts geschrieben.

Für Anregungen, Verbesserungsvorschläge und sachliche Kritik sind Herausgeber und Autoren weiterhin sehr dankbar.

Verlag, Herausgeber und Autoren

Wissenschaftliche Grundlagen der Pädagogik und Psychologie

Sind die Pädagogik und die Psychologie überhaupt Wissenschaften?

Der Pädagogik und der Psychologie wird häufig der Vorwurf gemacht, sie würden keine exakten Erkenntnisse besitzen und auch keine solchen vermitteln können. Psychologen und Pädagogen könnten nie klar sagen, was richtig und falsch ist, wie das beispielsweise in anderen Wissenschaften der Fall sei.
Zudem sei jeder Mensch Psychologe und Pädagoge, der seine eigenen psychologischen und pädagogischen Studien betreibt. Gute Menschenkenntnis und Einfühlungsvermögen reichen aus, um anderen Menschen zu helfen und sie zu erziehen.

*Pädagogik und Psychologie –
praktische Lebenshilfe ohne exakte Erkenntnisse?*

Folgende Fragen werden in diesem Kapitel geklärt:

1. Durch welche Merkmale ist Wissenschaft gekennzeichnet?
   Worin liegt die Wissenschaftlichkeit der Pädagogik und Psychologie?

2. Welche Auffassungen von Wissenschaften gibt es?
   Welche Bedeutung haben sie für die Pädagogik und Psychologie?

18.1 Die Wissenschaftlichkeit der Pädagogik und Psychologie

Die Pädagogik und auch die Psychologie sind relativ junge eigenständige Wissenschaften. Erst im vorigen Jahrhundert haben sie an den Universitäten im deutschsprachigen Raum den Status eines jeweils selbstständigen wissenschaftlichen Bereiches erhalten. Bis dahin waren sie anderen Wissenschaften untergeordnet, insbesondere der Philosophie und der Theologie.

18.1.1 Merkmale einer Wissenschaft

Es ist ein großes Bedürfnis der Menschen, über die Welt Bescheid zu wissen, Kenntnisse, Erkenntnisse, Einsichten, Daten und Fakten über die Beschaffenheit der Wirklichkeit zu gewinnen. Diese Aufgabe, Wissen über die Beschaffenheit der Wirklichkeit zu gewinnen, haben sich die vielen Wissenschaften, die es gibt, gesetzt.

> **Wissenschaft bedeutet methodisch gewonnenes und in ein System gebrachtes Wissen sowie die Formulierung von Aussagen über einen Bereich der Wirklichkeit.**

Wesenszüge einer Wissenschaft lassen sich allgemein nur sehr schwer beschreiben, da sie zu sehr an die verschiedenen Auffassungen von Wissenschaft gekoppelt und dadurch nicht einheitlich festgelegt sind. Wissenschaft lässt sich am ehesten durch folgende Merkmale charakterisieren:

Erkenntnisgewinnung

Menschen haben und hatten schon immer das Bedürfnis, über die Welt Bescheid zu wissen und Erkenntnisse über die Beschaffenheit der Wirklichkeit zu gewinnen; sie wollen wissen, „wie die Dinge zusammenhängen", worauf sie „beruhen".

> *„Habe nun, ach! Philosophie, Juristerei und Medizin und leider auch Theologie durchaus studiert, mit heißem Bemühn. … Dass ich erkenne, was die Welt im Innersten zusammenhält."*
> **(Zitat aus Goethes Faust)**

Dieses Wissen bezieht sich sowohl auf die Gegenwart, die Vergangenheit und Zukunft als auch auf Naturvorgänge und -erscheinungen, auf kulturelle Inhalte sowie auf gesellschaftliche Strukturen und Prozesse. **Ziel jeder Wissenschaft ist also die Gewinnung von Wissen über die Beschaffenheit der Wirklichkeit.**

> *„Wissenschaft ist nur ein Mittel, um Zugang zur Erkenntnis der … Realität zu erhalten."*
> **(Maslow, 1989, S. 35)**

Jede Wissenschaft, so auch die Pädagogik und Psychologie, ist an der stetigen Erweiterung ihrer Erkenntnisse über die Wirklichkeit interessiert und damit an einem Zuwachs an Wissen. *Ulrich Charpa (1996, S. 44)* spricht in diesem Zusammenhang von der Wissenschaft als *Veränderungsprozess*, der Vermehrung, Wandel und Erneuerung von Wissen zum Ziel hat.

Objektbereich

Die Aufgabe, Wissen über die Beschaffenheit der Wirklichkeit zu gewinnen, haben sich die vielen Wissenschaften, die es gibt, gesetzt. Dabei konzentriert sich jede Wissenschaft auf einen ganz bestimmten, mehr oder weniger umgrenzten und abgegrenzten **Bereich der Wirklichkeit**, der in der Wissenschaftstheorie meist als Objektbereich bezeichnet wird. Ziel jeder einzelnen Wissenschaft ist also, Erkenntnisse über einen bestimmten Bereich der Wirklichkeit, ihren **Gegenstand**, zu gewinnen.

> In der wissenschaftlichen Diskussion „herrscht Einigkeit darüber, dass die Bestimmung des Gegenstandsbereiches zum grundlegenden Problem gehört. Die Konstituierung des Gegenstandes kann auch als zentrale Aufgabe einer jeden Wissenschaft angesehen werden." *(Kron, 1999, S. 97)*

Den Gegenstandsbereich der Pädagogik bildet die **Erziehungswirklichkeit**, den der Psychologie das **Erleben und Verhalten**[1].

Methoden

Um Wissen über einen bestimmten Bereich der Wirklichkeit zu gewinnen, benötigen Wissenschaftler bestimmte **Methoden**, die je nach dem Gegenstand und der Sichtweise von Wissenschaft unterschiedlich sind.

> So kommen Wissenschaften etwa durch Beobachtung oder Experimente zu ihrem Wissen oder Wissenschaftler führen Tests und Interviews durch, um zuverlässige Daten zu gewinnen.

Die Methoden sind also der Weg zur Erfassung dieser Wirklichkeit.

Methode[2] bedeutet das Vorgehen bzw. das Verfahren zur Erreichung eines bestimmten Zieles – in der Forschung zur Gewinnung von Wissen über einen Objektbereich. Wissenschaftler müssen, um zu „richtigen" Ergebnissen zu kommen, **planmäßig, gezielt und systematisch** vorgehen. Systematisch bedeutet in diesem Zusammenhang das geplante und organisierte Vorgehen nach ganz bestimmten wissenschaftlichen „Regeln", wie sie in *Kapitel 19.2.1* dargestellt sind.

> **Wissenschaftliche Methoden sind systematisch geplante Vorgehensweisen oder Verfahren, um Wissen über einen Objektbereich zu gewinnen.**

Die Art und Weise, wie Menschen zu Erkenntnissen kommen, ist die entscheidendste Frage einer jeden Wissenschaft überhaupt. **Denn das methodische Vorgehen einer Wissenschaft bestimmt, ob ihre Ergebnisse richtig und damit brauchbar sind oder nicht.** Sind die Erkenntnisse einer Wissenschaft falsch, so ist eigentlich ihr methodisches Vorgehen, mit dem diese Erkenntnisse gewonnen wurden, falsch; ist das methodische Vorgehen richtig, so müssen auch ihre Ergebnisse richtig sein.

> „Die Ergebnisse der Forschung hängen in jeder Hinsicht von ihren Methoden ab, und es ist klar, dass eine Wissenschaft oder eine einzelne wissenschaftliche Richtung mit der Leistungsfähigkeit ihrer Methoden steht oder fällt." *(Traxel, 1974[2], S. 19)*

---

[1] vgl. Kapitel 1.3 und 1.2

[2] méthodos (griech.): entlang eines Weges; Methode ist der Weg entlang zu einem gesetzten Ziel

Zwischen Methode und Ergebnis einer Untersuchung besteht also ein Zusammenhang: *Die Methode ist der „Schlüssel" zur Antwort auf die Frage des Forschers.*

Methoden können nicht für sich betrachtet werden, sondern müssen in Hinsicht auf ihre Funktion, nämlich Wissen über einen Objektbereich zu gewinnen, gesehen werden.

System und Theorie

Um von einer Wissenschaft sprechen zu können, wird das durch bestimmte Methoden gewonnene Wissen in einen Ordnungszusammenhang, in ein System[1], gebracht. Methodisch gewonnenes Wissen über einen Objektbereich wird geordnet, eingeordnet und mit bereits vorhandenem Wissen in Beziehung gesetzt.

> So zum Beispiel wird psychologisches Wissen etwa in Disziplinen wie Sozialpsychologie, Entwicklungspsychologie u. a. eingeteilt, welches innerhalb dieser eingeordnet und zueinander in Beziehung gesetzt ist.

Verschiedene Aussagen stehen also nicht beziehungslos und ungeordnet nebeneinander, sondern werden in einen Zusammenhang gebracht, in welchem sie sich zueinander in Beziehung setzen und miteinander vernetzen lassen (vgl. *Tschamler, 1996[3], S. 22, 26*).

> **System als Merkmal von Wissenschaft meint einen Ordnungszusammenhang, in welchem methodisch gewonnene Einzelerkenntnisse eingeordnet, zueinander in Beziehung gesetzt und miteinander vernetzt sind.**

*Helmut Seiffert (2001[3], S. 96 ff.) trifft die sinnvolle Unterscheidung zwischen **gegenständlichem und gedanklichem System**: Ein gegenständliches System definiert er als ein Gebilde von Elementen, die in bestimmten Beziehungen zueinander stehen. In diesem Sinne ist auch der systemische Ansatz in der Pädagogik und Psychologie zu verstehen, wie etwa im ökologischen Ansatz oder in der systemischen Therapie. Das gedankliche System dagegen, von dem hier die Rede ist, meint die Zusammenordnung von Sätzen, Aussagen, Begriffen und menschlichem Wissen.*

Der Ordnungszusammenhang in einer Wissenschaft, also ihr Inhalt wird als **Theorie** (im weiteren Sinn) bezeichnet, und der Theoriebezug als weiteres Merkmal von Wissenschaft benannt. Je nach dem Gegenstand und der Sichtweise von Wissenschaft wird der Theoriebegriff anders gesehen. Das, was als Theorie bezeichnet wird, trifft sich noch in der Übereinstimmung darüber, dass *Theorien den Inhalt einer Wissenschaft bilden und aus einem Gefüge von zusammenhängenden und aufeinander bezogenen Satzsystemen bestehen.*

> **Theorie als Merkmal der Wissenschaft bildet deren Inhalt und besteht aus einzelnen zusammenhängenden und aufeinander bezogenen Satzsystemen.**

---

[1] *System (griech.: systema) bedeutet wörtlich: das Zusammengestellte, das Zusammengeordnete*

Es handelt sich dabei um ein Gefüge von sinnvoll aufeinander bezogenen Annahmen über nicht beobachtbare Prozesse im Menschen. Die nähere inhaltliche Bestimmung dieses Begriffes kann jedoch je nach wissenschaftlicher Auffassung unterschiedlich sein[1]. Zudem wird der Terminus „Theorie" häufig als Gegensatz zur „Praxis" verwendet, wie etwa die Theorie in der Führerscheinausbildung im Gegensatz zur „Praxis" der Fahrstunden.

Prinzipien

Die Tätigkeit eines Wissenschaftlers erfolgt nach ganz bestimmten Regeln, denen er sich verpflichtet fühlen muss.

Wissenschaftler müssen planmäßig, gezielt und systematisch vorgehen, ihr Vorgehen muss in klarer und nachvollziehbarer Weise festgelegt sein, verwendete Begriffe müssen eindeutig bestimmt sein, eine bestimmte Untersuchung darf nicht von der Person des Forschers abhängen und die Ergebnisse müssen allgemeingültig[2] sein. Erkenntnisse werden also nach ganz bestimmten Regeln und Prinzipien gewonnen. Wissenschaftliches Vorgehen kennzeichnet demnach einen Prozess, der auf ein bestimmtes Ziel gerichtet ist, und umfasst ein System von Regeln, das diesen Prozess festlegt.

Ulrich Charpa (1996, S. 105 ff.) hebt in diesem Zusammenhang moralische Prinzipien des Forschungshandelns hervor. Dabei geht es um Fragen wie Ehrlichkeit, Rechtschaffenheit und Aufrichtigkeit der beteiligten Forscher sowie um Sorgfalt und Verantwortungsbewusstsein.

Gerade in unserer heutigen Zeit ist dieser „Ruf" nach Ehrlichkeit, Rechtschaffenheit und Verantwortungsbewusstsein in der Wissenschaft sehr bedeutsam, da etwa aus wirtschaftlichen oder politischen Gründen Forscher oft Beeinflussung von Erkenntnissen, Datenfälschung, Vortäuschung von Autorenschaft, Ideendiebstahl u. a. begehen. Je nach Auftraggeber können wir in der Literatur sehr unterschiedliche, ja oft gegensätzliche Ergebnisse zu ein und demselben Sachverhalt lesen.

> „*Der Zwang zum Offenlegen der Verfahrenswege und zur Kontrolle der Regelgeleitetheit des eigenen Vorgehens unterscheidet wissenschaftliches vom Alltagshandeln. Wissenschaftliche Tätigkeit hat öffentlichen Charakter, was auch heißt: Der Forscher muss stets auf die Kommunizierbarkeit seiner Aussagen achten. Er muss auch die Voraussetzungen seiner Entscheidung für eine bestimmte Fragestellung, Methode oder Theorie offen legen und erläutern können.*"
> (Ulich/Bösel, 2005⁴, S. 52)

Materialien 1

---

[1] vgl. Abschnitt 18.2.1 und 18.2.2

[2] In Kapitel 19.2.1 wird ausführlich auf diese Prinzipien eingegangen.

Der Wissenschaftler

Wissenschaftliche Erkenntnisse werden immer von einer oder mehreren bestimmten Person(en) gewonnen und dargestellt. Dabei stehen der Wissenschaftler und der Gegenstandsbereich, den er erforschen will, in einem *Wechselwirkungsprozess*: Alle Erkenntnisse sind immer Ergebnisse der Auseinandersetzung eines Menschen – eines Subjekts – mit einem bestimmten Bereich der Wirklichkeit, dem Objekt.

> Es ist beispielsweise der Forscher, der festlegt, welchen Sachverhalt er untersuchen, wie er die Untersuchung durchführen, welche Materialien er dabei zu Hilfe nehmen will, und es ist auch der Forscher, der die gewonnenen Daten auswertet, darstellt und interpretiert.

Jeder Wissenschaftler hat ein bestimmtes **Menschenbild** und geht in seinen Forschungen auch davon aus. Es spielt in den Wissenschaften eine sehr große Rolle, sodass darauf in einem *eigenen Abschnitt* eingegangen wird.

18.1.2 Das Menschenbild in der Wissenschaft

Hinter jeder Theorie – sei es eine wissenschaftliche oder eine Alltagstheorie – steht ein bestimmtes Menschenbild, welches auch das Handeln des Einzelnen beeinflusst.

> Wer den Menschen beispielsweise als ein „von Natur aus" faules und passives Wesen sieht, wird grundsätzlich hierarchische Strukturen bevorzugen und in einer Machtposition anderen Menschen immer vorschreiben, was sie zu tun haben, und seine Anordnungen kontrollieren.

Bei einem Menschenbild handelt es sich um tief verankerte Überzeugungen, um eine Vorstellung, die jemand vom Wesen des Menschen hat.

> So wird der Mensch manchmal etwa als ein „von Natur aus" aggressives Wesen gesehen, der dem anderen Menschen ein Wolf ist (*Thomas Hobbes*[1]) und der destruktive Antriebskräfte besitzt, die zu einem „Kampf aller gegen alle" führen. Andere Vorstellungen betrachten den Menschen wie zum Beispiel *Jean Jacques Rousseau*[2] als „von Grund auf" gut, der nur in seiner Entfaltung gefördert werden muss.

> **Ein Menschenbild ist eine Überzeugung, eine Vorstellung, die jemand vom Wesen des Menschen hat.**

Das Menschenbild ist Ergebnis dessen, was der Einzelne im Laufe seines Lebens erlebt und erfahren hat und ist abhängig von Auffassungen anderer Personen oder größerer Gruppen sowie von der jeweiligen Gesellschaft, ihrer Kultur und dem dort vorherrschenden „Zeitgeist". Ein Menschenbild ist immer in eine bestimmte Weltanschauung oder Lehre eingebunden, die jemand vertritt.

> So gibt es beispielsweise ein christliches, ein buddhistisches, ein humanistisches, ein darwinistisches oder auch ein ökonomisches Menschenbild.

---

[1] *Thomas Hobbes (1588–1679) war englischer Philosoph und Staatstheoretiker; von ihm stammt der Satz: „Homo homini lupus est." – Der Mensch ist dem Menschen ein Wolf.*

[2] *Jean-Jacques Rousseau (1712–1778) war Schriftsteller, Philosoph und Pädagoge. Er hatte großen Einfluss auf die Pädagogik und die politischen Theorien des 19. und 20. Jahrhunderts. Sein Hauptwerk ist „Emile oder über die Erziehung" aus dem Jahr 1762.*

Das Menschenbild beeinflusst sowohl persönliche Alltagstheorien als auch wissenschaftliche Theorien. Bei wissenschaftlichen Theorien bestimmt es in einem nicht unerheblichen Maße, worauf der Forscher das Augenmerk lenkt und von welchen Fragestellungen er ausgeht (vgl. *Flammer, 2009⁴, S. 23*).

> Der Behaviorismus zum Beispiel geht von einer optimistischen Grundhaltung im Sinne einer weitgehenden Veränderbarkeit von menschlichem Leben seitens der Umwelt aus. Entsprechend ist der Behaviorismus der Auffassung, dass im menschlichen Leben alles gelernt wird und auch wieder verlernt werden kann. Das Hauptaugenmerk liegt denn auch auf den Gesetzen des Lernens, die in der Erziehung und Therapie Anwendung finden[1].

Überdies bestimmt das Menschenbild zum Teil das, was mit einer Theorie geleistet werden kann oder soll. Insofern **besteht ein Zusammenhang zwischen dem Menschenbild des Wissenschaftlers und seinen theoretischen Aussagen.**

> Den Konditionierungstheorien liegt das Menschenbild zugrunde, dass der Mensch „von Natur aus" passiv und „von außen" gesteuert ist. Entsprechend wird in den Konditionierungstheorien der Mensch von Reizen, die einem bestimmten Erleben bzw. Verhalten vorausgehen oder folgen, bestimmt[2]. Auch gewissen Management-Theorien wie dem *Scientific Management* von *Frederick W. Taylor*[3] liegt ein solches Menschenbild zugrunde. Das Scientific Management geht davon aus, dass die Anstrengungsbereitschaft des Menschen ausschließlich von ökonomischen Anreizen wie Leistungslohn abhängt und dem Arbeitenden sein Arbeitsverhalten bis ins Detail vorgeschrieben werden muss (vgl. *von Rosenstiel, 2007⁶, S. 10*).
>
> Humanistische Theorien dagegen vertreten das Menschenbild, dass der Mensch aktiv gestaltend und zur Selbstorganisation fähig und bereit ist. Entsprechend geht die personenzentrierte Theorie von *Carl R. Rogers* davon aus, dass sich der Mensch selbst aktualisieren, verwirklichen und er seine Lebensbedingungen und seine Umwelt aktiv selbst gestalten und bewusst über die Möglichkeiten seines Handelns entscheiden will[4]. Auf diesem Menschenbild des *„complex man"* beruhen etwa auch organisationspsychologische Ansätze, die dem Menschen in seiner Tätigkeit Autonomie einräumen und er seine Möglichkeiten entfaltet und realisiert (vgl. *von Rosenstiel, 2007⁶, S. 12*).

Der US-amerikanische Management-Professor Douglas McGregor (1906–1964) entwickelte eine karikaturhafte Darstellung, in der er die ‚Theorie X' von der ‚Theorie Y' unterscheidet: Führungskräfte, die explizit oder implizit die ‚Theorie X' vertreten, sehen den Menschen als faul und verantwortungsscheu an. Sie glauben, dass ihre Mitarbeiter nur durch finanzielle Anreize und Kontrolle geführt werden müssen, während Anhänger der ‚Theorie Y' den Menschen für verantwortungsbereit und engagiert halten, sodass letztlich Freiraum bei der Arbeit als geeigneter Anreiz gelten darf, um diese Neigungen zu aktivieren (vgl. von Rosenstiel, 2007⁶, S. 12).

---

[1] *Die Lerntheorien sind in Kapitel 6 dargestellt.*

[2] *vgl. Kapitel 6*

[3] *Frederick W. Taylor (1856–1915) war ein US-amerikanischer Ingenieur und Arbeitswissenschaftler und ist der Begründer des Scientific Management (engl.: wissenschaftliche Betriebs- bzw. Unternehmensführung).*

[4] *Die personenzentrierte Theorie ist in Kapitel 13.2 dargestellt.*

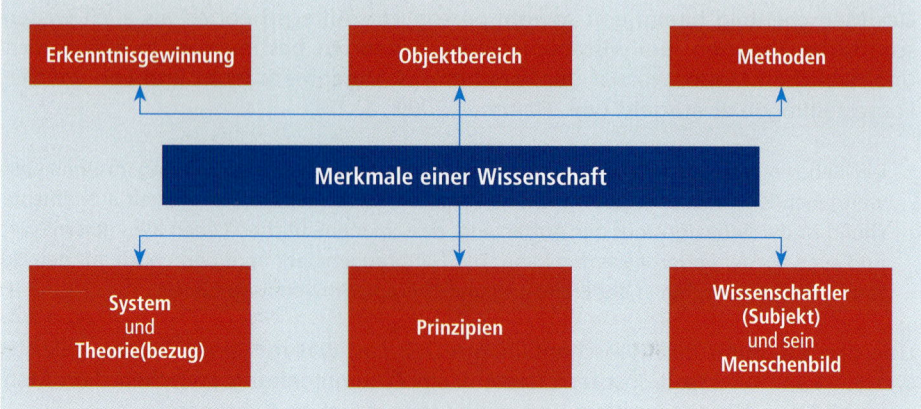

18.2 Auffassungen von Wissenschaft

Wissenschaft stellt sich nicht als einheitliches Gebilde dar; es existieren unterschiedliche Auffassungen darüber, was das „Wissenschaftliche" ist. Im Laufe der Geschichte haben sich mehrere verschiedene Positionen herausgebildet, wobei jede dieser Auffassungen die Wirklichkeit aus einem anderen Blickwinkel betrachtet und einen unterschiedlichen methodischen Zugang zu dieser hervorhebt. Zwei dieser Positionen, die für die Pädagogik und Psychologie bedeutsam sind, werden im Folgenden dargestellt.

18.2.1 Die „erklärende Position" der Wissenschaft

Wissenschaften haben sich zum Ziel gesetzt, die Wirklichkeit zu beobachten und zu beschreiben, Zusammenhänge zu erkennen sowie Gesetze und Gesetzmäßigkeiten aufzustellen. Sie gehen davon aus, dass die reale Welt bestimmten *Gesetzlichkeiten* unterliegt und mithilfe von Gesetzen und Gesetzmäßigkeiten **erklärt** werden kann. Dabei geht es darum, *Beziehungen und Zusammenhänge zwischen einzelnen beschriebenen Merkmalen herauszufinden*.

> Psychologen zum Beispiel versuchen herauszufinden, wodurch in bestimmten Situationen und Lebensbereichen Angst verursacht wird, ob es beispielsweise einen Zusammenhang gibt zwischen dem Schlagen des Kindes in der Erziehung und dem Auftreten von Ängstlichkeit beim Kind.

Das Herstellen von Beziehungen zwischen beschriebenen Merkmalen wird – wie in *Kapitel 1.4.2* dargestellt – als **Erklären** bezeichnet. Dabei handelt es sich um **Ursache-Wirkungs-Zusammenhänge**.

> Wenn Kinder beispielsweise geschlagen werden, dann zeigen sie Ängstlichkeit. Das Schlagen ist die Ursache für das Angst-Haben, das die Wirkung darstellt.
> Menschen verhalten sich immer dann aggressiv, wenn sie von anderen Menschen frustriert werden: Wenn Menschen frustriert werden (= Ursache), dann verhalten sie sich aggressiv (= Wirkung).

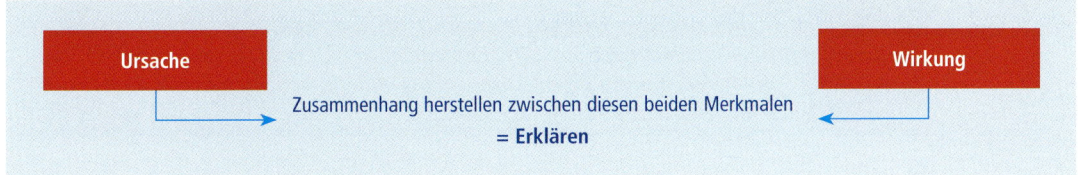

Bei der Erklärung geht es um zweierlei:

– Zum einen geht es um das **Auffinden von Gesetzmäßigkeiten**. Eine **Gesetzmäßigkeit ist die Bezeichnung für eine Wahrscheinlichkeitsaussage über die durch wissenschaftliche Untersuchungen festgestellte Beziehung zwischen beschriebenen Merkmalen**[1].

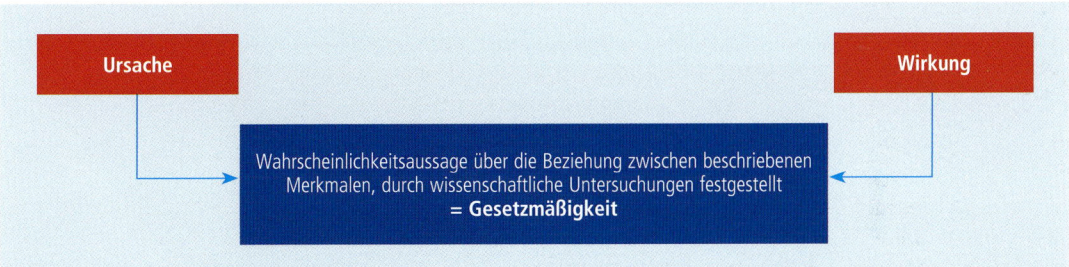

Eine Gesetzmäßigkeit umfasst einmal eine *Aussage über die beiden beschriebenen Merkmale, die miteinander verknüpft werden*, und zum anderen eine *Aussage über die Art der Verknüpfung* (vgl. *Laucken u. a., 1996[7], S. 16*).

So sagt eine Gesetzmäßigkeit nicht nur aus, dass auf Frustration Aggression folgt, sondern auch, dass es ohne Frustration keine Aggression gibt – es sein denn, es wurde eine weitere Beziehung bezüglich der Aggression gefunden.

– Zum anderen geht es um die Klarlegung, warum bestimmte Merkmale (= Ursachen) sehr wahrscheinlich zu bestimmten Folgen (= Wirkungen) führen.

Warum zeigen Kinder wahrscheinlich Ängstlichkeit, wenn sie geschlagen werden? Warum verhalten sich Menschen wahrscheinlich immer dann aggressiv, wenn sie frustriert werden?

Der Wissenschaftler sucht eine Antwort auf das *Warum einer wissenschaftlich festgestellten Gesetzmäßigkeit* (vgl. *Laucken u. a., 1996[7], S. 21*). Hierzu stellt er *Annahmen über nicht beobachtbare Prozesse im Menschen* auf. Ein Gefüge solcher sinnvoll aufeinander bezogenen Annahmen bezeichnen wir als **Theorie** im engeren Sinn (vgl. *Laucken u. a., 1996[7], S. 23*).

Theorie aus der Sicht der erklärenden Position ist die Bezeichnung für sinnvoll aufeinander bezogene Annahmen über nicht beobachtbare Prozesse im Menschen, um das Warum einer Gesetzmäßigkeit darzulegen.

---

[1] vgl. Kapitel 1.4.2

> *„Wir können nun eine Theorie kurz bezeichnen als eine durch das Denken geschaffe-*
> *ne Verknüpfung beobachteter Tatsachen zu einem in sich widerspruchslosen Zusam-*
> *menhang von Gründen und Folgen. Denn nichts anderes bedeutet das Wort ‚Theorie'*
> *im speziellen wissenschaftlichen Sprachgebrauch."* (Traxel, 1974², S. 413)

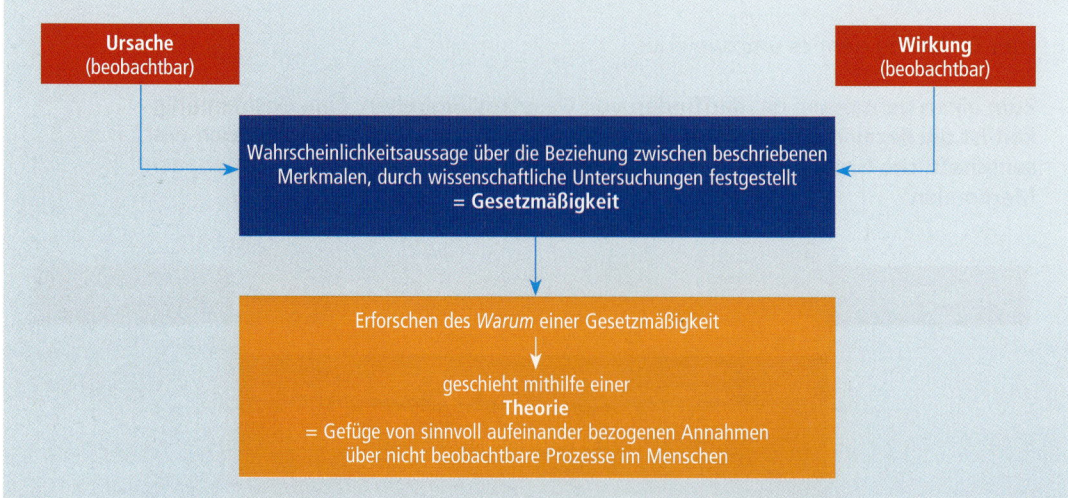

Erklären bedeutet zum einen das Auffinden von Gesetzmäßigkeiten und zum anderen das Aufstellen von Theorien, um die Gesetzmäßigkeiten als solche hinterfragen zu können.

Mithilfe einer Erklärung können **Voraussagen** über die Beziehung zwischen be-schriebenen Merkmalen gemacht und Handlungsanweisungen gegeben werden, wie man Erleben und Verhalten bewusst und gezielt **ändern** kann[1].

Materialien 3

Aufgrund dieser Erkenntnisgewinnung kann beispielsweise der Erziehungswissenschaftler die Voraussage treffen, dass sich bei Kindern, die geschlagen werden, aggressive Verhaltens-weisen häufen werden, und er kann Eltern und anderen Erziehern Hinweise für ihr Erzieher-verhalten geben.

Voraussetzung für Erklärungen ist immer eine Beschreibung, die an eine Beobach-tung geknüpft ist. Beobachtbar bedeutet grundsätzlich „der Erfahrung zugänglich". Deshalb werden Methoden, die der Beobachtung eines bestimmten Sachverhaltes dienen, **erfahrungswissenschaftliche Methoden** oder auch **empirische Methoden**[2] genannt.

Methoden, die der planmäßigen Beobachtung und Beschreibung eines bestimmten Be-reiches der Wirklichkeit und der Gewinnung von überprüfbaren Daten zum Zwecke der Erklärung dienen, bezeichnen wir als erfahrungswissenschaftliche bzw. empirische Me-thoden.

---

[1] vgl. Kapitel 1.4.5

[2] empirisch (griech.): auf Erfahrung beruhend

Die wichtigsten empirischen Methoden sind die **Beobachtung**, die **Befragung** bzw. das **Interview**, der **Test** und das **Experiment**[1]. Die mittels empirischer Methoden gesammelten Daten werden mithilfe statistischer Verfahren ausgewertet[2].

Die „erklärende Position" der Wissenschaft (vgl. König, 1986, S. 184):
- **Wissenschaft ist empirische Wissenschaft, die von konkreten Beobachtungen bestimmter Sachverhalte ausgeht und diese festhält.**
- **Wissenschaft hat die Aufgabe, Gesetzmäßigkeiten aufzufinden und Theorien aufzustellen, um Gesetzmäßigkeiten als solche hinterfragen zu können.**
- **Gesetzmäßigkeiten und Theorien lassen Voraussagen zu und geben Handlungsanweisungen, wie man Erleben und Verhalten bewusst, gezielt und geplant kontrollieren, beeinflussen und manipulieren kann.**

Die Position des Erklärens finden wir vornehmlich in den **Naturwissenschaften** vor, die Vorgänge und Gesetze der Natur erforschen.

> Der Begriff Naturwissenschaften fasst alle Wissenschaften zusammen, die Vorgänge und Gesetze bzw. Gesetzmäßigkeiten der Natur erforschen.

Der Mensch ist ein Teil der Natur und funktioniert als Naturwesen nach Naturgesetzen. Pädagogik und Psychologie sind Naturwissenschaften, die den Menschen als Naturwesen zum Gegenstand haben.

18.2.2 Die „verstehende Position" der Wissenschaft

Eine weitere für Pädagogik und Psychologie wesentliche Richtung von Wissenschaften hat sich zum Ziel gesetzt, sich mit Sachverhalten zu beschäftigen, mit denen *ein Sinn, ein Zweck verbunden ist*. Hierbei geht es darum, **Sinn und Bedeutungszusammenhänge von Gegebenheiten**, wie zum Beispiel menschlichem Tun, **zu erkennen und aufzudecken**. Menschliches Erleben und Verhalten kann zwar einerseits bedingt sein durch bestimmte Ursachen, es wird aber andererseits von den Zielvorstellungen, von den Absichten des handelnden Menschen bestimmt.

> Johannes ist mit Freunden zusammen und verhält sich sehr aggressiv. Es könnte sein, dass Johannes durch sein aggressives Verhalten Stärke demonstrieren oder seine Freunde einschüchtern möchte. In diesem Falle ist das Verhalten von Johannes zielgerichtet; er möchte etwas bezwecken.

*Die Psychologie unterscheidet deshalb, wie in Kapitel 1.2.2 ausgeführt, zwischen ursächlich bedingtem Verhalten und zielgerichtetem **Handeln**, um vor allem der Tatsache Rechnung zu tragen, dass der Mensch bewusst und überlegt wirken, mit seinem Tun bestimmte Absichten verfolgen kann und keineswegs nur als reines „Reaktionswesen" anzusehen ist.*

---

[1] *vgl. Kapitel 19.1.2 und 19.1.3 sowie Materialien 2 und 3 von Kapitel 19*
[2] *vgl. Kapitel 19.2.2*

> *„Kausale Denkmodelle[1] haben ihren Platz in der Naturwissenschaft und dort sollte man sie lassen. Wenn es darum geht, unser Leben zu verbessern…, dann sind diese Modelle, in denen kein Platz für Willensfreiheit und Verantwortlichkeit ist, vollkommen unbrauchbar."*
>
> (Guss, 15/2006, S. 7)

Das Herausfinden des Sinn- bzw. Bedeutungszusammenhanges einer bestimmten Wirklichkeit und das Erfassen von Sinnstrukturen wird – wie in *Kapitel 1.4.3* ausgeführt – als **Verstehen** bezeichnet. Erleben und Verhalten sowie pädagogisches Handeln kann durch das Herausfinden des Zieles, durch die Ermittlung von Sinnzusammenhängen nicht erklärt, sondern verstanden werden.

> **Verstehen heißt, das Ziel, den Zweck menschlichen Verhaltens und Erlebens und dessen Sinnzusammenhang zu erfassen.**

 Der Begriff „Verstehen" ist in diesem Zusammenhang nicht gleichzusetzen mit dem Verstehen als Grundhaltung des Erziehers oder Therapeuten, in welcher sich Verstehen als das Einfühlen in die innere Welt und die Vergegenwärtigung der subjektiven Welt eines anderen Individuums äußert[2].

Auch über das Erfassen von Sinn- und Bedeutungszusammenhängen haben Wissenschaftler **Annahmen über nicht beobachtbare Prozesse im Menschen**, also **Theorien**, aufgestellt.

> Eine solche Theorie, die zielgerichtetes Verhalten eines Menschen „ausdeutet", ist zum Beispiel die personenzentrierte Theorie von *Carl Rogers*, die in *Kapitel 13.2* dargestellt ist.

> **Theorie aus der Sicht der verstehenden Position ist die Bezeichnung für sinnvoll aufeinander bezogene Annahmen über nicht beobachtbare Prozesse im Menschen, um den Sinn- und Bedeutungszusammenhang einer Gegebenheit darzulegen.**

Mithilfe des Verstehens können **Anweisungen für das praktische Handeln** gegeben werden. Verstehen bezieht sich jedoch nicht nur auf das menschliche Handeln in einer gegebenen Situation, sondern auf ganze Epochen in Vergangenheit und Gegenwart mitsamt den dort gültigen Ziel-, Wert- und Normvorstellungen (vgl. *König, 1986, S. 183*).

Verstehen in diesem Sinne betrifft Schöpfungen und Produkte des menschlichen Geistes, insbesondere Inhalte der Kultur sowie vergangenes, gegenwärtiges und zukünftiges Handeln. Diese Position finden wir vorwiegend in den **Geisteswissenschaften**, die sich mit Erzeugnissen des menschlichen Geistes und der Kultur beschäftigen.

> **Der Begriff Geisteswissenschaften bezeichnet alle Wissenschaften, die sich mit Erzeugnissen des menschlichen Geistes und der Kultur beschäftigen.**

Wirklichkeit ist nicht nur die Natur, sondern auch Produkt des menschlichen **Geistes**. Als geistiges Wesen hat der Mensch Kultur geschaffen und kann bewusst und zielgerichtet handeln. Auch diesem Aspekt müssen Pädagogik und Psychologie gerecht

---

[1] *Kausale Denkmodelle führen Erleben und Verhalten grundsätzlich auf eine bestimmte Ursache zurück; die Betrachtungsweise, die nach den Ursachen menschlichen Erlebens und Verhalten fragt, wird kausal (causa, lat.: der Grund) genannt.*

[2] *vgl. Kapitel 5.2.2 und 13.2.8*

werden; sie sind nicht nur Naturwissenschaften, sondern auch Geisteswissenschaften, die den Menschen als Geist- und Kulturwesen zum Gegenstand haben.

Methoden, die dem Verstehen dienen, werden als **geisteswissenschaftliche Methoden** bezeichnet.

> **Methoden, die durch das Herausfinden von Wert-Sinn-Zusammenhängen dem Verstehen dienen, werden als geisteswissenschaftliche Methoden bezeichnet.**

Die wichtigsten geisteswissenschaftlichen Methoden sind die **Hermeneutik**, die **Phänomenologie** und die **Dialektik**.

Materialien 4

Die „verstehende Position" der Wissenschaft:
– **Wissenschaft hat die Aufgabe, Sinn- und Bedeutungszusammenhänge der Wirklichkeit zu erkennen und aufzudecken.**
– **Es geht um das Erfassen des Zieles und Zweckes einer bestimmten Wirklichkeit und ihren Sinnzusammenhang.**
– **Dieses Verstehen lässt Anweisungen für das praktische Handeln gewinnen, um Erleben und Verhalten beeinflussen zu können.**

18.2.3 Die Verschränkung von erklärender und verstehender Position

Die Wirklichkeit, mit der sich Wissenschaftler auseinandersetzen, betrifft immer beide Positionen: Zum einen besteht die Realität aus der **Natur** und zum anderen ist sie Produkt des menschlichen **Geistes**. Die Objekte wissenschaftlicher Forschung bilden deshalb grundsätzlich **sowohl Naturvorgänge und -erscheinungen, als auch Produkte des menschlichen Geistes und das Handeln von Menschen**.

Diese Einteilung, die auf der Trennung von „Natur" und „Geist" beruht und auf den Begründer der Erkenntnistheorie der Geisteswissenschaften, Wilhelm Dilthey, zurückgeht, wurde und wird nicht unwidersprochen hingenommen. Es gibt auch andere Einteilungen von Wissenschaften, auf die in diesem Zusammenhang nicht eingegangen wird.

Pädagogik und Psychologie müssen sich beiden Positionen verpflichtet fühlen, da sie es mit dem Menschen sowohl als Naturwesen als auch als Geisteswesen zu tun haben. Eine isolierte Betrachtung des Menschen entweder nur aus erklärender Position oder nur aus der verstehenden würde dem Menschen in seiner Ganzheit nicht gerecht werden. Von vornherein bedarf empirische Forschung der Ergänzung durch geisteswissenschaftliche Methoden, und umgekehrt ist geisteswissenschaftliches Vorgehen auf empirische Erkenntnisse angewiesen. Eine einseitige Position würde versagen, weil die Wirklichkeit eine **ganzheitliche und umfassende Sicht** erfordert.

Das Kriterium, ob Erkenntnisse wissenschaftlich sind oder nicht, darf sich nicht nur auf Aussagen beziehen, die sich rein empirisch nachweisen und überprüfen lassen, wie dies in der letzten Zeit des Öfteren geschieht. Selbst Wissenschaftler sind dem Trend unterworfen und wollen die Psychologie nur mehr als Naturwissenschaft sehen. Eine solche einseitige naturwissenschaftliche Betrachtungsweise würde dem Menschen, insbesondere seinem Erleben und Verhalten sowie der Erziehungswirklichkeit, nicht gerecht werden. Das Erleben des eigenen Bewusstseins nur in der ersten Person zum Beispiel entzieht sich einem rein naturwissenschaftlichen Zugriff, sondern muss ganzheitlich betrachtet werden. Es kann deshalb nicht nur als wissenschaftlich angesehen werden, was objektiv naturwissenschaftlich gewonnen wird.

> *„Die verstehen sehr wenig, die nur das verstehen, was sich erklären lässt."*
>
> *(Ebner-Eschenbach[1], 1986, S. 7)*

Die neuere wissenschaftstheoretische Diskussion hat denn auch gezeigt, dass die Wirklichkeit nicht nur zu erklären, sondern auch zu verstehen ist. Zweifelsohne bleiben Pädagogik und Psychologie zu einem großen Teil empirische Wissenschaften, die Zusammenhänge zu untersuchen haben. Es ist jedoch damit zu rechnen, dass in zunehmendem Maße bei Untersuchungen die Bedeutung, das Ziel, der Zweck menschlichen Erlebens und Verhaltens sowie des erzieherischen Handelns zu berücksichtigen sind, die sich nur auf der Grundlage des Verstehens erschließen lassen.

> *„Es spricht einiges dafür, dass die Arbeit an konkreten Sachproblemen auf der Basis unterschiedlicher Zugänge mit unterschiedlichen Methoden fruchtbarer ist als auf abstrakter Ebene geführte Auseinandersetzungen zwischen verschiedenen Positionen."*
>
> *(König, 1986, S. 188)*

---

[1] *Freifrau Marie von Ebner-Eschenbach (1830 – 1916) war österreichische Schriftstellerin und gilt als eine bedeutende Erzählerin des 19. Jahrhunderts.*

Auffassungen von Wissenschaft		
Wirklichkeitsbereich	**Natur**	Produkte des menschlichen **Geistes**
Objekt wissenschaftlicher Forschung	Vorgänge und Gesetze der Natur	Erzeugnisse des menschlichen Geistes und der Kultur sowie das Handeln von Menschen
Ausgangspunkt	Menschliches Erleben und Verhalten sind ursächlich bedingt	Menschliches Erleben und Verhalten sind durch Ziele bedingt
Aufgabe	Herstellen von Ursache-Wirkungs-Zusammenhängen ↓ Auffinden von Gesetzmäßigkeiten und Erforschen des Warum dieser ↓	Erfassen der Absicht menschlichen Handelns und dessen Sinnzusammenhang ↓ Erkennen von Sinn- und Bedeutungszusammenhängen ↓
Ziel	**Erklären**	**Verstehen**
Art der Wissenschaft	zum Beispiel Naturwissenschaften	zum Beispiel Geisteswissenschaften
Methodisches Vorgehen	Erfahrungswissenschaftliche bzw. empirische Methoden, zum Beispiel Beobachtung, Experiment, Test, Befragung	Geisteswissenschaftliche Methoden, zum Beispiel Hermeneutik, Phänomenologie, Dialektik

Die Wirklichkeit erfordert eine ganzheitliche, umfassende Sicht des Erklärens und Verstehens.

Zusammenfassung

- Zu einer Wissenschaft gehören ein bestimmter Bereich der Wirklichkeit, bestimmte Methoden und ein System als Ordnungszusammenhang sowie das Formulieren von Aussagen über gewonnene Erkenntnisse. Wissenschaft bedeutet demnach methodisch gewonnenes und in ein System gebrachtes Wissen und die Formulierung von Aussagen über einen Bereich der Wirklichkeit.

- Wesenszüge einer Wissenschaft lassen sich allgemein nur sehr schwer beschreiben, da sie viel zu sehr an die verschiedenen Auffassungen von Wissenschaft gekoppelt und dadurch nicht einheitlich festgelegt sind. Merkmale einer Wissenschaft sind

  - Erkenntnisgewinnung: Ziel jeder Wissenschaft ist Wissen über die Beschaffenheit der Wirklichkeit zu gewinnen.
  - Objektbereich: Jede Wissenschaft beschäftigt sich mit einem bestimmten Bereich der Wirklichkeit, sie hat einen Gegenstand.
  - Methoden: Jede Wissenschaft besitzt systematisch geplante Vorgehensweisen, um Wissen über einen Objektbereich zu gewinnen.
  - System: Der Ordnungszusammenhang, in welchem methodisch gewonnene Einzelerkenntnisse eingeordnet, zueinander in Beziehung gesetzt und miteinander vernetzt sind.

- Theorie: Der Inhalt einer Wissenschaft, der aus einzelnen zusammenhängen und aufeinander bezogenen Satzsystemen besteht.
- Prinzipien: Die Erkenntnisse werden nach bestimmten Regeln gewonnen.
- Wissenschaftler und Menschenbild: Vorstellung, die jemand vom Wesen des Menschen hat und Eingebundensein in eine Weltanschauung oder Lehre, die jemand vertritt.

● Wissenschaft stellt sich nicht als einheitliches Gebilde dar, es existieren unterschiedliche Auffassungen darüber, was das „Wissenschaftliche" ist:

- Die erklärende Position der Wissenschaft geht davon aus, dass Wissenschaft eine empirische Wissenschaft ist, die von konkreten Beobachtungen bestimmter Sachverhalte ausgeht und diese festhält. Die Wissenschaft hat die Aufgabe, Gesetzmäßigkeiten aufzufinden und Theorien aufzustellen, um Gesetzmäßigkeiten als solche hinterfragen zu können. Gesetzmäßigkeiten und Theorien lassen Voraussagen zu und geben Handlungsanweisungen, wie man Erleben und Verhalten bewusst, gezielt und geplant kontrollieren, beeinflussen und manipulieren kann.

- Die verstehende Position der Wissenschaft hat die Aufgabe, Sinn- und Bedeutungszusammenhänge der Wirklichkeit zu erkennen und aufzudecken. Dabei geht es um das Erfassen des Zieles und Zweckes einer bestimmten Wirklichkeit und ihren Sinnzusammenhang. Dieses Verstehen lässt Anweisungen für das praktische Handeln gewinnen, um Erleben und Verhalten beeinflussen zu können.

Pädagogik und Psychologie müssen sich beiden Positionen verpflichtet fühlen und den Menschen in seiner Ganzheitlichkeit sehen.

Materialien Kapitel 18

1. Die Wissenschaft lässt sich korrumpieren

a) Die ethische Verantwortung

Die ethische Verantwortung der Psychologen erstreckt sich sowohl auf die Durchführung des Forschungsprojektes als auch auf die Interpretation und Präsentation der Ergebnisse. In der Wissenschaft allgemein hat „die sich verbreitende Schande des Betrugs und der arglistigen Täuschung" in letzter Zeit Anlass zu großer Sorge gegeben. Diese Sorge begann zum Teil schon vor vielen Jahren, als Sir Cyril Burt, einem einst prominenten britischen Psychologen, vorgeworfen wurde, seine Forschungsdaten über die Vererbung von Intelligenz absichtlich verfälscht zu haben. Dieses Problem gehört leider noch nicht ganz der Vergangenheit an. Fragen hinsichtlich der Validität von Daten werden auch heute gelegentlich aufgeworfen.

Die Frage des Betrugs und der arglistigen Täuschung ist ein Problem, das Wissenschaftler nicht gerne zugeben und über das sie nicht gerne sprechen, da sie dem Wesen der Wissenschaft zuwiderläuft. Auch wenn gefälschte Daten und verfälschte Schlussfolgerungen selten sind, beginnen Psychologen doch, sich der Tatsache zu stellen, dass es sie gibt, und konstruktive Schritte zur Lösung des Problems zu unternehmen. Jenseits der professionellen Integrität ist die Voraussetzung, dass es für andere Forscher möglich sein muss, alle Ergebnisse zu reproduzieren, die beste Absicherung gegen wissenschaftlichen Lug und Betrug.

Wesentlich subtiler als Betrug und zweifellos von weitaus größerer Bedeutung ist das Problem der Auswirkungen, die persönliche und soziale Neigungen und Voreingenommenheit bei den Themenstellungen, die entwickelt werden, und den Daten haben, die als Beweis zur Unterstützung eines bestimmten Ansatzes akzeptiert werden.

(Pervin u. a., 2005[5], S. 77)

b) Beispiele

- Der Starwissenschaftler und Bestseller-Autor *Marc Hauser* von der Harvard University hat angeblich herausgefunden, dass sich schon unter den entfernten Verwandten des Menschen so etwas wie ein Sprachsinn regt. Spiegel Online berichtete am 01.09.2010, dass *Hauser* in mindestens acht Fällen Daten bewusst zurückgehalten und falsch analysiert habe, was seine eigenen Mitarbeiter aufgedeckt haben. „Wissenschaftliches Fehlverhalten" wirft ihm die Fakultätsleitung vor.

- Das *Bundesinstitut für Arzneimittel und Medizinprodukte* warf einem der bekanntesten deutschen Chirurgen vor, wissenschaftliche Studien manipuliert zu haben, um ein zwielichtiges Krebsmittel in den Markt zu drücken. Er habe von einer Pharmafirma „in erheblichem Umfang Sach- und Drittmittel" erhalten (*Ludwig, 39/2008, S. 144*).

- Ein Spitzenforscher aus Springfield in Massachusetts soll laut dem Leiter einer Schmerzambulanz, *Winfried Meißner*, seine Ergebnisse über Schmerztherapien weitgehend frei erfunden haben. Finanziert wurden seine Arbeiten zum Teil von einem großen Pharmahersteller (*Der Spiegel, 13/2009, S. 129*).

- In vermeintlich bahnbrechenden Studien über eine neuartige Methode, mit der die Wechselwirkung zwischen Zellmolekülen und Medikamenten in lebenden Zellen beeinflusst werden kann, wurden laut dem Dekan der Fakultät für Biowissenschaften, *Lee Gyun Min*, an der Universität Kaist in Taejon nachweislich Daten manipuliert. Die Fälschungen flogen auf, als ein Student vergeblich versuchte, das Verfahren zu wiederholen (*DonauKurier, 05.03.2008, S. 6*).

– Der Leiter der Abteilung für Medizinische Soziologie an der Universität Freiburg, der Leiter des Instituts für Medizinische Soziologie an der Heinrich-Heine-Universität in Düsseldorf, der Leiter des Augsburger Gesundheitsamtes, und auch der ehemalige Präsident des Bundesgesundheitsamtes verharmlosten in ihren jeweiligen Veröffentlichungen die Gefahren des Rauchens und das Suchtpotential der Zigaretten. Was erst Jahre später herauskam, war, dass die Wissenschaftler sich ihre Forschungsarbeiten zumindest indirekt über Stiftungen von der Tabakindustrie finanzieren ließen (vgl. *Ludwig, 23/2005, S. 156 ff.*).

– Ein Epidemiologe von der University of California in Los Angeles stellte fest, dass Passivraucher kein höheres Gesundheitsrisiko trugen. Doch schnell stießen Gesundheitswissenschaftler bei dem Epidemiologen auf zahlreiche methodische Schwächen. Überdies kam heraus, dass er von der Tabakindustrie viel Geld bekommen hatte, und zwar schon seit fast 25 Jahren (vgl. *Evers, 26/2006, S. 28*).

– Der Neurowissenschaftler *Manfred Spitzer* (*2006⁴, S. 256*) schreibt, dass Autoren von Berichten, die einen Zusammenhang zwischen Bildschirm-Medien und Gewalt ablehnen, von der Unterhaltungsindustrie finanziell unterstützt werden bzw. Beraterverträge mit den Herstellerfirmen haben.

> *„Irgendwie scheinen wir immer noch zu glauben, eine Dreiteilung der Macht reiche aus. Tatsächlich ist die Wissenschaft längst eine vierte Macht im Staat geworden, und zwar eine Macht ohne Mandat." Zwar hatten Wissenschaftler früher das Bedürfnis, über die Welt Bescheid zu wissen und Erkenntnisse über die Beschaffenheit der Wirklichkeit zu gewinnen. „Heute denkt man mehr an das Geld, das die dazugehörige Forschung kostete."*
>
> (*Fischer¹, 12/2004, S.49*)

2. Zwischen Glaube und Wissenschaft

a) damals ...

Alle Völker seien zwar aufgrund des Schöpfungsaktes aus Adam und Eva entstanden, doch seien die einzelnen Rassen das Ergebnis einer unter-
5 schiedlich weit fortgeschrittenen Degeneration gegenüber dem Zustand der Vollkommenheit im Garten Eden. Der Verfall sei bei den Weißen am wenigsten, bei den Schwarzen am weitesten vorangeschritten. Wissenschaftlich unterstützt bzw.
10 „bewiesen" wurden solche Ansichten durch scheinbar harte objektive Daten unter Verwendung von Messmethoden aus den (naturwissenschaftlich orientierten) Humanwissenschaften: Vorbild dafür waren die Arbeiten von *Samuel G.*
15 *Morton*, der kurz vor der Mitte des 19. Jahrhunderts mehrere Bände von Messwerten und Tabellen über Hirnvolumina veröffentlichte. Diese Daten basierten auf seiner, insgesamt wohl umfangreichsten, Sammlung von Schädeln, die er für
20 die Messung anfangs mit Senfkörnern, später mit Bleischrot füllte. Vor dem Hintergrund der allgemein gängigen Annahme, dass die Hirngröße unmittelbaren Aufschluss über den Entwicklungsstand bzw. die angeborenen geistigen Fähigkeiten gebe, konnte er so das Vorurteil bestätigen, dass 25 Weiße ganz oben, Indianer in der Mitte und Schwarze ganz unten in der Hierarchie stünden (bei Weißen übrigens Teutonen und Angelsachsen oben, Juden in der Mitte und Hindus unten).
Ähnlich argumentierte der französische Chirurg 30 und Anthropologe *Paul Broca* (1824–1880): Mit verschiedenen Schädel- und Körpermessungen und daraus konstruierter Indizes versuchte er, die angeborene Dummheit minderwertiger Rassen zu belegen: Für eine Stichprobe von 60 Weißen und 35 35 Schwarzen ergab sich dabei eine durchschnittliche Schädellänge hinter dem Hinterhauptsloch von 100,385 Millimetern für Weiße und 100,875 Millimetern für Schwarze, aber eine Schädellänge vor dem Hinterhauptsloch von 90,736 zu 100,404 40 Millimetern. ... Daraus schloss er 1872: „Es ist da-

---

¹ *Ernst Peter Fischer, geb. 1947, ist Professor für Wissenschaftsgeschichte an der Universität Konstanz.*

her unbestreitbar, … dass der Körperbau des Ne-
gers in dieser Hinsicht wie in vielen anderen, dem
des Affen angenähert ist."

Selbstverständlich wurden auch für die Verhältnis-
5 se innerhalb der weißen Rasse beliebte Vorurteile
mit ebensolcher wissenschaftlichen Autorität vertreten und durch „objektive Messdaten" belegt.
Zunächst einmal mussten die Frauen in gebühren-
dem Abstand unter den jeweiligen Männern in
10 der Hierarchie rangieren; so etwa *Broca, 1861*:
„Frauen (sind) im Durchschnitt ein bisschen dümmer als Männer, ein Unterschied, den man nicht
übertreiben sollte, der aber nichtsdestoweniger

real ist"; oder *Brocas* Kollege *G. Herve, 1881*:
„Männer der schwarzen Rassen haben ein Hirn, 15
das kaum schwerer ist als das der weißen Frauen".
Auch der bekannte *Broca*-Schüler und Autor der
„Psychologie der Massen", aus der auch heute
noch gelegentlich gern zitiert wird, *Gustave Le
Bon*, erklärte 1879: „Bei den intelligentesten 20
Rassen, wie bei den Parisern, gibt es eine große
Anzahl Frauen, deren Gehirn der Größe nach den
Gorillas näher steht als den höchstentwickelten
männlichen Hirnen … Alle Psychologen, die die In-
telligenz von Frauen studiert haben, erkennen 25
heute … , dass sie eine der minderwertigsten For-
men der Menschheitsentwicklung darstellen". …

(Kriz, 2007[6], S. 4 ff.)

b) **… und heute: Auszug aus dem Spiegel-Gespräch mit *Simon Baron-Cohen*, Psychologe am Trinity College der University of Cambridge**

Spiegel: Professor Baron-Cohen, Sie behaupten,
technischer Sachverstand sei typisch fürs männ-
5 liche Gehirn. Doch gestern hat uns ein weiblicher
Flugkapitän von Hamburg nach England geflogen.
Wie konnte das gut gehen?

Baron-Cohen: Ich sage nur: Frauen sind in der Regel eher an Gefühlen interessiert. Männer da-
10 gegen zeigen mehr Interesse an Systemen. Eine
Frau fragt: „Wie fühlt sich das an?" Ein Mann
fragt: „Wie funktioniert das?" Ausnahmen sind
möglich, aber statistisch gesehen sind Frauen mit
Talent zum Fliegen nun mal seltener als Männer.

15 **Spiegel:** Für diese Aussage werden Ihnen die Femi-
nistinnen aufs Dach steigen.

Baron-Cohen: Nun ja, das ist schon vorgekommen.
Aber wohlgemerkt, ich spreche nicht von Individu-
en, sondern vom Durchschnitt. Wenn Sie beide
20 Gruppen vergleichen, werden Sie Unterschiede bei
typischen Verhaltensmustern und Fähigkeiten finden: bei Männern zum Beispiel das bessere räum-
liche Denken, bei Frauen das größere sprachliche
Talent. Meine Theorie besagt, dass dies nur Aus-
25 prägungen eines viel größeren, kategorischen
Unterschieds sind, den wir bei der Betrachtung der
Geschlechter bisher völlig vernachlässigt haben:
Männer denken in Systemen, Frauen erfassen die
Welt mithilfe der Empathie, also der Kunst, sich in
30 andere hineinzuversetzen. Sie tun dies, weil ihre

Gehirne bereits im Mutterleib unterschiedlich pro-
grammiert sind. Das typisch männliche Gehirn be-
zeichne ich deshalb als S-Gehirn, das typisch weibliche als E-Gehirn.

Spiegel: Ein S- oder E-Hirn ist also ein angeborenes 35
Geschlechtsmerkmal wie Brust, Bartwuchs oder
Geschlechtsorgane? Das ist aber eine bittere Nach-
richt für Sozialwissenschaftler, die sich mit der Entstehung von geschlechtsspezifischem Rollenverhalten befassen …   40

Baron-Cohen: … nein, gar nicht. Die Sozialforscher
müssen sich nur an den Gedanken gewöhnen, dass
geschlechtsspezifische Prägung schon vor der Geburt stattfindet. Wie sonst wäre es zu erklären,
dass es schon am ersten Lebenstag bemerkenswer- 45
te Unterschiede im Verhalten gibt, wie wir sie in
einem Versuch mit hundert Babys beobachtet haben? Wir haben jedem Neugeborenen eine Minu-
te lang das Bild eines menschlichen Gesichts gezeigt und dann für die gleiche Zeit ein Mobile 50
gleicher Größe, das aus Fragmenten eines Gesichts
zusammengesetzt war. Es hatte die gleichen Be-
standteile, aber es ergab kein Gesicht: Wir nann-
ten es deshalb „Alien". Die Mädchen schauten jeweils länger auf das Gesicht, die Jungen auf das 55
Alien-Mobile.

Spiegel: Und wie erklären Sie sich das?

Baron-Cohen: Ich vermute, dass die Hormonkonzentrationen dahinter stecken, denen Föten im Mutterleib ausgesetzt sind. In einem anderen Experiment hatten wir bei unseren Versuchsbabys
5 den Testosteronspiegel bereits im Fruchtwasser gemessen. Jeweils nach ihrem ersten und zweiten Geburtstag holten wir sie mit ihren Müttern in unser Labor und beobachteten, wie oft sie während des Spiels in Richtung des Gesichts ihrer Mut-
10 ter schauten. Die Mütter sollten dabei keinen Kontakt zu ihrem Kind suchen, sondern nur passiv dasitzen. Als wir den vorgeburtlichen Testosteronspiegel und das spätere Verhalten verglichen, lief mir ein Schauer über den Rücken: Je höher die
15 fötale Testosteronkonzentration gewesen war – logischerweise ist sie bei Jungen höher als bei Mädchen –, desto seltener suchten die Kinder Augenkontakt mit der Mutter und desto kleiner war ihr Vokabular.

20 **Spiegel:** Ein winziges bisschen mehr oder weniger eines Hormons reicht also, um lebenslang so komplexe Dinge wie Sozialverhalten oder Sprachvermögen zu beeinflussen?

Baron-Cohen: Ja, das hat uns auch geschockt. Be-
25 reits die zwölf Monate alten Mädchen lenkten ihre Aufmerksamkeit eindeutig häufiger vom Spielzeug auf das Gesicht der Mutter als die Jungen. Dieser Unterschied bleibt für den Rest des Lebens: Frauen suchen im Gespräch häufiger den
30 Blickkontakt als Männer.

Spiegel: Bei Erwachsenen dürfte der Nachweis allerdings schwer fallen, dass der vorgeburtliche Hormonspiegel dafür verantwortlich ist …

Baron-Cohen: Zugegeben. Wir wissen aber einiges
35 darüber, wie die Hormone dauerhaft die Entwicklung des Gehirns organisieren. Je mehr Testosteron im Organismus des Fötus vorhanden ist, desto schneller entwickelt sich zum Beispiel seine rechte Gehirnhälfte auf Kosten der linken. Das könnte
40 die Ursache dafür sein, dass Mädchen gewöhnlich früher zu sprechen beginnen, während Jungen häufiger unter Sprachstörungen leiden.

Spiegel: Und wie sieht es mit der hormonellen Prägung des Verhaltens aus? Glauben Sie wirklich, dass der unterschiedlich hohe Testosteronspiegel 45 vor der Geburt ein Modellbahn-Modul oder ein Barbie-Programm im Gehirn aktiviert …

Baron-Cohen: … das sich freilich, bedingt durch die Umwelt, keineswegs immer durchsetzen muss. Ja. Es gibt zum Beispiel eine medizinische Anoma- 50 lie bei Mädchen, die diese Vermutung stützt: Mädchen, die vom Androgenitalen Syndrom betroffen sind, sehen äußerlich weiblich aus, produzieren aber große Mengen Testosteron – und tatsächlich verhalten sie sich so raubauzig, wie man 55 es typischerweise von einem Jungen erwarten würde. Ich horche immer auf, wenn eine Frau Dinge sagt wie: „Ich fühle mich wie ein Mann im Körper einer Frau. Ich interessiere mich für Fußball, repariere mein Auto, lese Magazine über Ma- 60 schinen und Computer."

Spiegel: Wie bitte? Eine Frau, die sich für Fußball interessiert, leidet an einer Hormonstörung?

Baron-Cohen: Absolut nicht. Bitte verstehen Sie mein Konzept vom S- und vom E-Gehirn nicht als 65 Verkünden von Stereotypen. Wie gesagt, es geht immer nur um den Durchschnitt.

Spiegel: Aber Ihr Konzept scheint die meisten Geschlechter-Vorurteile zu bestätigen …

Baron-Cohen: Ich versuche nur zu verstehen, war- 70 um ein Individuum sich typisch oder untypisch für seine Gruppe verhält. Wenn Sie daraus folgern, etwa für einen Pilotenjob weibliche Kandidaten gar nicht erst anzuschauen, dann entgehen Ihnen womöglich brillante Bewerberinnen. Die Natur 75 arbeitet nicht nach Schema F …

Spiegel: … aber nach Schema S und E …

Baron-Cohen: Nein. Es arbeiten auch S-Gehirne in weiblichen Köpfen, ganz ohne Abweichungen im Hormonprogramm. Und manche Männer haben 80 ein Gehirn, das sehr viel typischer für eine Frau wäre. Sie sind aber in ihren jeweiligen Gruppen eindeutig in der Minderheit.

(Blech u. a., 35/2003, S. 90 f.)

3. Wann ist eine Erklärung befriedigend?

Wir hatten uns Poppers Zielsetzung für die Erfahrungswissenschaft zu eigen gemacht. Erfahrungswissenschaftler streben nach „befriedigenden Erklärungen". Was in diesem Ausdruck „Erklärung"
5 heißt, das sollte jetzt klar sein. Offensichtlich ist aber Erklärung nicht gleich Erklärung. Es gibt befriedigene und unbefriedigende. Wovon hängt die Zufriedenheit mit einer Erklärung ab? Dieser Frage gelten die folgenden Überlegungen.
10 Popper sagt dazu: „Eine Erklärung ist dann befriedigend, wenn sie mithilfe von prüfbaren allgemeinen Gesetzen ausgeführt wird." Es leuchtet unmittelbar ein, dass Erklärungen bzw. Vorhersagen, die auf Gesetzen oder Theorien fußen, die nicht er-
15 probt wurden oder sich gar einer Erprobung entziehen, nicht zufriedenstellen.
Nehmen wir an, wir kämen zu einem Arzt, der uns sagte, er habe da ein Medikament, das er uns verschreiben könne, es sei allerdings nicht erwiesen,
20 dass es gegen die Krankheit, derentwegen wir kommen, helfe. Oder: Stellen wir uns vor, unser Arzt entpuppte sich sogar als eine Art Wunderdoktor, der uns zwar selbstsicher bestimmte Medikamente verschriebe, uns aber auf die Frage,
25 ob und wie erwiesen sei, dass das Medikament wirksam sei, nur beleidigt anschaut und uns dann klarmacht, dass man nicht alles „naturwissenschaftlich" zu begreifen versuchen solle, man solle ihm vertrauen und glauben. – Zwar mag selbst
30 unser „Wunderdoktor" kurieren (über die Wirksamkeit von Placebos werden wir später sprechen), doch sind wir sicher, dass uns in beiden genannten Fällen recht mulmig wäre. Berechtigter Grund dafür ist, dass die pharmakologischen Gesetze
35 oder Theorien, die das ärztliche Handeln bestimmen, nicht überprüft bzw. nicht überprüfbar sind.
Wir akzeptieren also, dass eine unabdingbare Voraussetzung für Zufriedenheit mit Erklärungen die

Überprüfung der grundlegenden Gesetze ist. 40 Unserem Arztbeispiel können wir ferner folgenden Gedanken entnehmen: Überprüfung setzt Überprüfbarkeit voraus. Da wir uns momentan mit den Zielen erfahrungswissenschaftlichen Tuns befassen, lautet unsere Frage: Wie muss man Gesetze 45 oder Theorien konstruieren, damit sie überprüfbar sind (…)?
Die *Überprüfbarkeit* eines Gesetzes/einer Theorie hängt von der konstruktiven Eigenart der verschiedenen Komponenten einer Theorie ab. Dabei 50 sind einige *konstruktive Überprüfungsvoraussetzungen* von allen Psychologen als gültig anerkannt, andere sind umstritten.
Die „Sachlogik" des gewählten Nacheinander bei der folgenden Behandlung prüfungsrelevanter 55 Theorieteile ergibt sich aus einer Vorüberlegung und einer Metapher. Zum einen, Theorien werden stets dadurch überprüft, dass man ihre Bedingungsvariablen z. B. experimentell manipuliert und dann feststellt, ob die Folgevariablen in der 60 gemäß der Theorie zu erwartenden Weise variieren. Gedankliche Voraussetzung für ein solches Überprüfungsunternehmen ist, dass eine Theorie spezifizierte/bestimmte/eindeutige Folgen auf Bedingungsänderungen vorherzusagen erlaubt. Zum 65 anderen, d. h. zur Metapher: Blicken wir noch einmal zurück auf unser Schema! Wenn wir auf der Grundlage einer Theorie vorhersagen wollen, auf welche Bedingungskonstatierung welche Folge zu erwarten ist, dann „durchwandern" wir gedank- 70 lich das Schema von links nach rechts. Bei dieser „Wanderung" stoßen wir auf verschiedene Stationen, die so gebaut sein können, dass ein eindeutiges Vorhersagen (und damit Überprüfen) unmöglich ist. Wir brauchen bei unserem „Marsch" 75 freilich nur bis zur Hälfte laufen, da der Weg hinein dem Weg hinaus konstruktiv gleicht.

(Laucken u. a., 1996[7], S. 43 f.)

4. Geisteswissenschaftliche Methoden in der Pädagogik und Psychologie

Die Hermeneutik
Ein wissenschaftliches Verfahren, das auf eine rationale und überprüfbare Auslegung und Interpretation von Texten abzielt, wird hermeneutisches Verfahren genannt[1]. Dabei ist mit Interpretation und Auslegung das methodische Vorgehen gemeint, mit welchem der Wissenschaftler zur Erkenntnis dessen kommt, was der Text meint. Hermeneutische Verfahren dienen also dazu, die Bedeutung, den Sinn von

---

[1] *hermeneúein (griech.): auslegen, aussagen*

menschlichen Dokumenten, insbesondere von Texten, zu erfassen und zu verstehen *(vgl. Klafki u. a., 1986, S. 126)*. **Hermeneutik ist die Bezeichnung für alle methodischen Verfahren, der rationalen und überprüfbaren Auslegung und Interpretation von Dokumenten mit dem Ziel, Sinn- und Bedeutungszusammenhänge dieser Dokumente zu erfassen und zu verstehen.**

> *„Unter Hermeneutik versteht man die Auslegung oder Interpretation der Lebenswirklichkeit in der Zeit (Vergangenheit – Gegenwart – Zukunft). Die Erfahrung der Lebenswirklichkeit wird über das Erleben, den Ausdruck und das Verstehen vermittelt … Diese Vermittlung geschieht in erster Linie über die Sprache als Ausdruck des Lebens und des objektiven Geistes."*
>
> *(Tschamler, 1996³, S. 38)*

Die Phänomenologie

Phänomen[1] bedeutet in diesem Zusammenhang das „Vorfindbare", das „Gegebene". Ausgangspunkt der Phänomenologie, die auf den Philosophen *Edmund Husserl* (1859–1938) zurückgeht, ist dementsprechend das Gegebene, wie es dem Bewusstsein ursprünglich erscheint, und dieses unvoreingenommen so genau und vollständig wie möglich zu erfassen. Die verschiedensten Gegebenheiten des menschlichen Lebens werden möglichst vorurteils- und voraussetzungslos beschrieben so, wie sie sind und nicht, wie sie aufgrund unserer Meinungen, Auffassungen, Wertungen, Theorien und dergleichen erscheinen. Dadurch ist es möglich, zu dem Wesen des jeweils Gegebenen vorzudringen, dessen Wesen zu erfassen. Die Phänomenologie bleibt also nicht bei der reinen Beschreibung stehen, sondern stellt das allgemeine Wesen, die Eigenart des zu Erfassenden heraus. In diesem Sinne ist Phänomenologie auf eine **umfassende Wesensschau von Bewusstseins-Gegebenheiten** ausgerichtet.

> So versuchen beispielsweise Neurowissenschaftler allein aufgrund der Erforschung von neurologischen Vorgängen im Gehirn das „Menschsein" zu begreifen. Damit reduzieren sie aber den Menschen lediglich auf physikalische und chemische Prozesse. Entscheidend ist jedoch, den Menschen in seinem Wesen und seiner Ganzheit zu erfassen.

Verstehen setzt erst ein, wenn der Sachverhalt in seinem Wesen genau erfasst ist. Dies gilt auch für historische Gegebenheiten. **Phänomenologie als geisteswissenschaftliche Methode ist darauf gerichtet, Bewusstseins-Gegebenheiten – so wie sie tatsächlich gegeben sind – zu beschreiben und dadurch in ihrem Wesen zu erfassen.**

Die Dialektik

Die Dialektik[2] als geisteswissenschaftliche Methode dient der Erkenntnisgewinnung durch **das Aufdecken von Widersprüchen und Gegensätzen**. Widerspruch und Gegensatz drängen nach einer Auflösung. Diese besteht in der **Aufhebung des Gegensatzes**. Aufheben besagt einmal ein Beseitigen des Gegensätzlichen und Widersprüchlichen und zum anderen ein Festhalten am Gemeinsamen, Übereinstimmenden. Auf diese Weise ist es möglich, das Wesen der Dinge zu erhellen und zu Erkenntnissen zu kommen.

> Die Schule beispielsweise soll den Einzelnen optimal fördern (= These), zugleich hat sie eine Auslesefunktion (= Antithese), weil die Gesellschaft auf qualifizierten Nachwuchs angewiesen ist. Beide Positionen erweisen sich als zutreffend und notwendig, sind aber widersprüchlich. Dieser anfängliche Widerspruch geht in eine Synthese über, bis sich dieser „Widerspruch" als nur scheinbar auflöst. Ähnlich verhält es sich mit der heute sehr intensiv diskutierten Frage, ob Erziehung von der Familie (= These) oder von öffentlichen Erziehungseinrichtungen wie Kindertagesstätten (= Antithese) übernommen werden soll. Dieser Widerspruch verlangt als Synthese nach einer Lösung, die diesen aufhebt.

---

[1] *phainómenon (griech.): das Erscheinende*

[2] *dialektiké (griech.): Kunst der Gesprächsführung*

Dialektik ist eine geisteswissenschaftliche Methode der Erkenntnisgewinnung durch das Aufdecken und Aufheben von Widersprüchen und Gegensätzen.

Der erste methodische Schritt der Dialektik besteht im Setzen einer **These**, die durch eine **Antithese** verneint wird. Diese Verneinung kann ein Widerspruch oder ein Gegensatz sein und ist inhaltlich an die These gebunden, die sie „aufzuheben" versucht. Der zweite Schritt will die Aufhebung des Gegensatzes in der **Synthese**, die ein Beseitigen des Gegensätzlichen und Widersprüchlichen und ein Bewahren des Übereinstimmenden darstellt und einen neuen, der Erkenntnisgewinnung näheren Zusammenhang eröffnet. Der Prozess setzt sich fort, indem die Synthese zu einer neuen These wird, die wiederum durch eine Antithese verneint wird und in einer erneuten Synthese endet. Auf diese Weise kommt man der Erkenntnisgewinnung immer näher.

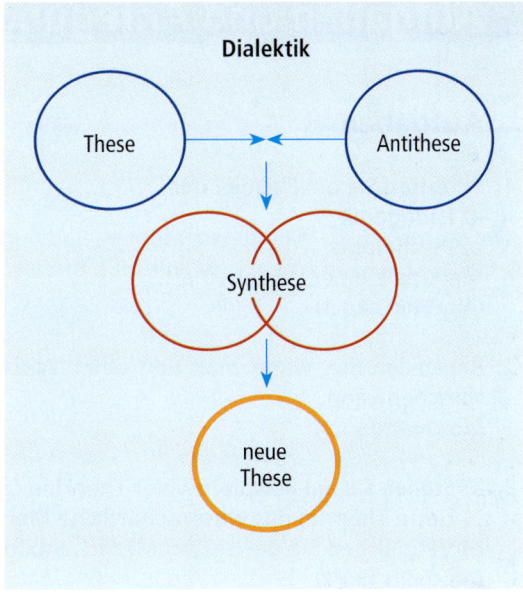

Karl Marx geht in seiner Theorie des historischen Materialismus[1] ebenfalls dialektisch vor: Dieser beginnt bei der ursprünglichen Einheit der Menschheit (= These) und entwickelt sich hin zu einem Zustand der Entfremdung – die Menschheit befindet sich in einem Gegensatz zur Natur (= Antithese). Daraus entfaltet sich dann auf einer höheren Ebene die Synthese des Sozialismus als Übergangsstadium zum Kommunismus.

> „Dialektik hat ihren Ursprung im Dialog, d.h. im Hin und Her von Rede und Gegenrede, von Argument und Gegenargument, bis … beide Partner sich schließlich bei einer gemeinsam akzeptierten Ansicht treffen, die als wahr anerkannt werden muss, insofern sich kein Widerspruch mehr erhebt."
>
> (Seiffert/Radnitzky, 1992[2], S. 33)

Anfang der 70er Jahre des vergangenen Jahrhunderts entstand als weiteres geisteswissenschaftliches Vorgehen die **qualitative Forschung**, die davon ausgeht, dass menschliches Handeln eine Bedeutung besitzt und Menschen aufgrund dieser handeln. Ziel der qualitativen Forschung ist es, diese Bedeutung menschlichen Handelns zu erfassen. Es gibt kein einheitliches Konzept der qualitativen Forschung, es handelt sich dabei um unterschiedliche Vorgehensweisen.

---

[1] Nach der Theorie des historischen Materialismus, der auf Karl Marx (1818–1883) zurückgeht, wird das Leben durch die ökonomischen Verhältnisse bestimmt, insbesondere durch die private Verfügung über die Produktionsmittel, wodurch die Mehrheit der Bevölkerung gezwungen ist, ihre Arbeitskraft zu verkaufen.

Aufgaben und Anregungen

Aufgaben

1. Erläutern Sie am Beispiel der
   a) Pädagogik
   b) Psychologie
   Merkmale einer Wissenschaft.
   (Abschnitt 18.1.1)

2. Beurteilen Sie, wann man von einer Wissenschaftlichkeit der Sozialpädagogik und -arbeit sprechen kann.
   (Abschnitt 18.1.1)

3. a) Stellen Sie am Beispiel zweier Theorien (zum Beispiel psychoanalytische und personenzentrierte Theorie) das wissenschaftliche Merkmal des Menschenbildes dar.
   b) Vergleichen Sie die beiden Menschenbilder der gewählten Theorien miteinander.
   (Abschnitt 18.1.2)

4. Erläutern Sie, welche Merkmale die sozial-kognitive Theorie von *Albert Bandura* u. a. aufweisen muss, um als wissenschaftlich zu gelten.
   (Abschnitt 18.1.1 und 18.1.2)

5. Beschreiben Sie an einem umfassenden Beispiel aus der Pädagogik oder Psychologie die „erklärende Position" der Wissenschaft.
   (Abschnitt 18.2.1)

6. *Wissenschaftliche Psychologie beschäftigt sich unter anderem mit dem Zusammenhang zwischen aggressivem Verhalten, wie zum Beispiel andere mobben, und geringem Selbstwertgefühl.*
   Verdeutlichen Sie anhand dieses genannten Zusammenhanges die „erklärende Position" von Wissenschaft.
   (Abschnitt 18.2.1)

7. Zeigen Sie an einem geeigneten Beispiel aus der Pädagogik oder Psychologie die „verstehende Position" der Wissenschaft auf.
   (Abschnitt 18.2.2)

8. Erläutern Sie zwei Ihnen bekannte Auffassungen von Wissenschaft und stellen Sie diese beiden Position einander gegenüber.
   (Abschnitt 18.2.1 und 18.2.2)

9. Vergleichen Sie anhand der Konditionierungstheorien und der personenzentrierten Theorie von Carl Rogers die unterschiedlichen Auffassungen von Wissenschaft.
   (Abschnitt 18.2.1 und 18.2.2)

10. *Eine Mutter rief plötzlich auf einem Spielplatz: „Wer hat meinem Kind schon wieder in die Windeln geschissen?" Kurt Guss (15/2006, S. 7) sieht dies als eine „bemerkenswert fehlerhafte Ursachenzuschreibung" und meint weiter: „Besser beraten als diese Mutter ist, wer sich einen Sticker auf den Badezimmerspiegel klebt, auf dem zu lesen ist: ‚You are looking at the pro-*

blem.[1] *Wer sich entschließt, sein Leben in die eigene Hand zu nehmen, der wird feststellen, dass diese Hand stärker ist, als er dachte."*

a) Erläutern Sie unter Bezugnahme auf den Text verschiedene Auffassungen von Wissenschaft.
(Abschnitt 18.2.1 und 18.2.2)
b) Nehmen Sie unter Berücksichtigung der Verschränkung der verschiedenen Positionen Stellung zu dieser Aussage von *Kurt Guss*.
(Abschnitt 18.2.3)

11. Zeigen Sie an einem geeigneten Beispiel aus der Pädagogik oder der Psychologie auf, dass die Arbeit an konkreten Sachproblemen auf der Basis unterschiedlicher Auffassungen von Wissenschaft erforderlich ist.
(Abschnitt 18.2.3)

12. Legen Sie an einem Beispiel dar, dass empirische Forschung der Ergänzung durch geisteswissenschaftliche bedarf und umgekehrt geisteswissenschaftliches Vorgehen auf empirische Erkenntnisse angewiesen ist.
(Abschnitt 18.2.3)

Anregungen

13. *Stichwortgeschichte:*
    – Notieren Sie in Vierergruppen auf einer Karte zwei Begriffe zum Thema „Wissenschaftliche Grundlagen der Pädagogik und Psychologie".
    – Sammeln Sie die Karten ein und durchmischen Sie sie.
    – Jede Gruppe zieht eine Karte und diskutiert die beiden Begriffe.
    – Die Gruppe erfindet eine (lustige) Geschichte, die beide Begriffe enthält und erzählt diese der gesamten Klasse.

14. *Wie eingangs erwähnt, wird oft behauptet, Psychologie und Pädagogik seien keine Wissenschaft: „Ja sind denn das überhaupt Wissenschaften?"*
    – Stellen Sie in Ihrer Klasse je sechs Stühle gegeneinander gerichtet auf. Fünf Mitschüler, welche die Meinung vertreten, Pädagogik und Psychologie seien keine Wissenschaften, setzen sich in die eine Reihe, weitere fünf Mitschüler, die für Pädagogik und Psychologie als Wissenschaft plädieren, nehmen auf den Stühlen gegenüber Platz. In jeder Reihe bleibt ein Stuhl leer.
    – Diskussionsablauf: Die eine Gruppe will als Wissenschaftler die andere Gruppe davon überzeugen, dass Pädagogik und Psychologie auf jeden Fall wissenschaftlichen Anforderungen gerecht werden. Doch die andere Gruppe verteidigt ihren Standpunkt und preist ihn an.
    – Jede Gruppe bekommt drei Minuten Zeit, sich auf das „Streitgespräch" vorzubereiten.
    – Wer von der Klasse einen Diskussionsbeitrag leisten möchte, setzt sich auf den leeren Stuhl. Er nimmt auf derjenigen Seite Platz, die er mit seinem Beitrag unterstützen will. Nach dem Beitrag verlässt der Schüler den Stuhl wieder.

---

[1] *,Du schaust auf das Problem.'*

15. Je nach Auftraggeber können wir in der Literatur sehr unterschiedliche, ja oft gegensätzliche Ergebnisse zu ein und demselben Sachverhalt lesen.
    - Suchen Sie in Zeitschriften nach psychologischen Untersuchungen.
    - Sprechen Sie in Ihrer Klasse darüber, inwieweit diese Merkmalen von Wissenschaft entsprechen.

16. Überlegen Sie sich in Gruppen, warum man selbst wissenschaftliche Forschungsergebnisse kritisch prüfen soll. Halten Sie Ihre Ergebnisse auf einer Plakatwand fest und präsentieren Sie sie in der Klasse.

17. *Die eineiigen Zwillinge Claus und Hoimar, die von frühester Kindheit an getrennt aufwuchsen, trafen sich nach über 30 Jahren Kontaktpause am Flughafen. Beide staunten, denn jeder hatte die gleiche Brille auf, einen Bart und den gleichen Pullover an. Auch die Wohnungseinrichtungen der beiden hatten auffallende Ähnlichkeiten.*
    - Diskutieren Sie in Gruppen: Welche wissenschaftlichen Fehler würde man begehen, wenn man diese Begebenheit als Beleg für die große Bedeutung der Vererblichkeit ansehen würde?
    - Halten Sie die Ergebnisse fest und stellen Sie sie Ihrer Klasse vor.

Die Gewinnung von wissenschaftlichen Erkenntnissen

19

Menschen zeigen sich oft enttäuscht über Erkenntnisse der wissenschaftlichen Pädagogik und Psychologie, weil sie häufig nur erneut – in einer „anderen" Sprache – erfahren, was sie ohnehin schon wissen. Andererseits reagiert der Mensch vielfach betroffen, manchmal sogar abwertend und abweisend auf die Ergebnisse eben dieser beiden Wissenschaften.

Folgende Fragen werden in diesem Kapitel geklärt:

1. Wie kommen Pädagogik und Psychologie zu ihren Erkenntnissen? Wie gelangen sie zu wissenschaftlich fundiertem Wissen?

2. Welche Anforderungen werden an wissenschaftliche Aussagen gestellt? Welche Prinzipien muss der Wissenschaftler beachten, damit seine Ergebnisse richtig sind?

3. Welche Verfahren wenden Pädagogik und Psychologie bei der Erforschung ihres Gegenstandes an?

19.1 Wissenschaftliche Methoden in Pädagogik und Psychologie

Wie in *Kapitel 18.1.1* ausgeführt, ist es ein großes Bedürfnis der Menschen, über die Welt Bescheid zu wissen, Kenntnisse, Einsichten, Daten und Fakten über die Beschaffenheit der Wirklichkeit zu gewinnen. Um Wissen über einen Wirklichkeitsbereich zu erlangen, benötigen Wissenschaften bestimmte Methoden, die je nach dem Gegenstand der jeweiligen Wissenschaft unterschiedlich sind. Wissenschaftliche Methoden sind systematisch geplante Vorgehensweisen oder Verfahren, um Wissen über einen Objektbereich zu gewinnen[1].

19.1.1 Die Vielfalt von Methoden

Entsprechend der beiden in *Kapitel 18.2* dargestellten Auffassungen von Wissenschaften können wir unterschiedliches methodisches Vorgehen unterscheiden:

– **erfahrungswissenschaftliches bzw. empirisches Vorgehen**, das dazu beiträgt, die Wirklichkeit zu beobachten und zu beschreiben, Zusammenhänge zwischen Merkmalen zu erkennen sowie Gesetzmäßigkeiten aufzustellen und zu erklären[2] und

– **geisteswissenschaftliches Vorgehen**, das durch das Herausfinden von Wert- und Sinnzusammenhängen dem Verstehen dient. Mithilfe geisteswissenschaftlicher Methoden ist es möglich, Ziele des Handelns herauszufinden sowie Wert- und Sinnzusammenhänge menschlichen Erlebens und Verhaltens zu erkennen[3].

Objekt der Forschung	der Mensch als Naturwesen	der Mensch als Geist- und Kulturwesen
Art der Wissenschaft	Naturwissenschaften	Geistwissenschaften
Ziel	Erklären	Verstehen
Methodisches Vorgehen	erfahrungswissenschaftliches bzw. empirisches Vorgehen	geisteswissenschaftliches Vorgehen

Im Folgenden werden zwei empirische Methoden – die Beobachtung und das Experiment – dargestellt.

19.1.2 Die Beobachtung

Die Pädagogik und Psychologie benötigen Methoden, die dazu beitragen, ihren Forschungsgegenstand genau beschreiben und erklären zu können. Jeder Beschreibung geht eine Beobachtung voraus. Aus diesem Grund sind Pädagogik und Psychologie auf die Beobachtung angewiesen, um Erkenntnisse zu gewinnen. *Insofern geht jedes pädagogische und psychologische Wissen auf eine Beobachtung irgendeiner Art zurück.*

---

[1] *siehe Kapitel 18.1.1*

[2] *vgl. Kapitel 18.2.1*

[3] *vgl. Kapitel 18.2.2*

„Ziel einer jeden Wissenschaft ist es, Erkenntnisse über die Natur, d.h. über die Gesetzmäßigkeit von Zusammenhängen zu gewinnen. In diesem Bemühen bedient sich die Psychologie verschiedener allgemeiner Verfahrensweisen (Methoden), deren genereller Ausgangspunkt aber stets die Beobachtung ist." (Sarris, 1990, S. 46)

Beobachten bedeutet, Vorgänge, Geschehnisse oder Sachverhalte durch unsere Sinnesorgane wahrzunehmen und zu erfassen.

Dabei ist zu unterscheiden zwischen der **Selbstbeobachtung** und der **Fremdbeobachtung**. Bei der Selbstbeobachtung handelt es sich um eine unmittelbare Wahrnehmung von Vorgängen im Menschen, die nicht „von außen" beobachtet werden können, sondern die der Mensch nur an sich selbst wahrnehmen kann. Die Fremdbeobachtung dagegen bezieht sich auf alle von Außenstehenden wahrnehmbaren Äußerungen eines Lebewesens.

Verhaltensweisen, wie beispielsweise Körperbewegungen oder Ausdrucksformen, können durch Fremdbeobachtung – Erlebensweisen, wie Denkabläufe, Erinnerungen, Träume, dagegen nur durch Selbstbeobachtung – erschlossen werden.

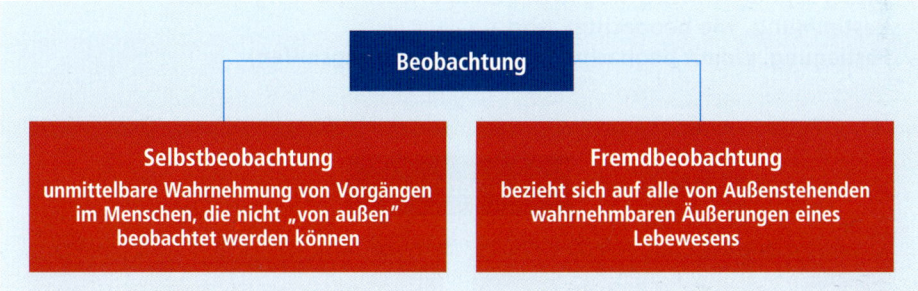

Beobachtung

Selbstbeobachtung	**Fremdbeobachtung**
unmittelbare Wahrnehmung von Vorgängen im Menschen, die nicht „von außen" beobachtet werden können	bezieht sich auf alle von Außenstehenden wahrnehmbaren Äußerungen eines Lebewesens

Die Selbstbeobachtung wird als wissenschaftliche Methode oft infrage gestellt, da die durch sie gewonnenen Daten zum einen nicht überprüfbar sind und diese zum anderen häufig erst aufgezeichnet werden können, nachdem die Vorgänge, die beobachtet werden sollen, abgelaufen sind.

Der Laie beobachtet ebenso wie der Wissenschaftler, man erwartet jedoch von einem Wissenschaftler, dass er **systematisch** nach ganz bestimmten Regeln und Prinzipien[1] vorgeht. Aus diesem Grund unterscheiden wir die **systematische Beobachtung**, die wesentliche Voraussetzung für wissenschaftliches Vorgehen ist und deshalb auch *wissenschaftliche Beobachtung* genannt wird, von der **unsystematischen Beobachtung**, die der alltäglichen Beobachtung sehr nahe kommt und auch als *Alltagsbeobachtung* bezeichnet wird.

Als wissenschaftliche Methode bezieht sich die Beobachtung also nicht auf das gesamte Verhalten, sondern auf bestimmte, vom Forscher festgelegte **Verhaltensaspekte**. Im Gegensatz zum Laien legt der Wis-

---
[1] *vgl. hierzu Abschnitt 19.2.1*

senschaftler genau fest, was er beobachten will und wie er diesen Teilbereich der Wirklichkeit erfassen will. Er bestimmt auch genau, womit er beobachten will, welche Beobachtungshilfen er benützt. Solche Hilfen können zum Beispiel Beobachtungsbögen sein, deren Fixierung genau durchdacht ist, ein Tonband oder eine Kamera.

Der Wissenschaftler legt genau fest, was er am Spielplatz beobachten will – etwa wie viele aggressive Verhaltensweisen in einer bestimmten Zeiteinheit von den Kindern gezeigt werden; er organisiert die Durchführung seiner Beobachtung bis ins Detail und folgt einem fein und exakt ausgearbeiteten Beobachtungsplan, um die Aggressionen der Kinder möglichst genau erfassen und registrieren zu können.

> **Beobachtung als wissenschaftliche Methode bedeutet die geplante, gezielte und systematische Wahrnehmung eines bestimmten Teilbereiches der Wirklichkeit mit dem Ziel, diesen Bereich möglichst genau zu erfassen und festzuhalten.**

Merkmale der wissenschaftlichen (systematischen) Beobachtung:
- **Beobachtung ist geplant, gezielt, exakt und kontrolliert**
- **Festlegung, was beobachtet wird (Teilbereich eines gesamten Geschehens)**
- **Dieser Teilbereich wird möglichst genau erfasst und festgehalten**
- **Bestimmung, wie beobachtet wird**
- **Festlegung, womit beobachtet wird (Beobachtungshilfen)**

Beobachtung	
Systematische Beobachtung **wissenschaftliche Beobachtung** Geplante, gezielte und kontrollierte Wahrnehmung eines konkret festgelegten Teilbereiches der Wirklichkeit mit dem Ziel, diesen Bereich möglichst genau zu erfassen und festzuhalten. Festgelegt ist, was, wie und womit beobachtet wird.	**Unsystematische Beobachtung** **Alltagsbeobachtung** Eine mehr zufällige Wahrnehmung ohne Absicht und Plan, die sich global auf das gesamte Geschehen richtet, ohne exakte Festlegung, was, wie und womit beobachtet wird.

 Die Grenzen zwischen systematischer Beobachtung und Alltagsbeobachtung sind auf keinen Fall eindeutig zu ziehen, die Übergänge sind fließend.

> *„Die systematische Beobachtung wird oft als wesentliche Voraussetzung für Wissenschaftlichkeit genannt, während unsystematische, d.h. ohne Plan erzielte Beobachtungsdaten als vorwissenschaftlich gelten. Bei systematischer Beobachtung stellt der Wissenschaftler präzise Fragen an die Natur, auf die er sich durch Beobachtung eine Antwort erhofft. Dennoch sind Zufallsbeobachtungen für den Forscher nicht ohne Wert; sie können – wie die Geschichte der Wissenschaft lehrt – oft Auslöser systematischer Beobachtung sein und somit wenigstens indirekt zu wissenschaftlichen Erkenntnissen führen."*
> *(Sarris, 1990, S. 51)*

Zur systematischen Beobachtung benötigt der Forscher ein **Kategoriensystem**, in welchem die Begriffsmerkmale der zu beobachtenden Größen zusammengestellt sind[1].

> Ein solches Kategoriensystem für aggressives Verhalten eines Kindes könnte folgende Kategorien beinhalten:
> – Reaktionen wie Erröten, Zittern, Stottern, erhöhter Blutdruck, schnelles Atmen
> – Schreien und Herumbrüllen
> – Trampeln
> – Umherschlagen mit den Armen
> – Attackieren der eigenen Person
> – Attackieren von anderen Personen
> – Attackieren von Gegenständen
> – ...

Zudem bedarf es einer **Skala**, in der sich die Werte einer Untersuchung darstellen lassen[2].

> In einer solchen Skala kann der Forscher die Werte nach bestimmten Kategorien klassifizieren, in eine bestimmte Reihenfolge, eine Rangordnung, bringen oder die Abstände zwischen den Werten bestimmen. Sie kann beispielsweise Zahlen erhalten – etwa wie oft hat das Kind getrampelt, seine eigene Person attackiert ..., – es kann sich aber auch um eine Ratingskala handeln mit den Kriterien: sehr häufig – häufig – selten – sehr selten – gar nicht.

Materialien 1

Je nachdem, was man mit einer Beobachtung erreichen will, kann man unterscheiden zwischen einer **teilnehmenden Beobachtung**, in welcher der Beobachter aktiv oder passiv am Geschehen beteiligt ist, und einer **nicht teilnehmenden Beobachtung**, in der er „außen vor" ist, wie das beispielsweise bei einer ‚one-way-window-Beobachtung'[3] oder bei einer Beobachtung mit einer Filmkamera der Fall ist. Zudem kann eine Beobachtung **verdeckt** sein, wenn sich der Beobachter als solcher nicht zu erkennen gibt, oder **offen**, wenn er als Beobachter identifiziert werden kann. Häufig trifft man auch die Unterscheidung zwischen einer **Feldbeobachtung**, auch *Feldforschung* genannt, die in natürlichen Situationen – zum Beispiel Beobachtung am Spielplatz – stattfindet, und einer **Laborbeobachtung**, die im Labor durchgeführt wird und damit die gezielte Vorgabe von experimentellen Reizen und die Kontrolle von sogenannten Störfaktoren ermöglicht.

Kriterium	Art der Beobachtung	
Beteiligtsein des Beobachters am Geschehen	teilnehmende Beobachtung	nicht teilnehmende Beobachtung
(Nicht-) Wissen um den Beobachter	verdeckte Beobachtung	offene Beobachtung
Ort der Beobachtung	Feldbeobachtung	Laborbeobachtung

---

[1] *vgl. Abschnitt 19.2.2*

[2] *Auf die Skalierung wird in Abschnitt 19.2.2 eingegangen.*

[3] *One-way-window (engl.): Einwegscheibe; der Forscher kann zwar das zu Beobachtende durch ein Fensterglas sehen, aber die Beobachteten können den Forscher nicht sehen.*

19.1.3 Das Experiment

Das Experiment ist eine bestimmte Form der Beobachtung: Während sich eine Beobachtung auf eine bereits vorhandene Situation beschränkt, wird beim Experiment diese absichtlich herbeigeführt.

> Wenn ein Forscher beispielsweise in Schulklassen geht und wissen will, wie sich die Lehrer und in Abhängigkeit davon die Schüler verhalten, so handelt es sich um eine Beobachtung. Gibt nun der Forscher dem Lehrer genau vor, wie er sich zu verhalten hat, um dann das Schülerverhalten als Reaktion auf das Lehrerverhalten beobachten zu können, so handelt es sich um ein Experiment.

> **Unter einem Experiment versteht man das absichtliche und planmäßige Herbeiführen eines Vorganges, um ihn gezielt beobachten zu können.**

Dabei setzt der Forscher bestimmte Bedingungen für ein Geschehen fest und beobachtet, welchen Einfluss diese Bedingungen auslösen, welche Wirkungen sie zeigen.

> Ein Forscher will zum Beispiel die Wirkung von Pausen auf das Lernen untersuchen. Er legt den Zeitpunkt, die Länge und die Art der Pausen selbst fest (= Bedingungen des Geschehens) und beobachtet, welche Wirkung diese auf das Lernen haben.

In dieser absichtlichen und planmäßigen Herbeiführung eines Vorgangs liegt ein großer Vorteil des Experimentes: Der Forscher kann die Bedingungen, deren Wirkungen er beobachten will, und die Situation, unter der die Beobachtung stattfinden soll, sowie den Ort und die Zeit für die Untersuchung selbst bestimmen. Dieses Kriterium der Selbstbestimmung von Bedingungen, Situation, Ort und Zeit wird **Willkürlichkeit** genannt.

> **Willkürlichkeit als Kriterium des Experiments bedeutet, dass der Forscher die Bedingungen, deren Wirkungen er beobachten will, und die Situation, unter der die Beobachtung stattfinden soll, sowie den Ort und die Zeit für die Untersuchung selbst bestimmen kann.**

> *„Von großem Wert ist bereits die Beherrschung der Eintrittsbedingungen. Der Experimentator braucht nicht darauf zu warten, bis der ihn interessierende Vorgang gelegentlich von selbst eintritt. Weiterhin hat der Experimentator die Möglichkeit, durch die Gestaltung des Versuchs störende Einflüsse … fernzuhalten, und schließlich ist er auch in der Lage, die Untersuchung auf einen Zeitpunkt zu legen, zu dem er für die Beobachtung besonders gut vorbereitet ist."*
>
> (Traxel, 1974², S. 180)

Mit dem Merkmal der Willkürlichkeit steht ein weiteres in engem Zusammenhang: Der Forscher kann die Bedingungen, deren Wirkungen er beobachten will, verändern, variieren.

> Der Forscher kann, um bei obigem Beispiel zu bleiben, den Zeitpunkt der Pausen verändern: In einem Untersuchungsdurchgang beispielsweise setzt er alle 45 Minuten, in einem anderen Durchgang alle 90 Minuten eine Pause fest. Er kann die Länge der Pausen abwandeln: Er macht Untersuchungen mit einer Pausenlänge von 15 Minuten und von 30 Minuten. Und er kann die Tätigkeit der Schüler in den Pausen beliebig variieren: In einem Versuch lässt er die Schüler möglichst aktiv, in einem anderen möglichst passiv sein.

Dieses Kriterium der Veränderbarkeit der Bedingungen wird als **Variierbarkeit** bezeichnet.

> **Variierbarkeit als Kriterium des Experiments bedeutet, dass der Forscher die Bedingungen, deren Wirkungen er beobachten will, verändern kann.**

Dadurch, dass der Forscher einen bestimmten Vorgang absichtlich herbeiführen will, ist es für ihn auch möglich, dass dies mehrmals in gleicher Weise geschieht.

So kann der Forscher sein Experiment über die Wirkung von Pausen auf das Lernen beliebig oft wiederholen.

Dieses Kriterium des mehrmaligen Durchführen-Könnens eines Versuches wird **Wiederholbarkeit** genannt.

> **Wiederholbarkeit als Kriterium des Experiments bedeutet, dass der Forscher seinen absichtlich herbeigeführten Vorgang beliebig oft durchführen kann.**

Die Wiederholbarkeit eines Experiments ermöglicht, dass eine größere Anzahl von Daten gewonnen werden kann und die Ergebnisse der Untersuchung überprüft werden können. Das Experiment kann auch von einem anderen Forscher wiederholt werden, um so feststellen zu können, ob die Untersuchung objektiv ist.

Kriterien des Experiments
(absichtliches und planmäßiges Herbeiführen eines Vorgangs, um ihn gezielt beobachten zu können)

Willkürlichkeit	**Variierbarkeit**	**Wiederholbarkeit**
Der Forscher kann die Bedingungen, die Situation, den Ort und die Zeit für die Untersuchung selbst bestimmen.	Der Forscher kann die Bedingungen verändern.	Der Forscher kann den absichtlich herbeigeführten Vorgang beliebig oft durchführen.

Wie bei der Beobachtung müssen auch beim Experiment bestimmte Voraussetzungen erfüllt sein:

– Bestimmung der Situation, des Ortes und der Zeiten für die Untersuchung,
– Festlegung, wie der Forscher die Bedingungen, deren Wirkungen er beobachten will, variieren will,
– Entwurf eines Kategoriensystem und einer Schätzskala[1]: Der Forscher benötigt ein **Kategoriensystem**, in welchem die Begriffsmerkmale der zu beobachtenden Größen zusammengestellt sind[2].

---

[1] *siehe Abschnitt 19.2.2*
[2] *vgl. Abschnitt 19.2.2*

Ein solches Kategoriensystem für aggressives Verhalten eines Kindes könnte folgende Kategorien beinhalten:
– Reaktionen wie Erröten, Zittern, Stottern, erhöhter Blutdruck, schnelles Atmen
– Schreien und Herumbrüllen
– Trampeln
– Umherschlagen mit den Armen
– Attackieren der eigenen Person
– Attackieren von anderen Personen
– Attackieren von Gegenständen
– …

Zudem bedarf es einer **Skala**, in der sich die Werte einer Untersuchung darstellen lassen[1].

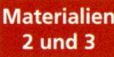

In einer solchen Skala kann der Forscher die Werte nach bestimmten Kategorien klassifizieren, in eine bestimmte Reihenfolge, eine Rangordnung, bringen oder die Abstände zwischen den Werten bestimmen. Sie kann beispielsweise Zahlen erhalten – etwa wie oft hat das Kind getrampelt, seine eigene Person attackiert …, – es kann sich aber auch um eine Ratingskala handeln mit den Kriterien: sehr häufig – häufig – selten – sehr selten – gar nicht.

19.2 Grundsätze und Arbeitsschritte methodischen Vorgehens

Die Tätigkeit eines Wissenschaftlers erfolgt nach ganz bestimmten Regeln, denen er sich verpflichtet fühlen muss. Erkenntnisse werden also nach ganz bestimmten Regeln und Prinzipien gewonnen. *Wissenschaftliches Vorgehen kennzeichnet demnach einen Prozess, der auf ein bestimmtes Ziel gerichtet ist, und umfasst ein System von Regeln, das diesen Prozess festlegt.*

19.2.1 Prinzipien methodischen Vorgehens

Wissenschaftler, die empirisch vorgehen, haben grundlegende Prinzipien zu beachten, wenn sie zu überprüfbaren und allgemeingültigen Aussagen gelangen wollen.

Die **Beschreibung muss möglichst klar, präzise und genau, zentrale Begriffe müssen eindeutig bestimmt sein**.

Wenn zum Beispiel ein Forscher untersuchen will, ob autoritär erzogene Menschen sich sehr aggressiv verhalten, so müssen die zentralen Begriffe eindeutig bestimmt werden: Was heißt autoritäre Erziehung? Was bedeutet sehr aggressiv? Wie äußert sich autoritäre Erziehung, wie Aggressivität?

Neben einer klaren, präzisen und genauen Beschreibung sowie einer eindeutigen Begriffsbestimmung ist es zur Überprüfung einer wissenschaftlichen Aussage erforderlich, dass der Forscher **genaue Angaben macht, auf welche Art und Weise er zu seinen Erkenntnissen kommt**, wie er also methodisch vorgeht bzw. vorgegangen ist. Nur so ist es möglich nachzuprüfen, ob der Wissenschaftler methodisch richtig ver-

---

[1] *Auf die Skalierung wird in Abschnitt 19.2.2 eingegangen.*

fahren ist und damit brauchbare Ergebnisse erzielt hat oder ob er Fehler gemacht hat und damit unbrauchbare Ergebnisse geliefert hat.

Um zu Aussagen zu kommen, die tatsächlich der Wirklichkeit entsprechen, muss ein Wissenschaftler **das untersuchen, was er zu untersuchen angibt**.

> Wenn ein Forscher zum Beispiel Wirkungen eines „geringen Selbstbewusstseins" beobachten will, so muss er tatsächlich das geringe Selbstbewusstsein und nicht die Schüchternheit oder Befangenheit beobachten.

Dieses Prinzip wissenschaftlichen Erforschens wird als **Gültigkeit bzw. Validität** bezeichnet.

> **Validität (Gültigkeit) bedeutet, dass ein Forscher auch tatsächlich das untersucht, was er zu erforschen angibt.**

Zudem muss ein Forscher **das, was er zu untersuchen angibt, genau und exakt beobachten bzw. messen**. Das Ergebnis muss also von zufälligen Einflüssen weitgehend frei sein.

> Misst man beispielsweise eine bestimmte Wegstrecke mit Schritten, so ist dieses Messinstrument nicht zuverlässig. Ein Metermaß dagegen ist ein zuverlässiges Messinstrument.

Dieses Prinzip wissenschaftlicher Erforschung wird als **Reliabilität bzw. Zuverlässigkeit** bezeichnet und ist dann gegeben, wenn die Untersuchung bei Wiederholung unter Beachtung der gleichen Bedingungen immer wieder zum gleichen Ergebnis führt.

> Messe ich zum Beispiel eine bestimmte Wegstrecke mit Schritten, so wird bei jeder Messung möglicherweise ein anderes Ergebnis erzielt werden, während eine Messung mit dem Metermaß bei Wiederholung unter Beachtung der gleichen Bedingungen zum gleichen Ergebnis führt.

> **Reliabilität (Zuverlässigkeit) bedeutet, dass ein Forscher das, was er zu untersuchen angibt, genau und exakt beobachtet bzw. misst.**

Verschiedene Wissenschaftler müssen mit ihrer Untersuchung unter gleichen Bedingungen zu gleichen Ergebnissen kommen. Dieses Prinzip wird, wie in *Kapitel 1.1.2* ausgeführt, **Objektivität** genannt. Eine Untersuchung ist dann objektiv, wenn unabhängig von den Personen, die sie durchführen, auswerten und interpretieren, gleiche Ergebnisse erreicht werden. Das Ergebnis einer Forschungsuntersuchung darf also nicht von der Person des Forschers abhängen.

> Die Beobachtung zum Beispiel, wie viele aggressive Verhaltensweisen Kinder auf verschiedenen Spielplätzen in der Bundesrepublik Deutschland zeigen, ist dann objektiv, wenn verschiedene Forscher auf den gleichen Spielplätzen unter Beachtung der gleichen Bedingungen zu demselben Ergebnis kommen.

> **Objektivität heißt, dass eine Untersuchung in ihrer Durchführung, Auswertung und Interpretation von der Person des Forschers unabhängig ist.**

> *„Mancher meint, er wäre objektiv, weil er mit seinem rechten und linken Auge dasselbe sieht."*
>
> *(Stanislaw J. Lec[1])*

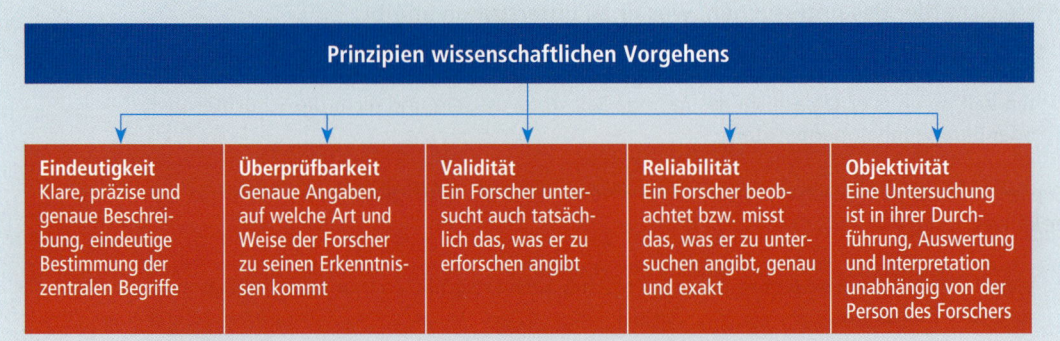

Prinzipien wissenschaftlichen Vorgehens				
Eindeutigkeit Klare, präzise und genaue Beschreibung, eindeutige Bestimmung der zentralen Begriffe	**Überprüfbarkeit** Genaue Angaben, auf welche Art und Weise der Forscher zu seinen Erkenntnissen kommt	**Validität** Ein Forscher untersucht auch tatsächlich das, was er zu erforschen angibt	**Reliabilität** Ein Forscher beobachtet bzw. misst das, was er zu untersuchen angibt, genau und exakt	**Objektivität** Eine Untersuchung ist in ihrer Durchführung, Auswertung und Interpretation unabhängig von der Person des Forschers

19.2.2 Die Vorgehensweise bei erfahrungswissenschaftlichen Untersuchungen

Bezüglich des Vorgehens bei empirischen Untersuchungen können wir acht Schritte unterscheiden:

1. Schritt: Die wissenschaftliche Fragestellung

Jeder Wissenschaftler, der eine Untersuchung startet, geht von einer bestimmten Fragestellung aus. Er legt fest, welchen Sachverhalt er untersuchen will. Am Anfang einer wissenschaftlichen Untersuchung steht also immer eine **wissenschaftliche Fragestellung**.

> So will zum Beispiel ein Forscher untersuchen, ob ein Zusammenhang besteht zwischen der Mitarbeit eines Schülers im Unterricht und seinen schulischen Leistungen.

> **Eine wissenschaftliche Fragestellung ist eine Mitteilung darüber, welcher Sachverhalt untersucht werden soll.**

2. Schritt: Bildung der Hypothese

Sobald ein Forscher festgelegt hat, welchen Sachverhalt er untersuchen will, formuliert er seine **Vermutung über den Ausgang seiner erst zu unternehmenden Untersuchung**.

> Wenn ein Wissenschaftler untersuchen will, ob ein Zusammenhang besteht zwischen der aktiven Mitarbeit des Schülers im Unterricht und seinen schulischen Leistungen, so formuliert er, um die Untersuchung organisieren zu können, die Vermutung über den Ausgang seiner Untersuchung: „Es besteht ein Zusammenhang zwischen der aktiven Mitarbeit eines Schülers im Unterricht und seinen schulischen Leistungen".

Die Wissenschaft spricht hier von einer **Hypothese**, die der Organisation einer Untersuchung dient.

---

[1] *Stanislaw Jerzy Lec (1909–1966) war polnischer Lyriker und Satiriker.*

> Eine Hypothese ist eine formulierte Vermutung über den Ausgang einer erst zu unternehmenden Untersuchung (vgl. *Traxel, 1974[2], S. 16*).

In der Regel handelt es sich bei Hypothesen um eine Aussage über einen Zusammenhang zwischen zwei Merkmalen, sogenannten **Merkmalszusammenhängen** *(vgl. Diekmann, 2009[20], S. 124)*.

> Bei der Aussage „Es besteht ein Zusammenhang zwischen der aktiven Mitarbeit des Schülers im Unterricht und seinen schulischen Leistungen." handelt es sich um eine Beziehung zwischen den beiden Merkmalen ‚aktive Mitarbeit im Unterricht' und ‚schulische Leistungen'.

Eine Hypothese muss so formuliert sein, dass sie durch die Untersuchung **entweder bestätigt (= verifiziert), oder nicht bestätigt, verworfen (= falsifiziert)** werden kann.

> Die Aussage „Welche Wirkung die Mitarbeit eines Schülers im Unterricht auf seine schulischen Leistungen hat, ist ungewiss." ist als Hypothese unzulässig, weil sie weder verifiziert noch falsifiziert werden kann. Dagegen ist die Vermutung „Zwischen der Mitarbeit eines Schülers im Unterricht und seinen schulischen Leistungen besteht ein Zusammenhang." als Hypothese zulässig, da sie durch eine entsprechende Untersuchung bestätigt oder verworfen werden kann.

Bei einer Hypothese geht es um einen Zusammenhang zwischen zwei Merkmalen, die **Variablen**[1] genannt werden.

> Bei oben genannter Hypothese sind die beiden Variablen die „aktive Mitarbeit im Unterricht" und die „schulischen Leistungen".

> Variablen sind bestimmte Merkmale von Untersuchungsgegenständen, die miteinander verglichen werden (vgl. *Schirmer, 2009, S. 119*).

Dabei handelt es sich mindestens um zwei Variablen, die **unabhängige und die abhängige Variable**[2]. Die unabhängige Variable UV ist die Ursache, die Bedingung, von der sich der Forscher eine bestimmte Wirkung erwartet.

> Der Grad der Mitarbeit des Schülers im Unterricht ist die unabhängige Variable; sie ist die Ursache, von der sich der Wissenschaftler eine bestimmte schulische Leistung erwartet.

In einem Experiment wird die unabhängige Variable vom Forscher absichtlich und geplant eingeführt und auch verändert[3].

Die abhängige Variable AV stellt die – vom Versuchsleiter vermutete – Wirkung der unabhängigen Variable dar; sie verändert sich in Folge dieser.

> Die abhängige Variable sind die schulischen Leistungen, die sich in Abhängigkeit von dem Grad der Mitarbeit verändern.

---

[1] variabilis (lat.): veränderlich; eine Variable ist eine „veränderliche Größe"
[2] Es gibt noch die intervenierende Variable, die weiter unten dargestellt ist.
[3] siehe Abschnitt 19.1.3

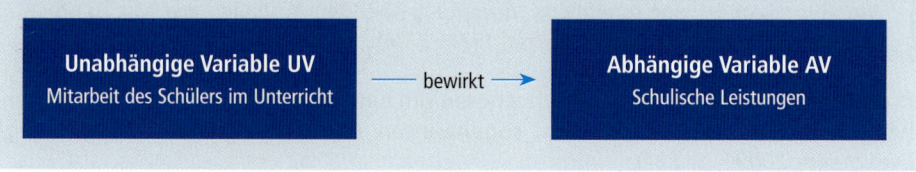

Unabhängige Variable UV Mitarbeit des Schülers im Unterricht	bewirkt →	Abhängige Variable AV Schulische Leistungen

3. Schritt: Operationalisierung der zentralen Begriffe

Der Forscher legt genau fest, wie er die Merkmale, die untersucht werden sollen, beobachten kann – er führt sie auf das Beobachtbare zurück.

In dem Beispiel „Es besteht ein Zusammenhang zwischen der aktiven Mitarbeit eines Schülers im Unterricht und seinen schulischen Leistungen." legt der Forscher genau fest, wie er „aktive Mitarbeit" und „schulische Leistungen" beobachten und feststellen will – zum Beispiel:
– Anzahl der Meldungen des Schülers im Unterricht, Erledigen der Hausaufgaben, …
– Erfassen der schulischen Noten, Errechnen ihres Durchschnittes

Der Begriff „Aggression" kann beispielsweise folgendermaßen auf das Beobachtbare zurückgeführt werden:
– Aussage des Untersuchten: „Ich bin aggressiv." oder „Ich habe keine Aggressionen."
– Beobachtbare Reaktionen wie Erröten, Zittern, Stottern, erhöhter Blutdruck, schnelles Atmen
  · Schreien und Herumbrüllen
  · Trampeln
  · Umherschlagen mit den Armen
  · Attackieren der eigenen Person
  · Attackieren von anderen Personen
  · Attackieren von Gegenständen
  · Ergebnis eines Fragebogens, den der Untersuchte beantwortet

Das Zurückführen von Begriffen auf das Beobachtbare wird als **Operationalisierung** bezeichnet. Sind die Begriffe auf das Beobachtbare zurückgeführt, so spricht man von einer **operationalen Definition**.

> **Operationale Definition ist eine Begriffsbestimmung, in welcher ein Begriff auf das Beobachtbare zurückgeführt, einer Beobachtung zugänglich gemacht ist.**

Eine unklare bzw. unterschiedliche Definierung der entsprechenden Begriffe ist oft der Grund dafür, dass verschiedene Untersuchungen zu ein und demselben Thema zu unterschiedlichen Ergebnissen kommen. Es gibt beispielsweise zu der Fragestellung, ob ein geringes Selbstbewusstsein ein Nährboden für Aggressionen ist, mehrere Untersuchungen, die aber zu unterschiedlichen Ergebnissen führen. Der Grund hierfür können Definierungen des Begriffes „geringes Selbstbewusstsein" sein, die jeder Forscher anders vorgenommen hat.

4. Schritt: Ausschalten von Merkmalen, die das Ergebnis verfälschen könnten

Der Wissenschaftler macht sich Gedanken, wie er *mögliche Merkmale, die sein Ergebnis beeinflussen und damit verfälschen könnten, in den Griff bekommen bzw. ausschalten kann*.

So könnte es möglich sein, dass die Schüler sehr effektive Lernstrategien beherrschen oder sich Nachhilfeunterricht geben lassen und dadurch gute Noten erzielt werden und nicht aufgrund der aktiven Mitarbeit im Unterricht.

In der Wissenschaft spricht man in diesem Zusammenhang von **intervenierender Variable IV**, dasjenige Merkmal, das die Beziehung zwischen einer unabhängigen und abhängigen Variablen beeinflusst.

> Intervenierende Variable sind im obigen Beispiel die effektiven Lernstrategien und der Nachhilfeunterricht. Sie können die Beziehung zwischen der Mitarbeit und den schulischen Leistungen beeinflussen und damit das Ergebnis verfälschen.

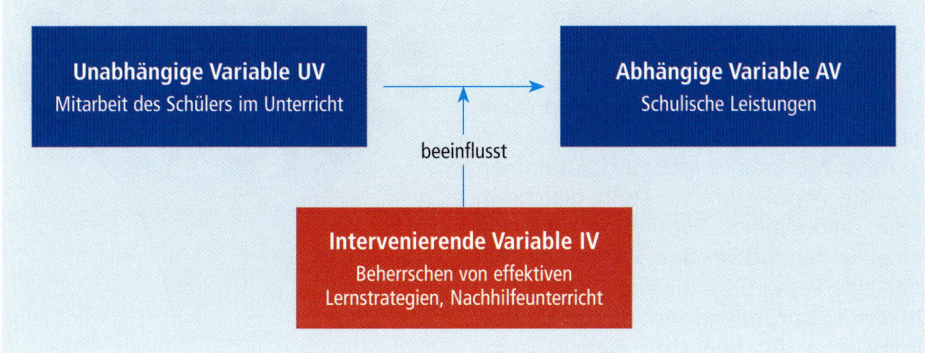

5. Schritt: Bestimmung der Stichprobe

Um zu allgemeingültigen Aussagen zu kommen, müsste man genau genommen alle Personen bzw. -gruppen, auf die die Aussage zutreffen soll, untersuchen.

> Will ein Forscher untersuchen, ob ein Zusammenhang zwischen der aktiven Mitarbeit des Schülers im Unterricht und seinen schulischen Leistungen besteht, so müsste er alle Schüler der Bundesrepublik Deutschland beobachten.

Wir nennen die **Gesamtheit aller Personen, auf die die Aussage zutreffen soll, Grundgesamtheit bzw. Population**.

> Die Grundgesamtheit bzw. die Population ist alle Schüler der Bundesrepublik Deutschland; auf sie nämlich soll oben genannte Aussage zutreffen.

> **Die Gesamtheit aller Personen, für die man aufgrund einer Untersuchung eine Aussage treffen will, bezeichnet man als Grundgesamtheit bzw. Population.**

Es ist aber nicht möglich, alle Personen, auf die die Aussage zutreffen soll, zu untersuchen. Wissenschaftler wählen deshalb aus der Population bestimmte Personen aus. Wird eine Untersuchung nur an einem Teil der Population durchgeführt, so spricht man von einer **Stichprobe**.

> Der Forscher wählt bei der Untersuchung, ob ein Zusammenhang zwischen der aktiven Mitarbeit des Schülers im Unterricht und seinen schulischen Leistungen besteht, aus der Population beispielsweise 2 000 Schüler aus, um an diesen die gefragten Merkmale zu beobachten. Diese 2 000 Schüler stellen in diesem Beispiel die Stichprobe dar.

> **Der ausgewählte Teil aus einer Population, an dem eine Untersuchung durchgeführt wird, wird als Stichprobe bezeichnet.**

Dabei ist es wichtig, dass sich die Stichprobe in allen Merkmalen, die für das zu untersuchende Verhalten bedeutsam sein könnten, genauso zusammensetzt wie die Population.

> So müssen Merkmale beispielsweise wie Intelligenz, Begabungen, Alter, Geschlecht, Herkunft u.a. in der Stichprobe berücksichtigt werden. Sie muss bezüglich dieser Merkmale genauso zusammengesetzt sein wie die Population.

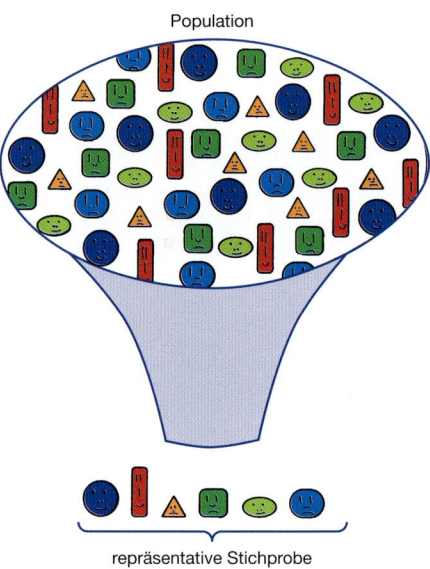

Population

repräsentative Stichprobe

Wir sprechen dann von der **Repräsentativität einer Stichprobe**: Sie setzt sich in ihren Merkmalen genauso zusammen wie die Population; sie stellt gleichsam eine „verkleinerte Population" dar. Bei einer genügend großen Stichprobe, bei der jede Person die gleiche Chance hat, in die Stichprobe aufgenommen zu werden, ist in der Regel die Repräsentativität gegeben. Eine Möglichkeit, eine solche Stichprobe auszuwählen, ist die **Zufallsauswahl**, wie dies beispielsweise beim Losverfahren der Fall ist.

6. Schritt: Durchführung der Untersuchung, Erhebung der Daten

Nach dieser „Vorarbeit" kann der Wissenschaftler seine Untersuchung durchführen und die Ergebnisse festhalten. Je nachdem, was erforscht bzw. untersucht wird, handelt es sich um eine **Beobachtung**, ein **Experiment**, einen **Test** oder um eine **Befragung**[1].

Es reicht nicht aus, die zu untersuchenden Merkmale lediglich zu einmal beobachten und festzuhalten, mehrere Untersuchungsergebnisse müssen miteinander verglichen werden. Erst dann sind sie aussagekräftig.

Die zu untersuchenden Merkmale werden als messbare Werte – zum Beispiel in Zahlen – angegeben; sie werden **quantifiziert**[2].

> **Quantifizierung bedeutet die untersuchten Merkmale in Zahlen und damit in messbare Größen umzuwandeln (vgl. *Schirmer, 2009, S. 67*).**

Zur Quantifizierung dienen sogenannte **Skalen**[3], in denen sich die Werte einer Untersuchung darstellen lassen. Das Erstellen einer Skala wird als *Skalierung* bezeichnet. Man unterscheidet Skalen nach ihrem Niveau, dem *Skalenniveau*, in

– **Nominalskala**, in der die Werte nach bestimmten Kategorien klassifiziert, aber nicht in eine Rangfolge gebracht werden.

---

[1] vgl. Abschnitt 19.1.2, 19.1.3 sowie Materialien 2 und 3

[2] quantum (lat.): wie viel

[3] scala (ital.): Treppe, Leiter

Um eine Nominalskala handelt es sich beispielsweise, wenn Menschen nach Geschlecht, Typ, Schulausbildung, Beruf, Herkunft oder Schichtzugehörigkeit gruppiert werden.

Eine Nominalskala beinhaltet „lediglich" Klassifikationen und Häufigkeitsangaben.

Bei der Untersuchung, ob ein Zusammenhang zwischen der aktiven Mitarbeit des Schülers im Unterricht und seinen schulischen Leistungen besteht, kann der Forscher auf einer Nominalskala beispielsweise die Anzahl der Meldungen des Schülers im Unterricht oder des Erledigens der Hausaufgaben festhalten.

- **Ordinalskala**, auch *Rangskala* genannt, in der die Werte in eine bestimmte Reihenfolge, eine Rangordnung, gebracht werden.

Der Wissenschaftler kann die Anzahl der Meldungen der Schüler im Unterricht oder des Erledigens von Hausaufgaben in eine Rangordnung bringen: Schülerin A meldet sich mit 61 Meldungen am häufigsten pro Tag, Schüler B mit 54 am zweit häufigsten ... und Schülerin M mit einer Meldung am wenigsten. Ebenso kann er die Noten der Schüler in eine Reihenfolge bringen: Schüler B hat mit 13 Punkten die besten Noten, Schülerin A mit 12 die zweitbesten ... und Schüler N mit 6 Punkten die schlechtesten Noten.

- **Intervallskala**, in der die Abstände zwischen den Werten bestimmt werden.

Der Forscher kann die Unterschiede beispielsweise in den Meldungen der Schüler festhalten: Schülerin A meldet sich 7 mal häufiger als Schüler B, gegenüber dem „stillsten" Schüler ist ein Unterschied von 60 Meldungen.

Eine Form der Intervallskala ist die **Verhältnisskala (Ratioskala)**, die bei einem Nullpunkt, der nicht unterschritten werden kann, beginnt. Auf diese Weise können die Werte zueinander in Beziehung gesetzt werden.

Die Messung aggressiven Verhaltens ist eine Verhältnisskala, wenn ihre Häufigkeit bei Null beginnt. Weitere Beispiele sind das Lebensalter (0 Jahre), das Gewicht (0 Kilogramm) oder die Geschwindigkeit (0 km/h).

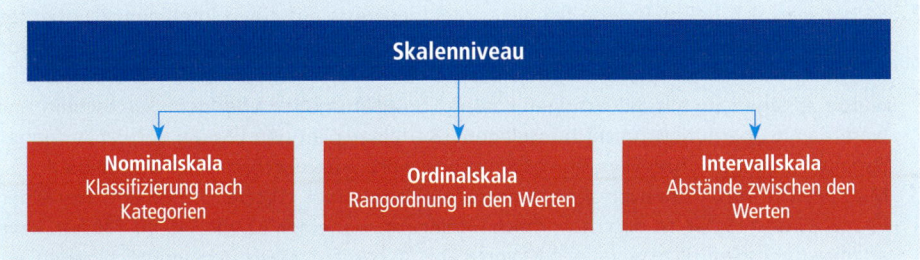

7. Schritt: Auswertung und Interpretation der gewonnenen Daten

Der Wissenschaftler erhält als Ergebnis seiner Untersuchung Angaben über die Ausprägung bzw. über die Häufigkeit von bestimmten Verhaltensmerkmalen.

Der Forscher erhält auf der einen Seite Angaben über die Aktivität von Schülern im Unterricht, auf der anderen Seite erfährt er, wie es um die Leistungen dieser Schülerinnen und Schüler steht.

Diese Angaben bezeichnen wir als Daten, die mithilfe statistischer Verfahren ausgewertet und interpretiert werden.

> **Statistik ist die Bezeichnung für mathematische Verfahrensweisen, die der Aufbereitung, Auswertung und Interpretation von empirisch gewonnenen Daten dienen.**

Dabei ist die Unterscheidung zwischen *beschreibender und schließender Statistik* bedeutsam. Die beschreibende Statistik dient der Darstellung quantitativer Daten, ihre Darbietungsmöglichkeiten sind Tabellen, Grafiken oder Diagramme (vgl. *Schirmer, 2009, S. 122 f.*). Berechnet werden Häufigkeiten, Durchschnittswerte (Mittelwerte), Streuungsmaße und Abweichungen vom Durchschnitt. Die Standardabweichung, auch Varianz genannt, beschreibt das Maß der Streuung, inwieweit sich einzelne Werte um den Mittelwert ausbreiten, von ihm entfernt liegen.

> So lässt sich zum Beispiel der Durchschnitt von Schülermeldungen im Unterricht in verschiedenen Schulen errechnen und miteinander vergleichen. Um nun diesen Mittelwert in seiner Bedeutung und Aussagekraft richtig abzuschätzen, können Abweichungen vom Durchschnitt in den einzelnen Schulen festgestellt werden. So kann es möglich sein, dass die Schüler in der Schule 1 in etwa alle gleich aktiv im Unterricht sind, während es in der Schule 2 eine bestimmte Gruppe von Kindern gibt, die durch sehr viele Wortmeldungen auffallen, während sich der größte Teil der Schüler im Unterricht passiv verhält.

Um eine Standardabweichung angeben zu können, braucht man eine Bezugsgröße des Standards, in der Regel *Norm* genannt.

> So genügt es zum Beispiel nicht, wenn ein Wissenschaftler sagt: „Sie haben 48 Aufgaben in dem Intelligenztest richtig gelöst." Es ist eine Bezugsgröße, eine Norm erforderlich, die besagt, ob man mit der richtigen Lösung von 48 Aufgaben über oder unter dem Durchschnitt liegt und damit über- oder unterdurchschnittlich intelligent ist.

Man spricht hier von einer **Standardisierung** bzw. von einer **Normierung**: Die Ergebnisse einer Untersuchung werden so ausarbeitet, dass ihre Verteilung bestimmten Bedingungen entspricht, die sich auf den Mittelwert und ihre Standardabweichung beziehen.

> So hat man sich beispielsweise bei allen Intelligenztests auf einen Intelligenz-Quotienten (IQ) von 100 geeinigt. Dies entspricht dem Durchschnitt (= Mittelwert). Gehen wir davon aus, dass im obigen Beispiel die richtige Lösung von 43 Aufgaben einen IQ von 100 bedeuten würde, so läge man mit der richtigen Lösung von 48 Aufgaben über dem Durchschnitt und wäre damit überdurchschnittlich intelligent. Bei einer richtigen Lösung von 34 Aufgaben dagegen läge man unter dem Durchschnitt und wäre unterdurchschnittlich intelligent.
> Mit der Hilfe von Rechenverfahren werden nun bestimmte „Werte" festgelegt: Wer einen IQ von 85 bis 115 hat, ist durchschnittlich intelligent; wer einen IQ von 115 bis 130 hat, kann als überdurchschnittlich, wer einen IQ von 85 bis 70 hat, als unterdurchschnittlich gelten; ein IQ von über 130 wäre weit überdurchschnittlich, ein IQ von unter 70 weit unterdurchschnittlich intelligent.

Eine solche Verteilung von Werten um den Durchschnitt bezeichnen wir als **Normalverteilung**.

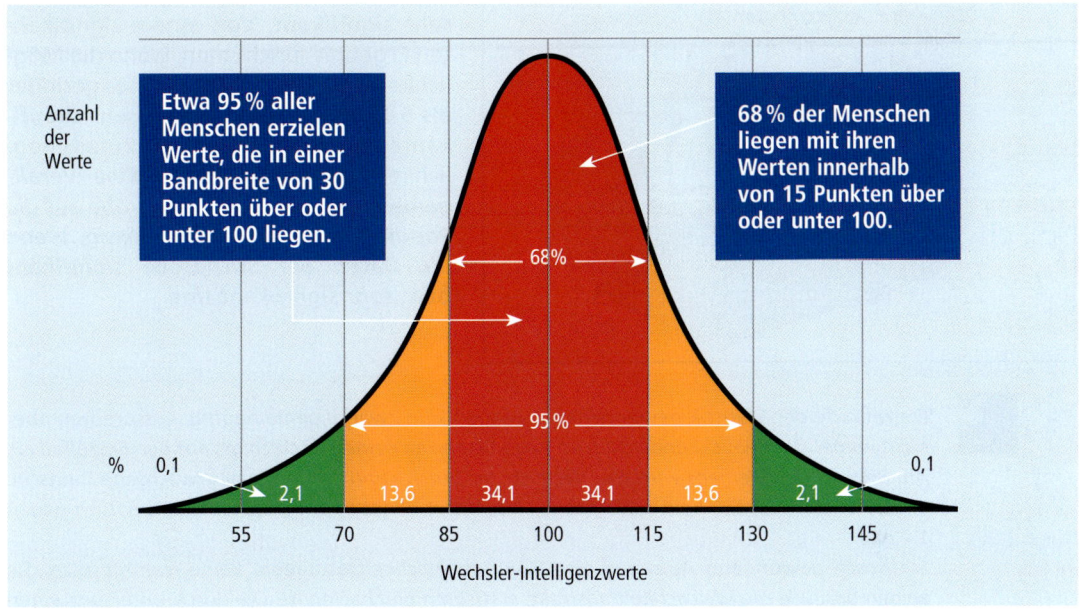

(Myers, 2005, S. 473)

Mithilfe der beschreibenden Statistik können auch *mathematische Beziehungen zwischen Merkmalen* festgestellt werden.

> So kann beispielsweise ein Wissenschaftler mithilfe der Statistik berechnen, ob ein Zusammenhang besteht zwischen dem Grad der Intelligenz und den schulischen Leistungen.

Einen solchen statistisch berechneten Zusammenhang zwischen verschiedenen Merkmalen bezeichnet man als Korrelation.

Korrelation bezeichnet den statistisch berechneten Zusammenhang zwischen zwei oder mehreren Merkmalen.

Materialien 4

Eine Korrelation ist ein mathematischer Wert, der lediglich die Beziehung zwischen zwei Merkmalen angibt, aber nicht so ohne Weiteres als Ursache-Wirkungs-Zusammenhang interpretiert werden darf.

Aufgabe der *schließenden Statistik*, auch *induktive, analytische oder Interferenzstatistik* genannt, ist die Berechnung, ob der untersuchte Sachverhalt verallgemeinert werden kann (vgl. *Schirmer, 2009, S. 124*). Es kann möglich sein, dass bestimmte Abweichungen oder Zusammenhänge *zufällig* auftreten.

> Dies kann beispielsweise der Fall sein, wenn die Stichprobe sehr klein ist.

Sind die Ergebnisse nicht zufällig, so bezeichnet man sie als **signifikant** bzw. **sehr signifikant**. Von einem signifikanten Ergebnis spricht man, wenn die Möglichkeit eines Zufallsergebnisses geringer als 5 % ist, und von einem sehr signifikanten Ergebnis, wenn die „Zufallsmöglichkeit" unter 1 % liegt. *Eine Verallgemeinerung von der Stichprobe auf die Population ist nur dann zulässig, wenn die Daten der Stichprobe signifikant bzw. sehr signifikant sind.*

Die mithilfe der Statistik gewonnenen Aussagen sind zwar allgemeingültig, entsprechen aber nicht immer der Realität und lassen im extremsten Fall keinen Rückschluss auf den Einzelfall zu. Am Beispiel des Weinens wird dies deutlich: Im Durchschnitt weint jeder erwachsene Deutsche in der Woche 1,7 mal; kein erwachsener Deutscher weint aber vermutlich wöchentlich genau 1,7 mal.

Statistisch gewonnene Aussagen sind Wahrscheinlichkeitsaussagen, keine Naturgesetze. Sie zeigen uns, wie die Wirklichkeit abstrakt, statistisch beschaffen ist. Die durch Untersuchungen festgestellte Aussage beispielsweise, dass ein Zusammenhang zwischen Bildung und Einkommen besteht – je höher die Bildung eines Menschen, desto größer sein Einkommen –, entspricht nicht in allen Teilen der Realität; sie trifft nur ‚in der Regel' zu. Ausnahmen von dieser Aussage gibt es viele und trotzdem trifft diese Aussage auf das Ganze gesehen zu. Sie stellt eben nur eine vorherrschende Tendenz fest, die nur bedingt Rückschlüsse auf den Einzelfall zulässt.

> *„Die Lüge hat zwei Steigerungsformen: Diplomatie und Statistik."*
>
> *(Marcel Achard[1])*

8. Schritt: Formulierung von allgemeingültigen Aussagen

Auf der Grundlage der ausgewerteten und interpretierten Daten stellt sich heraus, ob sich die Hypothese bestätigt oder nicht. Handelt es sich um signifikante Ergebnisse, so ist es nun möglich, **allgemeingültige Aussagen – Gesetzmäßigkeiten, Theorien – zu formulieren bzw. aufzustellen** und gegebenenfalls zu veröffentlichen.

Dem Wissenschaftler ist es nun möglich, mithilfe der Statistik die allgemeingültige Aussage zu formulieren: „Zwischen der aktiven Mitarbeit eines Schülers im Unterricht und seinen schulischen Leistungen besteht ein Zusammenhang." oder „Zwischen der aktiven Mitarbeit eines Schülers im Unterricht und seinen schulischen Leistungen besteht kein Zusammenhang."

---

[1] *Marcel Achard (1899–1974) war französischer Dramatiker und Autor von witzigen, poesievollen Komödien; den größten Erfolg hatte er mit der Komödie „Jan der Träumer" (1929).*

Vorgehensweise bei einer empirischen Untersuchung

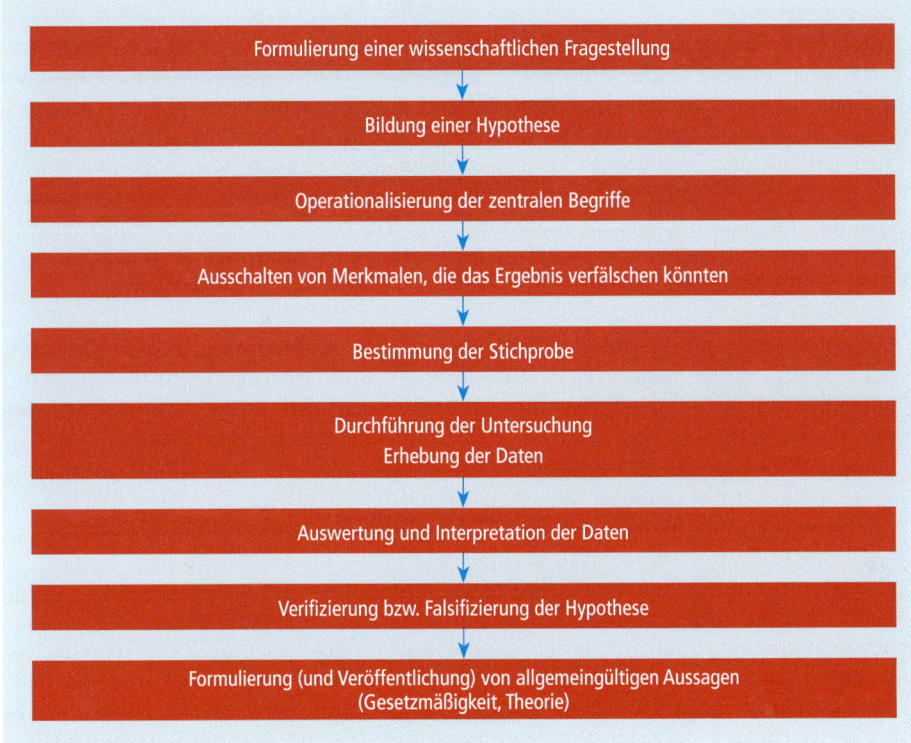

> „Sechs weise Männer aus Indien trafen auf einen Elefanten. Sie tasteten sorgfältig seine Gestalt ab, denn sie waren blind.
>
> Der Erste befühlte den Stoßzahn und sagte: ‚Mir scheint, dass dieses Prachtstück von einem Tier einem Speer gleicht.‘
>
> Der Zweite tastete die Flanke der Kreatur ab und meinte: ‚Ich weiß schon, was wir alle vor uns haben: Hoch und flach, das ist wie eine Wand.‘
>
> Der Dritte meinte, nachdem er ein Bein ergriffen hatte: ‚Dieses Geschöpf ist wie ein Baum.‘
>
> Der Vierte bekam den Rüssel zu fassen und sprach: ‚Dieses Wesen ist in Wirklichkeit eine Schlange.‘
>
> Der Fünfte bekam ein Ohr zu fassen. Er ließ seine Finger darüber gleiten und rief: ‚Dieses Tier ist wie ein Fächer.‘
>
> Der Sechste stieß auf den Schwanz bei seinem Suchen und tastete ihn ab: ‚Hört meine Entscheidung: Dieses Tier ist wie ein Seil.‘
>
> Und so stritten die sechs Männer fort, lange und unerbittlich über die Gestalt des Elefanten. Und obwohl jeder teilweise recht hatte, irrten sie alle.“
>
> (Hampden-Turner, 2000, S.10)

Zusammenfassung

- Entsprechend den beiden Arten von Wissenschaften – Natur- und Geisteswissenschaften – unterscheidet man erfahrungswissenschaftliches (= empirisches) Vorgehen, das dazu beiträgt, die Wirklichkeit zu beobachten und zu beschreiben, Zusammenhänge zwischen Merkmalen zu erkennen sowie Gesetzmäßigkeiten aufzustellen und zu erklären, und geisteswissenschaftliches Vorgehen. Als erfahrungswissenschaftliche bzw. empirische Methoden bezeichnen wir Vorgehensweisen, die der planmäßigen Beobachtung und Beschreibung eines bestimmten Bereiches der Wirklichkeit und der Gewinnung von überprüfbaren Daten zum Zwecke der Erklärung dienen.

- Die wichtigsten empirischen Methoden sind die Beobachtung, das Experiment, der Test und die Befragung bzw. das Interview. Beobachtung meint die geplante, gezielte und systematische Wahrnehmung eines bestimmten Teilbereiches der Wirklichkeit mit dem Ziel, diesen Bereich möglichst genau zu erfassen und festzuhalten. Merkmale der wissenschaftlichen (systematischen) Beobachtung sind:
  - Beobachtung ist geplant, gezielt, exakt und kontrolliert
  - Festlegung, was beobachtet wird (Teilbereich eines gesamten Geschehens)
  - Dieser Teilbereich wird möglichst genau erfasst und festgehalten
  - Bestimmung, wie beobachtet wird
  - Festlegung, womit beobachtet wird (Beobachtungshilfen)

  Je nachdem, was man mit einer Beobachtung erreichen will, kann man unterscheiden zwischen einer teilnehmenden Beobachtung und nicht teilnehmenden Beobachtung, verdeckten oder offenen Beobachtung sowie einer Feld- und Laborbeobachtung. Zur systematischen Beobachtung benötigt der Forscher ein Kategoriensystem. Zudem bedarf es einer Skala, in der sich die Werte einer Untersuchung darstellen lassen.

- Unter einem Experiment versteht man das absichtliche und planmäßige Herbeiführen eines Vorganges, um ihn gezielt beobachten zu können. Kriterien eines Experimentes sind Willkürlichkeit – der Forscher kann die Bedingungen, die Situation, den Ort und die Zeit für die Untersuchung selbst bestimmen –, Variierbarkeit – der Forscher kann die Bedingungen verändern – und Wiederholbarkeit – der Forscher kann den absichtlich herbeigeführten Vorgang beliebig oft durchführen. Zur Durchführung eines Experimentes benötigt der Forscher ein Kategoriensystem. Zudem bedarf es einer Skala, in der sich die Werte einer Untersuchung darstellen lassen.

- Wissenschaftler, die erfahrungswissenschaftlich vorgehen, haben grundlegende Prinzipien zu beachten, wenn sie zu überprüfbaren, allgemeingültigen und systematisch gewonnenen Aussagen gelangen wollen:
  - klare, präzise und genaue Beschreibung, eindeutige Bestimmung der zentralen Begriffe,
  - genaue Angaben, auf welche Art und Weise der Forscher zu seinen Erkenntnissen kommt,
  - Validität: ein Forscher untersucht auch tatsächlich das, was er zu erforschen angibt,
  - Reliabilität: ein Forscher beobachtet bzw. misst das, was er zu untersuchen angibt, genau und exakt, und

- Objektivität: eine Untersuchung ist in ihrer Durchführung, Auswertung und Interpretation unabhängig von der Person des Forschers.

- Jede Untersuchung beinhaltet folgende Arbeitsschritte:
  - Formulierung einer wissenschaftlichen Fragestellung,
  - Bildung einer Hypothese,
  - Operationalisierung der zentralen Begriffe,
  - Ausschalten von Merkmalen, die das Ergebnis verfälschen könnten,
  - Bestimmung der Stichprobe,
  - Durchführung der Untersuchung, Erhebung der Daten,
  - Auswertung und Interpretation der Daten,
  - Verifizierung oder Falsifizierung der Hypothese,
  - Formulierung von allgemeingültigen Aussagen wie Gesetzmäßigkeiten, Theorien.

Materialien Kapitel 19

1. Beispiele für eine systematische Verhaltensbeobachtung

a) Beobachtung von aggressivem Verhalten eines Kindes im Kindergarten (im Heim, in der Schule ...)

Name des Kindes: _____				Beobachtungszeitraum: _____					
	Schreien und Herum-brüllen	Trampeln	Umsich-schlagen	Attackie-ren der eigenen Person	Attackie-ren von anderen Personen	Attackie-ren von Gegen-ständen	usw.	usw.	usw.
1. Tag Vormittag									
1. Tag Nachmittag									
2. Tag Vormittag									
2. Tag Nachmittag									
3. Tag Vormittag									
3. Tag Nachmittag									
4. Tag Vormittag									
4. Tag Nachmittag									
5. Tag Vormittag									
5. Tag Nachmittag									
6. Tag Vormittag									
6. Tag Nachmittag									
7. Tag Vormittag									
7. Tag Nachmittag									
8. Tag Vormittag									
8. Tag Nachmittag									

b) Beobachtung von Verhaltensauffälligkeiten im körperlichen Bereich eines Kindes

Name des Kindes: _____ Beobachtungszeitraum: _____

	sehr häufig beobachtet	häufig beobachtet	öfter beobachtet	selten beobachtet	sehr selten beobachtet	nie beobachtet
Nägelkauen						
Daumenlutschen						
Einnässen						
Einkoten						
Zittern						
Zappeln						
Zuckungen						
Tics						
Stottern						
Haare ausreißen						
usw.						

c) Beobachtung des Sprachverhaltens von Erziehern (Lehrern) und Kindern (Schüler/innen)

Einrichtung, Gruppe, Klasse: _____

Datum: _____, Tag: _____, Uhrzeit: _____

Machen Sie bitte in dem entsprechenden Kästchen Striche!

1. Äußerungen des(r) Erziehers(in) – des(r) Lehers(in) – zu den Kindern – den Schülern/innen:

Aufforderungen, Befehle	Tadel, geringschätzige Äußerungen	Lob, Hilfen, Ermutigung	sachliche Äußerungen

2. Äußerungen der Kinder – der Schüler/innen – gegenüber dem(r) Erzieher(in) – dem(r) Lehrer(in)

Sachfragen	Erbitten von Hilfe und Zuwendung	Kritik	aggressive Äußerungen	Erzählen, Berichten

3. Äußerungen des Kindes – des(r) Schülers/in – zu den Kindern/Schülern/innen

Sachfragen	Erbitten von Hilfe und Zuwendung	Kritik	aggressive Äußerungen	Erzählen, Berichten

(herausgegeben vom Kultusministerium von Niedersachsen, geändert)

2. Der Test als weitere empirische Methode

Mithilfe eines Tests will man bestimmte psychische Merkmale erfassen und feststellen, in welchem Maße diese Merkmale bei einem Menschen ausgeprägt sind.

> So will zum Beispiel ein Intelligenztest die Intelligenz (= psychisches Merkmal) eines Menschen erfassen und feststellen, wie ausgeprägt diese bei einem Menschen ist.

Test ist die Bezeichnung für ein Messverfahren, mit dessen Hilfe die individuelle Ausprägung eines oder mehrerer psychischer Merkmale eines Menschen festgestellt werden kann.

Die Psychologie kennt eine Vielzahl von Tests, die sich drei Gruppen zuordnen lassen:

– **Leistungstests:** Sie wollen bestimmte Lern- oder Denkleistungen eines Menschen messen. Zu dieser Gruppe von Tests gehören beispielsweise Intelligenz-, Reaktions-, Konzentrations-, Begabungs- und Eignungstests.

– **Reife- und Entwicklungstests:** Sie wollen messen, inwieweit der Proband – die Person, die getestet wird – altersangemessenes Verhalten zeigt. Ein typisches Beispiel hierfür sind die Schulreifetests.

– **Persönlichkeitstests:** Sie wollen ein oder mehrere Persönlichkeitsmerkmale und deren Ausprägung erfassen.

Diese Einteilung darf nicht absolut gesehen werden, es gibt Überschneidungen.

(Hobmair, Psychologie, 2008⁴, S. 66 ff.)

3. Die Befragung

Die Befragung ist eine sehr weit verbreitete Technik zur Gewinnung von bestimmten Daten. Dabei werden an bestimmte Personen bzw. -gruppen Fragen gerichtet, die diese beantworten.

Die Befragung ist eine Technik zur Erfassung von Daten mithilfe der Beantwortung von Fragen, die einem bestimmten Personenkreis gestellt werden.

Eine Befragung kann *schriftlich* mithilfe eines Fragebogens oder aber auch *mündlich* stattfinden. Ein **Fragebogen** ist eine schriftliche Zusammenstellung von zweckgerichteten Fragen nach bestimmten Daten.

> „Sind Sie Mitglied eines Sportvereins?", „Wie viel Liter Milch trinken Sie pro Woche?" oder „Wie zufrieden sind Sie mit Ihrem Ehepartner?" sind Beispiele für solche zweckgerichteten Fragen.

Die Fragen können dabei *geschlossen* oder *offen* sein. Bei geschlossenen Fragen werden alternative Antworten vorgegeben, bei offenen Fragen antworten die Befragten mit ihren eigenen Worten.

> Um eine geschlossene Frage handelt es sich beispielsweise, wenn der Befragte sich zwischen „Ja" oder „Nein" („Treiben Sie täglich Sport?") entscheiden oder auf einer mehrstufigen Skala – etwa von „stimme völlig zu" bis „lehne völlig ab" – eine Entscheidung treffen muss oder wenn ihm eine Auswahl von verschiedenen Antworten zur Verfügung steht.
> Ein Beispiel für offene Fragen ist: „Was schätzen Sie an Ihrem Partner am meisten, was am wenigsten?"

Zudem können die Fragen nur jeweils eine Antwort oder auch mehrere Antworten zulassen.
Eine mündliche Befragung wird gewöhnlich Interview genannt. Ein **Interview ist eine mündliche,**

zweckgerichtete Befragung, um bestimmte Daten zu erhalten. Dabei passt der Interviewer in der Regel seine Fragen den Besonderheiten des Befragten und der jeweiligen Situation an.

> Interviews sind uns allen beispielsweise durch das Fernsehen bekannt, wenn Politiker, Künstler, Sportler, Schauspieler, Sänger u. a. zu einem bestimmten Thema befragt werden.

Bei einer **Umfrage** wird einer relativ großen Gruppe von Menschen eine bestimmte Anzahl von festgelegten Fragen gestellt. Geht es bei einer Umfrage um die Ansicht oder Meinung von Menschen, so handelt es sich um eine **Meinungsforschung** bzw. **Demoskopie**.

> Die sogenannte „Sonntagsfrage" in öffentlichen Medien, wie viel Prozent die einzelnen Parteien bei einer bevorstehenden Wahl erhalten würden, ist hierfür ein treffendes Beispiel.

(Hobmair, Psychologie, 2008⁴, S. 68 ff.)

4. Beispiele für Korrelationen

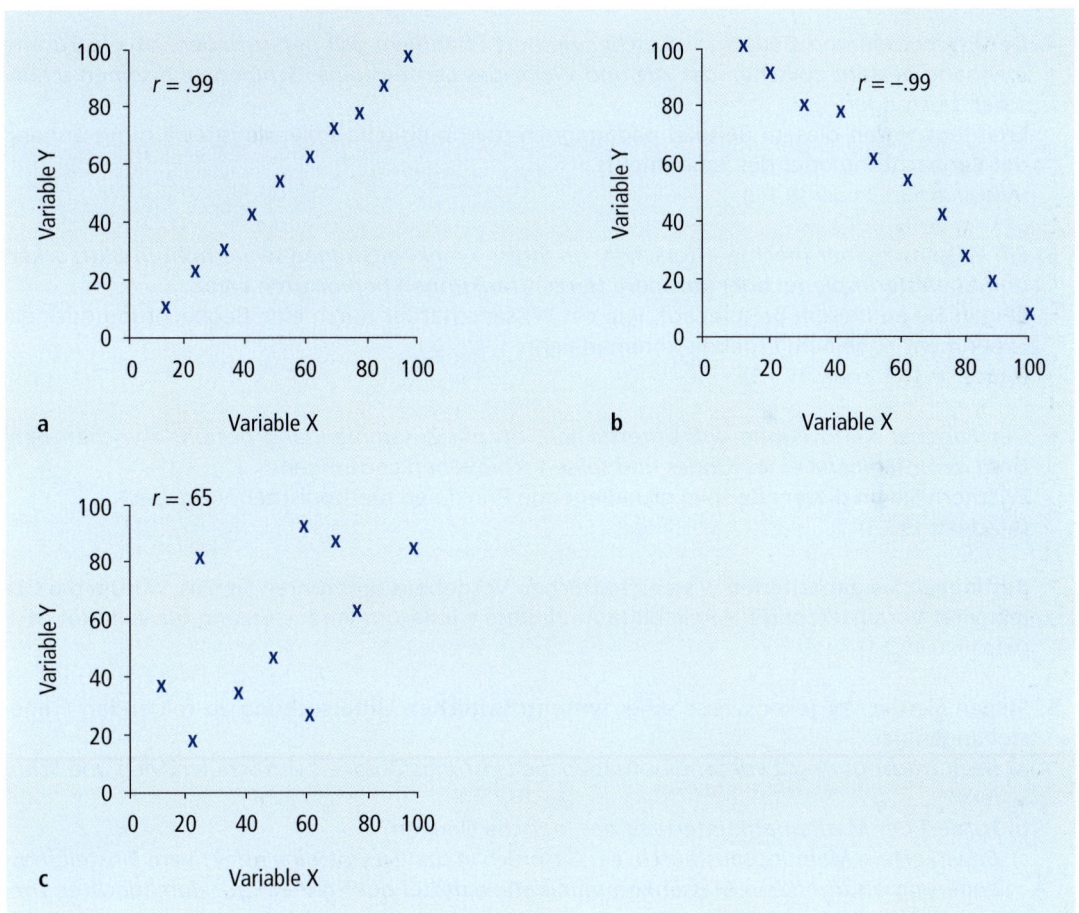

Bei a liegt eine hohe positive Korrelation vor; es besteht eine enge Beziehung zwischen den Merkmalen. Bei b liegt eine hohe negative Korrelation vor; es besteht eine „umgekehrte" enge Beziehung zwischen den Merkmalen. Bei c liegt keine Korrelation vor; es besteht keine Beziehung zwischen den Merkmalen.

(Asendorpf, 2005³, S. 53)

Aufgaben und Anregungen

Aufgaben

1. Beschreiben Sie anhand einer Beobachtungssituation (zum Beispiel Schüler im Pausehof, Kinder auf dem Spielplatz) die Unterschiede zwischen einer wissenschaftlichen Beobachtung und einer Alltagsbeobachtung.
(Abschnitt 19.1.2)

2. Zeigen Sie an geeigneten Beispielen verschiedene Formen der Beobachtung auf.
(Abschnitt 19.1.2)

3. Stellen Sie an einem Beispiel aus der Pädagogik das Experiment als empirische Methode dar.
(Abschnitt 19.2.3)

4. *Der Psychologe und Gedächtnisforscher Herbert Ebenheim will herausfinden, ob ein Zusammenhang besteht zwischen der Art und Weise des Lernens eines Schülers und seinen schulischen Leistungen.*
Erläutern Sie an diesem Beispiel pädagogisch-psychologische Erkenntnisgewinnung anhand der Beobachtung oder des Experiments.
(Abschnitt 19.1.2 oder 19.1.3)

5. *Ein Wissenschaftler möchte erforschen, ob Stress Krankheitsfolgen wie erhöhten Blutzucker- und Cholesterinspiegel oder koronare Herzerkrankungen hervorrufen kann.*
Zeigen Sie an diesem Beispiel auf, wie ein Wissenschaftler durch eine Beobachtung oder ein Experiment zu seinem Ergebnis kommen kann.
(Abschnitt 19.1.2 oder 19.1.3)

6. *Der Forscher Carlo Poppe will untersuchen, ob ein Zusammenhang besteht zwischen dem Grad der Intelligenz eines Kindes und seinen schulischen Leistungen.*
Erläutern Sie an diesem Beispiel grundlegende Prinzipien methodischen Vorgehens.
(Abschnitt 19.2.1)

7. Bestimmen Sie die Kriterien wissenschaftlichen Vorgehens und führen Sie aus, warum die Objektivität Voraussetzung für Reliabilität und diese wiederum Voraussetzung für Validität ist.
(Abschnitt 19.2.1)

8. Stellen Sie die Vorgehensweise einer wissenschaftlichen Untersuchung zu folgenden Fragestellungen dar:
   a) *Beeinträchtigt Angst vor Schulaufgaben die Leistungsfähigkeit von Schülerinnen und Schülern?*
   b) *Fördert der Mathematikunterricht das logische Denken?*
   c) *Bewirken ein Meinungsaustausch, ein Gespräch in der Gruppe eine effektivere Einstellungsänderung als irgendein Massenkommunikationsmittel oder gar ein gut durchdachter, rhetorisch einwandfreier Vortrag?*
   (Abschnitt 19.2.2)

9. *Aufgrund guter Kontakte zum Jugendamt hat eine 13. Klasse im Rahmen des Pädagogik/Psychologie-Unterrichts die Möglichkeit, Häufigkeit und Intensität fremdenfeindlicher Einstellungen unter den Besuchern der kommunalen Jugendzentren zu ermitteln.*

Stellen Sie die verschiedenen Arbeitsschritte, nach denen man bei dieser Untersuchung vorgehen würde, dar.
(Abschnitt 19.2.2)

10. *„Kinder in Großstädten sollen aggressiver sein als Kinder in Kleinstädten und auf dem Lande."*
Erläutern Sie anhand dieses Beispiels die Vorgehensweise bei einer systematischen Beobachtung oder einem Experiment.
(Abschnitt 19.2.2 und 19.1.2 oder 19.1.3)

Anregungen

11. *Kaffeehaus (vgl. Hugenschmidt/Technau, 2009, 91 f.)*
    – Bilden Sie Vierergruppen und wählen Sie einen Teilbereich des Themas „Psychologische und pädagogische Erkenntnisgewinnung" aus.
    – Diskutieren Sie in der Gruppe über Ihren Themenbereich, sodass jeder gut darüber Bescheid weiß.
    – Anschließend löst sich die Gruppe auf und es werden mehrere Tische mit je vier Stühlen aufgestellt. Jeder einzelne Schüler kann sich an einen beliebigen Tisch setzen und sich mit den anderen über die wesentlichen Aspekte seines Themenbereiches unterhalten. Dabei kann er den Tisch auch wechseln.

12. Suchen Sie in Zeitschriften nach psychologischen Untersuchungen, und sprechen Sie in Gruppen darüber, inwieweit Prinzipien methodischen Vorgehens eingehalten wurden.

13. *Beobachtungsübung*
    Zwei Schüler sprechen miteinander über ein aktuelles Thema. Die linke Hälfte der Klasse notiert, was sie beobachtet (ohne Beobachtungsbogen), die rechte Hälfte erhält einen ‚Beobachtungsbogen' und protokolliert ihre Beobachtungen. Sie können auch Dreiergruppen bilden: Zwei Schüler/innen sprechen miteinander über ein aktuelles Thema, der (die) dritte protokolliert seine (ihre) Beobachtungen auf einem Beobachtungsbogen. Werten Sie anschließend in der Klasse die Beobachtungen aus.

Beispiel für einen Beobachtungsbogen:

Beobachten Sie und machen Sie Striche ...	Schüler(in) 1	Schüler(in) 2
Wie oft mit Fingern in das Gesicht gefasst?		
Wie oft „hm" oder „äh" gesagt?		
Wie oft die Stirn hochgezogen bzw. gerunzelt?		
Wie oft mit der Hand über das Haar gestrichen?		
Wie oft die Hände auf den Schoß?		
Wie oft auf dem Stuhl gerutscht?		
Wie oft den anderen nicht ausreden lassen?		
usw.		

14. Entwerfen Sie einen Beobachtungsbogen, mit dem Sie eine einfache systematische Verhaltensbeobachtung in einer sozialpädagogischen Einrichtung (z. B. Kindergarten, Jugendzentrum) durchführen und auswerten können (Beispiele hierfür finden Sie in *Materialien 1*).

15. *Wir führen eine Beobachtung bzw. ein Experiment durch.*
    - Überlegen Sie sich in Gruppen eine Fragestellung, die Sie untersuchen möchten und auch bewältigen können.
    - Bereiten Sie entsprechend *Abschnitt 19.2.2* unter Berücksichtigung der Prinzipien methodischen Vorgehens (*Abschnitt 19.2.1*) die Beobachtung bzw. das Experiment vor.
    - Führen Sie in Gruppen diese Untersuchung durch.
    - Setzen Sie sich mit Ihrem Mathematiklehrer in Verbindung, der Ihnen bei der statistischen Auswertung der Daten helfen soll.
    - Stellen Sie Ihr Untersuchungsergebnis Ihrer Klasse vor und schildern Sie auch, wie Sie vorgegangen sind.

Erziehung unter besonderen Bedingungen

Erlebnisse eines Jungen mit Körperbehinderung:

„Joseph gewöhnte sich langsam daran, dass er zum Diskussionsgegenstand wurde. Ganz offen erörterten die Schüler seine körperlichen Defekte, und da sie sich sicher waren, dass er sie nicht verstehen konnte, nahmen sie sich eine Lautstärke heraus, als sei er gar nicht anwesend gewesen. Sie überlegten, ob der Krüppel wohl eine Windel trüge, und hätten ihn, um sich zu vergewissern, allzu gerne daraufhin untersucht. Dann debattierten sie seinen Mangel an Intelligenz. Sie wählten verschiedene Bezeichnungen, mit denen sie ihn abqualifizieren konnten. So warfen sie mit Wörtern um sich wie Psychopath, Geistesgestörter, Spasti, Gehirnamputierter, Schwachsinniger. Sie fanden, dass er in einer Schule für normale Kinder fehl am Platz sei, und machten sich darüber lustig, dass der Direktor und das Kollegium offensichtlich auf ihn hereingefallen waren. Joseph stellte sich dumm und hörte auf diese Weise, wie andere Schüler ihn beurteilten. Manchmal reagierte er, indem er den Kopf kerzengerade hielt und sie lange prüfend ansah. Aber vergebens, sie grinsten nur – belustigt, weil er so vernünftig tat."

(Nolan, 1996, S. 46)

Dieser Bericht stammt von einem Jungen mit Körperbehinderung, der in einer Regelschule unterrichtet wird.

Folgende Fragen werden in diesem Kapitel geklärt:

1. *Was versteht man unter Heil- bzw. Sonderpädagogik?*
   Worin liegt der Unterschied zwischen diesen beiden Begriffen?

2. *Was ist der Gegenstand der Heil- bzw. Sonderpädagogik?*
   Von welcher Wertgebundenheit geht sie aus?

3. *Was versteht man unter Behinderung?*
   Welche Arten von Behinderung kennt die Heil- bzw. Sonderpädagogik?
   Was sind die Ursachen für eine Behinderung?

4. *Mit welchen Problemen sind Menschen mit Behinderung konfrontiert?*
   Welche Einstellung hat die Öffentlichkeit ihnen gegenüber?

20.1 Grundlagen der Heil- bzw. Sonderpädagogik

Die Heil- bzw. Sonderpädagogik ist ein Teilbereich der Pädagogik und hat eine bewegte Geschichte. Auch in ihrem Aufgabenfeld war und ist heute vieles in Bewegung. Allein schon um die Begriffe „Heilpädagogik" und „Sonderpädagogik" gab und gibt es in der Literatur vehemente Auseinandersetzungen wie in keiner anderen Disziplin der Pädagogik.

20.1.1 Der Begriff „Heil- bzw. Sonderpädagogik"

Nicht bei allen Kindern und Jugendlichen reicht die landläufige Erziehung aus: Manche benötigen zusätzliche und spezielle pädagogische Methoden und Maßnahmen.

> Ein Mensch mit geistiger Behinderung oder ein Kind mit großen Angsterscheinungen zum Beispiel benötigen eine besondere individuelle pädagogische Hilfe.

Mit Menschen, die im Rahmen einer allgemeinen Erziehung nicht hinreichend gefördert werden können und deshalb besonderer Hilfe bedürfen, befasst sich die Heil- bzw. Sonderpädagogik. Die Heil- bzw. Sonderpädagogik wird also unter dem Aspekt **spezieller Erziehungshilfen bei Lern- und Erziehungshindernissen** gesehen und bezieht sich als spezielle Pädagogik auf alle Kinder, Jugendlichen und Erwachsenen mit besonderem Lern- und Erziehungsbedarf. Sie hat es also mit Personen aller Altersstufen zu tun, bei denen eine „besondere" Erziehung mit entsprechenden Zielen, Methoden und Maßnahmen notwendig ist, und bezieht sich auf alle Erziehungsinstitutionen mit speziellem Erziehungsauftrag. Dabei ist nicht nur die pädagogische Praxis gemeint, sondern auch die Theorie über die Erziehung dieser Menschen.

> **Heil- bzw. Sonderpädagogik ist die Theorie und Praxis der Erziehung von Menschen, bei denen spezielle Lern- und Erziehungshilfen notwendig sind.**

Gegenstand der Heil- bzw. Sonderpädagogik ist also die Erziehung von Kindern, Jugendlichen und Erwachsenen, die im Rahmen der allgemeinen und üblichen Erziehung nicht hinreichend gefördert werden können und deshalb spezieller Hilfe bedürfen. Dabei ist die Heil- bzw. Sonderpädagogik auf andere Wissenschaften angewiesen, insbesondere auf die Medizin und Psychologie.

Merkmale des Begriffes „Heil- bzw. Sonderpädagogik":
- **Die Heil- bzw. Sonderpädagogik wird als Disziplin der Pädagogik unter dem Aspekt spezieller Erziehungshilfen bei Lern- und Erziehungshindernissen gesehen.**
- **Sie bezieht sich auf alle Kinder, Jugendlichen und Erwachsenen mit besonderem Lern- und Erziehungsbedarf sowie auf alle Erziehungsinstitutionen mit speziellem Erziehungsauftrag.**
- **Dabei ist nicht nur die pädagogisch praxisbezogene Arbeit gemeint, sondern auch die Theorie über die Erziehung von Menschen mit Lern- und Erziehungshindernissen.**

20.1.2 Die Problematik der Begriffe „Heilpädagogik" und „Sonderpädagogik"

Heilpädagogik ist der ältere Begriff und versteht sich als ein auf „Heilung" abzielendes Lehrsystem. Dieser seit ca. 1860 gebräuchliche Begriff war und ist nicht unumstritten. Den Grund hierfür bildet die Vorsilbe „heil", die laut Kritikern den falschen Eindruck erwecke, als würde – etwa in Anlehnung an die Medizin – „geheilt" werden und als könne durch gezielte Förderung und Training eine Heilung erreicht werden. In der Pädagogik gehe es aber – wie es einer der Hauptkritiker des Begriffs „Heilpädagogik", *Paul Moor* (1993[3], S. 259), formuliert – „nur am Rande darum, durch Erziehung etwas zu heilen". Zudem gebe es beeinträchtigte Menschen, wie zum Beispiel Menschen mit Behinderung, die nicht zu heilen seien, und die Aufgabe der Pädagogik liege ja gerade darin, „nach den Möglichkeiten der Erziehung zu suchen, wo etwas Unheilbares vorliegt". Zum anderen wurde der Begriff „heil" in diesem Zusammenhang im Sinne der religiösen Bedeutung vom Seelenheil verwendet: Heilpädagogik wurde gleichgesetzt mit „Heilspädagogik" und heilpädagogisches Erziehenwollen ist Heilswille am Menschen, letztlich „Seelsorge" und führt zum „Heil der Seele" (vgl. *Speck, 2008*[6] S. 48).

Deshalb versuchte man in den sechziger Jahren des letzten Jahrhunderts den Begriff Heilpädagogik durch „Sonderpädagogik" zu ersetzen. Dieser Terminus sollte einmal die Missverständnisse, die der Begriff „Heilpädagogik" beinhaltet, vermeiden und zum anderen ***das „Besondere"*** in der Erziehung gegenüber dem Allgemeinen kennzeichnen: In der Sonderpädagogik handle es sich um eine „besondere" Erziehung mit „besonderen" Zielen, Methoden und Maßnahmen. Vertreter dieses Begriffes möchten an der Bezeichnung „Sonderpädagogik" festhalten, da sie – wie es *Heinz Bach* (1999, S. 1 f.) formuliert – einmal „auf das Besondere, das heißt vom Regelbereich Abweichende der pädagogischen Ausgangslage und auf entsprechende besondere Aufgaben und Verfahren hinweist", und zum anderen „keine problematischen Versprechungen („Heilung" usw.) enthält".

Doch dieser Begriff ist von seiner Geschichte her zu sehr von der Sonderschule bestimmt und wird nahezu ausschließlich im Bereich der Sonderschullehrer und im Sinne der Sonderschulpädagogik verwendet; er ist deshalb ein einengender Begriff, der den Gegenstand nur zum Teil abdeckt. Vor allem *Ulrich Bleidick* (1990[5]) setzt den Begriff „Sonderpädagogik" mit „Behindertenpädagogik" gleich und klammert damit Kinder und Jugendliche, die einer speziellen erzieherischen Hilfe bedürfen, aber nicht behindert sind, aus[1]. Gegen den Begriff „Sonderpädagogik" wird zudem eingewandt, dass er auf „Abnormität" hinweise und das Aussondern nahe lege, indem er das vom Regelbereich Abweichende betont.

> *„Offenbar fehlt ein Terminus, der Förderung im Sinne einer gezielten Einflussnahme formaler und inhaltlicher Art aktionsneutral kennzeichnet. Diesen gilt es nach wie vor zu finden oder zu erfinden, um die Handlungsintention und -methode hinreichend komplex[2] und treffend zu kennzeichnen ..."*
> (Bach, 1999, S. 1)

Heute kehrt man wieder zu dem Begriff „Heilpädagogik" zurück, indem man die Vorsilbe „heilen" nicht im speziellen Sinn des Gesundmachens versteht, sondern in

---

[1] *vgl. hierzu den Gegenstand der Heil- bzw. Sonderpädagogik in Abschnitt 20.1.3*

[2] *komplex (lat.): vielschichtig, vieles umfassend*

einer umfassenderen Bedeutung von **Ganzheitlichkeit des Lebens**: In dem Wort „heil" steckt die semantische Bedeutung von „ganz" und meint damit „ganzheitliche Orientierung in der Erziehung", der es „im Besonderen um die Herstellung oder Wiederherstellung der Bedingungen für eigene Selbstverwirklichung und Zugehörigkeit, für den Erwerb von Kompetenz und Lebenssinn, also um ein Ganz-Werden geht, soweit es dazu spezieller Hilfe bedarf" (*Speck, 2008⁶, S. 56*). Das Wort „heil" bezieht sich also nicht auf eine Heilung im medizinischen Sinne: Es geht dabei um *eine ganzheitliche Förderung des Beeinträchtigten mit seinen persönlichen Eigenarten und Begabungen und in seinem gesamten sozialen Umfeld*. So wird auch Gesundheit nicht als „Freisein von Krankheit", die es zu heilen gilt, verstanden, sondern – wie es die *Weltgesundheitsorganisation* sieht – als allseitiges körperliches, seelisches und soziales Wohlbefinden[1].

20.1.3 Der Gegenstand der Heil- bzw. Sonderpädagogik

Bei Personen, die eine „besondere" erzieherische Hilfe benötigen, ist einmal die **Behinderung** zu nennen. In der Literatur wird dann von Behinderung gesprochen, wenn die Beeinträchtigung auf (eine) *funktionelle Schädigung(en) und Funktionseinschränkung(en)* zurückzuführen ist[2].

> Eine Person zum Beispiel gilt als behindert, die in ihrem Lernverhalten aufgrund einer Hirnverletzung (= Schädigung) und der damit verbundenen geistigen Funktionsschwäche erheblich und umfänglich in ihrer Entwicklung eingeschränkt ist.

Zum anderen hat es die Heil- bzw. Sonderpädagogik auch mit Menschen zu tun, bei denen keine funktionelle Schädigung vorliegt, die aber trotzdem einer besonderen Hilfe bedürfen.

> Ein Kind, das beispielsweise im Lernen stark beeinträchtigt ist, bei dem aber keine funktionelle Schädigung vorliegt, benötigt ebenfalls eine besondere individuelle pädagogische Hilfe.

Hier wird von **Erlebens- und Verhaltensstörung** gesprochen, die nicht auf organische Ursachen zurückzuführen ist und besondere pädagogische bzw. psychologische Maßnahmen erforderlich macht.

> Liegt beispielsweise bei einer Beeinträchtigung im Lernen eine funktionelle Schädigung vor, so spricht man von Lernbehinderung; ist sie aber nicht organisch bedingt, sondern etwa durch eine Fehlform in der Erziehung, so spricht man von einer Lernstörung.

Neben Erlebens- und Verhaltensstörung ist in der Literatur auch von Entwicklungshemmung, Verhaltensbesonderheit, emotionaler Störung, Verhaltensauffälligkeit, Verhaltensschwierigkeit, Verhaltensbeeinträchtigung, Erziehungsschwierigkeit u. a. oder auch einfach von auffälligen Kindern und Jugendlichen die Rede. Die Vielzahl der in der Fachliteratur verwendeten Begriffe zeigt die Schwierigkeit, den Sachverhalt angemessen zu umschreiben.

---

[1] *vgl. Kapitel 22.2.1*
[2] *Auf den Begriff „Behinderung" wird in Abschnitt 20.2.1 eingegangen.*

Die Heilpädagogik hat also zum einen Behinderungen und zum anderen Erlebens- und Verhaltensstörungen zum Gegenstand.

Dieser Einteilung folgen nicht alle Heil- und Sonderpädagogen: Manche ordnen Verhaltensstörungen den Behinderungen zu und sprechen dann von einer Behinderung, wenn eine nicht nur vorübergehende, erhebliche Beeinträchtigung im Erleben und Verhalten einer Person, in ihrem Lebensvollzug und/oder in ihrer Teilhabe am gesellschaftlichen Leben vorliegt. Häufig wird in der Literatur dann von „Verhaltensauffälligkeiten" als weiterer Art von Behinderung gesprochen.

Aufgabe der Heil- bzw. Sonderpädagogik ist es nun, die Ursachen und die Entstehung von Behinderungen sowie von Erlebens- und Verhaltensstörungen zu erforschen sowie Methoden und Maßnahmen zu finden und zu begründen, die über die „Regelerziehung" hinausgehen.

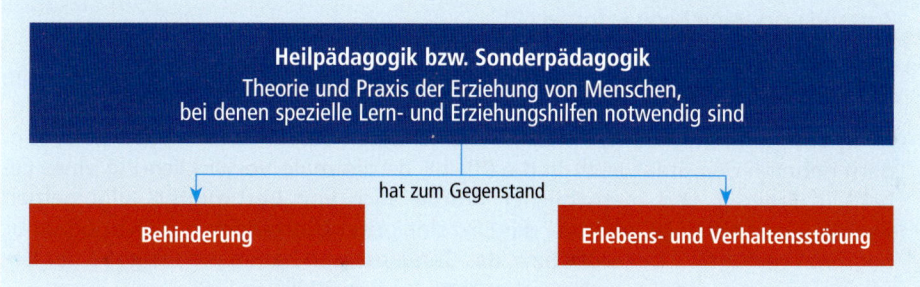

20.1.4 Die Wertgebundenheit heilpädagogischen Handelns

In letzter Zeit wird des Öfteren eine „wertfreie Wissenschaft" gefordert, die sich nur auf Aussagen bezieht, die sich rein empirisch nachweisen und überprüfen lassen. Gerade an der Heil- bzw. Sonderpädagogik lässt sich erfahren, dass eine solche einseitige Betrachtungsweise dem Menschen, insbesondere seinem Erleben und Verhalten sowie der Erziehungswirklichkeit, nicht gerecht werden kann[1]. Die Heil- bzw. Sonderpädagogik wird immer eine *wertorientierte Wissenschaft* sein, die sich an ethischer Gebundenheit und an bestimmten Werthaltungen ausrichten muss. Bestimmte Grundwerte sind für die Heil- bzw. Sonderpädagogik von entscheidender Bedeutung, vor allem für das pädagogische Handeln und die Motivation des erzieherischen Engagements. Nur aus diesen Grundwerten heraus kann einerseits der erzieherisch Handelnde und andererseits die Gesellschaft die Grundlage des Engagements für die Achtung der Würde und des Lebensrechtes eines jeden Menschen beziehen.

*Die Wertgebundenheit der Heil- bzw. Sonderpädagogik hat in der heutigen Zeit, in der das Lebensrecht von Menschen mit Behinderung in Verbindung mit **ökonomischen Aspekten** infrage gestellt wird, nicht an Stärke verloren. Der **ökonomische Faktor** ist auch in der Arbeit mit Beeinträchtigten, insbesondere mit Menschen mit Behinderung, bestimmend geworden, indem die Notwendigkeit einer Kosten-Nutzen-Analyse geltend gemacht wird[2].*

---

[1] *vgl. Kapitel 18.2.3*
[2] *siehe Kapitel 21.3.3*

Otto Speck (2008[6], S. 156–172) führt folgende Wertorientierungen an, die für die Heil- bzw. Sonderpädagogik grundlegend sind:

- **Jeder Mensch hat ein Recht auf menschenwürdiges Leben.**

In Artikel 1 der *Erklärung der Vereinten Nationen* vom 10. Dezember 1948 heißt es: „Alle Menschen sind frei und gleich an Würde und Rechten geboren." Im *Grundgesetz* der Bundesrepublik lautet der Artikel 1: „Die Würde des Menschen ist unantastbar. Sie zu achten und zu schützen ist Verpflichtung aller staatlichen Gewalt." Speziell auf die Wertorientierung der Heil- bzw. Sonderpädagogik bezogen, lässt sich die von den Vereinten Nationen 1959 verabschiedete Erklärung über die Rechte des Kindes zitieren. In Grundsatz 5, der sich auf Kinder mit Behinderung bezieht, heißt es: „Das Kind, das körperlich, geistig und sozial behindert ist, erhält diejenige besondere Behandlung, Erziehung und Fürsorge, die sein Zustand und seine Lage erfordern."

Menschen- und Grundrechte sind unverzichtbar und unantastbar, fundieren die staatliche Ordnung und bestimmen das Gemeinwesen. Sie sind Rechte der Ordnung des politischen Gemeinwesens und schützen den Einzelnen nicht nur, „sondern nehmen den Staat auch in die Pflicht, da die reale Verwirklichung eines Lebens in Freiheit und menschlicher Würde auch von bestimmten allgemeinen Bedingungen abhängt, über die der Einzelne unter Umständen gar nicht oder nur begrenzt verfügt. … Der Staat bzw. das Gemeinwesen haben die Aufgabe der Daseinsvorsorge und der sozialen Sicherung" (*Speck, 2008[6], S. 158*).

- **Jeder Mensch hat ein Recht auf Erziehung und Bildung.**

Bildung ist ebenfalls ein Grundrecht. *Otto Speck (2008[6], S. 159)* hält es für eine universale Grundüberzeugung, „dass jeder Mensch *Mensch* im Sinne der Zugehörigkeit zur menschlichen Gemeinschaft ist, und dass deshalb sein Lebensrecht und sein Recht auf Bildung nicht infrage gestellt werden dürfen. Diese unbedingte oder kategorische Zugehörigkeit ist ein Kulturgut, d. h. ein Gut, von dem die Qualität einer Kultur abhängt." Bildung bezeichnet er als ein Prinzip, das „für alle Mitglieder einer Kultur als deren Träger gilt, auch wenn diese unterschiedliche Grade der Bildung erreichen und Unterschiedliches zu dieser Kultur beitragen." Dieses prinzipielle Anderssein schließt eine Ausgrenzung aus.

> *„In dem Maße, in dem das aktive und bewusste Einbeziehen aller Menschen in den allgemeinen Bildungsprozess verwirklicht wird, erhalten der Einzelne und seine Gesellschaft die Chance, sich in Richtung auf mehr Menschlichkeit voranzubringen. … Heilpädagogik ist dann als eine notwendige Unterstützung bei der Verwirklichung von Bildung und Zugehörigkeit im Fall von Gefährdungen zu verstehen."*
>
> (Speck, 2008[6], S. 154 f.)

- **Jeder Mensch hat ein Recht auf Zugehörigkeit und soziale Teilhabe.**

Bei diesem Recht geht es um die *Unbedingtheit* von Zugehörigkeit: Zugehörigkeit ohne Ausnahme, ohne Infragestellung, ohne Prüfung. Zugehören bedeutet nach *Otto Speck (2008[6], S. 168 f.)*, dass es einen Ausschluss irgendeines Teils der unendlich vielfältigen Gemeinschaft im Prinzip nicht geben kann, wenn es diese als Solidargemeinschaft geben soll. Unbedingte Zugehörigkeit bedeutet also, niemand darf aus jeglicher Gemeinschaft, an der er teilhaben könnte, ausgegliedert werden und sein.

> *„Immer deutlicher spüren es mehr Menschen, dass es mit der dominanten Ich-Orientierung, die gleichzeitig ... andere ausschließt, nicht weitergehen kann, dass es möglich sein muss, Andere, seien es Ausländer, Behinderte, Alte und sozial Schwache, einzugliedern. Die gemeinsame Zukunft hängt davon ab.“* (Speck, 2008⁶, S. 169)

– **Jeder Mensch hat ein Recht auf gerechte Verteilung der sozialen Güter.**

Jedes Gemeinwesen beruht auch auf dem Prinzip der gerechten Verteilung der sozialen Güter. In der Realität haben wir es aber mit dem Umstand zu tun, dass das Grundsystem der Gerechtigkeit verschieden gesehen wird. Unser gesellschaftliches System orientiert sich nicht am Menschen, sondern am Nutzen bzw. am Ideal des persönlichen Glücks. Dieses „Nutzenprinzip" bringt es mit sich, dass bestimmte Mitglieder nicht teilhaben können am Wohlstand anderer.

> *„Im Grunde ist das Nutzenprinzip mit einer Grundordnung nicht vereinbar, die verhindern soll, dass Mitglieder benachteiligt oder bevorzugt werden, und die gewährleisten soll, dass sich Vorteile für jedermann ergeben, insbesondere für die schwächsten Mitglieder. Der Nutzen kann nicht vom Belieben der Mehrheit bestimmt werden, während eine Minderheit lediglich Opfer für das Wohlergehen Erziehung unter besonderen Bedingungen einer Mehrheit erbringt. Die Sozialpolitik steht vor der Aufgabe, ... die Verteilung sozialer Güter so zu regeln, dass jeder, der einem Gemeinwesen angehört, seine Teilhaberechte an den sozialen Gütern dieser Gemeinschaft wahrnehmen kann.“* (Speck, 2008⁶, S. 170)

Materialien 1

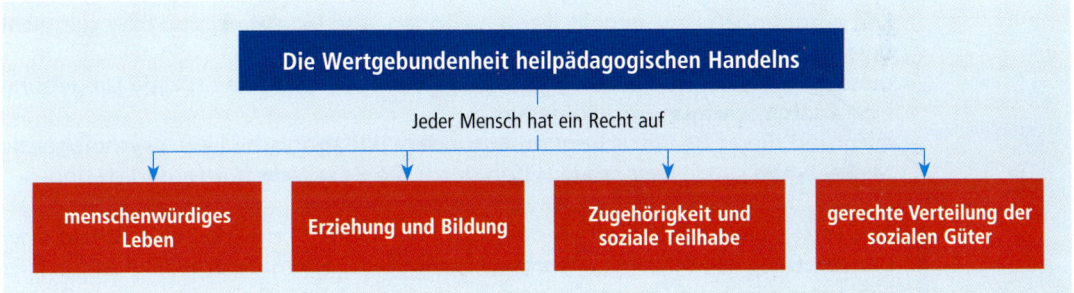

Die Wertgebundenheit heilpädagogischen Handelns

Jeder Mensch hat ein Recht auf

| menschenwürdiges Leben | Erziehung und Bildung | Zugehörigkeit und soziale Teilhabe | gerechte Verteilung der sozialen Güter |

20.2 Behinderung als Gegenstand der Heil- bzw. Sonderpädagogik

In der Literatur wird des Öfteren allein die Behinderung als Gegenstand der Heil- bzw. Sonderpädagogik angegeben, wobei Erlebens- und Verhaltensstörungen als eigene Gruppe neben verschiedenen weiteren Behinderungsarten zu diesen gezählt werden[1].

20.2.1 Der Begriff „Behinderung"

Der Begriff „Behinderung" wird in der Heil- bzw. Sonderpädagogik nicht einheitlich bestimmt. Einigkeit besteht darin, dass bei einer Behinderung immer eine **Beeinträchtigung vorliegt, die auf (eine) funktionelle Schädigung(en) und Funktionseinschränkung(en)** zurückzuführen ist. Behinderung aus dieser Sichtweise ist also grundsätzlich die Folge einer Schädigung.

> Eine Person zum Beispiel gilt als behindert, die in ihrem Lernverhalten aufgrund einer Hirnverletzung (= Schädigung) erworbenen geistigen Funktionsschwäche erheblich und umfänglich in ihrer Entwicklung eingeschränkt ist.

Im Alltag wird meist die zugrunde liegende Schädigung nicht von der damit verbundenen Behinderung getrennt. Wer beispielsweise von einem Menschen mit Körperbehinderung spricht, der meint sowohl den Zustand der körperlichen Versehrtheit, als auch die damit verbundenen Folgeerscheinungen.

Von einer Behinderung spricht man, wenn

- eine **funktionelle Schädigung** vorliegt, die zu bestimmten **Funktionseinschränkungen** führt,
- die Folgen dieser Schädigung nicht wie bei einer Krankheit nach relativ kurzer Zeit aufgehoben bzw. geheilt werden können, also **langfristig** sind bzw. gar nicht beseitigt werden können,
- diese Funktionseinschränkung für den Betroffenen und seine soziale Umgebung eine **Beeinträchtigung** zur Folge hat,
- aufgrund dieser Beeinträchtigung **besondere pädagogische bzw. psychologische Maßnahmen** sowie **besondere Hilfen durch die Gesellschaft** erforderlich sind.

> Eine Person beispielsweise gilt als behindert, die in ihrem Lernverhalten aufgrund einer Hirnverletzung und der damit verbundenen geistigen Funktionsschwäche langfristig in ihrer Entwicklung, in ihrem Lebensvollzug, im Beruf oder in ihrer Teilhabe am gesellschaftlichen Leben eingeschränkt ist. Sie ist dadurch auf pädagogische, psychologische und auch gesellschaftliche Hilfen angewiesen. Wer ein Bein gebrochen hat, gilt nicht als behindert, weil die nachweisbare körperliche Schädigung zwar umfänglich, aber nicht langfristig ist.

> **Behinderung ist die Bezeichnung für eine längerfristige, meist immer vorhandene, Beeinträchtigung eines Menschen, die Folge einer funktionellen Schädigung ist und besondere pädagogische, psychologische und gesellschaftliche Hilfen erforderlich macht.**

---

[1] *vgl. Abschnitt 20.1.3*

Wie stark die Folgeerscheinungen einer Schädigung im Einzelfall sind, hängt von den jeweiligen gesellschaftlichen, familiären und persönlichen Gegebenheiten ab. So kann die gleiche Schädigung in Abhängigkeit von den genannten Umständen zu einer leichten oder zu einer schweren Behinderung führen.

Behinderung

| Vorliegen einer funktionellen Schädigung, die zu bestimmten Funktionseinschränkungen führt | Die Folgen der Schädigung sind langfristig, meist immer vorhanden. | Die Funktionseinschränkung hat eine Beeinträchtigung für den Betroffenen und seine soziale Umgebung zur Folge. | Erforderlichsein von pädagogischen, psychologischen und gesellschaftlichen Hilfen |

20.2.2 Arten von Behinderungen

Entsprechend der unterschiedlichen Schädigungen können verschiedene Arten der Behinderung unterschieden werden:

– **Geistige Behinderung**, die im Bereich der Intelligenz und des Denkens eine Beeinträchtigung hervorruft,

– **Lernbehinderung**, die im Lernen und damit in Schulleistungen derart einschränkt, dass die Betroffenen den Anforderungen der ‚Normalschule' nicht gerecht werden,

– **Sprachbehinderung**, die die Mitteilungs- und Ausdrucksfähigkeit sowie das Sprachverständnis beeinträchtigt,

– **Sinnesbehinderung**, die die Wahrnehmung (zum Beispiel Sehen, Hören) einschränkt, also *Sehbehinderte, Blinde, Schwerhörige und Taube*,

– **Körperbehinderung**, die die Bewegungsfreiheit und/oder Feinmotorik erheblich und dauerhaft einschränkt.

*Je nach Sichtweise des Begriffes „Behinderung" werden als weitere Art von Behinderungen sehr häufig die **Verhaltensauffälligkeiten** angeführt. Oft ist in der Literatur zusätzlich von seelischer **Behinderung** die Rede, die eine erhebliche Beeinträchtigung der geistigen, insbesondere der seelischen Kräfte bezeichnen will. Doch der Begriff „seelisch" ist in diesem Zusammenhang problematisch, da er wenig aussagekräftig ist.*

Liegt bei einer Person eine Behinderung – zum Beispiel eine Körperbehinderung – vor, so spricht man von **Einfachbehinderung**. In einer groben Klassifizierung kann der Zusammenhang zwischen Schädigung und Einfachbehinderung folgendermaßen dargestellt werden:

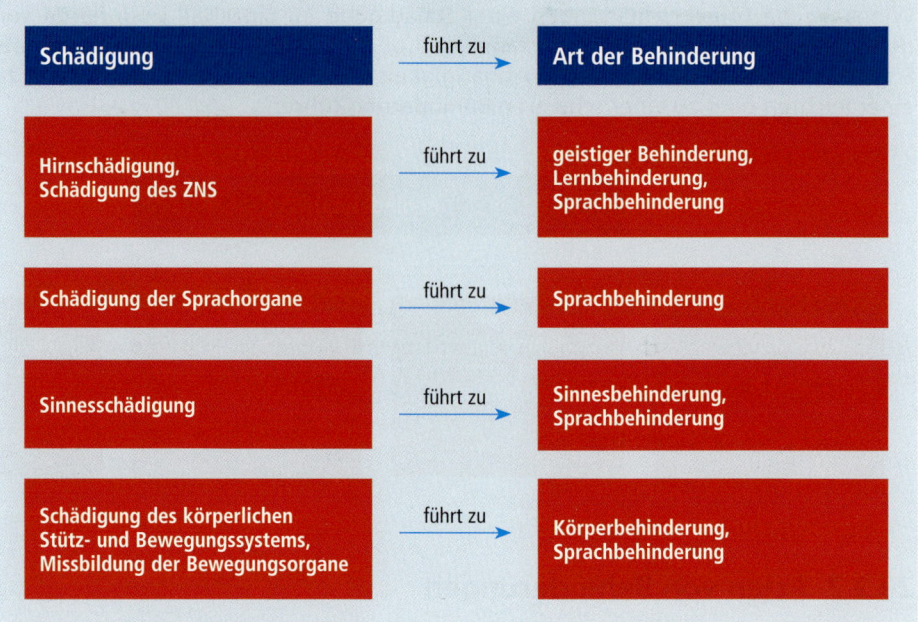

Sind bei einer Person mehrere der genannten Behinderungen vorhanden, zum Beispiel wenn sie gleichzeitig körperbehindert und geistig behindert ist, so spricht man von einer **Mehrfachbehinderung**. Weiterhin ist auch zu unterscheiden zwischen einer **Primärbehinderung** und einer **Folgebehinderung**, die oft auch *Sekundärbehinderung* genannt wird. Dieser Unterscheidung liegt die Erkenntnis zugrunde, dass eine vorliegende Behinderung eine weitere Behinderung nach sich zieht oder ziehen kann.

20.2.3 Behinderung und ihre Folgen

Die Funktionseinschränkung bei einer Behinderung hat – wie in *Abschnitt 20.2.1* ausgeführt – für den Betroffenen eine **Beeinträchtigung** zur Folge, die sich vornehmlich in einer **persönlichen Lebenserschwerung**, einer **sozialen Beeinträchtigung** und in **schulischen bzw. beruflichen Problemen** zeigt. Viele Tätigkeiten, die der Menschen ohne Behinderung selbstverständlich ausführen kann, sind für den Menschen mit Behinderung mit einem besonderen Energieaufwand verbunden oder bleiben ihm ganz verschlossen. Bei vielen Tätigkeiten ist er auf die Mithilfe von Freunden, Verwandten oder Betreuern angewiesen.

> *„Beim Einkaufen muss ich regelmäßig jemanden bitten, wenn ich etwas aus den oberen Regalen oder schon aus den mittleren, die ziemlich weit zurückliegen, haben möchte. Das ist dann einfach oft so, dass man aus dem Laden wieder herausgeht, und hat das, was man möchte, nicht gekauft. Vom Seelischen her gesehen ist es doch ziemlich deprimierend, wenn man für jede Kleinigkeit andere um Hilfe bitten muss. ... Es ist außerordentlich demütigend, wenn man immer gezwungen ist, jemand zu bitten, er möchte einem helfen und dies und jenes für einen tun, während man sich selber als einen unabhängigen Menschen fühlt."*
>
> (Ortrun Schott, in: Klee, 1992, S. 13)

Das Zusammentreffen von Menschen mit und ohne Behinderung im alltäglichen Leben ist oft problematisch und für die Betroffenen belastend. Die Begegnung mit Menschen mit Behinderung löst bei ihrer Umwelt häufig Befremden, Unsicherheit, Mitleid, Distanzierung, Missmutsäußerungen und dergleichen aus[1].

> *„Wir beschließen, ein Bier trinken zu gehen. ... Die Gespräche der Männer auf den Barhockern werden gedämpfter, als wir eintreten, uns an den Tisch setzen. Ab und zu dreht einer den Kopf auf uns zu, wagt einen verstohlenen Blick auf den Rollstuhl. Einer guckt etwas gelangweilt zu uns herüber für einen Moment, so als würde es ihn eigentlich nicht interessieren. ... Ich kann mir vorstellen, worüber das leise Gespräch der Männer hinter uns geht. Ich kann sie kaum angucken ..."*
>
> (Hobrecht, 1990, S. 176)

Menschen mit Behinderung haben Probleme, einen bestimmten Beruf auszuüben. Viele berufliche Tätigkeiten sind für sie mit einem besonderen Energieaufwand verbunden oder bleiben ihnen ganz verschlossen. Oft bekommen Menschen mit einer Behinderung auch überhaupt keine Arbeit.

> *„Behindert ist man nicht – behindert wird man."*   (Heiden, 1997, S. 13)

Materialien 3

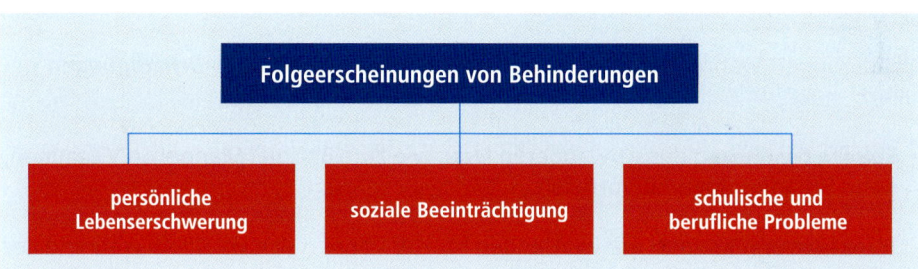

---

[1] *vgl. Abschnitt 20.5*

20.3 Schädigungen als Ursachen von Behinderungen

Die Ursachen, die zu einer Primärbehinderung führen können, werden eingeteilt nach dem *Zeitpunkt*, zu dem sie in der Lebensgeschichte eines Individuums wirksam werden.

20.3.1 Schädigungen vor der Geburt

Anlagemäßig bedingte Schädigungen machen den kleinsten Prozentsatz bei der Entstehung einer Behinderung aus.

– **Chromosomale Schädigungen:** Es kann vorkommen, dass in einer Eizelle durch einen Fehler in der Reifungsteilung ein einzelnes Chromosom zu viel vorhanden ist.

> Beim **Down-Syndrom**, früher Mongolismus genannt, ist zum Beispiel das Chromosom 21 dreifach statt zweifach vorhanden, jede Körperzelle weist 47 Chromosomen auf statt 46; bei **Klinefelter** ist in jeder Zelle ein weibliches X-Chromosom zu viel.

– **Stoffwechselstörungen**, die zu erheblichen Beeinträchtigungen der geistigen Fähigkeiten, insbesondere der Wahrnehmung, und im motorischen Bereich führen können.

– **Genetisch bedingte Krankheiten** die eine Schädigung des Gehirns bewirken können.

> Hierzu zählt beispielsweise das **Hurler-Syndrom**, welches durch eine Speicherung von Zucker im Zentralnervensystem aufgrund eines genetischen Fehlers gekennzeichnet ist. Neben einer geistigen Behinderung treten bei dieser Krankheit oft auch körperliche Deformationen (vorstehende Stirn, dicke Lippen, tatzenartige Hände) auf.

Schädigungen während der Schwangerschaft werden *pränatale Schädigungen* genannt.

– **Falsche Ernährung** der schwangeren Frau, wie zum Beispiel Mangel an Vitaminen, kann Schädigungen hervorrufen.

– **Infektionskrankheiten** der werdenden Mutter können sich vor allem während der ersten vier Monate der Schwangerschaft negativ auf die Entwicklung des Sinnes- und Nervensystems auswirken.

> Bekannt sind beispielsweise die Folgen einer Röteln-Erkrankung oder Toxoplasmose – eine Infektionskrankheit, deren Erreger von den Sporentierchen, das sind einzellige Parasiten, kommen.

– Durch **Blutgruppenunverträglichkeit** kann eine Hirnschädigung beim Neugeborenen hervorgerufen werden. Diese Gefahr besteht, wenn der Vater den sogenannten Rhesusfaktor im Blut hat – er ist dann Rh-positiv – und die Mutter den Rhesusfaktor nicht im Blut hat – sie ist dann Rh-negativ. Ist das Kind nun Rh-positiv, kann es im Mutterleib zu Abwehrreaktionen gegen die Blutkörperchen des Kindes kommen.

– **Toxische Schädigungen** wie Alkohol, Nikotin, Koffein, Drogen, Medikamente, Chemikalien, (Industrie-)Gifte und dergleichen können bestimmte Missbildungen hervorrufen.

Bekannt wurde der sogenannte „Contergan-Skandal" in den 60er Jahren des letzten Jahrhunderts: Die als harmlos geltende Schlaftablette „Contergan", eingenommen während der Schwangerschaft, führte zu schweren körperlichen Missbildungen der Kinder.

Sehr viele Gifte stehen im Verdacht, den Embryo im Mutterleib zu schädigen. Alkohol-, Kaffeegenuss der werdenden Mutter oder Drogenkonsum führen zu Schäden beim Kind. Dabei bringt Alkoholgenuss während der Schwangerschaft das Ungeborene noch weit mehr in Gefahr als bisher angenommen. US-Forscher fanden heraus, dass sogar schon der Konsum geringster Mengen, egal in welcher Schwangerschaftswoche, nachweisbare Schäden wie Gesichtsdeformationen, Hirnschäden und Störungen der Entwicklung des Nervensystems verursacht. Auch Nikotin führt zu Schädigungen des Ungeborenen. Selbst eine geringe Menge Nikotin reicht aus, um Wachstum und Gehirnentwicklung nachhaltig und oft unwiederbringlich zu beeinträchtigen. Man hat festgestellt, dass Kinder von Raucherinnen später im Leben besonders häufig zu Lern- und Konzentrationsschwäche, vermindertem Intelligenzquotienten und Hyperaktivität[1] neigen.

Auch wenn der Vater starker Raucher und die Schwangere Nichtraucherin ist, können die gleichen negativen Folgen auftreten.

– **Strahlenschädigungen** wie Röntgenstrahlen oder Radioaktivität können zu Schädigungen des Zentralnervensystems und damit zu Störungen der körperlichen und/oder geistigen Entwicklung führen.

20.3.2 Schädigungen während der Geburt

Etwa 85 % aller Geburten verlaufen problemlos. Es kann sich aber eine Reihe von Komplikationen ergeben, die für das Kind und/oder Mutter gefährlich werden können. Schädigungen, die während der Geburt auftreten, werden **perinatale Schädigungen** genannt.

– Eine **Frühgeburt** kann eine Gefahr für das Kind bedeuten. Ungefähr sechs bis sieben Prozent aller Schwangeren sind davon betroffen. Alle Säuglinge, die vor der vollendeten 36. Schwangerschaftswoche zur Welt kommen, werden als Frühgeburten bezeichnet. Das Geburtsgewicht liegt meist bei weniger als 2 500 Gramm.

Die Medizin hat in diesem Bereich allerdings erhebliche Fortschritte gemacht: Inzwischen können Kinder bereits ab der 24. oder 25. Schwangerschaftswoche und einem Geburtsgewicht von 500 Gramm eine Überlebenschance erhalten. Bei den medizinischen Bemühungen steht das Überleben des Säuglings im Mittelpunkt; die Sterblichkeitsrate ist nach wie vor relativ hoch, da vor allem die Atmungsorgane noch nicht ausreichend entwickelt sind.

– **Sauerstoffmangel** bei der Geburt stellt eine große Gefahr für das Kind dar. Er kann entstehen, wenn die Sauerstoffzufuhr unterbrochen oder deutlich vermindert wird. Dies kann unterschiedliche Ursachen haben: So kann die Nabelschur im

---

[1] *Hyperaktivität: eine über die Maßen gesteigerte Aktivität*

Geburtskanal abgedrückt werden, oder das Kind kann durch sie stranguliert werden. Auch die Verstopfung der Atemwege kurz nach der Geburt durch Schleim oder Fruchtwasser kann zur mangelhaften Sauerstoffversorgung führen. Mediziner gehen allerdings davon aus, dass bei gesunden und kräftigen Kindern eine kurzzeitige – weniger als drei Minuten – Verringerung der Sauerstoffzufuhr keine bleibenden Schäden hinterlässt.

– Eine **übermäßige mechanische Belastung** wie zum Beispiel eine komplizierte Geburt, zu enges Becken der Mutter, Druck auf den Schädel bei Zangengeburt kann zu frühkindlichen Hirnschädigungen führen.

– Die **Einnahme von Medikamenten** während des Geburtsvorgangs kann bei bereits unterentwickelten Säuglingen zu einer Beeinträchtigung von Nieren und Leber führen, da diese Organe nicht in der Lage sind, die aufgenommenen Substanzen schnell wieder abzubauen.

Alle diese Einflüsse können verschiedenartige Schädigungen hervorrufen und körperliche, psychische und kognitive Funktionen des zentralen Nervensystems betreffen.

20.3.3 Schädigungen nach der Geburt

Auch unmittelbar nach der Geburt können noch Schädigungen auftreten, die zu Funktionseinschränkungen führen können. Schädigungen, die unmittelbar nach der Geburt auftreten, werden *postnatale Schädigungen* genannt.

– **Chronische Ernährungsstörungen, Hirn- und Hirnhautentzündung** des Säuglings, **Infektionskrankheiten** des Neugeborenen (zum Beispiel Scharlach, Masern oder Keuchhusten) oder **Stoffwechselerkrankungen** können das Hirn schädigen und dadurch Intelligenzschäden und/oder Körperbehinderungen nach sich ziehen.

– **Schädel-Hirn-Verletzungen** durch Wickelunfälle, Sturz von der Treppe u. a. haben nicht selten bleibende Folgen.

Schädigungen **zu einem späteren Zeitpunkt** machen einen sehr großen Teil der Entstehung einer Behinderung aus.

– **Krankheiten und Unfälle** im Laufe des Lebens wie zum Beispiel Verkehrs-, Berufs- oder Freizeitunfälle können zu Hirnverletzungen oder Wirbelfrakturen mit Rückenmarksverletzungen führen und Behinderungen jeder Art zur Folge haben.

– **Traumatische Hirnschäden und Störungen der Blutversorgung** sind häufige Ursachen für Hirnschäden.

Hierzu zählen beispielsweise Durchblutungsstörungen des Gehirns (weißer Schlaganfall), Schäden durch eine allgemeine Minderdurchblutung des Gehirns (Ischämie) und Hirnblutungen (roter Schlaganfall).

– **Hirnkrankheiten** wie *Tumore, Multiple Sklerose* und *degenerative Krankheiten (Demenzen)* können Hirnschäden hervorrufen.

Wenn hier lediglich Schädigungen als Ursachen von Behinderungen angeführt wurden, so darf nicht übersehen werden, dass es daneben auch noch andere Faktoren gibt, die eine Behinderung mit bedingen können. Dies wird beispielsweise sehr deutlich bei einer Lernbehinderung, bei der davon ausgegangen wird, dass bei einer eher „schweren" Form die organischen Ursachen die entscheidende Rolle spielen, während bei leichteren Formen Umwelteinflüsse im Vordergrund stehen[1]. Nach neueren Erkenntnissen spielen bei der Entstehung einer Behinderung auch soziale und gesellschaftliche Faktoren eine wichtige Rolle.

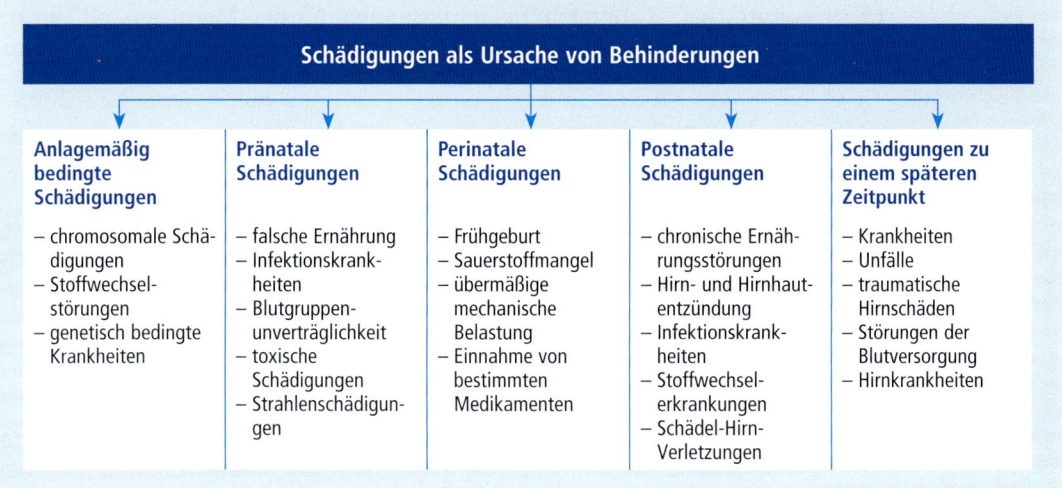

Schädigungen als Ursache von Behinderungen				
Anlagemäßig bedingte Schädigungen	**Pränatale Schädigungen**	**Perinatale Schädigungen**	**Postnatale Schädigungen**	**Schädigungen zu einem späteren Zeitpunkt**
– chromosomale Schädigungen – Stoffwechselstörungen – genetisch bedingte Krankheiten	– falsche Ernährung – Infektionskrankheiten – Blutgruppenunverträglichkeit – toxische Schädigungen – Strahlenschädigungen	– Frühgeburt – Sauerstoffmangel – übermäßige mechanische Belastung – Einnahme von bestimmten Medikamenten	– chronische Ernährungsstörungen – Hirn- und Hirnhautentzündung – Infektionskrankheiten – Stoffwechselerkrankungen – Schädel-Hirn-Verletzungen	– Krankheiten – Unfälle – traumatische Hirnschäden – Störungen der Blutversorgung – Hirnkrankheiten

20.4 Die Lernbehinderung

Als Beispiel für eine Behinderung werden hier die Erscheinungsformen und Ursachen einer Lernbehinderung dargestellt. Gerade bei ihr wird der Zusammenhang zwischen funktionellen Schädigungen und Umwelteinflüssen deutlich.

20.4.1 Erscheinungsformen einer Lernbehinderung

Bei einer Lernbehinderung liegt eine umfängliche und dauerhafte **Beeinträchtigung im Lernen** vor. In der Regel ist diese bedingt durch eine unterdurchschnittliche Intelligenz, der Intelligenz-Quotient liegt etwa zwischen 75 und 55. Diese Beeinträchtigung führt zu geringen schulischen Leistungen und der Betroffene kann unter „normalen" schulischen Bedingungen die Anforderungen der Regelschule nicht bzw. nicht in einem erwarteten Maße erfüllen. Zudem sind Folgen der Lernbeeinträchtigung Erschwernisse in der beruflichen Ausbildung und Schwierigkeiten in der sozialen Entwicklung. In all diesen Bereichen sind besondere Lern- und Erziehungshilfen erforderlich.

Lernbehinderung				
Der Intelligenzquotient liegt zwischen 75 und 55.	Es liegt eine umfängliche und dauerhafte Beeinträchtigung im Lernen vor.	Geringe schulische Leistungen, Nichtgerechtwerden der Anforderungen der Regelschule	Erschwernisse in der beruflichen Ausbildung und Schwierigkeiten in der sozialen Entwicklung	Erforderlichsein von pädagogischen, psychologischen und gesellschaftlichen Hilfen

[1] vgl. Abschnitt 20.4.2

Eine Lernbehinderung zeichnet sich durch folgende Erscheinungsformen aus (vgl. *Kanter, 1997[15], S. 196 ff.*):

- Im Vergleich zum Menschen ohne Behinderung verlaufen die Lernprozesse beim Menschen mit Lernbehinderung verlangsamt ab. Der Umfang an Lernstoff, der bewältigt werden kann, ist deutlich reduziert und die Lernprozesse laufen auf einer einfacheren Ebene ab.

- Die Konzentration ist vor allem bei umfassenden, für den Menschen mit Lernbehinderung schwierigen Anforderungen vermindert. Die Konzentrationsleistung unterliegt deutlichen Schwankungen.

- Die Gedächtnisleistungen sind gegenüber dem Menschen ohne Behinderung geringfügig schlechter.

- Der Ablauf der Denkprozesse ist verlangsamt und die Denkvollzüge sind in ihrer Beweglichkeit eingeschränkt. Abstraktionen, Transferleistungen und die Begriffsbildung gelingen weniger gut.

- Die Wahrnehmungsleistungen sind im Hinblick auf Differenziertheit und Genauigkeit vermindert.

- Die Sprachleistungen des Menschen mit Lernbehinderung liegen deutlich unter dem Leistungsstand des Menschen ohne Behinderung. Neben einer allgemeinen Sprachentwicklungsverzögerung sind Mängel in der differenzierten Lautbildung, im Wortschatz und in der Grammatik zu beobachten. Oft kommt es zu Sprachfehlern.

- Im Bereich der Motorik zeigen sich Entwicklungsverzögerungen, die in Problemen bei der Koordination von Handlungsabläufen, in der Reaktionsgeschwindigkeit, in der Genauigkeit und Präzision von Handlungen und im Krafteinsatz deutlich werden.

- Soziale Situationen werden im geringen Umfang analysiert und Konflikte können nur begrenzt bewältigt werden. Die Übernahme von sozialen Rollen fällt dem Menschen mit Lernbehinderung schwer. Es bestehen Probleme, die angemessene soziale Distanz zum Sozialpartner einzuhalten. Die Kooperationsbereitschaft und -fähigkeit sind weniger gut entwickelt.

- Ein Mensch mit Lernbehinderung wird stärker und unmittelbarer von seinen Bedürfnissen beeinflusst. Er lässt sich eher passiv treiben und gestaltet sein Leben nicht zielstrebig genug.

20.4.2 Ursachen einer Lernbehinderung

Eine Lernbehinderung zählt zu den vielschichtigen Beeinträchtigungen, deren Ursachen sehr vielfältig sind, wobei sie hinsichtlich des Auftretens und der Bedeutung für das Lernen unterschiedlich akzentuiert sind. Gerade die Lernbehinderung zeigt deutlich, dass es nicht nur funktionelle Schädigungen sind, die eine Behinderung entstehen lassen, sondern auch Umwelteinflüsse eine große Rolle spielen.

> *„Von allen Arten der Behinderung ist bei der Lernbehinderung der Zusammenhang mit sozialen Faktoren besonders offensichtlich."*　　　　　　　　**(Bleidick, 1997⁴, S. 107)**

Folgende Ursachen können zu einer Lernbehinderung führen:

- **Genetische Faktoren:** In wie weit Anlagefaktoren an der Entstehung einer Lernbehinderung beteiligt sind, lässt sich nur schwer nachweisen. Es wird davon ausgegangen, dass weniger genetische, sondern mehr organische Faktoren mitwirken als bisher angenommen (vgl. *Speck, 2008⁶, S. 205*).

- **Organische Bedingungen:** Bei allen organischen Schädigungen, die vor, während und nach der Geburt auftreten können[1], kann man eine Einschränkung der Lernprozesse prognostizieren. Es wird davon ausgegangen, dass bei einer „schweren" Lernbehinderung die organischen Ursachen die entscheidende Rolle spielen, während bei leichteren Formen Umwelteinflüsse im Vordergrund stehen.

> *„‚Leichte' Hirnfunktionsstörungen fallen im frühen Lebensalter kaum auf, während sie dann unter den spezifischen Anforderungen der Schule zu Problemen werden können, vor allem dann, wenn die sonstigen Entwicklungsbedingungen … ungünstig sind."*　　　　　　　　**(Speck, 2008⁶, S. 206)**

- **Unzureichende Erziehung** wie Ablehnung, Vernachlässigung, Laisser-faire vor allem im frühesten Kindesalter sowie mangelnde Anregung und Förderung wie fehlende Spiel-, Experimentier- und Betätigungsmöglichkeiten, sprachliche Anregung u. Ä. können die Entwicklung der Hirnsubstanz stören und so zu Lernbehinderungen führen. Unmittelbar nach der Geburt bilden sich im Gehirn fast explosionsartig neue Kontaktstellen – sogenannte **Synapsen**[2] – aus, die die Nervenzellen miteinander verknüpfen und so Lernen ermöglichen. Jedoch nur richtig und erfolgreich verknüpfte Nervenzellen bleiben bestehen; die anderen gehen wieder verloren. Die Entstehung von Synapsen ist jedoch von den Anregungen und der ganzheitlichen Förderung des Kindes abhängig; fehlen diese, kann die Ausbildung des Gehirns nicht stattfinden.

> *„Dem Säugling fehlen … noch weitgehend die Verknüpfungen, die sich durch Erfahrung erst im Laufe des Lebens herausbilden. … Während der ersten Lebensjahre gehen alle Nervenzellen zugrunde, die keine sinnvolle Funktion erlangen. … Eine aktive Funktion auszuüben ist also für ein Neuron überlebenswichtig."*
>
> **(Kasten, 2007, S. 20)**

---

[1] *siehe Abschnitt 20.3*
[2] *synápsis (griech.): Verbindung*

– **Unzureichende emotionale Zuwendung**, Geborgenheit und Fürsorge im frühen Kindesalter: Voraussetzung für die Verbindung von Nervenzellen ist eine gute emotionale Grundversorgung des Säuglings bzw. Kleinkindes. Die Entwicklung des Gehirns wird nämlich ganz entscheidend von der emotionalen Zuwendung geprägt; wo sie fehlt, kann sich das Nervensystem nicht optimal entwickeln.

Unzureichende Erziehung und emotionale Zuwendung machen deutlich, wie sehr eine Lernbehinderung von den **Erfahrungen**, *die ein Kleinkind macht, abhängig ist, und nicht in erster Linie von angeborenen Schädigungen.*

– **Sozioökonomische Faktoren** wie wirtschaftliche Verhältnisse, Wohnsituation oder Einkommensverhältnisse u. Ä. können bei der Entstehung einer Lernbehinderung eine Rolle spielen.

– **Gesellschaftliche Bedingungen:** In der letzten Zeit rücken mehr Erkenntnisse und Sichtweisen in den Vordergrund, die vor allem eine Lernbehinderung als gesellschaftlich bedingt ansehen[1]. Negative Bewertungen und Erwartungshaltungen seitens der Gesellschaft oder einer ihrer Gruppen sowie Vorurteile führen zu einer negativen Bewertung der eigenen Fähigkeiten, was zur Folge haben kann, dass das Vertrauen in die eigene Leistungsfähigkeit verloren geht.

> „Was bisher am Individuum als typische Ausprägung einer Schädigung oder Funktionsbeeinträchtigung beschrieben und interpretiert worden war, erwies sich in viel stärkerem Maße als bisher gesehen als Resultat umweltlicher bzw. gesellschaftlicher Verhältnisse."
>
> (Speck, 2008[6], S. 216)

Dabei sind die genannten Faktoren eng miteinander verbunden. Nach neueren Erkenntnissen ist es kaum möglich, dass – ausgenommen bei schwerer funktioneller Schädigung – lediglich eine dieser genannten Ursachen eine Lernbehinderung hervorruft. Erst durch das **Zusammenspiel mehrerer Ursachen** kann es zu dieser Behinderung kommen.

> „Die überwiegende Zahl der Lernbehinderungen entsteht nicht durch einen einzigen Faktor, sondern durch das Zusammenwirken mehrerer Bedingungen. So sind bei vielen Lernbehinderten soziokulturelle Belastungsmomente wie auch häufig ‚Mehrfachbehinderungen' festzustellen."
>
> (Kanter, 1997[15], S. 107)

---

[1] vgl. hierzu Abschnitt 20.5

20.5 Behinderung aus sozialtheoretischer Sicht

Bisher wurde Behinderung mehr aus individuumszentrierter Sicht gesehen, in der individuelle Defizite im Mittelpunkt stehen. Seit den 70er Jahren des letzten Jahrhunderts stößt diese Sichtweise auf zunehmende Kritik und es treten Erkenntnisse in den Mittelpunkt, unter denen **Behinderung als gesellschaftlich bedingt** angesehen wird.

20.5.1 Behinderung als Abweichung von der Norm

Bei der Feststellung einer Behinderung spielt die **Normvorstellung** der Beurteilenden eine wichtige Rolle. Die Einschätzung von ‚Normalität' und ‚Nicht-Normalität' eines Verhaltens oder Erlebens braucht immer eine **Bezugsgröße**, eine **Norm**.

> Für ein dreijähriges Kind ist es normal, wenn es nicht lesen und schreiben kann, für ein zehnjähriges Kind ist das nicht normal.
> Eine Person gilt als normal, wenn sie beispielsweise zwei Arme und zwei Beine hat. „Contergankinder", denen ein oder beide Arme bzw. Beine fehlen oder bei denen sie verstümmelt sind, stimmen nicht mit unseren Normen überein und gelten deshalb als „nicht normal".

Damit ist eine Norm immer auch ein **Maßstab, an dem Aussehen, Erleben und Verhalten eines Individuums gemessen und bewertet wird**. Bei der Feststellung einer Behinderung wird eine Person anhand einer geltenden Norm „geprüft" und entsprechend – positiv oder negativ – bewertet und beurteilt. Diese normenbezogene Betrachtungsweise ist in der Heil- bzw. Sonderpädagogik von besonderer Bedeutung: Im Mittelpunkt des Interesses steht nicht so sehr die Frage, wer von einer Norm abweicht, sondern wie andere den „Abweichenden" sehen, beurteilen, definieren (vgl. *Cloerkes, 2007³, S. 163*).

> *Vor Zeiten gabs ein kleines Land,*
> *worin man keinen Menschen fand,*
> *der nicht gestottert, wenn er redte,*
> *nicht, wenn er ging, gehinket hätte,*
> *denn beides hielt man für galant.*
> *Ein Fremder sah den Übelstand.*
> *Hier, dachte er, wird man dich im Gehn*
>   *bewundern müssen*
> *und ging einher mit steifen Füßen.*
> *Er ging, ein jeder sah ihn an,*
> *und alle lachten, die ihn sahn,*
>
> *und jeder blieb vor Lachen stehen*
> *und schrie: Lehrt doch den Fremden gehen!*
> *Der Fremde hielts für seine Pflicht,*
> *den Vorwurf von sich abzulehnen.*
> *Ihr, rief er, hinkt, ich aber nicht!*
> *Den Gang müsst ihr euch abgewöhnen!*
> *Das Lärmen wird noch mehr vermehrt,*
> *da man den Fremden sprechen hört.*
> *Er stammelt nicht; genug der Schande!*
> *Man spottet sein im ganzen Lande.*
>
> (Christian F. Gellert[1], 1769)

Viele Probleme von Menschen mit Beeinträchtigungen wie Behinderungen entstehen aus dem **Verhältnis von Mehrheit und Minderheit** zuungunsten der letzteren. Die Mehrheit diktiert ihre Normen als verbindlich auch für andere – abweichende – Personen bzw. Personengruppen. Diese werden zu „Außenseitern" oder „Randfiguren" und zwar in den Augen einer Majorität mit höherem sozialen Ansehen und mehr sozialer Macht. So kommt es, dass Menschen mit einer Behinderung als ‚min-

---

[1] *Christian Fürchtegott Gellert (1715–1769) war deutscher Dichter und Professor für Poesie, Beredsamkeit und Moral in Leipzig.*

derwertig' abgeurteilt werden, was Distanzierungen und Diskriminierungen, unter Umständen auch Aggressions- und Gewalthandlungen zur Folge haben kann (vgl. *Speck, 2008[6], S. 218 f.*). Diese Abwertung von Beeinträchtigten wird verstärkt durch Normen, die in einer Gesellschaft von hohem Rangwert sind.

> Solche Normen in unserer Gesellschaft sind beispielsweise Leistungsfähigkeit und kognitive Fähigkeiten wie Intelligenz, hohe Wertigkeit von gesellschaftlicher Anpassung oder Vitalität und Schönheit.

Zudem werden Abweichungen von für gültig gehaltenen Normen als **„Störung" des gesellschaftlichen Gleichgewichts** verstanden. Eine Gesellschaft ist immer daran interessiert, dass sich ihre Mitglieder „konform" – entsprechend der Normen – verhalten, um die für gültig gehaltenen Normen zu erhalten. Weicht ein Mensch von einer für gültig gehaltenen Norm ab, so wird dieses Verhalten in der Regel nicht akzeptiert. Er erfährt negative Sanktionen wie beispielsweise Ablehnung, Bekämpfung, Feindseligkeit, Ausstoßung, Verachtung und dergleichen. Diese gegen den „Abweichler" gerichteten negativen Sanktionen haben dementsprechend eine **‚normerhaltende Funktion'**.

> So zum Beispiel kann eine gegen einen Menschen mit Behinderung gerichtete Aggression wie etwa Spott eine ‚normerhaltende Funktion' haben.

Insofern erzeugt jede Gesellschaft einen Teil ihrer „auffälligen" Menschen selbst.

> *Eine Gesellschaft ist nicht an der Akzeptierung eines abweichenden Verhaltens, „sondern an deren Konformierung interessiert, als deren Ziel die Anpassung an den gesellschaftlichen Status quo gesehen wird. … Positiv wird das Konforme eingeschätzt, negativ das Nicht-Konforme."*　　　　　　　　　　　　　　　(Speck, 2008[6], S. 219)

> *„Der Nichtgenormte wird als Verrückter genormt."*　　　　　　　　　(Ludwig Marcuse[1])

Wie die sozialwissenschaftliche Diskussion in der Literatur zeigt, geht es nicht nur um Distanzierung und Diskriminierung seitens der Gesellschaft, sondern auch darum, dass ein abweichendes Verhalten von dem Beeinträchtigten selbst ebenfalls als solches empfunden wird mit all seinen Folgen für sein Selbstbild und Selbstwertgefühl. Das Problem, das Mitglieder einer Gesellschaft mit abweichendem Verhalten wie zum Beispiel einer Behinderung haben, wird zum Problem desjenigen, der dieses abweichende Verhalten zeigt. Es geht dabei um ein normverletzendes Verhalten einer Person, das auch von dieser als solches empfunden wird.

An der Entstehung von Behinderungen und ihren Auswirkungen sind also auch soziale Bedingungen beteiligt und *Behinderung darf nicht nur einseitig medizinisch gesehen und an individuellen Defiziten gemessen, sondern muss auch als „gesell-*

---

[1] *Ludwig Marcuse (1894–1971) war Literaturkritiker, Philosoph und Journalist.*

schaftlich bedingt" betrachtet werden. Heute wird denn auch Behinderung als Ausdruck dessen gesehen, was einem Menschen an angemessenen Möglichkeiten und Hilfen sowie an sozialen Bezügen fehlt bzw. vorenthalten wird, und ist auch Ausdruck der Art und Weise wie man mit ihm umgeht. Aus dieser Sicht liegt das „Defizit" nicht mehr nur beim Menschen mit Behinderung selbst, sondern in der Gesellschaft bzw. in seiner Umwelt, in der er lebt.

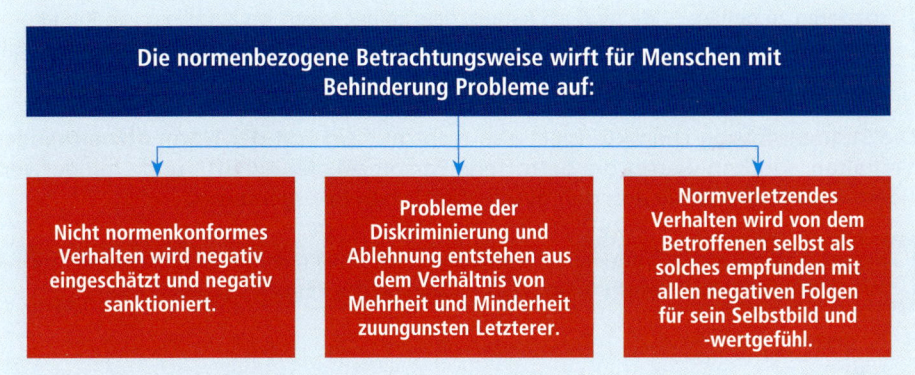

Die normenbezogene Betrachtungsweise wirft für Menschen mit Behinderung Probleme auf:

Nicht normenkonformes Verhalten wird negativ eingeschätzt und negativ sanktioniert.	Probleme der Diskriminierung und Ablehnung entstehen aus dem Verhältnis von Mehrheit und Minderheit zuungunsten Letzterer.	Normverletzendes Verhalten wird von dem Betroffenen selbst als solches empfunden mit allen negativen Folgen für sein Selbstbild und -wertgefühl.

20.5.2 Die Theorie der Zuschreibung

Eine Eigenschaft bzw. ein Merkmal eines Menschen, das von der Norm abweicht und anders ist als erwartet, wird als **Stigma**[1] bezeichnet. Dabei geht es nicht um das Merkmal als solches, sondern um die damit verbundene *negative Bewertung und Diskreditierung*: Sie beeinflusst den Umgang mit den Betroffenen in negativer Weise, indem sie typisiert und ihnen eine Reihe abwertender Eigenschaften unterstellt werden.

> So zum Beispiel werden Wörter wie „Krüppel", „Spasti" oder ein andersartiges Aussehen eines Menschen als „Behinderter" nicht bewertungsneutral wahrgenommen, sondern es fließt zugleich eine negative Bewertung mit ein, die auf den „Träger" übertragen wird und den Umgang mit diesem in einem nicht unerheblichen Maße beeinflusst.

> **Mit Stigma bezeichnet man eine Eigenschaft bzw. ein Merkmal einer Person, welches von der Norm abweicht, anders ist als erwartet und mit einer negativen Bewertung und Diskreditierung verbunden ist (vgl. *Goffman*[2], *2008, S. 10 ff.*).**

Der Begriff „Stigma" geht auf die Griechen zurück als Verweis auf körperliche Zeichen, die dazu bestimmt waren, etwas Ungewöhnliches oder Schlechtes hinsichtlich des Zeichenträgers zu offenbaren. Ein solches Zeichen, in den Körper geschnitten oder gebrannt, tat öffentlich kund, dass der Träger ein Sklave, ein Verbrecher, ein Verräter oder anderes war, der dann gemieden werden musste, vor allem auf öffentlichen Plätzen.

---

[1] *stigma (griech.): das „Brandmal"*

[2] *Erving Goffman (1922–1982) war amerikanischer Soziologe und lehrte zunächst an der University of California in Berkeley, zuletzt an der University of Pennsylvania in Philadelphia. Er befasste sich vor allem mit Rollenverhalten, Rollenmustern und Institutionen. Bekannt wurde er über die Ausführungen über das Stigma und die damit verbundene beschädigte Identität.*

Das Verhalten aufgrund eines zu eigen gemachten Stigmas wird als **Stigmatisierung** bezeichnet (vgl. *Cloerkes, 2007[3], S. 170*). Durch die Zuschreibung negativer Eigenschaften bilden sich ablehnende Einstellungen und Vorurteile gegenüber dem Träger eines Stigmas aus. Die Stigmatisierung bewirkt, dass man sich bei der Begegnung mit diesem Individuum von ihm abwendet.

> Ein verkrüppeltes Mädchen erzählt: „Als … ich anfing, allein in den Straßen unserer Stadt spazieren zu gehen, … da fand ich heraus, dass immer, wenn ich zufällig … an Kindern … vorbeigehen musste, sie mir etwas nachzurufen pflegten. … Manchmal rannten sie sogar schreiend und spottend hinter mir her." *(Goffman, 2008, S. 27 f.)*

Verhalten von anderer ändert sich aufgrund d. Stigmatisierung

Die Stigmatisierung charakterisiert also nicht nur ein von der Norm abweichendes Verhalten, sondern wertet die betroffene Person als „fehlerhaft" und „minderwertiger" ab und grenzt sie von den gesellschaftlichen Bezügen aus.

(= eigene Vorstellung passt sie hinan der stigmatisierung an & ändert sie)

(= Verhalten von den Betroffene)

> **Stigmatisierung ist das Verhalten aufgrund eines zu eigen gemachten Stigmas, welches mit einer negativen Bewertung und Diskreditierung des Betroffenen verbunden ist.**

> *„Körper-, Geistes- und Charakterdefekte sowie Zugehörigkeit zu einer ‚falschen' Rasse, Nation oder Religion können als Stigmata gelten. Wir Normalen verhalten uns so, als ob stigmatisierte Personen nicht ganz menschlich seien und üben, wenn auch oft unbewusst, eine Vielzahl Diskriminierungen aus, durch die wir ihre Lebenschancen stark beeinträchtigen."*
> *(Goffman, 2008, letzte Umschlagseite)*

Stigmatisierte Personen haben nach *Erving Goffman (2008, S. 2, 30)* zwei Identitäten: die der „Normalen", mit der sie identifiziert bleiben, ohne sie zu erfüllen, und ihre reale „defekte", die hinter ihrem Ich-Ideal – ein Leit- und Denkbild, wie die Person gerne sein möchte – weitgehend zurückbleibt. Auf diese Weise wird die Identitätsentwicklung eines Menschen zerstört; er kann zwischen seiner eigenen persönlichen Identität und der ihm zugeschriebenen nicht mehr unterscheiden, was eine **beschädigte Identität** zur Folge hat: Durch derartige stereotype Diskreditierungen wird die Identität eines Menschen stark getroffen und „beschädigt". Stigmatisierung führt also zwangsläufig zu einer massiven Beschädigung der Identität von Betroffenen.

> *„Die Identitätsentwicklung eines Menschen, der auf diese Weise stigmatisiert wird, ist gefährdet. Er kann zwischen seiner ursprünglichen persönlichen und der zugeschriebenen sozialen Identität noch schwer oder nicht mehr ausbalancieren."*
> *(Klein u. a., 1999[10], S. 45)*

*Goffman (2008, S. 56 ff.) unterscheidet dabei drei Identitäten, die **soziale Identität** als Zugehörigkeit zu einer Gruppe, die **persönliche Identität** als Identifizierung einer bestimmten Person und die **Ich-Identität** als das subjektive Empfinden der eigenen Situation.*

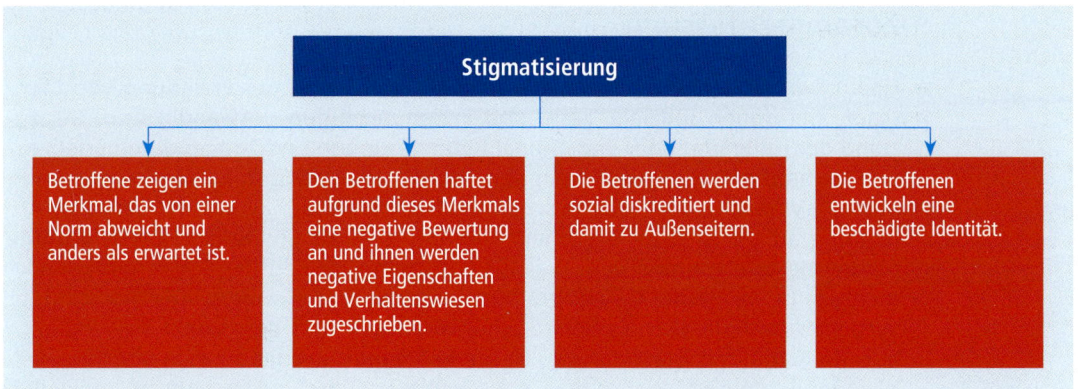

Eine Stigmatisierung ist zum großen Teil vom sozialen Status und der Machtposition des Betroffenen abhängig: Je niedriger der Status und die Machtposition, desto stärker die Stigmatisierung.

„Behinderung ist weniger eine Frage des individuellen Schicksals und der Wohltätigkeit, sondern vielmehr eine Bürgerrechtsfrage. Mit unserer körperlichen, geistigen oder seelischen Beeinträchtigung können wir leben, doch die gesellschaftliche Entmündigung und Diskriminierung, die unser Leben tagtäglich bestimmt, ist für uns nicht hinnehmbar!"   (Miles-Paul, in: Heiden, 1996)

Materialien
4

Zusammenfassung

- Heil- bzw. Sonderpädagogik ist die Theorie und Praxis der Erziehung von Menschen, bei denen spezielle Lern- und Erziehungshilfen notwendig sind. Gegenstand der Heilpädagogik sind einmal Behinderungen und zum anderen Erlebens- und Verhaltensstörungen. Gegen den Begriff „Heilpädagogik" wird eingewandt, dass die Vorsilbe „heil" den falschen Eindruck erwecke, als würde – etwa in Anlehnung an die Medizin – „geheilt" werden und als könne man durch gezielte Förderung und Training eine Heilung erreichen. Der Begriff „Sonderpädagogik" dagegen ist von seiner Geschichte her zu sehr von der Sonderschule bestimmt; er verselbstständigte sich als Sonderschulpädagogik und beschränkt sich lediglich auf Menschen mit Behinderung. Heute kehrt man wieder zu dem Begriff „Heilpädagogik" zurück, indem man die Vorsilbe „heilen" nicht mehr im speziellen Sinn des Gesundmachens versteht, sondern in einer umfassenderen Bedeutung von Ganzheitlichkeit des Lebens.

- Die Heil- bzw. Sonderpädagogik wird immer eine wertorientierte Wissenschaft sein, die sich an ethischer Gebundenheit und an bestimmten Werthaltungen ausrichten muss. Folgende Wertorientierungen sind für sie grundlegend: das Recht auf menschenwürdiges Leben, auf Erziehung und Bildung, auf Zugehörigkeit und soziale Teilhabe sowie auf gerechte Verteilung der sozialen Güter.

- Behinderung ist die Bezeichnung für eine längerfristige, meist immer vorhandene, Beeinträchtigung eines Menschen, die Folge einer funktionellen Schädigung ist und besondere pädagogische, psychologische und gesellschaftliche Hilfen erforderlich macht. Entsprechend der unterschiedlichen Schädigungen kann man verschiedene Arten der Behinderung unterscheiden: geistige Behinderung, Lern-, Sprach-, Sinnes- und Körperbehinderung. Bezüglich der Schädigungen als Ursachen von Behinderungen wird unterschieden zwischen anlagemäßig bedingten Schädigungen, pränatalen, perinatalen und postnatalen Schädigungen sowie Schädigungen zu einem späteren Zeitpunkt.

- Bei der Feststellung einer Behinderung spielt die Normvorstellung der Beurteilenden eine wichtige Rolle. Die normenbezogene Betrachtungsweise wirft für Menschen mit einer Behinderung Probleme auf:
  - Nicht normenkonformes Verhalten wird negativ eingeschätzt und negativ sanktioniert, – Probleme der Diskriminierung und Ablehnung entstehen aus dem Verhältnis von Mehrheit und Minderheit zu Ungunsten Letzterer.
  - Normverletzendes Verhalten wird von dem Betroffenen selbst als solches empfunden mit all seinen negativen Folgen für sein Selbstbild und -wertgefühl.

  Stigmatisierung bezeichnet die Zuschreibung negativer Eigenschaften und Verhaltensweisen verbunden mit einer Diskreditierung des Betroffenen aufgrund eines bestimmten Merkmals, das dieser zeigt. Sie trifft seine Identität und beschädigt sie. Darauf hat vor allem *Erving Goffman* in seiner Stigmatheorie hingewiesen.

Materialien Kapitel 20

1. Das Lebensrecht von Menschen mit Behinderung und ökonomische Aspekte

Das Lebensrecht behinderter Menschen wird gegenwärtig auch in Verbindung mit ökonomischen Aspekten in Frage gestellt. Der gestiegene Kostendruck wird geltend gemacht. Dabei erhebt
5 sich die Frage, ob tatsächlich im Behindertenbereich die Kosten übermäßig gestiegen sind, ob wirklich eine „Überförderung und Überbetreuung von Behinderten und Schwerstbehinderten" vorliege, die beendet werden müsse, wie es ein Be-
10 zirkstagspräsident (1992) forderte. Es ist im Übrigen nicht unmittelbar nachzuvollziehen, gerade von einer Verminderung des Kostenaufwands für behinderte Menschen eine Lösung der großen Finanzierungsprobleme zu erwarten.

15 Tatsache war und ist, wie sehr der ökonomische Faktor in der gesamten Behindertenszene bestimmend geworden ist, und wie unverhüllt die Notwendigkeit einer Kosten-Nutzen-Prüfung geltend gemacht wird. Es ist zu befürchten, dass dieser
20 Druck vor allem den Bereich treffen wird, in dem der rationale Nutzen-Nachweis am wenigsten möglich ist. Allein schon die Frage, ob sich der Aufwand „lohne", ist eine bedrohliche. Sie ist letztlich nicht eingrenzbar und könnte eine gefährliche
25 Eigendynamik entfalten, die am Ende nicht nur die Lebensqualität und das Lebensrecht derer trifft, die am schwersten behindert sind und am wenigsten zum Bruttosozialprodukt beitragen können.

30 Die argumentative Verbindung von Ökonomie und utilitaristischer Ethik ist nicht neu. Man denke an die „unnützen Esser" und „Ballastexistenzen" bei *Binding und Hoche*, die davon sprachen, dass deren „objektiver Lebenswert für die Gesell-
35 schaft…unter Null sinken könne". Aber auch heute lassen sich analoge Folgerungen vernehmen.

So wird in einem 1990 erschienen Buch eines deutschen Rechtswissenschaftlers (*Th. Ramm*) lakonisch gefordert: „Künftige soziale Belastungen der All-
40 gemeinheit sind gering zu halten. Daher ist sowohl der Erzeugung oder Geburt behinderter Kinder entgegenzuwirken, als auch eine übermäßige Belastung durch die Bildungspolitik zu vermeiden.

Maßstab für dieselbe ist, dass jede Ausbildung dem Bedarf entsprechen muss und andererseits 45 der vorhandenen Begabung gerecht werden muss". Auch *E. Quambusch*, ein anderer deutscher Rechtswissenschaftler, macht in Bezug auf Menschen mit geistiger Behinderung die finanziellen Grenzen jeder Gesellschaft geltend, die erreicht 50 würden, wenn von ihr „materielle Solidarität zugunsten derjenigen abverlangt wird, die an der Erstellung des Sozialproduktes nicht nennenswert mitwirken".

Schon *Binding und Hoche* hatten nach dem verlo- 55 renen Ersten Weltkrieg auf dieses Argument gesetzt: „Die Frage, ob der für diese Kategorien von Ballastexistenzen notwendige Aufwand nach allen Richtungen hin gerechtfertigt sei, war in den verflossenen Zeiten des Wohlstandes nicht drin- 60 gend; jetzt ist es anders geworden, und wir müssen uns ernstlich mit ihr befassen". Haben wir es heute nicht auch mit einem verfließenden Wohlstand zu tun? Es wird ganz offensichtlich das Lebensrecht von der wirtschaftlichen Prosperität ab- 65 hängig gemacht. Gegenwärtig kommen ökonomische Werte vor allem bei der Anwendung der Gentechnologie stärker ins Spiel. Allein in den USA gab es schon vor Jahren etwa eintausenddreihundert Biotechnologiefirmen mit jährlichen Einkünf- 70 ten von insgesamt dreizehn Milliarden Dollar und über einhunderttausend Beschäftigten. Da das genwissenschaftliche Wissen sich alle zwei Jahre verdoppele, sei mit enorm steigenden Wachstumsraten der Pharma- und Bio-Industrie zu rechnen. 75 Universitätswissenschaft und Gentechnikfirmen seien weithin miteinander verflochten; die meisten Spitzenforscher seien nicht unbeträchtlich an der Gewinnausschüttung der Firmen beteiligt. Ein weltweiter Wettlauf um die kommerzielle Verwer- 80 tung des menschlichen Genoms habe begonnen.

Was hier zugleich vor sich geht, ist ein Wandel des Lebenswertes als eines universellen und unbedingten Wertes zu einem *Marktwert*. Menschliches Leben wird ein „kommerzielles Gut", das auf dem 85 Markt gehandelt wird. Dient dieser wirklich und nur der Verbesserung der Lebensqualität im Sinne von mehr „Wohlstand" – für alle? *Baudrillard* mahnt, man könne das Gute nicht befreien, ohne gleich auch das Böse freizusetzen.

Die liberale Gesellschaft will unter dem Gesichts-
5 punkt der Sicherung ihrer eigenen Lebensqualität

selber bestimmen, wem darin Lebensrecht zu-kommt. Das Ja zum Leben wird von Bedingungen abhängig gemacht; die unbedingte Zugehörigkeit wird ausgehöhlt.

(Speck, 2008[6], S. 154 f.)

Gnadentod für Babys

Ein britischer Medizinerverband hat sich für Eu-thanasie an schwerstbehinderten Neugeborenen ausgesprochen. In bestimmten Fällen, so lautet ein Vorschlag des Royal College of Obstetricians
5 and Gynaecologists an die Ärzteschaft, sollen Mediziner Babys aktiv töten dürfen. Damit sol-len den betreffenden Familien unter anderem die emotionalen und finanziellen Konsequenzen er-spart werden, die das Aufziehen eines sehr
10 schwer behinderten Kindes zwangsläufig nach sich zöge. Die Mediziner schweigen sich darüber

aus, welche konkreten Behinderungen ihrer Mei-nung nach die Tötung rechtfertigten. Der Vor-stoß hat Empörung ausgelöst bei vielen Patien-tenvereinigungen, aber auch Zuspruch gefunden. 15 Aus den Niederlanden – wo Euthanasie unter bestimmten Umständen legal ist – meldete sich der Mediziner Pieter Sauer zu Wort. Nach seinen Angaben ist der Gnadentod auf der Neugebore-nenstation auch in Großbritannien längst nicht 20 mehr so selten. Es sei an der Zeit, dass darüber in der Gesellschaft offen gesprochen werde.

(Der Spiegel 46/13.11.2006, S. 167)

2. Der Umgang zwischen Menschen mit und ohne Behinderung

Tröster nennt eine Reihe von **verhaltensrelevan-ten Aspekten**, die mit der Art der Behinderung verknüpft sind:

1. Die *Auffälligkeit der Behinderung*. Hier han-
5 delt es sich um eine bedeutsame Variable[1], die mehr meint als die bloße Sichtbarkeit. Die Stu-fen können unterschieden werden:

– Die Behinderung ist bereits vor der Kontaktauf-nahme sichtbar, dann erfolgt oft prophylakti-
10 sche Interaktionsvermeidung[2];
– die Behinderung drängt sich erst beim Kontakt überraschend auf, z. B. bei Hör- und Sprachbe-hinderungen;
– die Behinderung kann zunächst verborgen
15 und bei längerem und intensivem Kontakt kon-trolliert offenbart werden.

2. Die *ästhetische Beeinträchtigung*. Sie ist meist wichtiger als die funktionale Beeinträchtigung, da sie ein möglicher Auslöser für heftige affek-

tive Reaktionen sein kann. Ästhetische Attrakti- 20 vität erleichtert generell soziale Kontakte.

3. Die *funktionale Beeinträchtigung kommunika-tiver Fähigkeiten*. Solche Behinderungen belas-ten Kontakt und Interaktion immer, unabhän-gig von der Einstellung des Menschen ohne 25 Behinderung.

4. Die *zugeschriebene Verantwortlichkeit*. Bei an-genommener Schuld des Menschen mit Behin-derung für seinen Zustand wird die Interaktion erheblich erschwert, weil eine Ablehnung bis 30 hin zu Bestrafungen leichter zu rechtfertigen ist. Diese Variable ist unabhängig von der Auf-fälligkeit.

Interaktionen zwischen Menschen mit und ohne Behinderung können aus verschiedenen Gründen 35 besonders belastet sein. Aus der Sicht der Men-schen mit Behinderung sind es **typische Reaktions-formen** wie

---

[1] *Variable (lat.): veränderliche Größe*
[2] *prophylaktisch (griech.): vorbeugend; der Begriff „Soziale Interaktion" ist in Kapitel 10.1.1 geklärt*

- Anstarren und Ansprechen,
- diskriminierende Äußerungen,
- Witze, Spott und Hänseleien (Ärgern),
- Aggressivität bzw. Vernichtungstendenzen.

5 Hier handelt es sich um ursprüngliche … Reaktionen bzw. um Formen von Triebabfuhr, die Distanz schaffen sollen. Aber auch solche Reaktionsformen, die auf den ersten Blick „positiv" erscheinen, dienen letzten Endes fast immer der Abgrenzung,
10 so etwa
- Äußerungen von Mitleid,
- aufgedrängte Hilfe,
- unpersönliche Hilfe (Spenden),
- Schein-Akzeptierung.

15 Festzuhalten bleibt, dass echtes Engagement für Menschen mit Behinderung ohne implizite[1] Abwertung, Entlohnung oder Dankbarkeitserwartung vergleichsweise selten vorkommt. Auch freundliches Verhalten mit Sympathiebekundun-
20 gen wird sehr oft als „Schein-Akzeptanz" interpretiert und erhöht dann noch die Ambivalenz. …

Eine wichtige Rolle im kulturhistorisch geprägten Verhältnis zu Menschen mit Behinderung hat immer die Frage nach der Zurechnung von Schuld für den unerwünschten Zustand gespielt. Das liegt an 25 der Neigung von Menschen, für alles im Leben eine Erklärung, einen Grund zu finden. Zurechnung von Schuld seitens der Menschen ohne Behinderung lässt sich mit der Entlastung von eigenen Schuldgefühlen und Ängsten erklären. Die 30 Projektion der eigenen Schuld auf den Menschen mit Behinderung unter Rückgriff auf soziale Vorurteile hat Selbstschutzfunktion. Darüber hinaus dient dieser Mechanismus der Legitimation künftiger Aufgaben negativer Tendenzen: Wer selbst 35 Schuld hat, braucht schließlich keine besondere Rücksichtnahme zu erwarten. Die Beziehung zwischen Schuldgefühlen und negativen Einstellungen gegenüber Menschen mit Behinderung ist eine wechselseitige. Die Stabilisierung über Ableh- 40 nung ist allerdings nur vorübergehend; sie erzeugt gleichzeitig neue Schuldgefühle und Schuldangst und führt so zu einem verhängnisvollen Kreislauf.

(Cloerkes, 4/2001, S. 196 f.)

3. Menschen mit einer Behinderung in Deutschland

Ende 2007 waren 6,9 Millionen Deutsche als schwerbehindert anerkannt. Das entspricht einem Bevölkerungsanteil von 8,4 %. Damit ist jeder zwölfte Einwohner Deutschlands schwer behin-
5 dert. Knapp 52 % der Schwerbehinderten sind Männer.

Behinderungen treten vor allem bei älteren Menschen auf: 28,4 % der Betroffenen sind 75 Jahre und älter und 46,3 % gehören der Altersgruppe
10 zwischen 55 und 75 Jahren an. Nur 4 % der Menschen mit Schwerbehinderung sind Kinder und Jugendliche unter 25 Jahren.

Ursache der Behinderung ist in 82,3 % der Fälle eine Krankheit, in 4,4 % angeboren oder im ersten
15 Lebensjahr aufgetreten, 2,2 % der Menschen wurden durch einen Unfall oder eine Berufskrankheit schwer behindert.

In zwei von drei Fällen (64,3 %) handelt es sich um körperliche Behinderungen. Bei jedem Vierten (25,3 %) sind innere Organe oder Organsysteme 20 betroffen. Bei 13,8 % sind Arme und Beine in ihrer Funktion eingeschränkt, bei weiteren 13,8 % Wirbelsäule und Rumpf. Die Blinden und Sehbehinderten machen 5 % der Fälle aus. 3,8 % leiden unter Schwerhörigkeit, Gleichgewichts- oder 25 Sprachstörungen. Auf geistige Behinderungen entfallen 9,9 % der Fälle, auf zerebrale Störungen 9 %. Bei den übrigen 16,8 % ist die Art der Behinderung nicht ausgewiesen.

(vgl. Statistisches Bundesamt, 2009, S. 5)

---

[1] *implizit (lat.): mit enthaltend, mit inbegriffen ohne ausdrücklich zu sagen*

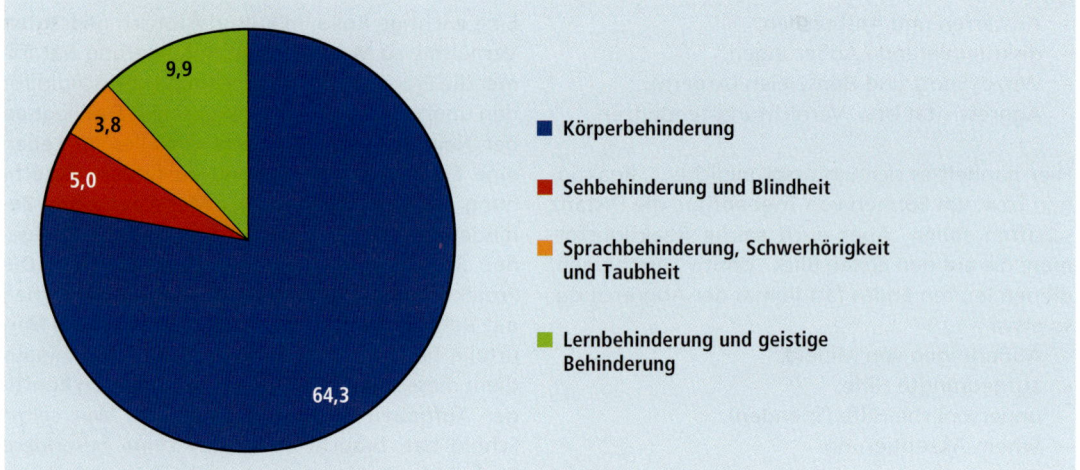

Bei knapp 17 % ist die Art der Behinderung nicht ausgewiesen.

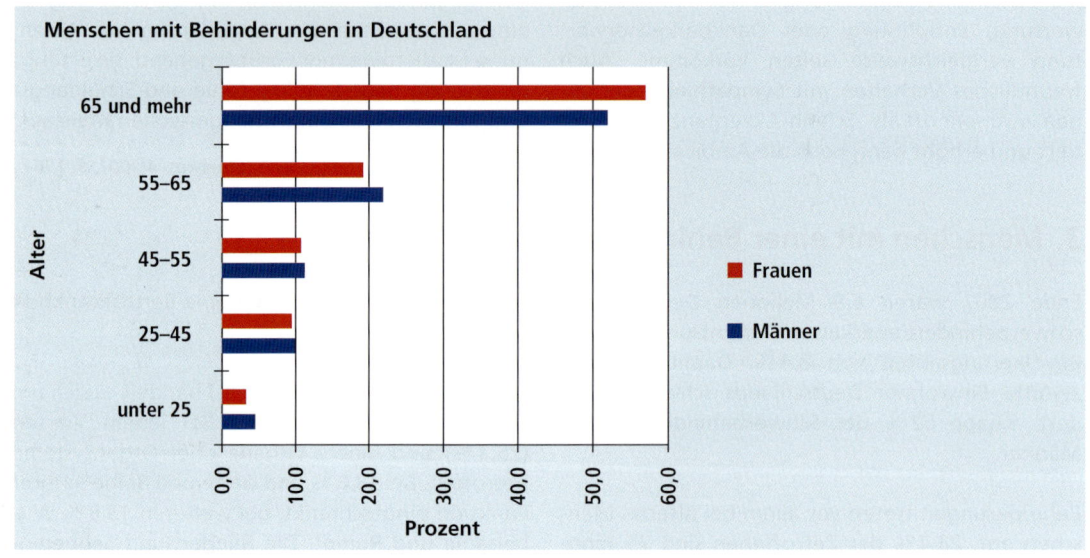

(Quelle der Zahlen: Statistisches Bundesamt, 2009, S. 5)

4. Stigmatisierung und ihre Folgen

a) Funktionen und Folgen von Stigmatisierung

Welche Funktionen haben Stigmata?

1. Funktionen auf der Mikroebene (Individuum):
– **Orientierungsfunktion**. Vorausstrukturierung
5   sozialer Situationen, dadurch Verringerung von
Unsicherheit.
– **Entlastungsfunktion** durch selektive und ver-
zerrte Wahrnehmung sowie durch Projektion
verdrängter Triebansprüche (Aggressionen) auf
10   »Sündenböcke«.

– **Identitätsstrategie**. Wiederherstellung des ge-
fährdeten seelischen Gleichgewichts durch be-
tonte Abgrenzung gegenüber der Andersartig-
keit.

2. Funktionen auf der Makroebene (Gesellschaft): 15
– **Systemstabilisierung** durch Regelung des Umgangs zwischen gesellschaftlichen Gruppen
und des Zugangs zu knappen Gütern wie Status, Berufschancen, etc.

– **Kanalisierung von Aggressionen** auf schwache »Sündenböcke«.
– **Verstärkung der Nonkonformität** des Nicht-Stigmatisierten: Ohne Stigmatisierte wäre es
5 kein Vorteil, »normal« zu sein.
– **Herrschaftsfunktion**. Unterdrückung und Ausschluss von konkurrierenden Gruppen.

Ganz offenkundig haben Stigmata also sehr wichtige Funktionen für den Einzelnen wie für die Ge-
10 sellschaft. Diese Interessenkongruenz sorgt dafür, dass Stigmatisierungsprozesse allgegenwärtig und außerordentlich schwer reduzierbar sind. So gesehen sind alle prinzipiell »Diskreditierbare« und stehen ständig in der Gefahr, erfolgreich stigmati-
15 siert zu werden. …

Welche Folgen haben Stigmatisierungen? Sie sind für Betroffene tief greifend und außerordentlich schwer rückgängig zu machen:

– **Auf der Ebene gesellschaftlicher Teilhabe** droht Diskriminierung durch formellen oder infor-20 mellen Verlust von bisher ausgeübten Rollen, es kommt zu Kontaktverlust, zu Isolation und Ausgliederung.
– **Auf der Ebene der Interaktionen**[1] orientiert sich alles am Stigma, die Person und ihre Biographie 25 wird in diesem Sinne umdefiniert. Die Interaktionen sind durch Spannungen, Unsicherheit und Angst erschwert.
– **Auf der Ebene der Identität** drohen daher erhebliche Gefährdungen und Probleme. 30

(Cloerkes, 2007[3], S. 170 f.)

b) Gewalt hat viele Gesichter

„Schläge gegen Behinderte, Terror gegen Behinderte"; „Sechs Verletzte bei Brand in Behindertenwohnheim"; „Behinderte sexuell missbraucht";
5 „Das Essen gestrichen und in den Kerker gesteckt" – solche Zeitungsüberschriften sind schon fast alltäglich geworden. Noch alltäglicher, aber auch diskriminierend sind die vielfältigen Formen der strukturellen Gewalt, die in Gesetze oder Verord-
10 nungen geronnen sind oder sich einfach in einer Unterlassung äußern. Hier einige Beispiele (*Arnade, 1997, S. 29 f.*):

– Als eine rollstuhlfahrende Frau mit dem Zug von Köln nach Hannover fahren will, fehlt beim
15 Intercity der Wagen mit der Behindertentoilette. Der Schaffner zuckt die Achseln. Die Frau schafft es, bis Hannover auszuhalten. Da es dort im Bahnhof aber nur eine Behindertentoilette für extrem schmale Rollstühle gibt, sitzt sie
20 schließlich doch im Nassen.
– Ein Paar mit geistiger Behinderung, das in einer Werkstatt für Menschen mit Behinderung arbeitet und in einem Wohnheim lebt, will heiraten. Der Standesbeamte lehnt dies ab.
25 – Eine Frau mit Behinderung bucht über Neckermann-Reisen einen 14-tägigen Urlaub an der Nordsee. Als sie anreist, lässt man sie nicht ins

Hotel mit der Begründung man wolle keine Menschen mit Behinderung.
– Eine Gruppe junger Leute mit geistiger und 30 körperlicher Behinderung will in eine Disco in einem esoterischen Zentrum in Berlin. Dort kann man auf Auslegeware barfuss tanzen. Die Gruppe wird nicht hereingelassen. Begründung: Die Rollstuhlreifen sind unhygie-35 nisch, und so viele Behinderte verbreiten „bad vibrations".
– Ein Ehepaar mit körperlicher Behinderung will an einem Nachmittag im Hochsommer seinen Sohn ins Freibad begleiten. Sie werden nicht 40 hereingelassen: „Behindertenschwimmen ist morgens von 10.00 bis 12.00 Uhr", heißt es.
– Eine alleinerziehende Mutter mit Behinderung bekam vom Sozialamt für ihr Auto eine Betriebsmittelpauschale von 41,93 € monatlich. 45 Sie braucht das Auto, um ihr Kind täglich zum Kindergarten zu bringen. Das Geld wird ihr gestrichen, als sie die Berechtigung erhält, den örtlichen Fahrdienst zu benutzen. Dieser kann aber nicht ihre Bedürfnisse abdecken. Als sie 50 sich an den zuständigen Behindertenbeauftragten wendet, bekommt sie zu hören: „Das hätten sie sich überlegen sollen, ehe Sie sich ein Kind anschafften."

---

[1] Statt „Interaktionen" müsste es genauer „soziale Interaktionen" heißen. Dieser Begriff ist in Kapitel 10.1.1 geklärt

- Eine Rollstuhlfahrerin möchte sich den Film „Das Leben ist eine Baustelle" ansehen. Im Kino ist aus „versicherungsrechtlichen Gründen" niemand bereit, ihr über wenige Stufen ins Souterrain zu helfen. Eine Weile kämpft sie, dann verlässt sie frustriert das Kino. „Das war sehr entwürdigend." sagt sie.
- Ein blinder Mann steigt mit seinem Führhund in einen Doppeldeckerbus. Da unten alle Plätze besetzt sind, er aber erschöpft ist und sich setzen will, geht er nach oben. Der Busfahrer ruft ihn zurück: „Hunde dürfen nicht nach oben."

An der nächsten Haltestelle verlässt der Mann den Bus.
- Im Videoportal von Google Italien wurde 2006 ein Amateurfilm über die Misshandlung eines Mannes mit Behinderung veröffentlicht. Das Handy-Video zeigte, wie Schüler einen am Down-Syndrom erkrankten Mitschüler brutal misshandelten und schlugen. Der Film wurde auf Google Video unter der Rubrik „Die lustigsten Filme" veröffentlicht (*dpa-Meldung; in: DonauKurier, Nr. 46 vom 25.02.2010, S. 6*).

Schwerbehinderter Sohn zu laut: Vermieter setzt Räumung durch

Itzehoe (dpa) Die Eltern eines schwerbehinderten Buben aus Glückstadt müssen wegen der Lautstärke des Sohnes ihre Mietwohnung räumen. Das ergab gestern ein Vergleich der Eltern mit dem Hausbesitzer vor dem Landgericht Itzehoe. Die Mieter haben nun drei Monate Zeit, die Wohnung zu räumen; der Vermieter verzichtet im Gegenzug auf Schadensersatzansprüche. Vor der Berufsverhandlung hatte bereits am 25. Januar des Amtsgerichts Itzehoe die 55 und 51 Jahre alten Eltern zur Räumung verurteilt. Nachbarn in dem Vierfamilienhaus hatten sich unter anderem vom nächtlichen Schreien, Weinen und Klopfen des 13-Jährigen gestört gefühlt. Der Bub ist seit seiner Geburt schwerbehindert und auf ständige Hilfe angewiesen. Das Amtsgericht hatte das Mietverhältnis auf Klage des Hausbesitzers trotz des „menschlich schwierigen Situation" der Familie ausgelöst. Die Richterin vor dem Landgericht hob gestern den besonderen Schutz von Behinderten durch das Gesetz auf. „Grenzenlos ist die geforderte Toleranz aber nicht", meinte die Richterin. Sollten beide Seiten den Vergleich widerrufen, werde am 15. August ein Urteil ergehen.

(Donau Kurier Nr. 166 vom 20./21.07.2002)

Plakatmotive zum Aktionstag zur Gleichstellung von Menschen mit Behinderung 2009 im Zuge des Europäischen Protesttages zur Gleichstellung von Menschen mit Behinderungen.

Aufgaben und Anregungen

Aufgaben

1. Bestimmen Sie den Begriff „Heil- bzw. Sonderpädagogik".
   (Abschnitt 20.1.1)

2. Erläutern Sie die Problematik der Begriffe „Heil- und Sonderpädagogik".
   (Abschnitt 20.1.2)

3. Zeigen Sie an je einem Beispiel den Gegenstand der Heil- bzw. Sonderpädagogik auf.
   (Abschnitt 20.1.3)

4. *„Was hier zugleich vor sich geht, ist ein Wandel des Lebenswertes als eines universellen und unbedingten Wertes zu einem Marktwert. Menschliches Leben wird ein ‚kommerzielles Gut', das auf dem Markt gehandelt wird."* (Speck, 2008[6], S. 155)
   Setzen Sie sich mit der Feststellung von *Otto Speck* unter Berücksichtigung der Wertgebundenheit heilpädagogischen Handelns auseinander.
   (Abschnitt 20.1.4)

5. Bestimmen Sie den Begriff „Behinderung" und erläutern Sie diesen am Beispiel einer Behinderungsart.
   (Abschnitt 20.2.1 und 20.2.2)

6. Beschreiben Sie an je einem Beispiel verschiedene Arten von Behinderung.
   (Abschnitt 20.2.2)

7. *Die Funktionseinschränkung bei einer Behinderung hat für den Betroffenen und seine soziale Umgebung eine Beeinträchtigung zur Folge.*
   Zeigen Sie an verschiedenen Beispielen aus Ihrem Lebensbereich mögliche Folgen einer Behinderung auf.
   (Abschnitt 20.2.3)

8. Stellen Sie
   a) Schädigungen vor der Geburt als Ursachen von Behinderungen dar.
      (Abschnitt 20.3.1)
   b) perinatale Schädigungen als Ursachen von Behinderungen dar.
      (Abschnitt 20.3.2)
   c) Schädigungen nach der Geburt als Ursachen von Behinderungen dar.
      (Abschnitt 20.3.3)

9. Zeigen Sie mögliche Erscheinungsformen einer Behinderung (zum Beispiel Lernbehinderung) auf.
   (Abschnitt 20.4.1)

10 a) Erläutern Sie Ursachen einer von Ihnen ausgewählten Behinderung (zum Beispiel Lernbehinderung).
   b) Zeigen Sie am Beispiel dieser ausgewählten Behinderung das Zusammenwirken mehrerer Ursachen, aufgrund derer eine solche entstehen kann.
   (Abschnitt 20.4.2)

11. Die normbezogene Betrachtungsweise wirft für Menschen mit Behinderung Probleme auf. Erläutern Sie diese normbezogenen Probleme.
(Abschnitt 20.5.1)

12. Beschreiben Sie die Theorie der Stigmatisierung und setzen Sie sich mit der Stigmatisierung von Menschen mit einer Behinderung hinsichtlich ihrer Identität auseinander.
(Abschnitt 20.5.2)

13. Bestimmen Sie den Begriff „Behinderung" und diskutieren Sie anhand der Problematik des Begriffes „Behinderung" die grundlegende Wertorientierung der Heil- bzw. Sonderpädagogik.
(Abschnitt 20.2.1, 20.1.4 und 20.5)

14. *„Behinderung ist weniger eine Frage des individuellen Schicksals und der Wohltätigkeit, sondern vielmehr eine Bürgerrechtsfrage. Mit unserer körperlichen, geistigen oder seelischen Beeinträchtigung können wir leben, doch die gesellschaftliche Entmündigung und Diskriminierung, die unser Leben tagtäglich bestimmt, ist für uns nicht hinnehmbar!" (Miles-Paul; in: Heiden, 1996)*

    Verdeutlichen Sie die Aussage von Otmar Miles-Paul unter Berücksichtigung der normenbezogenen Betrachtungsweise einer Behinderung und der Stigmatheorie von *Erving Goffman*.
(Abschnitt 20.5)

15. *Der Spiegel berichtete in seiner Ausgabe vom 1.12.2008 (Nr. 49, S. 162): In Großbritannien kommen wieder mehr Kinder mit Down-Syndrom zur Welt als in den Jahren nach der Einführung von Früherkennungstests, mit denen die Behinderung bereits während der Schwangerschaft festgestellt werden kann. Für 2006 verzeichnen die Statistiken für England und Wales 749 derartige Geburten. 1989, im Jahr der Einführung der Pränataltests, waren es 717 gewesen. In den Jahren dazwischen war die Zahl zum Teil auf deutlich unter 600 Geburten gesunken. Ausschlaggebend für die Entscheidung vieler Eltern, das Kind mit Behinderung nicht abtreiben zu lassen, ist einer Umfrage zufolge der Eindruck, dass solche Kinder heute mit besseren Zukunftschancen rechnen könnten als noch vor 20 Jahren. Außerdem sahen sie sich durch die Hilfe von Freunden und Familie in ihrem Entschluss bestätigt: „Ich bin kein Anhänger der Vorstellung von einem ,perfekten menschlichen Wesen', ein Kind dem anderen vorzuziehen, hätte ich schrecklich gefunden", erklärte eine der Befragten. Deutsche Experten gehen davon aus, dass es hierzulande einen ähnlichen Trend wie in Großbritannien gibt.*

    a) Bestimmen Sie den Begriff „Behinderung" und zeigen Sie, dass bei Kindern mit Down-Syndrom eine solche vorliegt.
(Abschnitt 20.2.1)

    b) Erläutern Sie auf der Grundlage der Wertgebundenheit sozialpädagogischen Handelns die Entscheidung der Eltern in diesem Bericht.
(Abschnitt 20.1.4)

    c) Zeigen Sie unter Berücksichtigung dieses Berichtes die Problematik des Behinderungsbegriffes auf.
(Abschnitt 20.5)

Anregungen

16. Fertigen Sie in Gruppen ein Clustering zu dem Thema „Erziehung unter besonderen Bedingungen" an: Schreiben Sie in die Mitte eines größeren Blattes das Thema in einen Kreis und notieren Sie zunächst den ersten Gedanken, den Sie zu diesem Thema haben, ebenfalls auf das Papier und verbinden Sie ihn mit dem Mittelkreis. Sodann schreiben Sie alle weiteren Gedanken zum Thema auf dieselbe Weise auf das Blatt und verbinden jeden Kreis mit dem vorigen durch einen Strich.

17. Gehen Sie zusammen mit einem oder mehreren Klassenkameraden mit verbundenen Augen durch das Schulhaus. Lassen Sie sich dabei führen. Tauschen Sie dann in der Klasse Ihre Erfahrungen aus.

18. Spielen Sie eine Spieltherapiesituation, in der ein Kind
    – nicht sprechen will, sich zurückzieht oder
    – aggressiv gegenüber einem anderen Kind ist.
    – Vorgaben: Die Mutter ist überlastet, weil sie tagsüber arbeitet und wenig Zeit für das Kind hat; der Vater ist sehr leistungsorientiert und macht die Mutter für das Problem verantwortlich; die Großmutter verwöhnt das Kind.

19. Besuchen Sie eine Einrichtung der Heil- bzw. Sonderpädagogik, zum Beispiel eine Sonderschule, oder ein Heim für Kinder und Jugendliche mit Behinderung. Erkundigen Sie sich dabei
    – nach den Aufgaben bzw. Zielen dieser Einrichtung,
    – nach Formen erzieherischer Arbeit (wie versucht die Einrichtung, ihren Aufgaben gerecht zu werden bzw. ihre Ziele zu erreichen?),
    – nach dem Aufbau bzw. der Organisation der Einrichtung sowie
    – nach Chancen, Problemen und Grenzen der erzieherischen Arbeit in dieser Einrichtung.
    – Sichten und werten Sie die Ergebnisse in Gruppen aus. Die Ergebnisse können in einer Wandzeitung präsentiert werden. Die Reflexion und die kritischen Anmerkungen können im Klassenverband erfolgen.

20. Nehmen Sie Kontakt mit einer benachbarten Sonderschule bzw. Reha-Einrichtung auf, und besprechen Sie mit den Betroffenen und dem Personal Probleme, die aufgrund der Behinderung und der Sondereinrichtung entstehen.

21. Lesen Sie *Materialien 1* und diskutieren Sie diese sogenannten „ökonomischen Aspekte" unter Berücksichtigung der Wertgebundenheit heilpädagogischen Handelns in *Abschnitt 20.1.4*.

22. *Funktionen von Stigmatisierung*
    a) Lesen Sie *Materialien 4* und zeigen Sie am Beispiel eines Menschen mit einer Behinderung die Funktionen einer Stigmatisierung auf.
    b) Entwerfen Sie in Gruppen auf der Grundlage der in *Materialien 4* genannten Funktionen Möglichkeiten, wie man einer Stigmatisierung von Menschen mit einer Behinderung begegnen könnte.

23. *Projekt „Aktion Grundgesetz"*
    Am 15. November 1994 trat die neue Verfassung für das geeinte Deutschland in Kraft. In Artikel 3, Absatz 3 wurde der Satz „Niemand darf wegen seiner Behin-

derung benachteiligt werden" angefügt. Um diese angesprochene Grundgesetzänderung in der Bevölkerung bekannt zu machen, wurde 1997 eine von über 80 Behindertenverbänden und Selbsthilfegruppen getragene „Aktion Grundgesetz" gestartet. Mit Plakaten, Postkarten, Aufklebern, Buttons, Aktionskärtchen und Briefaufklebern wurde versucht, die Öffentlichkeit auf die Probleme Menschen mit Behinderung hinzuweisen.

Entwerfen Sie in Kleingruppen ein Konzept, wie die *Aktion Grundgesetz* die Öffentlichkeit auf die Probleme von Menschen mit einer Behinderung sensibilisieren kann.

24. *Behindertengerechtes Wohnen*
    – Zeichnen Sie in Kleingruppen einen Plan, wie Sie Ihre Wohnung behindertengerecht umändern können.
    – Stellen Sie auch einen Finanzierungsplan über den Umbau der Wohnung auf.
    – Hängen Sie Ihren Plan an die Pinnwand und erläutern Sie ihn in Ihrer Klasse.

21 Unterstützung von beeinträchtigten Menschen

Zita, sieben Jahre alt, wurde vor einem halben Jahr eingeschult. Die Lehrerin von Zita lud ihre Eltern in die Sprechstunde und riet ihnen an, Zita einem Schultest unterziehen zu lassen, weil sie enorme Schwierigkeiten in der Schule zeige. Dem kamen die Eltern nach.

Der Test ergab folgendes Ergebnis: Zitas Lernen läuft sehr verlangsamt ab und sie kann den Umfang des Lernstoffes kaum bewältigen. Dieser – der Umfang – ist gegenüber den Mitschülern deutlich reduziert und die Lernprozesse laufen auf einer einfacheren Ebene ab. Auch die Konzentration ist vor allem bei komplexeren und schwierigeren Anforderungen vermindert, sie unterliegt deutlichen Schwankungen. Abstraktionen, Transferleistungen und Begriffsbildungen gelingen kaum, der Ablauf der Denkprozesse ist verlangsamt und die

Denkvollzüge sind in ihrer Beweglichkeit eingeschränkt. Ebenso liegen die Sprachleistungen deutlich unter dem Leistungsstand ihrer Mitschüler, es sind vor allem Mängel in der differenzierten Lautbildung, im Wortschatz und in der Grammatik zu beobachten. Sprachfehler sind keine Seltenheit.

Die Frage ist nun: Wie könnte Zita geholfen werden? Dabei sollen zwei unterschiedliche Konzepte zur Unterstützung von Menschen mit Behinderungen vorgestellt werden: ein *verhaltensorientiertes und ein ökologisches Konzept*.

Folgende Fragen werden in diesem Kapitel geklärt:
1. *Welche Ziele verfolgen das verhaltensorientierte Konzept und das ökologische Konzept, um Menschen mit Behinderung zu helfen?*

2. *Von welchen Grundannahmen gehen diese beiden Konzepte jeweils aus? Wie ist jeweils die Vorgehensweise dieser Konzepte?*

3. *Welche Gemeinsamkeiten und Unterschiede zeigen diese beiden Konzepte? Wie lassen sie sich hinsichtlich ihrer Effektivität bewerten?*

21.1 Das verhaltensorientierte Konzept

Behinderung ist – wie in *Kapitel 20* ausgeführt – immer ein individuelles und ein gesellschaftliches Problem. Im Gegensatz zu ökologischen sind verhaltensorientierte Konzepte mehr *individuumsorientiert*: Gegenstand therapeutischer Veränderungsversuche ist das problematische Verhalten – die Beeinträchtigung – selbst, die im Individuum angesiedelt ist.

21.1.1 Grundlagen des verhaltensorientierten Konzeptes

Wissenschaftliche Grundlagen verhaltensorientierter Konzepte sind die **Lerntheorien**, bei „reinen" behavioristisch orientierten Verfahren insbesondere die **Konditionierungstheorien**[1]. Bei diesen spielen Reize, die einem bestimmten Verhalten vorausgehen oder folgen, die zentrale Rolle. Auf sie wird im Folgenden Bezug genommen.

Gegenstand von Veränderungsversuchen ist das problematische Verhalten selbst. Verhaltensorientierte Konzepte gehen von der Grundannahme aus, dass *alles Verhalten* – auch das unangepasste – *erlernt ist und wieder verlernt werden kann*. Ziel verhaltensorientierten Vorgehens ist demnach **der Abbau unerwünschten Verhaltens und der Aufbau erwünschten Verhaltens durch gezielte Lernhilfen**.

Da bei Behinderungen häufig organische Ursachen vorliegen, ist es oft nur mit Einschränkung möglich, auf der Grundlage von psychotherapeutischen Verfahren zu helfen. Doch es geht bei solchen Konzepten in erster Linie darum, Menschen mit einer Behinderung zu unterstützen und so – wie in *Kapitel 20.1.2* ausgeführt – eine Heilung im Sinne einer ganzheitlichen Förderung des Beeinträchtigten mit seinen persönlichen Eigenarten und Begabungen und in seinem gesamten sozialen Umfeld zu erreichen.

Es ist bekannt, dass Menschen mit Behinderung durch verhaltenstherapeutische Methoden verblüffende Leistungen erbringen können. Selbst die Lernkapazität eines jeden einzelnen mit Lern- oder geistiger Behinderung ist wesentlich größer als die, die beim herkömmlichen Lernprozess zum Tragen kommt. Aus dieser Sichtweise ist jeder Mensch mit Behinderung potentiell förderbar. Es ist nun Aufgabe der Heilpädagogen und Psychologen, die Leistungsreserven von Behinderten unter Berücksichtigung von lernpsychologischen Gesetzen zu mobilisieren.

Materialien 1

---

[1] *Die Konditionierungstheorien sind in Kapitel 6 dargestellt.*

21.1.2 Die Verhaltensanalyse

Voraussetzung für gezielte Verhaltensänderungen ist eine genaue **Verhaltensanalyse**, die ausführlich in *Kapitel 15.1.2* dargestellt ist:

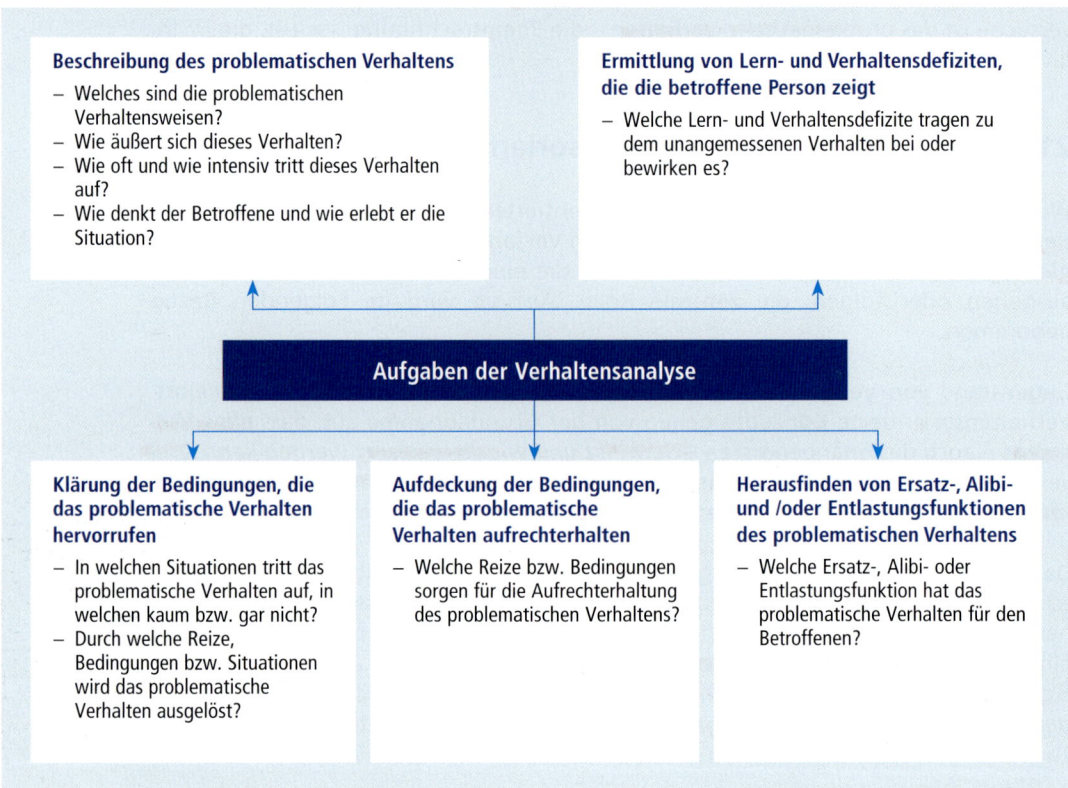

Beschreibung des problematischen Verhaltens
– Welches sind die problematischen Verhaltensweisen?
– Wie äußert sich dieses Verhalten?
– Wie oft und wie intensiv tritt dieses Verhalten auf?
– Wie denkt der Betroffene und wie erlebt er die Situation?

Ermittlung von Lern- und Verhaltensdefiziten, die die betroffene Person zeigt
– Welche Lern- und Verhaltensdefizite tragen zu dem unangemessenen Verhalten bei oder bewirken es?

Aufgaben der Verhaltensanalyse

Klärung der Bedingungen, die das problematische Verhalten hervorrufen
– In welchen Situationen tritt das problematische Verhalten auf, in welchen kaum bzw. gar nicht?
– Durch welche Reize, Bedingungen bzw. Situationen wird das problematische Verhalten ausgelöst?

Aufdeckung der Bedingungen, die das problematische Verhalten aufrechterhalten
– Welche Reize bzw. Bedingungen sorgen für die Aufrechterhaltung des problematischen Verhaltens?

Herausfinden von Ersatz-, Alibi- und /oder Entlastungsfunktionen des problematischen Verhaltens
– Welche Ersatz-, Alibi- oder Entlastungsfunktion hat das problematische Verhalten für den Betroffenen?

Malik leidet an einer geistigen Behinderung und neigt in Situationen, in denen die Eltern ihn mit Anforderungen konfrontieren wie beispielsweise sich alleine anzuziehen oder seine Spielsachen aufzuräumen, täglich mehrmals zu selbst verletzenden Verhaltensweisen. Er schlägt mit dem Kopf gegen die Wand, beißt und kratzt sich in die Hand. Die Eltern verzichten dann auf die Erledigung der gestellten Aufgabe und sprechen beruhigend auf ihn ein, nehmen ihn in den Arm und versuchen ihn abzulenken. Aus Sorge, Malik zu überfordern, stellen diese mittlerweile an ihren Sohn kaum mehr Forderungen, die ihn frustrieren könnten. Malik zeigt deutliche Defizite in lebenspraktischen, selbstständigen Verhaltensweisen wie sich ankleiden, Beschäftigungen wie Puzzle legen usw. In der Förderschule soll er nun lernen, Überforderung durch Zeichen zu signalisieren. Auch werden die Anforderungen an Malik vereinfacht, um die Häufigkeit der selbst verletzenden Verhaltensweisen deutlich zu reduzieren.

Aufgrund der Verhaltensanalyse ist es nun möglich, eine Verhaltensmodifikation[1] durchzuführen. Dabei ist zunächst, wenn (noch) nicht vorhanden, die **Schaffung von Motivation** erforderlich: Ein Verhaltensaufbau kann erst erfolgen, wenn der Lernende die Bereitschaft besitzt, sein Verhalten auch ändern zu wollen[2].

---

[1] *Modifikation (lat.): Abänderung, Veränderung; Verhaltensmodifikation bedeutet das Verändern von Verhaltensweisen.*

[2] *vgl. hierzu das Gesetz der Bereitschaft in Kapitel 6.2.1*

Hierzu stehen verschiedene Möglichkeiten zur Verfügung: Der Heilpädagoge kann zum Beispiel an den Bedürfnissen des Menschen mit Behinderung, die schon vorhanden sind, anknüpfen, er kann neue Bedürfnisse wecken oder auch wirksame Belohnung in Aussicht stellen.

Die Verhaltenstherapie stellt nicht eine in sich geschlossene Vorgehensweise dar, sie besteht aus unterschiedlichen Behandlungsverfahren, die auf den Grundlagen der verschiedenen Lerntheorien beruhen. Je nachdem, welche Lerntheorie zugrunde gelegt wird, ergeben sich verschiedene Techniken der Verhaltensmodifikation.

21.1.3 Vorgehensweise auf der Grundlage der klassischen Konditionierung[1]

Dem klassischen Konditionieren kommt insbesondere dann Bedeutung zu, wenn es um den **Erwerb oder Abbau von emotionalen Reaktionen und von bedingten Verhaltensweisen** geht. Dies spielt bei Behinderten eine große Rolle.

– **Erwünschte Reaktionen** werden aufgebaut und erlernt, indem der Therapeut den Reiz, der positive Reaktionen hervorrufen soll, mehrmals mit einem Stimulus koppelt, der bereits eine angenehme Reaktion auslöst.

In der Fallbeschreibung „Zita", die eingangs dargestellt ist, beruhigt sich Zita besonders rasch und nachhaltig, wenn die Mutter eine CD mit Musik von Mozart einlegt. Hat das Mädchen ihre Hausaufgaben zu erledigen, lässt sie leise klassische Musik im Hintergrund spielen, damit Zita dann ruhiger und deutlich konzentrierter ihre Schularbeiten erledigt.

– **Gegenkonditionierung:** Mehrmalige, zeitlich und räumlich gleichzeitige Koppelung des Reizes, der eine nicht erwünschte Reaktion zur Folge hat, mit einem Reiz, dessen Wirkung mit dieser nicht erwünschten Reaktion unvereinbar ist.

Nach ihrer Einschulung hat Zita eine Trennungsangst entwickelt. Sobald die Mutter mit ihr die Eingangstür der Förderschule betritt, beginnt sie zu weinen, wehrt sich dagegen, in das Klassenzimmer zu gehen und klammert sich an ihrer Mutter fest. Diese muss täglich eine Trennung durchsetzen, was dazu führt, dass Zita lange und anhaltend weint und jeden Kontakt mit der Lehrerin verweigert. Da Zita leidenschaftlich gerne eine Kindermilchschnitte isst, gibt ihr die Mutter, bevor sie sich mit ihrer Tochter dem Schulhaus nähert, eine solche zum Essen. Zita betritt in diesen Situationen sichtlich entspannt das Gebäude.

Systematische Desensibilisierung: Schrittweise Annäherung eines Reizes, der das nicht erwünschte Verhalten zur Folge hat, an den Reiz, dessen Reaktion mit dem unerwünschten Verhalten unvereinbar ist.

---

[1] Eine ausführliche Darstellung der verhaltenstherapeutischen Vorgehensweise auf der Grundlage der klassischen Konditionierung befindet sich in Kapitel 15.1.4

Die Lehrerin hat mit der Mutter folgendes Vorgehen vereinbart: Zita bringt ihren innig ge-liebten Teddybären mit, den sie zu Hause immer, wenn sie aufgeregt ist, an sich schmiegt, um sich zu beruhigen. Sie geht nun in den folgenden Tagen in Begleitung ihrer Mutter und ihres Teddys zur Förderschule bis zur Tür des Klassenzimmers ohne es zu betreten. Als nächs-tes bleibt sie mit ihrer Mutter und ihrem Teddy 10 Minuten im Klassenraum. Gelingt dies, verbleibt Zita mit ihrem Bären 10 Minuten im Klassenzimmer, während die Mutter vor der Tür wartet. Schließlich wird die Zeit, die Zita im Klassenzimmer bleibt, systematisch gestei-gert, die Mutter erledigt nun in der Zwischenzeit auch ihre Einkäufe. Schließlich kann Zita ohne Probleme die Schule besuchen.

Gegenkonditionierung und **systematische Desensibilisierung** bedingen sich gegen-seitig und werden in der Psychotherapie grundsätzlich miteinander angewandt.

21.1.4 Vorgehensweise auf der Grundlage der operanten Konditionierung[1]

Folgende Möglichkeiten bieten sich aus der Sicht der operanten Konditionierung an:

– **Differentielle Verstärkung** als das Ignorieren unerwünschten Verhaltens bei gleichzeitigem Verstärken von erwünschten Verhaltensweisen.

Da Zitas Sprachleistungen noch grundlegend verbessert werden müssen, wird sie von der Lehrerin nicht kritisiert, wenn sie einen Fehler macht. Im Gegenteil, sie wird für jeden Schritt in Richtung „deutlichem und richtigem Sprechen" verstärkt, indem sie beispielsweise eine CD mit Musik von Mozart anhören darf.

– **Verhaltensformung (shaping):** Der schrittweise Aufbau eines Verhaltens, indem bereits jedes Verhalten, das auch nur annähernd in die gewünschte Richtung des Endverhaltens geht, verstärkt wird. Bei Erreichung eines neuen Schrittes wird die Verstärkung nur noch für diesen gegeben. Die Aufteilung des gesamten zu erler-nenden Verhaltens in kleine Schritte und ihre systematische Verstärkung ist gera-de in der Behindertenarbeit ein wichtiger Bestandteil, um Erfolg zu haben. Die Verhaltensformung lässt sich folgendermaßen durchführen:

  · Nach der Formulierung des gewünschten (End-)Verhaltens wird jedes Verhalten, das dem gewünschten Endverhalten irgendwie ähnelt, sofort und regelmäßig verstärkt.
  · Erst allmählich wird das Verhalten verstärkt, das innerhalb der gewünschten Ver-haltenssequenz einen Schritt bedeutet.
  · Nun werden die Verhaltensweisen verstärkt, die der letztlich erwünschten nahe-zu entsprechen, bis schließlich das Endverhalten gezeigt wird.
  · Dabei werden die Teilschritte und letztlich das Endverhalten so lange regelmäßig – also immer – verstärkt (**kontinuierliche Verstärkung**[2]), bis das Verhalten richtig gezeigt wird. Sodann wird zu seiner Festigung zu einer gelegentlichen Verstär-kung übergegangen (**intermittierende Verstärkung**[2]), bis diese schließlich ganz überflüssig wird und das Verhalten aufgrund von Gewöhnung gezeigt wird.
  · Die Teilschritte und das erwünschte Endverhalten werden durch Übung und Wiederholung gefestigt.

---

[1] *Eine ausführliche Darstellung der verhaltenstherapeutischen Vorgehensweise auf der Grund-lage der operanten Konditionierung befindet sich in Kapitel 15.1.4*

[2] *siehe Kapitel 6.2.5*

Um Zitas Sprachkompetenz weiter zu verbessern, wird sie bereits verstärkt, wenn sie Wörter nachahmt, dann für die Unterscheidung von richtiger und falscher Aussprache von Wörtern, darauf für die richtige Aussprache der Begriffe bei Benennung von Bildern, dann für die Verwendung sinnvoller Vierwortsätze, schließlich für die grammatikalisch richtige Bildbeschreibung mit kurzen und dann längeren Sätzen. Diese Zerlegung in einzelne Teilschritte wird so lange fortgesetzt, bis Zita grammatikalisch richtig und flüssig sprechen kann. Zunächst wird dabei jedes erwünschte Verhalten verstärkt, mit der Zeit wird nur noch unregelmäßig verstärkt, bis die Verstärkung ganz überflüssig wird. Letztlich wird das erreichte Sprachniveau durch Übung gefestigt.

Im Gegensatz zur Arbeit mit Menschen ohne Behinderung sind bei der Behindertenarbeit die einzelnen Schritte des shapings wesentlich kleiner zu gestalten und die Verstärkung muss noch spürbarer und unmittelbarer erfolgen. Auch für die Festigung durch Übung und Wiederholung wird mehr Zeit benötigt.

> *„Es ist allerdings notwendig, die Lern-Gesetzmäßigkeiten je nach Behinderungsgrad noch systematischer zu gestalten. Die Lernschritte müssen in kleine Schritte aufgeteilt werden. Die Belohnungen müssen noch anschaulicher, spürbarer gestaltet und im unmittelbarsten Anschluss an die Leistung erfolgen. Die Teilleistungen müssen noch öfters wiederholt werden. Die Übertragungen des Gelernten auf andere Situationen müssen noch viel direkter sein als bei Nichtbehinderten.“*
>
> *(Diakonisches Werk, 1978, S. 54)*

Das verhaltensorientierte Konzept

Wissenschaftliche Grundlage: Die Konditionierungstheorien

Grundannahme: Alles Verhalten, auch das unangepasste, ist erlernt und kann wieder verlernt werden.

Zielsetzung: Abbau unerwünschten Verhaltens, Aufbau erwünschten Verhaltens durch gezielte Lernhilfen

Vorgehensweise:
- Verhaltensanalyse
- Verhaltensmodifikation:
  · Schaffung von Motivation
  · Auf der Grundlage der klassischen Konditionierung: Gegenkonditionierung, systematische Desensibilisierung
  · Auf der Grundlage der operanten Konditionierung: Differentielle Verstärkung, Verhaltensformung (shaping)

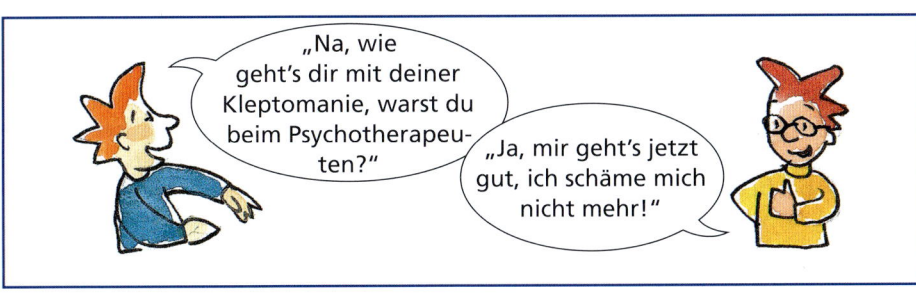

21.2 Das Unterstützungsmanagement

Das bekannteste ökologische Konzept, das sich vor allem in der Behindertenarbeit bewährt, ist das Unterstützungsmanagement, auch **Case Management** genannt. Die Methode des Unterstützungsmanagements kommt aus den USA und wurde Ende der achtziger Jahre des vergangenen Jahrhunderts durch *Wolf Rainer Wendt* (*1995[2] und 2008[4]*) in Deutschland bekannt gemacht. Im Gegensatz zum verhaltensorientierten Konzept ist das Unterstützungsmanagement mehr **umweltorientiert**: Gegenstand ist die Mensch-Umwelt-Beziehung, die eine lebenserhaltende Bedeutung hat, aber auch „schädigend" auf das Individuum wirken kann.

Wolf Rainer Wendt, Dr. phil., ist seit 1978 Professor an der Berufsakademie in Stuttgart und dort Leiter des Ausbildungsbereichs Sozialwesen. Zugleich ist er Vorsitzender der Deutschen Gesellschaft für Sozialarbeit.
Vor 1978 war er in einer Erziehungsberatungsstelle, später beim Jugendamt Stuttgart tätig, zuständig für die Heimerziehung und das Adoptions- und Pflegestellenwesen. Seit den 80er Jahren des letzten Jahrhunderts machte er sich für ökologische Konzepte in der sozialen Arbeit stark. Bekannt wurde er vor allem durch seine Verbreitung des Case Managements im deutschsprachigen Raum. Zusammen mit Claus Mühlfeld, Hubert Oppl und Hartmut Weber-Falkensammer ist er Herausgeber der Schriftenreihe „Brennpunkte Sozialer Arbeit".

21.2.1 Grundlagen des Unterstützungsmanagements

Wissenschaftliche Grundlagen des Unterstützungsmanagements bilden **ökologische Theorien**, wie zum Beispiel das **Life Model**[1]. Dieses beinhaltet eine ganzheitliche Sichtweise mit Blick auf den wechselseitigen Austausch zwischen Person und Umwelt.

Eine ökologische Sichtweise eröffnet die Möglichkeit, eine Beeinträchtigung und damit zusammenhängende Probleme nicht nur einem als unzulänglich erscheinenden Individuum zuzuschreiben. **Probleme werden im sozialen Kontext gesehen und aus dem politischen und wirtschaftlichen Beziehungsgefüge heraus verstanden.** Adressat der Unterstützungsleistungen ist dabei nicht nur der einzelne Klient – in unserem Falle der Mensch mit Behinderung –, zu berücksichtigen ist auch seine Umwelt, wie beispielsweise seine Angehörigen, Arbeitskollegen, Nachbarn oder verschiedene soziale Einrichtungen. Die Bedeutung ökologisch orientierter heilpädagogischer Arbeit besteht also darin, dass sie eine Verbindung zwischen dem Individuum und der Umwelt herstellt.

Materialien 2

Meist benötigen Menschen mit Behinderung eine Unterstützung auf Dauer. Dabei soll das Unterstützungsmanagement den Betroffenen soziale Integration und ein möglichst wenig beeinträchtigtes Leben ermöglichen. Je nach Behinderungsart und -ausprägung benötigen viele Menschen mit Behinderung neben einer möglichen speziellen Behandlung vor allem Hilfen zur Bewältigung des Alltags und für ein

---

[1] *siehe Kapitel 15.3.2*

ihnen mögliches normales Dasein, was das Unterstützungsmanagement optimal leisten kann.

21.2.2 Aufgaben des Unterstützungsmanagements

Im Unterstützungsmanagement geht es einmal um die **Erschließung aller möglichen Hilfsquellen**, die einer Hilfe suchenden Person – zum Beispiel einem Menschen mit Behinderung – in einem Gemeinwesen zur Verfügung stehen.

> Solche Hilfsquellen können zum Beispiel eine Beratungsstelle, Sozialstation oder Nachbarschaftshilfe sein.

Den Klienten sind die Unterstützungsmöglichkeiten jedoch nicht zwangsläufig bekannt und unter den verschiedenen Anbietern (Trägern sozialer Dienste) mangelt es häufig an Kooperation und bedarfsgerechten Angeboten. Deshalb geht es zum anderen um die Koordination dieser Hilfsquellen, um eine möglichst effektive Hilfe zu gewährleisten.

> Bernd ist neun Monate alt. Er hat das Down-Syndrom. Seitdem gibt es in der Familie von Bernd Spannungen: Der Vater wollte, dass seine Frau abtreibt, als er erfuhr, das Kind sei behindert. Doch sie wollte das nicht. Der Vater konnte sich aber mit der Geburt eines Kindes mit Behinderung nicht abfinden, er ist seitdem kaum zu Hause und hat auch keine Beziehung zu seinem Sohn Bernd. Alle pflegerischen und erzieherischen Maßnahmen überlässt er seiner Frau. Die Mutter fühlt sich allein gelassen und ist mit der Betreuung von Bernd und der gesamten Hausarbeit überfordert. Sie zeigt seit der Geburt ihres Sohnes starke depressive Symptome. Sie weiß auch nicht, was sie tun soll und wer ihr helfen kann.
>
> Aufgabe des Unterstützungsmanagements ist es nun, die entsprechenden Dienste und Einrichtungen zu mobilisieren – zum Beispiel einen medizinischen und pflegerischen Dienst, eine Beratungsstelle u. Ä. – und diese zu koordinieren. Zugleich kann geprüft werden, wie die Frau mögliche Verwandte, evtl. auch Bekannte und/oder Nachbarn, unterstützen können. Case Management hilft beispielsweise auch bei der Suche nach einer kleineren Wohnung (falls es zur Trennung kommt), welche die Frau leichter bezahlen kann, und kümmert sich darum, dass auch der Mann in die Pflicht genommen wird.
>
> Soll nun die Normalisierung gelingen, ist ein koordiniertes Vorgehen erforderlich und alle Beteiligten werden an einen Tisch geladen, an dem die Aufgabenstellung geklärt, juristischer Rat eingeholt und Zusammenarbeit vereinbart wird.

Diese Erschließung und Koordination bedarf – wenn die Hilfe erfolgreich sein soll – einer **sorgfältigen Planung und Organisation** des Unterstützungsverlaufs, was ein kompetentes Handeln erfordert[1].

> **Unterstützungsmanagement (Case Management) versteht sich als planmäßige und organisierte Erschließung und Koordination von Hilfsquellen zur Unterstützung einzelner Menschen und Gruppen mit Problemen.**

Dabei geht es nicht darum, dass der Case Manager für den Klienten die Unterstützung bewerkstelligt, *der Klient wird aktiv an seiner Problemlösung beteiligt.*

---

[1] vgl. Abschnitt 21.2.3

Aufgabe des Case Managements ist die **Planung und Organisation der Unterstützung**, um dem Klienten und gegebenenfalls seinen Angehörigen in ihrer Lage effektiv zu helfen *(vgl. Wendt, 1995², S. 153 f.).* Bei der Bewältigung von Problemen und bestimmten Situationen im Sinne des Unterstützungsmanagements spielen **Ressourcen**[1] eine wichtige Rolle.

Durch das Unterstützungsmanagement wird nach Einschätzung der Dringlichkeit von Problemen eine erforderliche Hilfe, die unter aktiver Mitarbeit des bzw. der Klienten selbst zustande kommt, eingeleitet sowie effektiv gestaltet.

> Case Management ist „ein Prozess der Zusammenarbeit, in dem geklärt, geplant, umgesetzt, koordiniert, überwacht und bewertet wird, was an Dienstleistungen zur individuellen Bedarfsdeckung notwendig und im Hinblick auf verfügbare Ressourcen qualitäts- und kostenbewusst erreichbar ist." *(Wendt, 2008⁴, S. 57)*

Das Unterstützungsmanagement geht davon aus, dass ein Hilfsbedürftiger regelmäßig mehrere Schwierigkeiten aufweist und es in dem Gemeinwesen, in welchem der Hilfsbedürftige lebt, Unterstützungsmöglichkeiten gibt. Es ist nun Aufgabe des Case Managements, dem Klienten und gegebenenfalls seinen Angehörigen in ihrer Lage effektiv zu helfen und die ihnen oft nicht bekannten oder für sie alleine nicht erreichbaren Dienste und Einrichtungen in dem entsprechenden Gemeinwesen an dem Problem bzw. der Situation zu beteiligen und aufeinander abzustimmen *(vgl. Wendt, 1995², S. 153 f.).* In diesem Sinn ist Unterstützungsmanagement planmäßige und organisierte Hilfe für Einzelne oder Familien in **komplexen Problemlagen**. Dabei „führt" der Case Manager seine Klienten durch den gesamten Hilfeprozess und erschließt die dafür notwendigen Ressourcen und Netzwerke (vgl. *Meinhold, 2005², S. 515).*

Ziele des Case Managements sind
– eine optimale Versorgung des Klienten mit Unterstützungsleistungen sozialer Dienste durch Erschließung und Koordination der Hilfsquellen,
– sorgfältige Planung und Ablauforganisation der Erschließung und Koordination der Hilfsquellen,
– eine aktive Beteiligung des Klienten an der Lösung der Situation und
– eine kostengünstige, effektive Durchführung von Hilfsangeboten.

---

[1] *vgl. Kapitel 15.3.2*

21.2.3 Organisation der Unterstützung *Wie estellt man...?*

Durch das Unterstützungsmanagement wird eine erforderliche Hilfe, die unter aktiver Mitarbeit des bzw. der Klienten selber zustande kommt, eingeleitet sowie effektiv gestaltet. Dieses Vorgehen weist eine bestimmte Organisation des Unterstützungsverlaufs auf *(vgl. Wendt, 1995[2], S. 154 f. und 2008[4])*:

- **Die Hilfe wird den Klienten angeboten, die Hilfe benötigen.** Dabei ist zu prüfen, welche Hilfsbedürftigen in besonderem Maße einer Unterstützung bedürfen.

- **Die Dringlichkeit von Problemen wird festgestellt.** Solche Probleme können zum Beispiel eine Behinderung, aber auch drückende Schulden, Verlust des Arbeitsplatzes, Abbruch von Schulausbildung oder Lehre, plötzliche Erkrankung usw. sein.

- **Problembezogene bisher ungenützte Hilfsquellen für Bedürftige werden erschlossen.** Der Case Manager ist die Schlüsselperson zwischen Bedürftigen und möglichen Hilfsquellen. Zur Unterstützung des Klienten hilft er, denkbare Hilfsmöglichkeiten durch Familie, andere Verwandte, Freunde oder Nachbarn und organisierte Angebote des Dienstleistungsbereichs aufzubauen und zu bewerten.

- **Gemeinsam wird die gesamte Lage des Hilfesuchenden** bzw. der gesamten Familie **eingeschätzt**.

- **Die erbrachten Leistungen werden koordiniert und überwacht.** Die verschiedenen Hilfsquellen werden miteinander verknüpft; dabei ist zu überprüfen, ob der Hilfsplan eingehalten wird.

- **Das Selbsthilfepotenzial des Klienten wird gefördert**, das heißt, dessen Fähigkeit, selbst Hilfsangebote sachgerecht zu erschließen.

Eine wichtige Frage des Case Managements ist, ob und wie man die Menschen erreicht, für die es gedacht ist. Damit einzelne Personen und Familien eher bereit sind, sich an Helfer zu wenden und ihre Unterstützungsbedürftigkeit zu artikulieren, ist lokale Öffentlichkeitsarbeit unerlässlich. Andererseits ist ein solches Vorgehen nach *Wolf R. Wendt (2008[4], S. 117 ff.)* nur angebracht, wenn viel Zeit und eine Menge Ressourcen benötigt werden, um an ein Ziel zu gelangen, oder wenn Alternativen zu wählen sind und mehrere Personen beteiligt sind. Deshalb gehört zum Case Management ein **Screening**, *das heißt eine Auslese unter den möglichen „Nutzern" vorzunehmen*.

> *„Geprüft wird, ob der Status (die Berechtigung) und die Situation einer Person zu der möglichen Dienstleistung passen. … Je nach rechtlichen oder sachlichen Voraussetzungen erfolgt also eine Zugangskontrolle. … Die ‚Siebung' erfolgt sowohl im Interesse der Nutzer, die … eine Hilfe oder Behandlung benötigen, als auch im Interesse des Anbieters, der seine Ressourcen optimal einsetzen will, und schließlich im Interesse der ganzen Gesellschaft an einer sinnvollen Mittelverwendung und angemessenen Versorgung."*
>
> (Wendt, 2008[4], S. 120 f.)

Materialien 3

21.2.4 Vorgehensweise des Unterstützungsmanagements

Wolf R. Wendt (2008[4], S. 124–152) unterscheidet bei der Vorgehensweise fünf Phasen:

Assessment (Einschätzung und Bedarfsklärung)

In diesem ersten Schritt geht es um die Erfassung der Probleme, eine umfassende Beschreibung und Bewertung der Situation sowie die Bedarfsklärung. Beim Erstkontakt mit dem Case Manager werden die Erwartungen der Beteiligten geklärt, welche Personen bzw. Familienmitglieder Unterstützung brauchen und ob das Unterstützungsmanagement diese leisten kann. Eine sorgfältige Einschätzung der Lebenslage ermöglicht es, einerseits die objektiven Gegebenheiten wie die Lebensgeschichte des Klienten, körperliche Bedingungen (Alter, Gesundheit u. a.) oder soziale Bedingungen (vorhandenes Netzwerk, Verwandte, Bekannte, Nachbarn), andererseits seine subjektive Orientierung (Zukunftserwartungen, Wert- und Normvorstellungen, Gefühle etc.) aber auch seine Stärken zu berücksichtigen. Das Ergebnis dieser Gesamtanalyse ist ein Bedarfs- und Ressourcenprofil.

> Um bei dem Beispiel mit Bernd, der an Down-Syndrom leidet, zu bleiben: Der Case Manager erstellt nun gemeinsam mit der Mutter von Bernd eine Problemliste, zum Beispiel die Art und Ausprägung der Behinderung von Bernd, die Depression der Mutter und ihre Überforderung mit Haushalt und Betreuung von Bernd sowie Konflikte mit ihrem Mann. Als nächstes werden die Prioritäten innerhalb der festgestellten Probleme festgelegt. Ein weiterer Schritt ist dann die Einschätzung der individuellen und sozialen Ressourcen von Bernd und seiner Mutter sowie eventuelle Hindernisse bei der Lösung der Probleme.

Planning (Zielvereinbarung und Hilfeplanung)

Aus der Einschätzung der Problemlage und dem festgestellten Bedarf leitet der Klient zusammen mit dem Case Manager entsprechende Ziele der Veränderung ab (*Zielvereinbarung*). Zur persönlichen Lebensplanung passende Mittel und Wege sind zu suchen, die bei aktiver Beteiligung des Klienten zur Verbesserung seiner Lebenslage bzw. Situation beitragen. Die Unterstützung des Betroffenen besteht darin, bisher unerschlossene eigene und Ressourcen aus der Umwelt besser zu nutzen. In der Kompetenz des Case Managers liegt es, Geldmittel zu erschließen und die im Gemeinwesen vorhandenen informellen Hilfen wie durch Angehörige, Freunde, Nachbarn usw. mit formellen Hilfen – verschiedene Einrichtungen, sozialer Dienste – planmäßig, personenbezogen zu vernetzen und zu koordinieren. Das Ergebnis ist ein Unterstützungs- bzw. Hilfeplan, der erstellt wird in Absprache mit dem Klienten und in Abstimmung mit formellen Diensten, Behörden und informellen Unterstützern. Aus Gründen der Überprüfbarkeit enthält der schriftlich formulierte Hilfeplan neben der Zielvereinbarung Angaben zur Art, zum Umfang und zur Dauer der Unterstützung (*Hilfevereinbarung*). Nach Unterschrift der Beteiligten wird auch dem Klienten ein Exemplar dieser Hilfevereinbarung ausgehändigt.

> Geplant wird schließlich, welche Art von Hilfen Bernd und seine Mutter benötigen und welche Ressourcen zur Verfügung stehen, beispielsweise medizinische und pflegerische Dienste, Familienberatung, Nachbarn, Selbsthilfegruppe, Wohnungsamt usw. Ziele werden formuliert und nach Dringlichkeit geordnet. Der Case Manager bespricht mit seinem Klienten die weiteren Verfahrensweisen und erstellt einen Unterstützungs- bzw. Hilfeplan.

Die Planung sichert zudem, dass Geldmittel und/oder Ressourcen vorhanden sind, um den Plan durchzusetzen.

Intervention (Kontrollierte Durchführung der Hilfe)

Intervention bedeutet im Unterstützungsmanagement kontrollierte Durchführung des Hilfeplans. Bei der Durchführung der einzelnen Hilfen und deren Umsetzung hat der Case Manager eine begleitende, anwaltliche, daneben aber auch eine steuernde und kontrollierende Funktion. Er koordiniert die Hilfen, leistet diese jedoch nicht selbst, sondern ist Dienstleister, der den Auftrag übernommen hat. Der Case Manager erkundigt sich auch immer wieder über den Fallverlauf. Nötigenfalls erfolgt eine Anpassung der Hilfsstrategie an neue Erfordernisse bis schließlich die Ziele erreicht sind.

■ Der Unterstützungsplan wird nun unter Kontrolle des Case Managers durchgeführt.

Neben der Überwachung der Leistungserbringung fällt dem Case Manager auch die Rolle zu, *anwaltlich* einzutreten.

> „Die Anwaltschaft (advocacy) kann darin bestehen, dass der Case Manager von sich aus die Einhaltung einer vereinbarten Leistungserbringung bei Diensten oder von Absprachen mit der Familie, einzelnen Betreuern oder mit dem Klienten selber anmahnt. Anwaltschaft kann auch heißen, dass der Case Manager Beschwerden des Klienten nachgeht oder seine (berechtigten) Wünsche weitergibt. Andererseits hat der Case Manager Interessen anderer Parteien zu vertreten, insbesondere die des Trägers von Maßnahmen, oder er nimmt im Einzelfall das Wächteramt des Staates wahr, etwa wenn das Wohl eines Kindes dadurch gefährdet ist, dass ein Klient sich rücksichtslos ihm gegenüber verhält."
>
> (Wendt, 2008⁴, S. 144)

Monitoring (Begleitung und Überprüfung der Hilfen)

Monitoring bedeutet im Unterstützungsmanagement Begleitung und Beobachtung des Ablaufs sowie fortlaufende Überprüfung der Leistungserbringung hinsichtlich der Angemessenheit und Wirksamkeit vereinbarter Hilfen. Durch regelmäßige Kontakte werden die vereinbarte Versorgung sowie der Veränderungsprozess des Klienten vom Case Manager gemeinsam mit dem Klienten laufend beobachtet, um Teilerfolge, Fortschritte in der Situationsbewältigung und erreichte Ziele oder neu aufgetretene Probleme feststellen zu können. Nötigenfalls sind Korrekturen und Nachbesserungen im Versorgungs- und Unterstützungssystem vorzunehmen (**Re-Assessment**). Als Nachweis für die Qualität der Arbeit und zur Erfolgskontrolle wird der Veränderungsprozess dokumentiert.

Die im Unterstützungsplan benannten Probleme werden im Plan dokumentiert und hinsichtlich ihrer Angemessenheit und Effektivität überprüft. Nötigenfalls wird der vorläufige Aktionsplan auch abgeändert, wenn während der Durchführung andere Maßnahmen erforderlich werden.

> „Monitoring besteht in einer fortlaufenden Prüfung des geregelten Ablaufs der Versorgung und der Fortschritte, die ein Klient dabei gemäß dem Plan macht, der in seinem Fall zur Bedarfsdeckung erarbeitet wurde."
>
> (Wendt, 2008⁴, S. 142)

Evaluation (Dokumentation und Bewertung der Ergebnisse)

Am Ende eines Case-Management-Prozesses wird überprüft, ob und inwieweit das gesetzte Ziel des Hilfeplans auch tatsächlich erreicht wurde. Case Manager und Klient vergleichen und bewerten den Ist-Zustand der Problemlage mit dem Soll-Zu-stand der anzustrebenden Lebenslage, um feststellen zu können, welche formellen und/oder informellen Hilfen beendet oder weitergeführt werden sollten. Ergebnisse und Erfahrungen werden dokumentiert, damit sowohl gegenüber dem Klienten als auch den Auftraggebern Rechenschaft abgelegt werden kann. Die Evaluationsphase kann sowohl als Neueinschätzung der Situation des Klienten (Re-Assessment) fun-gieren, somit einen neuen Case Management-Prozess, einleiten als auch dessen Be-endigung bedeuten.

Materialien 4

Der Case Manager überprüft, ob die im Plan vereinbarten Ziele, dass Bernd und seiner Mut-ter geholfen wird, die Mutter dadurch eine Entlastung erfährt und es ihr emotional besser geht, auch tatsächlich erreicht wurden.

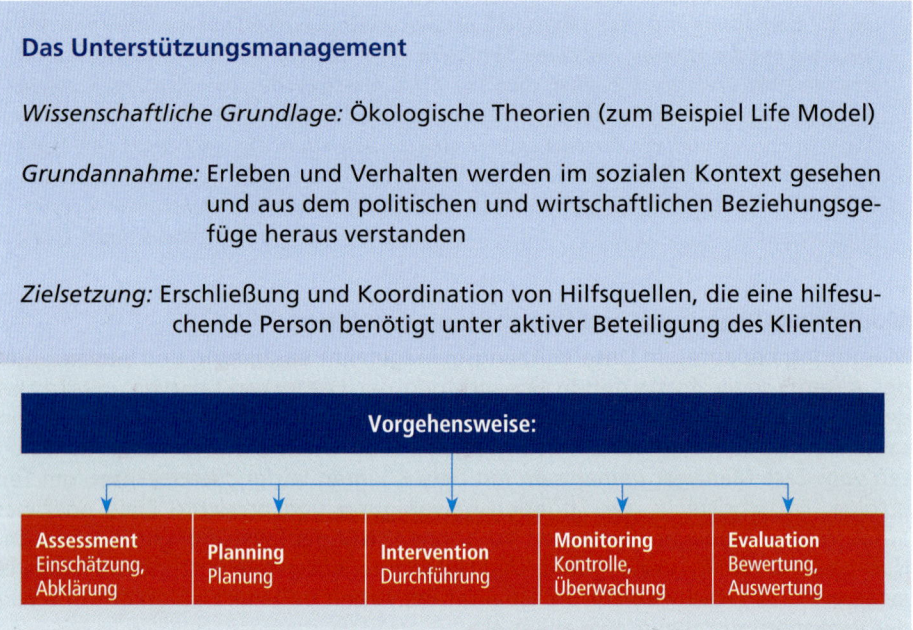

Das Unterstützungsmanagement

Wissenschaftliche Grundlage: Ökologische Theorien (zum Beispiel Life Model)

Grundannahme: Erleben und Verhalten werden im sozialen Kontext gesehen und aus dem politischen und wirtschaftlichen Beziehungsge-füge heraus verstanden

Zielsetzung: Erschließung und Koordination von Hilfsquellen, die eine hilfesu-chende Person benötigt unter aktiver Beteiligung des Klienten

Vorgehensweise:				
Assessment Einschätzung, Abklärung	**Planning** Planung	**Intervention** Durchführung	**Monitoring** Kontrolle, Überwachung	**Evaluation** Bewertung, Auswertung

21.3 Vergleich und Bewertung der beiden Konzepte

Bei den verhaltensorientierten und den ökologischen Konzepten handelt es sich um unterschiedliche Ansätze, die in ihrem theoretischen Hintergrund keine umfassende Sicht des Menschen darstellen, sondern die jeweils eine bestimmte Sichtweise her-vorheben.

21.3.1 Vergleich des verhaltensorientierten und des ökologischen Konzeptes

Bezüglich des Vergleiches von Therapiekonzepten haben sich als Kriterien der **Theoriebezug**, das **Menschenbild**, die **Grundannahmen** der zugrunde liegenden Theorie, der **Gegenstand** und das **Ziel** der Therapie bewährt[1].

Theoriebezug

Verhaltensorientierte und ökologische Konzepte sind wissenschaftlich fundiert und haben als Grundlage eine wissenschaftliche Theorie, von der sich die einzelnen Änderungsmöglichkeiten ableiten bzw. mit deren Hilfe sich diese begründen lassen. Die theoretische Grundlage des verhaltensorientierten Konzeptes bilden die **Konditionierungstheorien**, bei denen Reize, die einem bestimmten Verhalten vorausgehen oder auf ein bestimmtes Verhalten folgen, die zentrale Rolle spielen[2].

Basis des Case Managements sind ökologische Theorien, wie zum Beispiel das **Life Model** von *C. B. Germain/A. Gitterman*, die Probleme im sozialen Kontext sehen und aus dem politischen und wirtschaftlichen Beziehungsgefüge heraus verstehen[3]. Zum anderen wollen beide Konzepte in diesem Zusammenhang Heilung im Sinne einer ganzheitlichen Förderung des Beeinträchtigten mit seinen persönlichen Eigenarten und Begabungen und in seinem gesamten sozialen Umfeld erreichen. Verhaltensorientierte Konzepte und Case Management werden wegen ihrer Erfolge vielfach in der Arbeit mit Menschen mit Behinderung eingesetzt.

Menschenbild

Der Mensch erscheint nach „reiner" behavioristischer Auffassung als ein Wesen, das nahezu ausschließlich von Umweltreizen beherrscht wird. Dementsprechend findet eine einseitige Betonung der Bedeutung von Umweltfaktoren für die Entwicklung statt. Damit berücksichtigt der Behaviorismus nicht die Möglichkeit, dass der Mensch eine aktive Selbststeuerung besitzt und ihn aus der passiven Haltung der Umwelt gegenüber herausführt in den Bereich der aktiven Auseinandersetzung mit ihr[4].

Aus der Sicht der ökologischen Theorien dagegen ist der Mensch ein aktives Wesen. Er wird zwar ebenfalls von seiner Umwelt beeinflusst, die ihn in seinem Verhalten steuert; er kann aber als aktives Wesen auf seine Umwelt einwirken und sie verändern und gestalten. Während es nach behavioristischer Sicht die Umwelt ist, die den Menschen beherrscht, gestaltet aus ökologischer Sicht der Mensch aktiv seine Umwelt, die sich dann rückwirkend wiederum auf sein Erleben und Verhalten auswirkt.

Grundannahmen

Verhaltensorientierte Konzepte gehen davon aus, dass alles Erleben und Verhalten, auch das unangepasste, erlernt ist und wieder verlernt werden kann. Ökologisch orientierte Konzepte sehen dagegen das Erleben und Verhalten als Resultat wechselseitiger Austauschprozesse zwischen dem Individuum und der Situation bzw. seiner Umwelt.

---

[1] *In Kapitel 25.1.3 wird ausführlich auf das Vergleichen als Leistungsbereich in Pädagogik/Psychologie eingegangen.*

[2] *Die Konditionierungstheorien sind in Kapitel 6 ausgeführt.*

[3] *Das Life Model ist in Kapitel 15.3.2 dargestellt.*

[4] *vgl. Kapitel 6.3.1*

Gegenstand

Gegenstand therapeutischer Veränderungsversuche ist in verhaltensorientierten Konzepten das problematische Verhalten selbst. Das „Symptom" selbst ist das Problem; es gibt keine „zugrunde liegende Störung." Dabei handelt es sich um einen am Individuum orientierten Ansatz. Entsprechend befasst sich die Unterstützung von beeinträchtigten Menschen mit ihrem Erleben und Verhalten selbst.

Der Gegenstand bei ökologischen Konzepten ist die Mensch-Umwelt-Beziehung, „fehlerhaftes" Erleben und Verhalten wird im sozialen Kontext gesehen und entsteht als Folge von fehlgelaufenen Beziehungen zwischen Person und Umwelt. Ungleichgewichte und Störungen in der Wechselbeziehung zwischen diesen beiden rufen Stress, Hilflosigkeit, Überforderung hervor und beeinträchtigen die Lebensqualität des Menschen. Entsprechend befasst sich die Unterstützung von Beeinträchtigten mit ihren individuellen und sozialen Ressourcen, die durch Vernetzungsarbeit aktiviert werden.

Ziel

In verhaltensorientierten Konzepten geht es um den Abbau unerwünschten und den Aufbau erwünschten Erlebens und Verhaltens durch gezielte Lerntechniken. Das bedeutet, die professionelle Hilfe ist psychotherapeutisch im Sinne der Einzelhilfe am Individuum ausgerichtet.

Adressat der ökologischen Konzepte dagegen ist nicht nur der einzelne Klient an sich, sondern seine Umwelt wie beispielsweise seine Angehörigen, Bekannten oder auch verschiedene soziale Einrichtungen aller Art. Dabei geht es um die koordinierte, geplante und kontrollierte Erschließung aller möglichen Hilfsquellen zur Hilfe und Unterstützung von Menschen mit einer Behinderung. Damit geht der Akzent weg von der rein therapeutischen Arbeit hin zu gesellschaftlichen Bezügen und ihre Aufgabenstellung zielt auf eine Gemeinschaftsleistung ab, wobei das Wesentliche die Gestaltung der Begegnung von Menschen in ihrer sozialen oder gesundheitsbezogenen Zusammenarbeit ist.

Der Vergleich verhaltensorientierter und ökologischer Konzepte im Überblick		
Kriterium	**Verhaltensorientierte Konzepte**	**Ökologische Konzepte**
Theoriebezug	Grundlage bilden die Konditionierungstheorien, wie zum Beispiel das klassische und operante Konditionieren	Grundlage bilden ökologische Theorien, wie zum Beispiel das Life Model
Menschenbild	Der Mensch ist ein Wesen, das nahezu ausschließlich von Umweltreizen beherrscht wird; einseitige Betonung der Bedeutung von Umweltfaktoren.	Der Mensch kann als aktives Wesen auf seine Umwelt einwirken und sie verändern und gestalten.
Grundannahmen	Alles Erleben und Verhalten, auch das unangepasste, ist erlernt und kann wieder verlernt werden.	Das Erleben und Verhalten ist Resultat wechselseitiger Austauschprozesse zwischen dem Individuum und der Situation bzw. seiner Umwelt.
Gegenstand	Das problematische Verhalten selbst, das „Symptom" selbst ist die Störung; ein am Individuum orientierter Ansatz.	Die Mensch-Umwelt-Beziehung Die Entstehung nicht angepassten Erlebens und Verhaltens liegt in der Mensch-Umwelt-Beziehung begründet.

Der Vergleich verhaltensorientierter und ökologischer Konzepte im Überblick		
Ziel	Abbau unerwünschten und Aufbau erwünschten Erlebens und Verhaltens durch gezielte Lerntechniken; die Hilfe ist im Sinne der Einzelhilfe am Individuum selbst ausgerichtet	Koordinierte, geplante und kontrollierte Erschließung aller möglichen Quellen zur Hilfe und Unterstützung von Menschen; Adressat ist nicht nur der einzelne Klient an sich, sondern auch seine Umwelt

21.3.2 Bewertung des verhaltensorientierten Konzeptes

Die Verhaltenstherapie ist nicht – wie man meinen könnte – eine in sich geschlossene Vorgehensweise, sie besteht aus unterschiedlichen Behandlungsverfahren, die auf der Grundlage der verschiedenen Lerntheorien beruhen. Heute existieren ca. 200 verschiedene verhaltenstherapeutische Einzelverfahren.

Verhaltenstherapeutische Konzepte wurden unter Bezug auf den Erkenntnisstand der empirischen Psychologie[1] entwickelt und sind **wissenschaftlich fundiert**. Ihre Wirksamkeit ist vielfach nachgewiesen und ihre Erfolge sind unumstritten. Die Verhaltenstherapie konnte den eindeutigen Nachweis erbringen, dass es sich bei ihr um sehr taugliche Therapieverfahren und Methoden handelt, die auch bei Menschen mit Behinderung verblüffende Ergebnisse zeigen, wenn auch nur bestimmte Behinderungen therapierbar sind. Bei nicht klar zu umreißenden und vor allem sehr umfassenden Störungen stoßen jedoch verhaltenstherapeutische Techniken an ihre Grenzen, hier können sie keine solch wirksamen Ergebnisse nachweisen. Neben der psychoanalytischen und der kognitiven Therapie ist die Verhaltenstherapie als Einzel- und Gruppenverfahren im Rahmen der gesetzlichen Krankenversicherung anerkannt.

Die Verhaltenstherapie genießt hohes Ansehen unter anderem auch deshalb, weil sie gegenüber anderen Therapien, wie zum Beispiel der psychoanalytischen, in relativ kurzer Zeit zu bewältigen ist. Wie *Klaus Grawe u. a. (2001[5], S. 696)* festgestellt haben, treten „die sich als besonders wirksam erwiesenen … Wirkungen der Therapie in erstaunlich kurzen Zeiträumen ein bzw. werden mit einer erstaunlich geringen Sitzungszahl erfahren". Aus dieser Sichtweise handelt es sich bei der Verhaltenstherapie um ein sehr kostengünstiges psychotherapeutisches Verfahren.

Kritiker wenden ein, dass in der Verhaltenstherapie zum einen nicht nach möglichen Ursachen für ein bestimmtes Verhalten gesucht werde; es interessieren lediglich auslösende und aufrechterhaltende Bedingungen[2]. Zudem werde die eigentliche Störung, die bestimmten Symptomen zugrunde liegt, weder bearbeitet noch geheilt.

> So sind Psychoanalytiker der Überzeugung, dass beispielsweise dem Stottern als Symptom ein unverarbeiteter Konflikt zugrunde liegt – etwa unterdrückte Aggressionen gegenüber den Eltern, die nicht gezeigt werden durften. In der Verhaltenstherapie wird aber lediglich das Stottern als unerwünschtes Verhalten abgebaut, nicht aber die eigentliche Störung – die unterdrückten Aggressionen – bearbeitet.

---

[1] *vgl. Kapitel 18.2.1 und 19*

[2] *siehe Abschnitt 21.1.2*

In der Verhaltenstherapie ist das „Symptom" das Problem, eine „zugrunde liegende Störung" wird nicht anerkannt. Diese Sichtweise ist sehr umstritten und bringt ihr häufig den Vorwurf der **Symptomverschiebung** ein: Da lediglich die typischen „Zeichen", die einer bestimmten Krankheit zugrunde liegen, beseitigt, „wegkonditioniert" werden, finde keine echte Heilung statt – die nicht behandelte eigentliche Krankheit sucht sich dann andere Wege, in denen sie sich äußert.

> So wird den Verhaltenstherapeuten vorgeworfen, lediglich – um bei obigem Beispiel zu bleiben – das Stottern zu beseitigen. Da nicht das eigentliche Problem behandelt wird, könnte sich dieses Problem auf andere Weise zeigen, etwa in Form von Depressionen.

 Diese Symptomverschiebung konnte jedoch nicht nachgewiesen werden, längerfristige Untersuchungen bestätigen stabile Erfolge.

Verhaltenstherapeutisches Vorgehen ist **individuumsorientiert**, der größere Bezugsrahmen sozialer, wirtschaftlicher und politischer Einflussfaktoren und Austauschprozesse wird ausgeblendet, was die Erfassung der Problemlage in allen Dimensionen unmöglich macht. Einzelfallbezogene Konzepte nehmen zwar die Umwelt des Klienten zur Kenntnis, aber es wird nicht ausdrücklich mit ihr gearbeitet; es wird lediglich das Verhalten des Einzelnen verändert, damit er sich den Umweltanforderungen optimaler anpassen kann. Individuenzentrierte Konzepte wie das verhaltensorientierte gehen immer von einer individuellen defizitorientierten Sichtweise aus.

Die Behavioristen haben eine eher mechanistische Vorstellung vom menschlichen Verhalten, welches grundsätzlich mit dem „Reiz-Reaktions-Schema" erklärt werden kann: Der Mensch „funktioniert" reaktiv, durch Reize ausgelöst oder auf Verstärkung hin fixiert, ohne sich selbst einbringen zu können. Dieses Menschenbild brachte der Verhaltenstherapie oft die Kritik ein, sie gleiche einer „Dressur", in der der Mensch wie ein Tier mit Lob und Strafe konditioniert werde. Freier Wille und kognitive Vorgänge werden in der Therapie nicht berücksichtigt.

 Die Verhaltenstherapie hat sich jedoch weiter entwickelt. Heute gibt es eine Menge verhaltenstherapeutischer Verfahren, die auch innere Prozesse heranziehen, sodass sowohl Verhalten als auch innere Vorgänge, wie Gedanken, Gefühle und Motivationen, mit einbezogen werden.

21.3.3 Bewertung des Unterstützungsmanagements

Vor allem in den achtziger Jahren des letzten Jahrhunderts fand in der Psychotherapie, in der psychologischen Beratung und in der Sozialarbeit ein Umdenken statt, das auch auf die Heilpädagogik wirkte: Es steht nicht mehr so sehr das Individuum losgelöst von seiner Umwelt im Mittelpunkt, sondern der Mensch in seiner Umwelt und in seinen sozialen Beziehungen. Ökologische Konzepte beinhalten die unterschiedlichsten Vorgehensweisen, die auf der Grundlage verschiedenster Theorien beruhen. Neben den *Familientherapien* und den *systemischen Therapien*, die mehr die mittelbare Umwelt des Klienten – zum Beispiel die Gesamtfamilie – zum Gegenstand haben, ist das bekannteste gemeinwesenorientierte Konzept das Unterstützungsmanagement.

Das Unterstützungsmanagement kommt aus den USA und ist in Deutschland eine Antwort auf die Defizite des sozialen Dienstleistungsbereichs und der damit verbundenen Überforderung hilfsbedürftiger Menschen bei ihrer persönlichen Lebensführung allein mit dem Versorgungssystem zurechtzukommen.

Ökologische Konzepte sind wissenschaftlich und theoretisch fundiert. Dies trifft insbesondere für das Case Management zu, welches in erster Linie für Menschen gedacht ist, die sozial oder gesundheitlich mit Problemen beladen sind und ihre Situation ändern wollen. Aus diesem Grund findet es vor allem in der humandienstlichen Versorgung Anwendung. Es bezieht sich auf alle wesentlichen Lebensbereiche. Nicht geeignet ist das Case Management, wie *Wendt (2008[4], S. 111)* selbst nachvollziehbar begründet, für einzelne Beratung, medizinische Akutversorgung und soziale Nothilfe – also immer dort, wo auf der Hand liegt, was zu tun ist. Bislang wird es hauptsächlich in der Behindertenarbeit, Hilfe für chronisch psychisch oder physisch Kranke, Altenhilfe und in Diensten des Gesundheitswesens eingesetzt. Es findet aber auch in anderen Bereichen zunehmend mehr Beachtung, wie zum Beispiel beim Allgemeinen Sozialdienst ASD.

Die große Effektivität des Unterstützungsmanagements liegt in dem zielgerichteten, organisierten und geplanten Zusammenwirken, um Lebensumstände und Zustand einer oder mehrerer Personen zu verbessern. Zudem ist es **ganzheitlich** orientiert, da es dem Menschen in seiner entsprechenden Lage in allen Teilen gerecht wird und sowohl individuelle als auch soziale Ressourcen aktiviert werden.

Gelegentlich wird in der Literatur von einer *„Entpädagogisierung"* und Verabschiedung von einer am Betroffenen orientierten sozialen Arbeit gesprochen (vgl. *Meinhold, 2005[3], S. 365*). Dies offenbart die Grenzen ökologisch orientierter Sozialarbeit: Es gibt Klienten, deren Probleme nicht im Bezugrahmen bestimmter Einflussfaktoren zu suchen sind, sondern bei denen die Entstehung des Problems bei der Person selbst angesiedelt ist.

Einer großen Überforderung dürfte der Case Manager in seiner Rolle als „Anwalt" *(advocacy)* ausgesetzt sein: Er soll der Anwalt des Klienten sein, zugleich soll er der Anwalt des Trägers von Maßnahmen und Anwalt des Staates sein[1]. Konflikte sind vorprogrammiert, da der Case Manager vor allem in Problemfällen nicht Anwalt aller Beteiligten sein kann.

Wenngleich dieses Konzept relativ jung ist, sehen Kritiker als Nachteil die starke **Bürokratisierung**, die das Case Management beinhaltet: Obwohl es sich als „ein Instrument zur Rationalisierung von Versorgung" versteht, müssen Hilfepläne als Schriftstück dokumentiert und vor allem *Rechenschaftsberichte* abgelegt werden. Das Case Management fordert bei *Wendt (2008[4], S. 150)* in jedem Stadium des Vorgehens – also mehrmals und immer wieder – die Angemessenheit des Handelns schriftlich nachzuweisen mit der Begründung „gegenüber der Öffentlichkeit und dem einzelnen Nutzer rechenschaftsfähig zu sein". Dies kostet jedoch viel Energie und Zeit, die zwangsläufig von der Arbeit mit Klienten eingespart werden muss. Sozialpädagogen/-arbeiter beklagen schon heute den immensen bürokratischen Aufwand, der nur auf Kosten der eigentlichen Arbeit betrieben werden kann. Es sei auch dahingestellt, ob solche Rechenschaftslegung die Position des Dienstes im Markt stützt, wie *Wendt* meint.

Wendt äußert hinsichtlich der Rationalisierung von Versorgung weiter, dass die Auswahl der Hilfsbedürftigen „in einem Prozess des Aushandelns und des Entscheidens" erfolgt[2]. Die Frage, wer darüber entscheidet, ob und inwieweit einem Menschen

---

[1] *vgl. Abschnitt 21.2.4*
[2] *vgl. Abschnitt 21.2.4*

geholfen wird, bleibt offen. Rationalisierung kann nach *Wendt (2008⁴, S. 102 f.)* u. a. auch dadurch erfolgen, dass man durch einfache Festlegung mögliche Nutzer von Leistungen ausschließt oder dass eine Auslese der Personen erfolgt, denen eine Unterstützung oder Behandlung am meisten nutzt. Es ist – wie *Otto Speck (2008⁶, S. 154)* vom Institut für Sonderpädagogik der Ludwig-Maximilians-Universität München schreibt – zu befürchten, dass der Druck einer Kosten-Nutzen-Prüfung „vor allem den Bereich treffen wird, in dem der rationale Nutzen-Nachweis am wenigsten möglich ist. Allein schon die Frage, ob sich der Aufwand ‚lohne', ist eine bedrohliche. Sie ist letztlich nicht eingrenzbar und könnte eine gefährliche Eigendynamik entfalten, die am Ende nicht nur die Lebensqualität und das Lebensrecht derer betrifft, die am schwersten behindert sind und am wenigsten zum Bruttosozialprodukt beitragen können."

> *„Helfen bedeutet …, dass er (der Hilfebedürftige) kein Objekt meiner Hilfeleistung wird, die ich bestimme, sondern er ist Subjekt[1]."*
>
> (Speck, 2008⁶, S. 179)

Es zeigt sich der Trend, dass soziale Dienstleistungen von ökonomischen Gesichtspunkten dominiert werden und zur Ware zu werden drohen – sie werden, wie *Otto Speck (2008⁶, S. 185)* es formuliert, „an Kunden verkauft". Dieser Entwicklung folgt auch das Unterstützungsmanagement. Es fordert nach *Wendt (2008⁴)* tatsächlich die Erstellung einer **Kosten-Nutzen-Analyse** – ein Vergleich der Aufwendungen mit den Erträgen, gemessen in Geldbeträgen –, und eine Gewährleistung einer Kosten-Nutzen-Kontrolle. Was hier vor sich geht, ist nach *Otto Speck (2008⁶, S. 155)* ein „Wandel des Lebenswertes als eines universellen und unbedingten Wertes zu einem **Marktwert**. Menschliches Leben wird ein ‚kommerzielles Gut', das auf dem Markt gehandelt wird." So wird im Case Management der Klient denn auch als ***„Kunde"*** bezeichnet, der – gegen Bezahlung (?) – ein „Produkt" erhält, und als ***„Konsument"***, als Nachfrager und Verbraucher von bestimmten Gütern; *Wendt* selbst spricht bewusst vom „Nutzer" und nicht vom Klienten sowie von ***„Produktorientierung"***.

Die Sichtweise des Klienten als Kunden kennzeichnet nicht nur eine begriffliche Unterscheidung, sondern hat neben den oben angesprochenen Problemen Auswirkungen auf die soziale und therapeutische Arbeit: Der Klient als Kunde ist passiver Konsument, der eine soziale Dienstleistung in Anspruch nimmt und als solcher zufriedenzustellen ist. Als Kunde ist er kein Mitgestalter und Mitverantwortlicher, was aber gerade auf der anderen Seite im Case Management so betont wird. Im wirtschaftlichen Sinn ist der Kunde „Mittel zum Zweck" für Gewinnerzeugung, es würde nicht mehr der Mensch selbst als Hilfsbedürftiger im Mittelpunkt stehen. Dienstleister sind auch in erster Linie nicht dazu da, Gewinn zu machen oder zu optimieren. Zudem wird im Case Management in den wenigsten Fällen der Betroffene selbst bezahlen, was Kunden aber tun müssen.

Auf der anderen Seite wird die Selbstbestimmung des Klienten als Voraussetzung dafür gesehen, dass ihn überhaupt ein Case Manager begleitet *(vgl. Wendt, 2008⁴, S. 46)*. Dieser Gedanke konsequent zu Ende gedacht, bedeutet, dass Menschen, die sich aufgrund von Krankheit oder Behinderung nicht mehr selbst bestimmen können, Hilfe im Sinne des Unterstützungsmanagements nicht in Anspruch nehmen könnten.

---

[1] *Der amerikanische Begriff „Case Management", oft auch wörtlich richtig übersetzt als Fallmanagement und Fallmanager, legt sehr nahe, dass der Hilfsbedürftige als „Fall" gesehen wird.*

Finanziell abgesichertes Case Management beginnt sich im deutschsprachigen Raum erst allmählich zu etablieren. Seine Finanzierung durch öffentliche Förderung oder durch Zuwendung der Pflegekassen ist noch nicht gegeben (vgl. *Meinhold, 2005[3], S. 365*).

Bewertung von verhaltensorientierten Konzepten	Bewertung des Unterstützungsmanagements als ein ökologisches Konzept
– Wissenschaftlich fundiert, die Wirksamkeit ist vielfach nachgewiesen	– Wissenschaftlich und theoretisch fundiert
– Große Bewährung bei der Arbeit mit Menschen mit Behinderung	– Anwendung bei Menschen, die sozial oder gesundheitlich mit Problemen beladen sind und ihre Situation ändern wollen
– Sehr kostengünstiges Verfahren, da kurzer Zeitraum der Therapie	– Vorteil ist das zielgerichtete, organisierte, geplante und kontrollierte Zusammenwirken; ganzheitlich orientiert
– „Symptomverschiebung" könnte nicht nachgewiesen werden	– Probleme, die bei der Person selbst begründet liegen, bleiben unberücksichtigt
– Individuumsorientiert; Ausblendung sozialer, wirtschaftlicher und politischer Einflussfaktoren und Austauschprozesse bei verhaltensorientierten Konzepten	– Überforderung des Case Managers in der Rolle als advocacy
– Therapie „gleicht" einer Dressur	– Starke Bürokratisierung
– Vernachlässigung von kognitiven Vorgängen und des freien Willens	– Problematik der Kosten-Nutzen-Analyse: Der Mensch kann ein „kommerzielles Gut" werden, in welchem nicht mehr der Mensch – der Menschen mit Behinderung – im Mittelpunkt steht
	– Finanzierung (noch) nicht gesichert

Zusammenfassung

● Das verhaltensorientierte Konzept geht von der Grundannahme aus, dass alles Verhalten – auch das unangepasste – erlernt ist und wieder verlernt werden kann. Das therapeutische Ziel ist demnach der Abbau unerwünschten Verhaltens und der Aufbau erwünschten Verhaltens durch gezielte Lernhilfen. Je nachdem, welche Lerntheorie zugrunde gelegt wird, ergeben sich verschiedene Techniken des verhaltensorientierten Konzeptes.

● *Vorgehensweise:*
 – Verhaltensanalyse
 – Verhaltensmodifikation:
  · Schaffung von Motivation
  · Auf der Grundlage der klassischen Konditionierung: Gegenkonditionierung, systematische Desensibilisierung
  · Auf der Grundlage der operanten Konditionierung: Differentielle Verstärkung, Verhaltensformung (shaping)

● Unterstützungsmanagement (Case Management) versteht sich als planmäßige und organisierte Erschließung und Koordination von Hilfsquellen zur Unterstützung einzelner Menschen und Gruppen mit Problemen. Wissenschaftliche Grundlagen des Unterstützungsmanagements bilden ökologische Theorien, wie zum

Beispiel das Life Model. Eine ökologische Sichtweise eröffnet die Möglichkeit, eine Beeinträchtigung und damit zusammenhängende Probleme nicht nur einem als unzulänglich erscheinenden Individuum zuzuschreiben. Probleme werden im sozialen Kontext gesehen und aus dem politischen und wirtschaftlichen Beziehungsgefüge heraus verstanden. Adressat der Unterstützungsleistungen ist dabei nicht nur der einzelne Klient, zu berücksichtigen ist auch seine Umwelt, wie beispielsweise seine Angehörigen, Arbeitskollegen, Nachbarn oder verschiedene soziale Einrichtungen.

● Das Case Management weist eine bestimmte Ablauforganisation auf:
  – Die Hilfe wird den Klienten angeboten, die Hilfe benötigen.
  – Die Dringlichkeit von Problemen wird festgestellt.
  – Problembezogene bisher ungenützte Hilfsquellen für Bedürftige werden erschlossen.
  – Die gesamte Lage des Hilfesuchenden bzw. die der gesamten Familie wird gemeinsam eingeschätzt.
  – Die erbrachten Leistungen werden koordiniert und überwacht.
  – Das Selbsthilfepotenzial des Klienten wird gefördert.
  – Das Unterstützungsmanagement unterscheidet fünf Phasen des Vorgehens: Assessment, Planning, Intervention, Monitoring und Evaluation.

● Bezüglich des Vergleiches von Therapiekonzepten haben sich als Kriterien der Theoriebezug, das Menschenbild, die Grundannahmen der zugrunde liegenden Theorie, der Gegenstand und das Ziel der Therapie bewährt. Verhaltensorientierte Konzepte und das Case Management als ein ökologisches Konzept sind wissenschaftlich fundiert, zeigen aber in ihren Konzeptionen sowohl Stärken als auch Schwächen.

Materialien Kapitel 21

1. Jeder kann gefördert werden

Es gehört zu den Aufgaben der Psychologen und Heilpädagogen, die mit der Betreuung Menschen mit geistiger Behinderung beauftragt sind, deren Leistungsreserven zu entdecken und zu mobilisie-
5 ren. Dies geschieht unter Berücksichtigung lern- und entwicklungspsychologischer Gesichtspunkte. Zu den wichtigsten Gesetzmäßigkeiten eines günstigen Lernens zählen

– Frühes Lernen – wirksames Lernen
10 – Lernen am Erfolg
   Es ist erwiesen, dass ein Lernen unter dem Leis-
   tungsdruck geringeren Erfolg hat als solches,
   das mit Aufmunterung, Befreiung der Neugier-
   de und der Entdeckungslust, mit Lob und An-
15 erkennung, je nach Reife und Persönlichkeits-
   einstellung des Lernenden auch mit sachlicher
   Belohnung, gekoppelt wird. Eine positive Motivation bringt die Lernlust in Gang.

– Verteilung des Lernstoffes in kleine Schritte
20 Erst nachdem eine Teilleistung nach der anderen eingeübt und gefestigt wurde, können diese schrittweise zu einer synthetischen Leistung
   zusammengebracht und höhere Lernschritte
   aufgebaut werden.

25 So lassen sich unter notwendigen vorgeübten
   Teilleistungen, auf denen eine Schreibfähigkeit
   beruht, folgende aufzählen: Pinzettengriff,
   Halten eines Bleistiftes in der Hand, Nachah-
   men von Bewegungen, Erfahren verschiedener
30 Formen wie Gerade oder Kreis, durch eigenen
   Körper in Form von Bewegungsspielen, freies
   Experimentieren mit Formengestaltung im
   Sand, Schnee oder Knetmasse mit loser Hand
   oder mit Klotz in der Hand, freies Kritzeln,
35 Nachbauen oder Nachzeichnen. Erst alle diese
   Fertigkeiten bieten eine feste Basis, die einem

weiteren Entwicklungsschritt (Nachschreiben eines Buchstaben) zugrunde liegt.

– Die Festigkeit einer Lerngrundlage entsteht durch Wiederholungen und Übertragungen 40 des Gelernten auf ähnliche Gegenstände und ähnliche Situationen.
   Beispiel: Nur durch wiederholte Erfahrungen lernt ein Kind die vier Grundfarben unter-
   scheiden. Der Farbenbegriff wird ihm allerdings 45 erst dann begreifbarer, nachdem er im Zusammenhang mit anderen Gegenständen verdeut-
   licht wurde. Das Kind lernt „rot" und „gelb"
   nicht nur an Aufsteckringen (Übungsmaterial)
   kennen, sondern auch an Äpfeln, Wäscheklam- 50 mern, Bällen und dergleichen.

Solche Gesetzmäßigkeiten beziehen sich auch auf die Lernprozesse von Menschen mit Behinderung. Für sie ist das Einhalten dieser Grundsätze von besonderer Bedeutung. Einen eindeutigen Beweis 55 liefert dafür die Verhaltenstherapie, die auf Lern-
psychologie gründet: den Menschen mit geistiger Behinderung können durch verhaltenstherapeutische Methoden verblüffende Leistungen beige-
bracht werden. Es ist allerdings notwendig, die 60 Lern-Gesetzmäßigkeiten je nach Behinderungs-
grad noch systematischer zu gestalten. Die Lern-
schritte müssen in kleine Schritte aufgeteilt wer-
den. Die Belohnungen müssen noch anschaulicher, spürbarer gestaltet und im unmittelbarsten An- 65 schluss an die Leistung erfolgen. Die Teilleistungen müssen noch öfter wiederholt werden. Die Übertragungen des Gelernten auf andere Situationen müssen noch viel direkter sein als bei Menschen ohne Behinderung. 70

(Diakonisches Werk, 1978, S. 53 f.)

2. Einsatzgebiete des Case Managements

a) Häusliches Pflegemanagement (Home Care Case Management):

Die ambulante Versorgung Pflegebedürftiger wird mit deren Selbstversorgung (Eigenpflege) und der Hilfe Angehöriger (Angehörigenpflege) abgestimmt. Hauswirtschaftliche Hilfen, Mobile Dienste, Behandlungspflege sind zu koordinieren.

b) Geriatrisches Case Management (Geriatric Case Management):

Die spezialisierte medizinische und pflegerische Versorgung alterskranker Menschen wird ausgehend von einer stationären Versorgung arrangiert.

c) Case Management im Krankenhaus (Hospital Case Management):

Die Versorgung des einzelnen Patienten in Zusammenarbeit aller Beteiligten ist von der Aufnahme bis zur Entlassung auf Qualität und den kostengünstigen Einsatz der Ressourcen hin zu organisieren.

d) Notfall-Verfahrensmanagement (Catastrophic Case Management):

Bei einer akuten medizinischen, psychiatrischen oder sozialen Krise bedarf es schneller und routinierter Reaktionen und einer für ihren Ablauf gerüsteten Einrichtung (Aufnahme-, Intensivstation, Notfalldienst, Krisenintervention). Versicherungen wollen bei schwer verletzten Unfallopfern eine abgestimmte, kosteneffiziente Behandlung erreichen.

e) Langzeit-Versorgungsmanagement (Long-Term Care Case Management):

Wenn chronisch Kranke oder Menschen mit Behinderung auf Dauer versorgt werden müssen, wird ihnen ein Case Manager an die Seite gestellt, der für eine Langzeit-Planung, die Beschaffung der erforderlichen Dienstleistungen und für deren Abstimmung mit informeller Unterstützung im sozialen Umfeld verantwortlich ist.

f) Klinisches Case Management (Clinical Case Management):

Sozialarbeiter und Psychologen, die Menschen mit psychischen Problemen und Störungen behandeln, beziehen in diese Behandlung die soziale Umgebung und verschiedene formelle Dienste und informelle Hilfen ein. Dieses Behandlungsmanagement wird in den USA vom Case Management in der Arbeit mit psychisch kranken Menschen oft nicht unterschieden.

g) Psychiatrisches Case Management (Mental Health Case Management):

Mit der medizinischen Behandlung psychisch kranker Menschen ist die Aufgabe nicht erledigt, ihnen (wieder) zu einem selbstständigen Leben und zu sozialer Integration in Familie, Beruf und Freizeit zu verhelfen.

h) Case Management mit Straffälligen (Correctional Case Management):

Die Resozialisierung Straffälliger vor und nach ihrer Entlassung aus dem Strafvollzug oder mit Bewährungsauflagen erfordert eine vielseitige Unterstützung, die geplant, koordiniert und überwacht werden muss.

i) Case Management am Arbeitsplatz (Employer Case Management, Vocational Case Management):

In den USA haben viele Unternehmen erkannt, dass es für sie am günstigsten ist, wenn sie ihre Mitarbeiter im Betrieb in ihrem Wohlbefinden, bei ihrer Gesunderhaltung und im Krankheitsfall individuell unterstützen. Sie bieten Präventionsprogramme an, arrangieren soziale Unterstützung bei einer Erkrankung oder Behinderung und kümmern sich um eine frühzeitige berufliche Wiedereingliederung von Arbeitnehmern nach einer Therapie. Vocational Case Management kann auch Teil der Rehabilitation behinderter Menschen sein.

(Wendt, 2008[4], S. 63 f.)

3. Das Leistungsangebot eines gewerblichen Case Managements

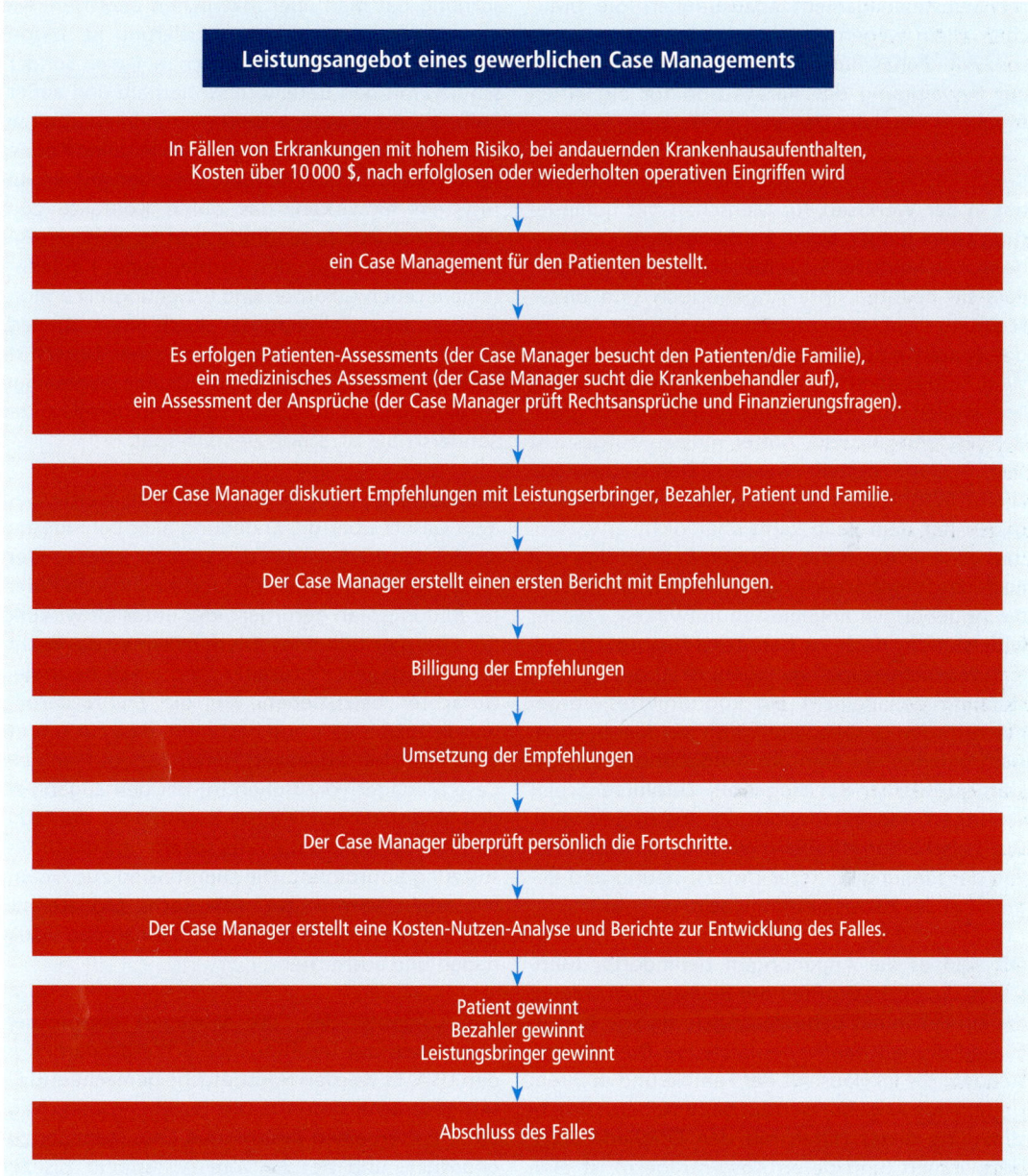

Leistungsangebot eines gewerblichen Case Managements

In Fällen von Erkrankungen mit hohem Risiko, bei andauernden Krankenhausaufenthalten, Kosten über 10 000 $, nach erfolglosen oder wiederholten operativen Eingriffen wird

↓

ein Case Management für den Patienten bestellt.

↓

Es erfolgen Patienten-Assessments (der Case Manager besucht den Patienten/die Familie), ein medizinisches Assessment (der Case Manager sucht die Krankenbehandler auf), ein Assessment der Ansprüche (der Case Manager prüft Rechtsansprüche und Finanzierungsfragen).

↓

Der Case Manager diskutiert Empfehlungen mit Leistungserbringer, Bezahler, Patient und Familie.

↓

Der Case Manager erstellt einen ersten Bericht mit Empfehlungen.

↓

Billigung der Empfehlungen

↓

Umsetzung der Empfehlungen

↓

Der Case Manager überprüft persönlich die Fortschritte.

↓

Der Case Manager erstellt eine Kosten-Nutzen-Analyse und Berichte zur Entwicklung des Falles.

↓

Patient gewinnt
Bezahler gewinnt
Leistungsbringer gewinnt

↓

Abschluss des Falles

(Wendt, 2008⁴, S. 171)

4. Case Management in der Behindertenhilfe

Behinderungen sind definiert als dauernde Beeinträchtigung, die auf in der Regel irreversible körperliche bzw. organische Schädigungen oder Anlagenmängel zurückzuführen sind. Menschen mit Behinderungen benötigen daher auch eine Unterstützung auf Dauer, Rehabilitation eingeschlossen. Sie soll den Betroffenen soziale Integration und ein möglichst wenig beeinträchtigtes Leben ermöglichen. Das Case Management ist demnach bei behinderten Menschen so weit es geht auf deren Selbstmanagement abzustimmen. Sie brauchen allein wegen ihrer Beeinträchtigung keine 5 spezielle Behandlung, sondern vor allem Hilfen zur Bewältigung des Alltags und für ein ihnen möglichst normales Dasein.

Beispiel: Eine junge, erheblich lernbehinderte Frau hat in der Werkstatt für Menschen mit Behinde- 10 rung einen jungen Mann kennengelernt, und beide wollen heiraten. Sie selber finden es „normal", dass sie heiraten. Ihre Angehörigen sind dieser Meinung nicht. Außerdem stellen sich der Absicht des Paaren eine Menge Schwierigkeiten in den 15 Weg. Beide haben bisher bei ihren Eltern gewohnt und wollen nun einen eigenen Hausstand gründen. Es fehlt an Geld. Ämter müssen aufgesucht und Anträge gestellt werden. Der betreuende Dienst bespricht die einzelnen anstehenden Auf- 20 gaben mit dem Paar, kann aber nicht erwarten, dass es sie allein in der richtigen Reihenfolge und an den richtigen Stelle erledigt. Außerdem müssen die Angehörigen angemessen mitwirken – weder widerständig noch zu behütend-fürsorglich. Soll 25 die „Normalisierung" gelingen, ist also im Unterstützungsmanagement ein koordiniertes Vorgehen erforderlich. Alle Beteiligten werden an einen Tisch geladen, an dem die Aufgabenstellung geklärt, juristischer Rat eingeholt, Zusammenarbeit 30 vereinbart und Verantwortung übertragen wird. Die Entscheidungsfindung wird in unserem Fall von der Planung weiterer Unterstützung und Begleitung des Paares bestimmt sein.

Oft sind es die Angehörigen behinderter Men- 35 schen, die einen Großteil der Belastungen tragen, die ein Leben mit Behinderungen mit sich bringt. Es sind deshalb *familienentlastende Dienste* entstanden, die im Haushalt der Familie und in ihrem Umfeld den Angehörigen zur Seite stehen. Die Ab- 40 stimmung dieser Hilfen mit den Eingliederungsmaßnahmen (und deren Kostenträgern) ist eine Aufgabe, die im Verfahren des Case Managements erfolgen kann.

In Deutschland sieht der § 58 SGB XII vor, dass zur 45 Eingliederung behinderter Menschen ein „Gesamtplan" aufgestellt werden soll. In der Praxis geschieht das oft nicht. Solange sich die Eltern eines behinderten Menschen um ihn kümmern, überlässt man ihnen die Steuerung der Betreuung.

Bei stationärer Unterbringung scheint eine weite- 50 re Planung nicht erforderlich. Bei ambulanter Versorgung hat man aber inzwischen begriffen, wie wichtig eine abgestimmte Förderung ist, besonders bei Kindern und Jugendlichen. Damit Sonderschulen mit den Beteiligten innerhalb und außer- 55 halb des Schulwesens besser zusammenarbeiten, sind in Baden-Wüttemberg „Arbeitsstellen Kooperation" eingerichtet worden. Sie sollen auf ein Hilfesystem hinwirken, das durch Kontakte zum Elternhaus, zur Jugendhilfe und zu anderen Bil- 60 dungseinrichtungen den Verbleib eines Kindes an seinem Lebens-, Förder- und Erziehungsort ermöglicht. Im Einzelfall wird das durch einen überlegten Zusammenhang personbezogener Unterstützung und Begleitung erreicht. Für eine planmäßige 65 Förderung ist es aber, wenn ein Kind bereits in der Sonderschule ist, schon ziemlich spät.

Anderswo ist man in dieser Hinsicht weiter. Seit dem Gesetz über die Erziehung aller behinderten Kinder von 1975 wird in den USA für jedes sonder- 70 pädagogisch zu fördernde Kind ein individualisierter Bildungsplan gefordert, der unter Mitwirkung der Eltern erstellt wird. Diese bekamen das Recht, alle Unterlagen einzusehen und einen neutralen Gutachter beizuziehen. Für die Frühförderung 75 wurde 1986 ergänzend bestimmt, dass zur Umsetzung des „Individualized Family Service Plan" ein Case Manager vorzusehen ist, der den Zugang zu den erforderlichen Dienstleistungen für die Familie eines behinderten Kindes schafft und die Unter- 80 stützung koordiniert. Die Dienste sind zur Zusammenarbeit verpflichtet. Alle sechs Monate soll geprüft werden, ob die Fördermaßnahmen Erfolg haben und ausreichen.

Die Aufgaben des Case Managers entsprechen 85 hier denen der traditionellen Schulsozialarbeit in den USA. Es werden Hausbesuche gemacht und Elterngespräche geführt. Die Erziehungsberechtigten erhalten einen bestimmten Case Manager zugeordnet, und der ist vom Assessment bis zur 90 Evaluation für das Fortkommen des Kindes und seiner Familie verantwortlich. Analog haben sich die Funktionen des *„Versorgungsberaters"* für geistig behinderte Menschen in den Niederlanden entwickelt. 95

In den USA wird im Rahmen von Case Management auch mit *Life Care Plans*, Versorgungsplänen auf Lebenszeit, gearbeitet. Schließlich hat man bei

Behinderungen, die nicht rückgängig gemacht werden können, vorzusorgen. In einem „Lifetime Case Management" sind vorläufig und dann fortzuschreibende Bedarfsklärungen und eine Ge-
5 samtplanung vorzunehmen. *Life Care Plans* sind speziell für Unfallopfer entwickelt worden, deren Versorgung nach der Erstbehandlung organisiert werden muss.

Hier fragt die Versicherung, oder wer sonst für die
10 Kosten aufkommen muss, nach den kurz- und langfristig zu erwartenden Aufwendungen. Um sie abschätzen zu können, ist eine Bestimmung der zu erreichenden Lebensqualität und eine umfassende Abklärung des Versorgungsbedarfs auf
15 medizinischem, pflegerischem und sozialem Gebiet in der zu erwartenden Lebenszeit vorzunehmen. Dieses Assessment geht in eine Planung des Versorgungsablaufes über.

Ein Versorgungsplan auf Lebenszeit orientiert sich an der Person und nicht an der Schädigung, die sie 20 erlitten hat. Es werden sowohl die medizinischen als auch die nichtmedizinischen Erfordernisse beachtet. Der Plan hat eine tertiärpräventive Funktion und kann auch als ein umfassender Rehabilitationsplan betrachtet werden. 25

In der Planung wird zunächst ein Rahmen erstellt, der ungefähr den Versorgungsumfang und die Versorgungsbereiche absteckt. Nach und nach präzisiert der Plan dann das Erforderliche und die Ressourcen, die heranzuziehen sind. Der Case Ma- 30 nager wird sich zu speziellen Leistungsaspekten des Rates der jeweiligen Fachkräfte bedienen. Man hat geschätzt, dass er – je nach Komplexität des Falles – 20 bis 40 Arbeitsstunden braucht, um einen Versorgungsplan anzufertigen. 35

(Wendt, 2008⁴, S. 197–200, gekürzt)

Aufgaben und Anregungen

Aufgaben

1. Beschreiben Sie Grundannahmen und die Zielsetzung
   a) des verhaltensorientierten Konzeptes.
      (Abschnitt 21.1.1)
   b) des Unterstützungsmanagements.
      (Abschnitt 21.2.1)

2. Stellen Sie ausführlich eine Behinderung dar und erstellen Sie hierzu eine Verhaltensanalyse.
   (Abschnitt 21.1.2)

3. Erläutern Sie anhand einer Behinderung (zum Beispiel Lernbehinderung) Aufgaben des Unterstützungsmanagements.
   (Abschnitt 21.2.2)

4. Beschreiben Sie eine Situation eines behinderten Menschen und zeigen Sie an dieser Ablauforganisation des Unterstützungsmanagements auf.
   (Abschnitt 21.2.3)

5. Beschreiben Sie am Beispiel einer Behinderung (zum Beispiel Körper- oder Lernbehinderung) die Vorgehensweise
   a des verhaltensorientierten Konzeptes.
      (Abschnitt 21.1.3 bzw. 21.1.4)
   b) des Unterstützungsmanagements.
      (Abschnitt 21.2.4)

6. Stellen Sie am Beispiel der Lebenssituation eines Menschen mit Behinderung dar, wie auf der Basis eines Konzeptes Menschen mit einer Behinderung unterstützt werden können:
   a) eines verhaltensorientierten Konzeptes.
      (Abschnitt 21.1)
   b) eines ökologischen Ansatzes.
      (Abschnitt 21.2)

7. Fallbeschreibung „Ingrid"
   Die Lehrerin von Ingrid, 10 Jahre alt, lädt ihre Eltern in die Sprechstunde und rät ihnen an, Ingrid einem Schultest unterziehen zu lassen, weil sie enorme Schwierigkeiten in der Schule zeige. Dem kamen die Eltern nach.
   Eine Analyse der Antworten im Rechentest ergab, dass Ingrid die Operationen des Addierens, Subtrahierens, Zerlegens und Ergänzens zwar versteht und sie auch im Zahlenraum bis 100 anwenden kann, wenn sie genügend Zeit hat. Die aufgetretenen Fehler lagen dicht am richtigen Ergebnis und waren auf falsches Zählen von Einern und Zehnern, falsche Zahlzerlegung und dergleichen zurückzuführen. Der Psychologe meinte, dass diese Fehler wie auch das langsame Rechentempo wahrscheinlich Ausdruck mangelnder Geläufigkeit der Operationen seien. Größere Schwierigkeiten traten beim Addieren und Subtrahieren zweistelliger Zahlen auf.
   Der Rechtschreibtest zeigte Folgendes: Ingrid kann schreiben, sie kann Wortklangbilder in ihre Lautbestandteile aufgliedern und diesen Lauten die entsprechenden graphischen Zeichen zuordnen. Und sie kennt auch die Buchstaben. Die Lautanalyse ist jedoch noch wenig geläufig, sodass bei nicht sehr prägnanten Lauten und bei komplizierten Lautfolgen viele Buchstaben-

auslassungen und -umstellungen auftreten. Sie schrieb beispielsweise Schank statt Schrank oder Bute statt Beute. Die visuellen Wortbilder auch häufig gelesener Wörter sind noch nicht sicher gespeichert, sodass Ingrid meist schreibt, wie man spricht. Das führte zu Fehlern wie Glud statt Glut oder färd statt fährt. Ingrid kennt noch nicht sicher die Groß- und Kleinschreibregeln.
Im Lesetest beherrschte Ingrid im Prinzip den Lesevorgang, sie konnte einer Buchstabenfolge die entsprechende Lautfolge zuordnen und dem Gelesenen auch die Bedeutung entnehmen.

Erläutern Sie anhand der Fallbeschreibung „Ingrid"
a) ein verhaltensorientiertes Konzept zur Unterstützung von Menschen mit Behinderungen.
   (Abschnitt 21.1)
b) ein ökologisches Konzept zur Unterstützung von Menschen mit Behinderungen.
   (Abschnitt 21.2)

8. Eltern von Kindern mit einer Behinderung werden häufig von der Gesellschaft ausgegrenzt. Erläutern Sie auf der Grundlage eines ökologischen Modells, wie dieser Problematik begegnet werden kann.
   (Abschnitt 21.2)

9. Vergleichen Sie das verhaltensorientierte Konzept mit dem Unterstützungsmanagement.
   (Abschnitt 21.3.1)

10. Unterziehen Sie das verhaltensorientierte Konzept einer Bewertung.
    (Abschnitt 21.3.2)

11. Bewerten Sie das Case Management hinsichtlich seiner Effektivität bei der Unterstützung von Menschen mit Behinderungen.
    (Abschnitt 21.3.3)

12. Diskutieren Sie ein Konzept zur Unterstützung von Menschen mit Behinderungen.
    (Abschnitt 21.3.2 oder 21.3.3)

Anregungen

13. Fertigen Sie in Gruppen eine Mind-Map zu dem Thema „Unterstützung von beeinträchtigten Menschen" an: Das Thema wird als Stichwort in die Mitte eines Blattes geschrieben und stellt sozusagen den Baumstamm dar. Von diesem Stamm gehen Äste ab, die die zum Thema gehörenden Hauptgedanken – wiederum in Stichworten – beinhalten. Von den Ästen abgehende Zweige und schließlich Zweiglein gliedern das Thema weiter auf und beinhalten stichwortartig die Nebengedanken.

14. *Biografie und Internetsuche*
    - Suchen Sie im Internet nach Informationen über das Leben und Werk von *Wolf Rainer Wendt*.
    - Fertigen Sie in Kleingruppen eine Übersicht zur Biografie von *Wolf Rainer Wendt* an.
    - Erarbeiten Sie vier bis sechs wichtige Abschnitte seines Lebens.

15. Besuchen Sie mit der Klasse eine Beratungsstelle, die Menschen mit Behinderungen unterstützt. Bringen Sie dort in Erfahrung, wie diese arbeitet und welche Probleme sich hinsichtlich der Arbeit mit Menschen mit Behinderung in dieser Einrichtung ergeben.

16. Machen Sie zusammen mit Ihrer Klasse ausfindig, ob sich in Ihrer Nähe eine Einrichtung befindet, die nach dem Konzept des Case Managements arbeitet. Bringen Sie gegebenenfalls dort in Erfahrung, wie diese arbeitet und welche Probleme sich hinsichtlich der Arbeit mit Menschen mit Behinderung in dieser Einrichtung ergeben.

17. *Interview führen*
    - Entscheiden Sie sich für eine Beratungsstelle, die Menschen mit Behinderungen unterstützt.
    - Bereiten Sie in Kleingruppen Fragen zu folgenden Themen vor: Ziele, Organisation, Arbeitsweise, Klientel, Chancen, Probleme und Grenzen der Arbeit in dieser Institution.
    - Überlegen Sie sich geeignete Möglichkeiten der Präsentation.
    - Berichten Sie die Ergebnisse Ihres Interviews vor der Klasse.

18. *Es zeigt sich der Trend, dass soziale Dienstleistungen von ökonomischen Gesichtspunkten dominiert werden und zur Ware zu werden drohen.*
    - Informieren Sie sich im Unterricht für Wirtschaftslehre oder im Internet, was „Kunde", „Konsument" und „Kosten-Nutzen-Analyse" bedeuten.
    - Diskutieren Sie auf diesem Hintergrund die Problematik, wenn Dienstleistung insbesondere in der Behindertenarbeit unter diesen Gesichtspunkten geleistet wird.

19. Laden Sie in Ihre Klasse einen in der Praxis tätigen Sozial- oder Heilpädagogen oder Psychotherapeuten ein, der mit Menschen mit Behinderung arbeitet. Lassen Sie sich von ihm erzählen, nach welchem Grundkonzept er vorgeht, welche Vorgehensweise er anwendet (vielleicht kann er dieses an einem ganz konkreten „Fall" machen), wie hoch seine „Erfolgsquote" ist und mit welchen Problemen er in seiner Arbeit konfrontiert ist.

20. *Welche psychologische Hilfe halte ich für geeignet?*
    - Stellen Sie eine Lebenssituation eines Menschen mit Behinderung dar.
    - Schließen Sie sich in Vierergruppen zusammen und erzählen Sie sich diese Lebenssituation.
    - Einigen Sie sich in der Gruppe auf eine Situation und diskutieren Sie, welche Art der Hilfe Ihrer Meinung nach für diese am ehesten geeignet ist. Begründen Sie Ihre Wahl.
    - Einigen Sie sich auf eine Hilfeart.

Klinische Psychologie

„Er macht mich noch wahnsinnig mit seiner Spinnen-Phobie!"

Es handelt sich hier wohl um eine psychische Störung. Mit solchen Störungen beschäftigt sich die Klinische Psychologie.

Folgende Fragen werden in diesem Kapitel geklärt:

1. *Was ist der Gegenstand der Klinischen Psychologie?*
   Welche Aufgaben hat sie?
   Wann kann man von einer wissenschaftlich fundierten Klinischen Psychologie sprechen?

2. *Was sind die Merkmale von Gesundheit und Krankheit?*
   Kann man psychische Störungen als Krankheit bezeichnen?

3. *Wie sieht das Störungsbild einer Form der Depression und der Angststörung aus?*
   Wie lässt sich die Entstehung dieser beiden Störungen erklären?

22.1 Grundfragen der Klinischen Psychologie

„Klinisch" ist in diesem Zusammenhang nicht im Sinne von Klinik und Krankenbehandlung zu verstehen. Der Begriff kommt aus dem angloamerikanischen Sprachraum und ist dort die Bezeichnung für ambulante Einrichtungen, beispielsweise einer Beratungsstelle.

22.1.1 Der Gegenstand der Klinischen Psychologie

Die Klinische Psychologie stellt sowohl eine Teildisziplin als auch ein bedeutendes Anwendungsgebiet der Psychologie dar und beschäftigt sich nach *Reiner H. E. Bastine (1998³, S. 17 f.)* mit **psychischen Störungen, psychischen Aspekten körperlicher Erkrankungen und mit psychischen Krisen.**

– **Psychische Störungen** sind – wie in *Kapitel 16.1.1* ausgeführt – alle Erlebens- und Verhaltensweisen einer Person, die über einen längeren Zeitraum hinweg erheblich von der Norm abweichen und mit einem Leidensdruck verbunden sind sowie für diese selbst und/oder ihre soziale Umgebung eine Beeinträchtigung zur Folge haben.

– **Psychische Aspekte** körperlicher Erkrankungen: Eine Krankheit hat nicht nur körperliche Anteile, sondern auch psychische. Es gibt kaum eine Krankheit, bei der die psychische Seite keine Berücksichtigung erfordern würde.

   Beispiele für Krankheiten, bei denen psychische Aspekte eine große Rolle spielen, sind Seh-, Hör- und Sprachbehinderungen, HIV-Infektionen und AIDS, Krebserkrankungen, koronare Herzerkrankungen oder Querschnittslähmung *(vgl. Bastine, 1998³, S. 18)*.

– **Psychische Krisen** sind nach *Bastine (1998³, S. 23)* seelische Belastungsreaktionen, die durch äußere Umstände veranlasst sind. Sie ist im Gegensatz zu psychischen Störungen zwar länger andauernd, aber nicht über einen längeren Zeitraum hinweg.

22.1.2 Aufgaben der Klinischen Psychologie

Die Aufgaben der Klinischen Psychologie sind die **Diagnostik**, die **Prävention** und die **Behandlung** von psychischen Störungen, psychischen Aspekten körperlicher Erkrankungen und psychischen Krisen.

– Die **psychologische Diagnostik (Psychodiagnostik)** will aufgrund von Informationen eine Erfassung und Registrierung des vorliegenden Problems sowie ein genaues Bild von dem Klienten und seinen Persönlichkeitsmerkmalen, um bestimmte angemessene Maßnahmen zu planen und durchzuführen.

> **Psychologische Diagnostik (Psychodiagnostik) ist das wissenschaftlich fundierte Sammeln und Aufbereiten von Informationen über den Hilfesuchenden mit dem Ziel, Entscheidungen und daraus ergebende Handlungsweisen zu begründen, zu kontrollieren und zu optimieren** *(vgl. Jäger/Petermann 1999⁴, S. 11)*.

Mithilfe von **Anamnese** – in einem Gespräch werden Daten über den Lebenslauf einer Person erfragt –, **Exploration** – in einem Gespräch werden gezielte Fragen zu den individuellen Lebensumständen gestellt –, **Verhaltensbeobachtung**[1] und verschiedenen Formen von **Tests** versucht man diesen Aufgabenbereichen gerecht zu werden.

– Mit **Prävention**[2] sind alle Maßnahmen und Möglichkeiten gemeint, die das Entstehen von psychischen Störungen, psychischen Aspekten körperlicher Erkrankungen und psychischen Krisen verhindern sollen.

In der Schule werden zum Beispiel Programme zur Suchtprävention durchgeführt, in denen einerseits über Drogen informiert wird, aber auch die Lebenskompetenz der Jugendlichen gefördert wird. Das geschieht beispielsweise durch die Stärkung ihrer sozialen Kompetenzen, des Selbstwertgefühles und der Fähigkeit, Krisen und Probleme zu bewältigen. Andere Präventionsprogramme helfen, kritische Lebensereignisse zu vermeiden oder zu bewältigen. Beispielsweise werden an Beratungsstellen Therapiegruppen für Erwachsene und Kinder durchgeführt, die Trennung oder Scheidung erlebt haben, um langfristig negativen psychischen Folgen vorzubeugen.

> **Prävention umfasst Maßnahmen und Programme, die Gesundheit und Persönlichkeitsentfaltung fördern, um psychischen Störungen, psychischen Aspekten körperlicher Erkrankungen und psychischen Krisen vorzubeugen.**

– **Behandlung** bedeutet in diesem Zusammenhang alle Formen professioneller psychologischer Hilfe zum Abbau bzw. Reduzierung von psychischen Störungen, psychischen Aspekten körperlicher Erkrankungen und psychischen Krisen.

> **Behandlung im Sinne der Klinischen Psychologie meint alle Formen professioneller psychologischer Hilfe zum Abbau bzw. Reduzierung von psychischen Störungen, psychischen Aspekten körperlicher Erkrankungen und psychischen Krisen.**

> *„Neben der Psychotherapie, die zwar immer noch eine beherrschende Rolle einnimmt, sind … mehr und mehr auch andere Behandlungsformen getreten, die z. B. bei komplexeren sozialen Systemen ansetzen …, die kurzfristige Hilfen wie Beratung, Krisenintervention, Selbsterfahrungs- und Trainingsgruppen oder Methoden der Selbsthilfe anbieten oder die auf die Etablierung sozialer Unterstützungssysteme … ausgerichtet sind.“*
> (Bastine, 1998[3], S. 26)

Je nachdem, um welche Art der Behandlung es sich handelt, wird von **Beratung, Psychotherapie** oder von **Rehabilitation** gesprochen.

– Psychologische **Beratung** bedeutet in der Klinischen Psychologie *ein wissenschaftlich fundiertes Vorgehen, das als Ziel die Beseitigung von persönlichen und/oder sozialen Problemen bzw. den effektiven Umgang mit diesen hat.*

---

[1] vgl. Kapitel 19.1.2
[2] Prävention (lat., praevenire: zuvorkommen): Vorbeugung

– Unter **Psychotherapie**[1] *versteht man alle psychologischen, wissenschaftlich fundierten Techniken und Verfahrensweisen, mit denen versucht wird, psychische Störungen, psychische Aspekte körperlicher Erkrankungen und psychische Krisen zu heilen*.

– **Rehabilitation**[2] fasst alle Maßnahmen zusammen, die *der Wiedereingliederung von beeinträchtigten Personen in Arbeit und Beruf und der Sicherung an der Teilhabe am gesellschaftlichen Leben dieser Personen dienen*. Wichtige Felder von Rehabilitation sind die Frühförderung in Frühförderstellen, medizinische Rehabilitation in Suchtkliniken, Kurkliniken für Krebskranke oder psychosomatisch[3] Erkrankte, berufliche Rehabilitation in Werkstätten für Menschen mit Behinderung oder Integrationsfirmen und soziale Rehabilitation wie sie sich zum Beispiel in Wohngruppen für Menschen mit Behinderung abspielt.

> **Die Klinische Psychologie beschäftigt sich mit der Diagnostik, Prävention und der Behandlung von psychischen Störungen, psychischen Aspekten körperlicher Erkrankungen und psychischen Krisen.**

Ihre Aufgabe ist die Beschreibung, Klassifizierung, Verhütung und Behandlung von psychischen Störungen, psychischen Aspekten körperlicher Erkrankungen und psychischen Krisen sowie die Erklärung ihrer Entstehung. Sie wendet die Ergebnisse und Methoden aller Disziplinen der Psychologie an und findet bei Einzelnen oder Personengruppen jeden Alters – zum Beispiel Paare, Familien – Anwendung, die unter psychischen Störungen, psychischen Folgen körperlichen Störungen oder psychischen Krisen leiden bzw. davon bedroht sind. Sie findet in Beratungsstellen, stationären und ambulanten medizinischen Einrichtungen, Heimen, psychologischen Praxen und gemeindenahen Einrichtungen statt.

Ebenfalls mit der Erforschung, Diagnostik, Prävention und Behandlung psychischer Störungen und Krankheiten beschäftigt sich die **Psychiatrie**[4], *ein Teilgebiet der Medizin. Sie berücksichtigt jedoch stärker die körperliche und biologische Perspektive und befasst sich mit den schweren Ausprägungen psychischer Störungen wie zum Beispiel der Schizophrenie, von affektiven Störungen und massiven Zwängen und Ängsten. Medikamentöse Therapie und sonstige medizinische Maßnahmen sind alleine den Psychiatern vorbehalten. Eine klare Trennungslinie zwischen den Gegenstandsbereichen der Psychiatrie und der Klinischen Psychologie gibt es nicht.*

---

[1] *Psychotherapie (griech.): die Behandlung der Seele*

[2] *Rehabilitaion (lat., rehabilitatio: das Wiederherstellen): Wiedereingliederung*

[3] *Mit dem Begriff „psychosomatisch" wird zum Ausdruck gebracht, dass psychische Faktoren den Organismus – den Körper (sóma, griech.: der Körper) – beeinflussen.*

[4] *psyché (griech.): die Seele; iatrós (griech.): der Arzt*

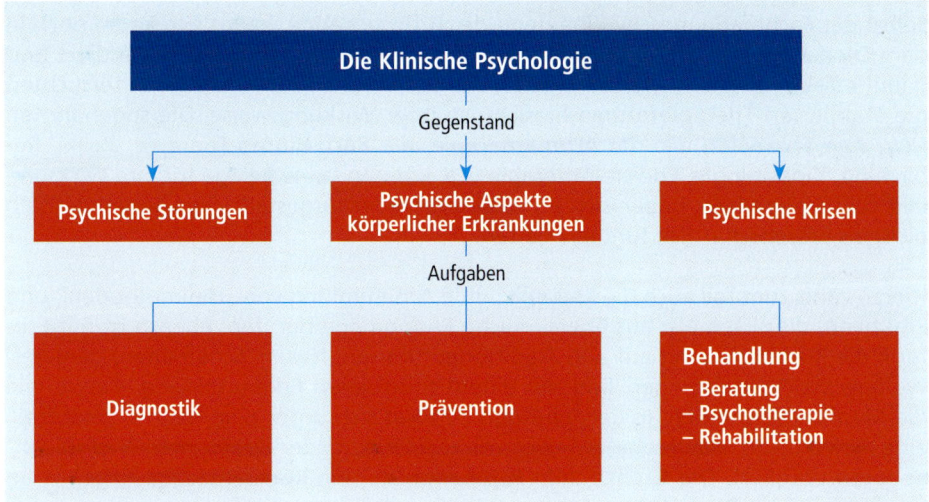

22.1.3 Die Wissenschaftlichkeit der Klinischen Psychologie

Gerade die Klinische Psychologie ist sehr anfällig für Heilverfahren und Psychotherapien, die nicht wissenschaftlich abgesichert sind.

Die Psychotherapeutin *Gudrun Görlitz (1995, S. 1)* berichtete in einem Vortrag von einem jugendlichen Stotterer, der Jahr für Jahr wertvolle Zeit verloren hat, indem er von einem Erlösungsversuch zum nächsten pilgerte: Seine Eltern gingen mit ihm zunächst zu einer Abbeterin, bei der sie zwar viel Geld los wurden, aber das Kind stotterte weiter. Auch ein fleißig durchgeführtes Entspannungstraining hatte keinen Einfluss auf das Stottern. Ebenfalls brachten mehrere esoterische Wochenendkurse, in denen der inzwischen Jugendliche Rebirthing und Bioenergetik[1] erlebte, nichts, bis er schließlich nach mehreren Jahren in einer Praxis landete, die nach einer wissenschaftlich fundierten Therapiemethode arbeitete. Seine Motivation und sein Vertrauen in die Psychotherapeuten waren jedoch durch die vielen Fehlschläge so gering geworden, dass sie kaum für eine Aufnahme in die Therapie reichten. Auch seine Bereitschaft, sich auf Neues einzulassen, war auf dem Nullpunkt.

> *„Auf der einen Seite immer neue, vielversprechendere, besser verpackte Angebote, auf der anderen Seite enthusiastische selbsterfahrungs- und erlebnishungrige Abnehmer. Die Renner auf diesem freien Markt sind jeweils diejenigen Angebote, die die intensivsten persönlichen Erfahrungen versprechen oder etwas ganz Neues anzubieten haben. Das Erscheinungsbild der Psychotherapie in der Öffentlichkeit wird stark von diesen Angeboten bestimmt. Tatsächlich vermitteln die Inseratenabteilungen von Zeitungen und Zeitschriften und die Verkaufsregale von Buchhändlern jedoch ein sehr verzerrtes Bild von der Psychotherapie. Das bisher Nichtdagewesene, das Spektakuläre, Sensationen-Versprechende ist darin überrepräsentiert.“*
>
> (Grawe u. a., 2001[5], S. 7)

---

[1] *Rebirthing: ein Verfahren, welches mittels spezieller Atemtechnik auf das Wiedererleben früherer Erfahrungen zielt; Bioenergetik: Lehre von der Lebensenergie, die auf der Annahme beruht, dass sich seelische Konflikte in körperlichen Fehlhaltungen und muskulären Verspannungen – sogenannte Blockaden – äußern, die sich durch entsprechende Übungen beseitigen lassen. Aufgrund dieser Übungen wird der Klient mit den verdrängten Konflikten konfrontiert und so eine Heilung erreicht.*

Selbst der Fachmann, geschweige denn der Hilfesuchende, kennt sich kaum noch in dem Dschungel von Therapieangeboten aus, welche wissenschaftlich fundiert und damit effektiv sind und welche nicht. *Klaus Grawe u. a.* (2001[5], S. 735) untersuchten die etablierten Therapieformen hinsichtlich ihrer Wirkungsweise. Die sogenannten **New Age Therapien** wie die Aromatherapie, die Bach-Blüten-Therapie, Reijki, Rebirthing, Kinesiologie, Edelsteintherapie u. a. können keine Belege für ihre Wirksamkeit nachweisen bzw. haben sich als wirkungslos herausgestellt. Sie können deshalb nicht als wissenschaftlich fundiert gelten.

Hierzu zählt zum Teil auch die **Esoterik**[1], eine Ansammlung von „Heilmethoden" und Praktiken, die sich meist auf übersinnliche Phänomene berufen; ebenso ist mit Esoterik die Rückbesinnung auf alte Traditionen (Kelten, Hexen, Schamanen) gemeint. Weitere Wortbedeutungen sind mit einem spirituellen Erkenntnisweg – etwa wie die Mystik – verbunden. In der heutigen Zeit hat sich unter dem Begriff „Esoterik" eine Vielzahl von wissenschaftlich nicht abgesicherten oder bewiesenen Therapieangeboten etabliert. Die Grenze zum *Psychomarkt* – ein kommerzielles Angebot an psychologischen Dienstleistungen – ist fließend geworden, der mit einer wissenschaftlich fundierten Klinischen Psychologie nichts oder sehr wenig zu tun hat und den Leidensdruck und die psychische Belastung von Menschen mehr oder weniger ausnützt („Scharlatanerie").

> *„Die Psychologie hat es schwer. Seit jeher wird ihr Name für alles Mögliche vereinnahmt und immer wieder gerät sie in Misskredit. In Zeiten eines nicht enden wollenden Psychobooms wird das Prädikat ‚psychologisch' – und mit ihm der Nimbus der Wissenschaft dieses Namens – für allerlei Lehren und Praktiken missbraucht, die mit ernsthafter Wissenschaft nichts zu tun haben. So werden beispielsweise esoterische Kulte, religiöse Heilslehren oder absonderliche therapeutische Praktiken, manchmal sogar kosmologische oder astrologische Welterklärungssysteme als irgendwie ‚psychologisch' ausgegeben. … Und die wissenschaftliche Psychologie, die ja auf die Alleinverwendung ihres Namens kein Patent hat, sieht verdrossen zu und kann sich nicht wehren.*
>
> *(Prinz/Müsseler, 2008[2], S. 1)*

Materialien 2

Die psychotherapeutische Praxis gilt als wissenschaftlich fundiert, wenn (vgl. *Perrez, 2005[3], S. 81*)

- die **beabsichtigte Wirksamkeit therapeutischen Vorgehens nachgewiesen ist**,
- die **Wirksamkeit nicht** – ausschließlich – **auf die positive Erwartung, die Überzeugung bzw. den Glauben des Klienten an das therapeutische Vorgehen zurückzuführen ist**,
- das **Vorgehen auf Voraussetzungen beruht, die mit wissenschaftlichen Grundsätzen (Prinzipien, Regeln u. a.) vereinbar sind**[2],
- die **Maßnahmen und Möglichkeiten aus bewährten psychologischen Gesetzmäßigkeiten, in der Regel aus einer Theorie, abgeleitet sind**. Die Basis wissenschaftlicher Fundierung bilden *Theorien der Verhaltensänderung* und *Persönlichkeitstheorien*, von denen sich Maßnahmen und Möglichkeiten zur gezielten Veränderung von Erleben und Verhalten „ableiten" lassen.

Materialien 3

---

[1] *esoterikós (griech.): innerlich; ursprünglich wurde mit Esoterik die Suche des Menschen nach der innersten Wahrheit verstanden*

[2] *vgl. Kapitel 19.2.1*

Theorien der Verhaltensänderung sind zum Beispiel die Lerntheorien, wie sie in den *Kapitel 6 und 7* dargestellt sind, Persönlichkeitstheorien sind beispielsweise die Psychoanalyse, ausgeführt in *Kapitel 8*, oder die personenzentrierte Theorie in *Kapitel 13.2*.

Meinrad Perrez (2005[3], S. 81) führt zudem als weitere Bedingungen für eine wissenschaftliche Fundierung an, dass „unerwünschte Nebenwirkungen" unwahrscheinlich und wenig schwerwiegend, die Behandlungsziele ethisch legitimiert sein müssen und das Vorgehen ethisch vertretbar ist. Nur dann können psychotherapeutische Verfahrensweisen als gerechtfertigt gelten.

> *„Die akademische Wissenskultur hat sich strenge Regeln auferlegt, und die Aufgabe der Universität besteht darin, diesen Typ des Wissens zu mehren und auf dieser Grundlage zur Lösung praktischer Probleme beizutragen. Die wissenschaftliche Argumentationskultur hat die Funktion, uns und die Gesellschaft vor Scharlatanen zu schützen und hat damit letztlich eine gesellschaftliche Begründung."*
>
> *(Perrez, 2005[3], S. 86)*

Materialien 4

22.2   Gesundheit und Krankheit

Die Klinische Psychologie beschäftigt sich neben psychischen Krisen mit psychischen Aspekten körperlicher Erkrankungen und psychischen Störungen, die unter organmedizinischer Perspektive als Krankheiten aufgefasst werden. Die *Weltgesundheitsorganisation (WHO)* vermeidet zwar in der neuen *internationalen Klassifikation psychischer Störungen (ICD-10)* den Gebrauch von Begriffen wie „Krankheit" oder „Erkrankung", doch aus organmedizinischer Sicht werden psychische Störungen als Krankheiten aufgefasst. Entsprechend wird denn auch von **Psychischen Krankheiten** oder von **psychischen Störungen mit Krankheitswert** gesprochen (*vgl. Bastine, 1998[3], S. 152*).

22.2.1 Die Begriffe „Gesundheit" und „Krankheit"

Wenn man das Wort Krankheit hört, so denkt man meist daran, dass körperlich irgendetwas nicht in Ordnung ist. Damit wird eine **Störung der physischen Funktionen** angesprochen.

> Eine Nierenerkrankung beispielsweise bedeutet eine Störung der normalen Funktionen des Körpers bzw. seiner Organe oder Organsysteme – hier der Niere – sowie des normalen Stoffwechsels.

Körperliche Veränderungen sind die Folge von Störungen der normalen Funktionen des Körpers bzw. seiner Organe oder Organsysteme sowie des normalen Stoffwechsels. Dieser veränderte Zustand lässt sich in der Regel *objektiv bestimmen*.

> Beispiele für eine objektive Bestimmung einer Krankheit sind Temperaturmessung, Erhebung von Blutwerten, Messung des Blutdrucks, EKG usw.

Diese Beobachtungen entsprechen jedoch nicht immer dem subjektiven Eindruck eines Menschen, der sich selbst als krank bezeichnet. Bei Krankheit ist auch das **subjektive Empfinden** ausschlaggebend. Es lässt sich nicht bei jedem, der sich krank fühlt, eine Störung im Zusammenspiel der Funktionsabläufe und des Stoffwechsels nachweisen.

So kann es möglich sein, dass jemand starke Rückenschmerzen hat, obwohl kein „organischer Befund" nachweisbar ist. Von zwei Menschen, die sich in einem vergleichbaren körperlichen Zustand befinden, kann sich der eine krank und der andere gesund fühlen.

Es muss also auch der psychologische Aspekt mit berücksichtigt werden: Der Einzelne erlebt zum einen ein **seelisches Unwohlsein**, zum anderen kann sich die Störung auch auf rein **psychische Befindlichkeiten**, auf das Erleben und Verhalten, beziehen wie dies bei psychischen Störungen der Fall ist.

Schließlich bedeutet Krankheit auch eine **Beeinträchtigung** im Leben des Betroffenen: Das Individuum ist eingeschränkt in seiner Leistungsfähigkeit, in der Erfüllung seiner Rollen und Aufgaben, die es zu bewältigen hat, sowie in seinen sozialen Kontakten.

Bei einer Grippeerkrankung zum Beispiel ist der Mensch sehr stark eingeschränkt und muss das Bett hüten. Ein Kranker kann – vorübergehend – seinen Beruf nicht mehr ausüben, er kann seine Freunde nicht mehr besuchen oder einfach nicht mehr „weggehen".

Der Soziologe *Talcott Parsons* (*1902–1979*) sieht denn auch Krankheit als einen Zustand der Störung des „normalen" Funktionierens des Menschen.

> Krankheit ist die Sammelbezeichnung für objektiv feststellbare körperliche Veränderungen und/oder subjektiv empfundene Störungen der körperlichen und/oder der psychischen Befindlichkeit und bedeutet eine Beeinträchtigung im Leben des Betroffenen.

Krankheiten können in unterschiedlicher Schwere und Zeitdauer auftreten; es gibt leichtere Krankheiten wie etwa eine Erkältung oder schwere wie eine Krebserkrankung. Sie können nur kurzfristig und mit völliger Ausheilung ohne bleibende Folgen sein oder aber auch chronisch und schicksalhaft mit bleibenden Folgen. Krankheiten können eine Krise im Leben auslösen oder diese bewusst machen. Durch die mit ihr verbundenen Schmerzen und Leiden kann sie auch Anlass sein, Lebenseinstellungen zu korrigieren. Krankheit kann Schmerz, Leid und Krise bedeuten, sie kann aber auch Chance und Bewährung sein.

Oft meint man, Gesundheit ist die Abwesenheit von Krankheit. Doch eine solche klare Trennungslinie zwischen gesund und krank ist nicht möglich, die Grenzen sind fließend. In der überwiegenden Literatur bedeutet Gesundheit einen körperlichen und psychischen Zustand des Individuums, der von einer relativen Freiheit von Beschwerden und Beeinträchtigungen gekennzeichnet ist. Zugleich meint Gesundheit Handlungs- und Leistungsfähigkeit im Leben des Menschen. So sieht *Parsons* Gesundheit als einen Zustand der optimalen Leistungsfähigkeit eines Menschen für die Erfüllung seiner beruflichen und gesellschaftlichen Aufgaben.

> Gesundheit bezeichnet einen körperlichen und psychischen Zustand des Individuums, der von einer relativen Freiheit von Beschwerden und Beeinträchtigungen gekennzeichnet ist, sowie einen Zustand der optimalen Handlungs- und Funktionsfähigkeit eines Menschen.

Die Welt-Gesundheits-Organisation (WHO) geht in ihrer Bestimmung von Gesundheit weit darüber hinaus: Nach ihr bedeutet Gesundheit einen Zustand allseitigen körperlichen, seelischen und sozialen Wohlbefindens und nicht nur ein Freisein von Krankheit und Gebrechen.
Mit seelischer Gesundheit wird die Fähigkeit zur Bewältigung von psychischen Anforderungen und Belastungen bezeichnet. Eine Person gilt dementsprechend als seelisch gesund, wenn sie innerpsychische Prozesse zu regulieren und einen Ausgleich zwischen ihnen und den Ansprüchen der Umwelt herzustellen imstande ist.

Gesundheit und Krankheit sind wesentliche Prozesse, die im menschlichen Leben immer wieder auftreten. Beides, Gesundheit und Krankheit, gehört zum Leben.

22.2.2 Merkmale von Gesundheit und Krankheit

Durch folgende Merkmale lassen sich Gesundheit und Krankheit näher bestimmen *(vgl. Faltermaier, 1994, S. 57 f. und 2005, S. 35 f.):*

Befindlichkeit
Gesundheit und Krankheit bedeuten einen ganz bestimmten körperlichen und psychischen Zustand des Individuums. Vor der Frage, ob dieser Zustand messbar ist, muss festgehalten werden, dass er vom Subjekt unterschiedlich erlebbar ist – Gesundheit und Krankheit sind also eine Befindlichkeit, die von jedem Menschen unterschiedlich erlebt wird. Von zwei Menschen, die sich in einem vergleichbaren körperlichen Zustand befinden, kann sich der eine krank, der andere gesund fühlen.

Identität
Das Erleben von Gesundheit und Krankheit setzt eine Selbstwahrnehmung und Selbstreflexion des Individuums voraus. Gesundheit und Krankheit bedeuten somit ein bestimmtes Verhältnis des Individuums zu seinem Körper und zu seiner Psyche; sie sind damit ein Teil der Identität einer Person. Die Wahrnehmung von Gesundheit erfordert allerdings eine gewisse bewusste Anstrengung, denn eine wichtige Eigenart von Gesundheit besteht darin, dass sie schwer erkennbar ist; sie macht sich im Gegensatz zu Krankheit nicht bemerkbar, fällt nicht auf.

Prozesshaftigkeit
Gesundheit und Krankheit sind kein statischer Zustand, sondern in permanenter Veränderung, sie sind also eigentlich ein Prozess: Gesundheit muss immer wieder hergestellt werden, weil sich das Individuum in der Auseinandersetzung mit seiner Umwelt ständig verändert.

Person-Umwelt-Beziehung
Gesundheit und Krankheit sind nicht nur auf das Individuum bezogen, sondern entstehen auch immer aus der Person-Umwelt-Beziehung: Das Individuum muss auf Anforderungen seiner Umwelt reagieren und wirkt umgekehrt durch seine Handlungen auf die Umgebung ein und gestaltet sie. Dadurch verändern sich die Person und ihre Umwelt. Systemtheoretisch betrachtet ist das Individuum ein offenes System, das sich, wenn es gesund ist, in einem dynamischen Gleichgewicht, und wenn es krank ist, in einem Ungleichgewicht befindet.

Normabhängigkeit
Was für ein Individuum Gesund- oder Kranksein bedeutet, hängt sowohl von seinen persönlichen Normen, aber auch in vielfacher Weise von gesellschaftlichen Normen

ab. Ob also eine Person krank oder gesund ist, hängt grundsätzlich auch von der Betrachtung aus der Sicht der verschiedenen Normen ab.

Bewertung

Eine Norm ist immer auch ein Maßstab, an dem das Aussehen, das Erleben und Verhalten eines Individuums gemessen wird. Bei der Feststellung einer Krankheit wird eine Person also bewertet, beurteilt und verglichen und die Person bewertet, beurteilt und vergleicht sich selbst.

Ressourcenbezug

Gesundheit heißt immer, Ressourcen[1] zu besitzen und mobilisieren zu können. Bei der Erhaltung bzw. Wiedergewinnung von Gesundheit spielen also die Kräfte, die einem Individuum hierfür zur Verfügung stehen, eine wichtige Rolle. Dabei sind sowohl die individuellen als auch die sozialen Ressourcen von Bedeutung.

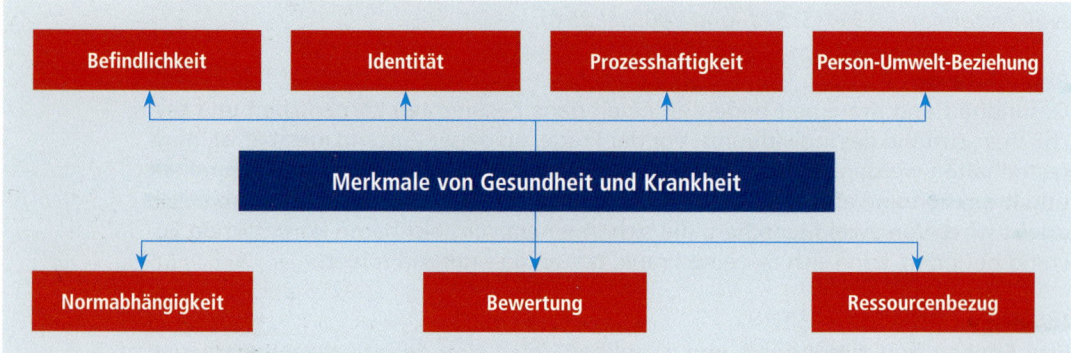

22.3 Eine affektive Störung: Die Depression

Die Depression zählt zu den affektiven Störungen[2]. Bei dieser Art von Störungen unterliegt die Stimmung des Menschen bestimmten Veränderungen. Bei Personen mit affektiven Störungen besteht eine sehr dauerhafte Stimmungslage, die das gesamte Erleben und Verhalten gravierend beeinflusst. Die Stimmungslage ist entweder von niedergedrückter oder von gehobener Stimmung geprägt. Im ersten Fall handelt es sich um eine Depression, im zweiten um eine Manie. Bei der manisch-depressiven Störung, oft auch bipolare Störung genannt, wechseln sich Phasen von Manie und Depression ab.

22.3.1 Das Störungsbild der Depression

Die Depression ist durch folgende Symptome gekennzeichnet:

- Gedrückte, niedergeschlagene Stimmung, die in keinem Verhältnis zur tatsächlichen Lebenssituation des Betroffenen steht
- Verminderter Appetit, der häufig mit Gewichtsverlust einhergeht

---

[1] Ressourcen meinen die Kräfte, die einem Individuum zur Bewältigung einer bestimmten Situation zur Verfügung stehen – vgl. Kapitel 15.3.2

[2] vgl. Kapitel 16.1.3

- Schlaflosigkeit, Einschlafschwierigkeiten, nächtliches Aufwachen, ohne wieder einzuschlafen, zu frühes morgendliches Erwachen
- Verminderte Konzentration und Aufmerksamkeit, verlangsamtes Denken und Unentschlossenheit
- Verlust von Interesse und Spaß an gewohnten Aktivitäten sowie Freudlosigkeit
- Verminderung des Antriebs in Richtung auf Passivität, Trägheit und Teilnahmslosigkeit
- Verminderung der Energie führt zu erhöhter Ermüdbarkeit und Aktivitätseinschränkung
- Häufige Selbstvorwürfe und -tadel sowie Schuldgefühle und Gefühle von Wertlosigkeit
- Negative Gedanken und pessimistische Zukunftsperspektiven
- Mehrfach wiederkehrende Todes- und/oder Suizidgedanken, erfolgte Selbstverletzung oder Suizidhandlungen

Zeichnung einer depressiven Frau

Es gibt verschiedene Formen einer Depression, die bekannteste ist die **Major**[1] **Depression**, die durch eine oder mehrere depressive Episoden gekennzeichnet und mit einem großen Leidensdruck sowie einer schulischen bzw. beruflichen und sozialen Beeinträchtigung verbunden ist. Handelt es sich um eine chronische, aber weniger schweren Form der Depression, so spricht man von einer **dysthymen**[2] **Störung**. Manchmal äußert sich eine Depression hauptsächlich in körperlichen Beschwerden, wie Druck im Kopf und Brust, Schwindel, Appetitlosigkeit, Magen-Darm- und Unterleibsbeschwerden. Da die Depression hier nicht offensichtlich ist, spricht man von **lavierter bzw. versteckter Depression**. Damit will man zum Ausdruck bringen, dass der Organismus eine Depression mit anderen Symptomen wie zum Beispiel einer Krankheit abwehrt. So haben viele ungeklärte Schmerzzustände im Bewegungsapparat (zum Beispiel Gelenke, das Kreuz, Muskeln wie Rückenmuskeln u. a.) „abgewehrte" Anteile einer Depression. In der älteren Literatur wird hier von einer **Neurasthenie**[3] gesprochen.

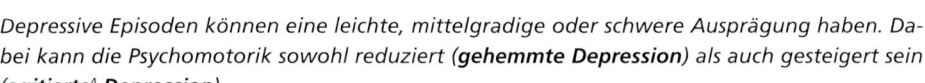

Depressive Episoden können eine leichte, mittelgradige oder schwere Ausprägung haben. Dabei kann die Psychomotorik sowohl reduziert (**gehemmte Depression**) als auch gesteigert sein (**agitierte**[4] **Depression**).

Oft wird in der Literatur missverständlich von endogener Depression gesprochen und meint damit eine „ererbte" Depression. Doch mit dem Begriff „endogen" sollte eigentlich vermieden werden, sich auf die Erblichkeit festzulegen; diese Bezeichnung will lediglich innere Ursachen für ein bestimmtes Erleben und Verhalten annehmen (vgl. Klein u. a., 1999[10], S. 61). Wo an diesem Begriff festgehalten wird, steht er für eine Depression ohne erkennbare Ursache. Die heutige Forschung geht davon aus, dass Gene zwar als „Risikofaktoren" gelten können – wer genetisch vorbelastet ist, wird bei entsprechenden Schicksalsschlägen mit höherer Wahrscheinlichkeit an Depression erkranken –, doch in ihrer Entwicklung spielen sowohl Erfahrungen als auch eine genetische Veranlagung eine Rolle (vgl. Canli, 09/2007, S. 56 f.).

---

[1] maior (lat.): größer, stärker

[2] thymos (griech.): das Gemüt; dys (griech.): abweichend, krankhaft

[3] Neurasthenie (griech.): Nervenschwäche

[4] agitare (lat.): heftig betreiben, in Bewegung setzen

22.3.2 Erklärung der Entstehung einer Depression auf der Grundlage des operanten Konditionierens[1]

Die Lerntheoretiker gehen davon aus, dass alles Verhalten – auch das unangepasste – erlernt ist und wieder verlernt werden kann. Dementsprechend handelt es sich bei dem Erwerb einer Depression um einen Lernvorgang. Bei der operanten Konditionierung spielen Reize, die auf ein bestimmtes Verhalten folgen, die zentrale Rolle.

Für die Erklärung der Entstehung einer Depression sind das *Gesetz der Bereitschaft*, das *Prinzip des Versuchs und Irrtums*, das *Effektgesetz* und das *Prinzip der Verstärkung* sowie das *Frequenzgesetz* bedeutsam.

– **Gesetz der Bereitschaft:** Eine Depression kann nur erlernt werden, wenn die Bereitschaft zum Lernen hierzu vorhanden ist. Diese Bereitschaft ist gegeben, wenn im Individuum ein Bedürfnis vorliegt: Wenn das Individuum einen angenehmen Zustand herbeiführen oder aufrechterhalten will oder einen unangenehmen Zustand vermeiden, beseitigen oder vermindern will.

> So kann es möglich sein, dass sich eine Frau in ihrer Familie einsam und alleine fühlt und sowohl von ihrem Mann als auch von ihren Kindern mehr Beachtung und Zuwendung haben will. Die Bereitschaft zum Lernen ist hiermit gegeben.

– **Prinzip des Versuchs und Irrtums:** Der Mensch probiert verschiedene Verhaltensweisen aus, um zum Ziel zu kommen, sein Bedürfnis zu befriedigen.

> Die Frau im obigen Beispiel versucht nun verschiedene Verhaltensweisen, um nicht einsam zu sein und die Familie um sich zu haben: Sie kocht gut, verwickelt die Familie nach dem Essen in endlose Gespräche, schlägt viele Aktivitäten, wie Spazieren gehen, Ausflug machen u. a., vor, und sie zeigt auch Symptome einer Depression wie Traurigkeit, „negatives" pessimistisches Sprechen, Äußern von Suizidgedanken usw.

– **Effektgesetz:** Führen depressive Verhaltensweisen zu angenehmen Konsequenzen, so werden diese wieder gezeigt. Verhaltensweisen dagegen, die nicht zum Erfolg führen, werden nicht wieder gezeigt.

> Die Frau kommt mit den Verhaltensweisen „Gut Kochen", „Verwickeln der Familie in endlose Gespräche", „Vorschlagen von Aktivitäten" nicht zum Erfolg, diese Verhaltensweisen wird sie deshalb wieder unterlassen. Mit dem Zeigen von Symptomen einer Depression wie Traurigkeit, „negatives" pessimistisches Sprechen, Äußern von Suizidgedanken usw. erreicht sie, was sie will: Die Familie ist sehr rücksichtsvoll, sie kümmert sich um sie, der Mann ist sehr zärtlich und die Kinder sind recht nett. Sie hat mit diesen Verhaltensweisen Erfolg und wird sie deshalb wieder zeigen.

– **Prinzip der Verstärkung:** Kann nun ein Mensch mit dem Zeigen von depressiven Verhaltensweisen angenehme Zustände herbeiführen bzw. aufrechterhalten und unangenehme vermeiden, verringern oder beenden, so wird dieser die depressiven Verhaltensweisen häufiger dartun.

---

[1] *Die Aussagen und Begriffe des operanten Konditionierens sind in Kapitel 6.2 dargestellt. Wenn auch hier aus Gründen der Verdeutlichung einer Theorie die Entstehung einer Depression auf eine Theorie reduziert wird, so muss festgestellt werden, dass eine solche Störung grundsätzlich nur durch das Zusammenwirken von mehreren Entstehungsbedingungen hinreichend erklärt werden kann.*

Die Frau zeigt die Symptome der Depression häufiger, weil sie durch diese den angenehmen Zustand, dass sie von ihrer Familie Beachtung und Zuwendung bekommt, herbeiführen und aufrechterhalten kann. Durch positive Verstärkung lernt sie auf diese Weise das Depressivsein. Sie zeigt die Depression aber auch deshalb häufiger, weil sie durch diese den unangenehmen Zustand der Einsamkeit und des Alleinfühlens vermeiden bzw. beenden kann. Durch negative Verstärkung lernt sie auf diese Weise das Depressivsein.

- **Frequenzgesetz:** Kommt nun ein Mensch des Öfteren mit depressiven Verhaltensweisen zum Erfolg, kann er durch sie oft einen angenehmen Zustand herbeiführen bzw. aufrechterhalten oder einen unangenehmen Zustand vermeiden bzw. beenden, so wird dieses Verhalten erlernt und gefestigt.

Die Frau kommt mit ihrem depressiven Verhalten nicht nur einmal, sondern immer wieder zum Erfolg: Immer, wenn sie depressive Symptome zeigt, ist die Familie um sie und gibt ihr Zuwendung. Sie kann durch depressives Verhalten *des Öfteren* den angenehmen Zustand der Beachtung und Zuwendung herbeiführen und aufrechterhalten bzw. den unangenehmen Zustand der Einsamkeit und des Alleinseins vermeiden und beenden. Auf diese Weise wird das depressive Verhalten aufgebaut und gefestigt.

22.3.3 Erklärung der Entstehung einer Depression auf der Grundlage der personenzentrierten Theorie[1]

Aus der Sicht der personenzentrierten Theorie entsteht eine psychische Störung dann, wenn

- die beiden Ebenen des Wertens – das organismische Erleben als die Verkörperung der Aktualisierungstendenz und das Selbstkonzept – zueinander in Widerspruch stehen, also eine *Inkongruenz* vorherrscht, und
- das Selbstkonzept so starr ist, dass es neue Erfahrungen nicht integrieren und so die Inkongruenz nicht auflösen kann, sondern das Individuum mit Abwehr reagiert.

Aus der Unvereinbarkeit von organismischem Erleben und Selbstkonzept ergeben sich innerpsychische Spannungen, die das Individuum als einen quälenden Zustand erlebt. Zu psychischen Störungen wie einer Depression kommt es nun, wenn aufgrund von Erfahrungen die Ausblendung der eigenen Aktualisierung und damit der Inkongruenz nicht mehr aufrechterhalten werden kann und das Selbstkonzept dadurch erschüttert wird. Dieses Erleben der drohenden Erschütterung des Selbstkonzeptes geht mit Angst einher. Über Symptome wie der Depression kann die Bewältigung dieses als unangenehm erlebten Konfliktes und damit das Nichtwahrnehmen der Inkongruenz erreicht werden, was auch den Schutz des Selbstkonzeptes gewährleistet. Da also der durch Inkongruenz erlebte Konflikt ängstigend ist, versucht das Individuum, ihn um den Preis von Symptomen – in unserem Fall einer Depression – zu verleugnen (vgl. *Rogers, 2009, S. 61*).

---

[1] *Die Aussagen und Begriffe der personenzentrierten Theorie sind in Kapitel 13.2 dargestellt.*

Dies ist auch bei der Depression der Fall: Einerseits sieht sich der Depressive aufgrund seines Selbstkonzeptes beispielsweise sehr stark vom Zuspruch und von der Anerkennung seitens seiner Mitmenschen abhängig. Um Bestätigung, Achtung und Bewunderung zu bekommen und einer befürchteten Missachtung und Ablehnung zu entgehen, versucht sich das Individuum ständig seiner Umwelt anzupassen und tut das, was seine Mitmenschen von ihm erwarten. Dieses ständige Richten nach den anderen widerspricht aber andererseits dem zu sich selbst führenden Streben nach Autonomie und Ungebundenheit der Aktualisierungstendenz, sodass eine Inkongruenz vorhanden ist. Ist nun das Selbstkonzept zu starr und deshalb nicht imstande, diese Inkongruenz aufzulösen, kommt es zu einem inneren Konflikt, welcher sich in einer Depression äußern kann.

Eine solche Inkongruenz kann bei einer Depression auch deshalb entstehen, weil Real-Selbst und Ideal-Selbst zu sehr auseinanderklaffen: Der Depressive hat möglicherweise ein „negatives" Real-Selbst, das sich in negativen Gedanken und pessimistischen Zukunftsperspektiven äußert. Auf der anderen Seite besitzt er ein überhöhtes, meist unrealistisch hohes Ideal-Selbst, sodass es zu einer Diskrepanz zwischen dem hohen Ideal-Selbst und dem negativen Real-Selbst kommt. Aus der Diskrepanz zwischen Ideal-Selbst und Real-Selbst resultiert das starke Bedürfnis nach Anerkennung und Stützung des Selbstwertgefühls durch andere Personen. Entsprechend müssen Tendenzen von Unabhängigkeit und Selbstbestimmung abgewehrt werden, um das Selbstkonzept nicht zu gefährden. Die daraus entstehende Konfliktspannung führt dann zum Auftreten der depressiven Symptomatik (vgl. *Finke, 2004[3], S. 120 f.*).

22.4   Eine Angststörung: Die Phobie

Die Phobie zählt zu den neurotischen Störungen[1]. *Eine Angststörung liegt vor, wenn die Angst grundlos und/oder über einen längeren Zeitraum übermäßig auftritt und den Betroffenen in seinem Lebensvollzug beeinträchtigt.* Angststörungen sind die häufigsten Formen psychischer Störungen und treten als generalisierte Angst, als Panikstörung oder phobische Angst auf. Bei der **Phobie richtet sich die Angst auf bestimmte Situationen oder Objekte**.

22.4.1 Das Störungsbild der Phobie

Die Betroffenen einer Phobie reagieren mit einer auffallend großen, den Gegebenheiten völlig unangemessenen Angst, da das Objekt oft keine wirkliche Gefahrenquelle darstellt. Dem Phobiker ist meistens auch klar, dass seine Angst unsinnig ist, trotzdem kann er sie nicht beherrschen.

Die Phobie ist durch folgende Symptome gekennzeichnet (vgl. *Dilling u. a., 2008[6], S. 155):*

---

[1] vgl. Kapitel 16.1.3

- Ein Ich-Zustand, der als beklemmend, bedrückend und unangenehm empfunden wird.
- Dieser Ich-Zustand wird als bedrohlich erlebt und ist subjektiv.
- Er ist verbunden mit physiologischen Vorgängen, wie Schweißabsonderung, Atembeschleunigung, Herzklopfen, Magendrücken, Zittern und Muskelanspannung.
- Der Ich-Zustand wird durch bestimmte Situationen oder Objekte, die außerhalb des Klienten liegen, hervorgerufen.
- Häufig treten diese Vorgänge mit „sekundären Ängsten" auf, wie Angst vor dem Sterben, Kontrollverlust oder dem Gefühl, wahnsinnig zu werden.
- Diese Situationen oder Objekte werden gemieden oder voller Angst ertragen.

Wir unterscheiden verschiedene Formen von Phobien: Bei einer **Agoraphobie** hat der Betroffene Angst, das eigene Haus zu verlassen, sich in öffentliche Gebäude zu begeben, öffentliche Verkehrsmittel und Aufzüge zu benützen. **Soziale Phobien** sind Ängste, die durch die Gegenwart anderer Menschen ausgelöst werden. Sprechen oder Essen in Gegenwart anderer Menschen kann extreme Angst auslösen. **Erythrophobie** ist die Angst zu erröten bzw. die Angst vor roten Gegenständen und **Kleptophobie** die Angst zu stehlen oder bestohlen zu werden. Ist die Phobie auf spezifische Situationen beschränkt, wie Tiere, Höhe, Donner, Insekten oder die Furcht, sich eine bestimmte Krankheit zu zuziehen, so wird sie als **spezifische Phobie** bezeichnet.

Solche spezifischen Phobien sind zum Beispiel die **Tierphobie** (Angst vor Tieren, zum Beispiel Spinnen, Schlangen, Hunde, Insekten, Mäusen), die Höhenangst bzw. **Akrophobie** (Angst vor Höhe wie vor Treppen, Leitern, Türmen), die **Klaustrophobie** (Angst vor Aufenthalt in geschlossenen Räumen), die **Thanatophobie** (Angst vor dem Tod, zu sterben) die **Xenophobie** (Angst vor dem Fremden, vor fremden Dingen oder fremden Menschen) oder die Prüfungsangst, um nur einige zu nennen.

22.4.2 Erklärung der Entstehung einer Phobie auf der Grundlage des klassischen Konditionierens[1]

Wie schon in *Abschnitt 22.3.2* dargestellt, gehen die Lerntheoretiker davon aus, dass alles Verhalten – auch das unangepasste – erlernt ist und wieder verlernt werden kann. Dementsprechend handelt es sich bei dem Erwerb einer Phobie um einen Lernvorgang. Bei der klassischen Konditionierung spielen Reize, die einem bestimmten Verhalten vorausgehen, die zentrale Rolle für das Lernen.

Eine Phobie wird aus der Sicht der klassischen Konditionierung erlernt, wenn eine bestimmte Situation oder ein bestimmtes Objekt mit einem Reiz, der als Reaktion bereits eine Angst hervorruft, mehrmals sowie zeitlich und räumlich gemeinsam gekoppelt wird. Dabei stellt die Situation bzw. das Objekt den neutralen Reiz (NS) dar, der durch die Koppelung mit dem unbedingten – angstauslösenden – Reiz (UCS) und der darauf folgenden unbedingten Reaktion (UCR) – Angst – zum bedingten Reiz (CS) wird, der die gleiche bzw. eine ähnliche Reaktion – bedingte Reaktion (CR) – auslöst wie der UCR.

---

[1] *Die Aussagen und Begriffe des klassischen Konditionierens sind in Kapitel 6.1 dargestellt. Wenn auch hier aus Gründen der Verdeutlichung einer Theorie die Entstehung einer Phobie auf eine Theorie reduziert wird, so muss festgestellt werden, dass eine solche Störung grundsätzlich nur durch das Zusammenwirken von mehreren Entstehungsbedingungen hinreichend erklärt werden kann.*

Historisch gilt das Beispiel des elf Monate alten Albert, der durch die klassische Konditionierung Angst vor Stofftierchen erlernte: Immer, wenn Albert mit einem Stofftierchen spielte, ertönte im Hintergrund ein fürchterliches Geräusch, auf das Albert mit Angst und Schrecken reagierte. Das Geräusch wurde erzeugt, indem man mit einem Hammer auf eine hängende Eisenstange schlug. Das Kind zuckte dabei immer heftig zusammen, fiel nach vorn und verbarg sein Gesicht in der Matratze. Nach mehrmaligen solchen Versuchen konnte man beobachten, dass Albert sofort zu schreien begann, sobald das Stofftierchen nur gezeigt wurde[1].

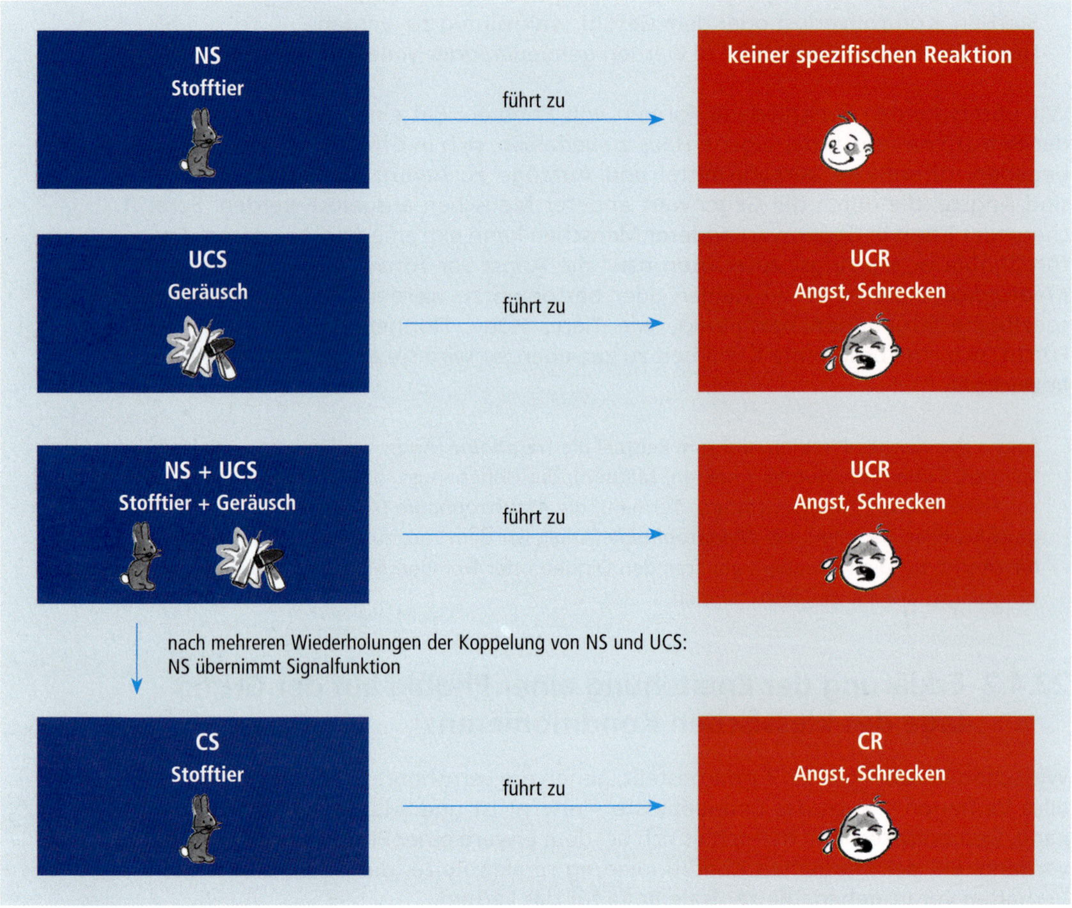

NS		keiner spezifischen Reaktion
Stofftier	führt zu	

UCS		UCR
Geräusch	führt zu	Angst, Schrecken

NS + UCS		UCR
Stofftier + Geräusch	führt zu	Angst, Schrecken

nach mehreren Wiederholungen der Koppelung von NS und UCS:
NS übernimmt Signalfunktion

CS		CR
Stofftier	führt zu	Angst, Schrecken

*Eine solche Angstkonditionierung kann auch auf einer bereits erlernten Reiz-Reaktions-Verbindung aufbauen (**Konditionierung zweiter Ordnung**).*

Voraussetzung für die Konditionierung ist das ***Gesetz der Kontiguität***, das besagt, dass eine Konditionierung erst erfolgt, wenn der neutrale Reiz (NS) und der unbedingte Reiz (UCS) mehrmals miteinander bzw. zeitlich kurz nacheinander auftreten und räumlich beieinanderliegen. Damit sich eine Phobie entwickelt, muss sie ***generalisiert*** werden: Ein Reiz, der mit dem bedingten Reiz (CS) Ähnlichkeit hat, löst ebenfalls die bedingte Reaktion CR aus.

---

[1] *Ausführlich ist dieses ethisch fragwürdige Experiment – durchgeführt von den beiden Psychologen John Watson und Rosalie Raynor – in Materialien 1 des Kapitels 6 dargestellt.*

So entwickelte Albert ähnliche Angstreaktionen nicht nur bei dem konditionierten Stofftier, sondern beim Anblick von Gegenständen, die „pelzartig" bzw. „pelzähnlich" waren.

22.4.3 Erklärung der Entstehung einer Phobie auf der Grundlage der Psychoanalyse[1]

Psychische Störungen entstehen aus der Sicht der Psychoanalyse neben Konflikten und Problemen, die im Zusammenhang mit der Entwicklung der Libido stehen, dadurch, dass die Persönlichkeitsinstanzen Ich, Es, Über-Ich und die Realität zueinander in einem **Ungleichgewicht** stehen. Dabei treten Ängste auf, die veranlassen, dass das Individuum Abwehrmechanismen einsetzt, welche die bedrohlichen und angstauslösenden Erlebnisinhalte abwehren, unbewusst machen. Diese unterdrückten und unverarbeiteten Erlebnisinhalte „lauern in der Tiefe" weiter, werden aber bei längerem und übertriebenem Einsatz von Abwehrmechanismen daran gehindert, in das Bewusstsein zu dringen. Dadurch ergeben sich innerpsychische Spannungen, die wegen ständiger Verdrängung nicht gelöst werden können. Über ein oder mehrere Symptome wie eine Phobie verschafft sich dieser als unangenehm erlebte Konflikt Ausdruck.

Nach *Sigmund Freud* handelt es sich bei einer Phobie um eine Abwehr der Angst von verdrängten Es-Wünschen, die das Ich nicht zulassen kann bzw. darf, weil dieses entweder von den Forderungen der Realität beherrscht wird oder das zu stark ausgebildete Über-Ich den Es-Wunsch „verbietet". Das Ich muss deshalb den Es-Wunsch unterdrücken. Um die Abwehr zu sichern, setzt das Individuum den Abwehrmechanismus der Verschiebung ein: Die Angst vor der gefürchteten Triebregung wird auf ein Objekt oder eine Situation verschoben, die mit der Triebregung in symbolischem Zusammenhang steht.

> *„Diese Objekte oder Situationen – z. B. Aufzüge oder geschlossene Räume – werden dann zu phobischen Reizen. Vermeidet der Betroffene diese Reize, vermeidet er damit auch die Auseinandersetzung mit den verdrängten Konflikten. Die Phobie stellt für das Ich eine Möglichkeit dar, einer Konfrontation mit dem wirklichen Problem, einem verdrängten Kindheitskonflikt, aus dem Wege zu gehen."*
>
> (Davison u. a., 2007[7], S. 154)

Silvano Arieti hält die Verdrängung einer ganz bestimmten zwischenmenschlichen Erfahrung für die Entstehung einer Phobie. Betroffene haben als Kind darauf vertraut, dass die Menschen in ihrer Umgebung sie vor jeglicher Gefahr schützen würden, doch sie machten dann die beängstigende Erfahrung, dass auf die Beziehungspersonen kein Verlass ist. Mit diesem Erlebnis können sie nicht leben und wandeln, um Menschen wieder vertrauen zu können, diese Angst vor anderen unbewusst in eine Furcht vor unpersönlichen Objekten oder Situationen um (vgl. *Davison u. a., 2007[7], S. 154*).

---

[1] *Die Aussagen und Begriffe der psychoanalytischen Theorie sind in Kapitel 8 dargestellt.*

Zusammenfassung

● Die Klinische Psychologie beschäftigt sich mit der Diagnostik, Prävention und der Behandlung von psychischen Störungen, psychischen Aspekten körperlicher Erkrankungen und psychischen Krisen. Psychologische Diagnostik (Psychodiagnostik) ist das wissenschaftlich fundierte Sammeln und Aufbereiten von Informationen über den Hilfesuchenden mit dem Ziel, Entscheidungen und daraus ergebende Handlungsweisen zu begründen, zu kontrollieren und zu optimieren. Prävention umfasst Maßnahmen und Programme, die Gesundheit und Persönlichkeitsentfaltung fördern, um psychischen Störungen, psychischen Aspekten körperlicher Erkrankungen und psychischen Krisen vorzubeugen. Behandlung im Sinne der Klinischen Psychologie meint alle Formen professioneller psychologischer Hilfe zum Abbau bzw. Reduzierung von psychischen Störungen, psychischen Aspekten körperlicher Erkrankungen und psychischen Krisen. Je nachdem, um welche Art der Behandlung es sich handelt, wird von Beratung, Psychotherapie oder von Rehabilitation gesprochen.

● Psychotherapeutisches Vorgehen kann als wissenschaftlich fundiert gelten, wenn die beabsichtigte Wirksamkeit therapeutischen Vorgehens nachgewiesen ist, das Vorgehen auf Voraussetzungen beruht, die mit wissenschaftlichen Grundsätzen vereinbar sind und die Maßnahmen und Möglichkeiten aus bewährten psychologischen Gesetzmäßigkeiten, in der Regel von Theorien, abgeleitet sind.

● Krankheit ist die Sammelbezeichnung für objektiv feststellbare körperliche Veränderungen und/oder subjektiv empfundene Störungen der körperlichen und/oder der psychischen Befindlichkeit und bedeutet eine Beeinträchtigung im Leben des Betroffenen. Gesundheit bezeichnet einen körperlichen und psychischen Zustand des Individuums, der von einer relativen Freiheit von Beschwerden und Beeinträchtigungen gekennzeichnet ist sowie einen Zustand der optimalen Handlungs- und Funktionsfähigkeit eines Menschen. Durch folgende Merkmale lassen sich die beiden Begriffe „Gesundheit" und „Krankheit" näher bestimmen: Befindlichkeit, Identität, Prozesshaftigkeit, Person-Umwelt-Beziehung, Normabhängigkeit, Bewertung und Ressourcenbezug.

● Depression meint den Zustand gedrückter Stimmung, Interessensverlust sowie Antriebs- und Freudlosigkeit, meist gepaart mit Verminderung der Aufmerksamkeit und Konzentration, Schuldgefühlen und Selbstwertlosigkeit, Veränderung der Wahrnehmung und des Denkens sowie körperlichen Veränderungen. Eine Angststörung liegt vor, wenn die Angst grundlos und/oder über einen längeren Zeitraum übermäßig auftritt und den Betroffenen in seinem Lebensvollzug beeinträchtigt. Bei der Phobie richtet sich die Angst auf bestimmte Situationen oder Objekte. Erklären lässt sich die Entstehung einer Depression oder einer Phobie mithilfe verschiedener Theorien wie zum Beispiel des klassischen und operanten Konditionierens, der personenzentrierten oder der psychoanalytischen Theorie. Eine psychische Störung kann grundsätzlich nur durch das Zusammenwirken von mehreren Entstehungsbedingungen hinreichend erklärt werden kann.

Materialien Kapitel 22

1. Psychotherapien im Überblick

Therapierichtung	Begründer/Vertreter
Tiefenpsychologie	
Psychoanalyse	Sigmund Freud
Individualpsychologie	Alfred Adler
Analytische Psychologie	Carl Gustav Jung
Vegetotherapie/Bioenergetik	Wilhelm Reich/Alexander Lowen
Transaktionsanalyse	Eric Berne
Verhaltenstherapie	
Lerntheoretische Verhaltenstherapie	Joseph Wolpe/Hans-Jürgen Eysenck/Burrhus F. Skinner/ Frederick H. Kanfer
Kognitive Verhaltenstherapie	Donald W. Weichenbaum/ Aaron T. Beck
Rational-emotive Therapie	Albert Ellis
Humanistische Ansätze	
Klientenzentrierte Psychotherapie	Carl Rogers
Gestalttherapie	Fritz F. Perls
Psychodrama	Jacob L. Moreno
Logotherapie	Victor Frankl
Familien-/systemische Therapie	
Strukturelle Familientherapie	Salvatore Minuchin
Strategische Familientherapie	Jay Haley
Psychoanalytisch orientierte Familientherapie	Iwan Boszormenyi-Nagy/Horst-E. Richter
Erlebnisorientierte Familientherapie	Virginia Satir
Systemische Familientherapie	Mara Selvini-Palazzoli/Helm Stierlin
Lösungsorientierte Kurztherapie	Steve de Shazer

(Hobmair, Psychologie, 2008[4], S. 494)

2. New-Age-Therapien und ihr wissenschaftlicher Nachweis

„Therapie"	Annahme	Kritik
Aromatherapie (1977 engl. Heilpraktiker Gattefosse)	Sekundenschnelle Beeinflussung psychischer Krankheiten durch das höhere Wesen der Pflanzen	– keine Belege – acht von zehn Ölen synthetisch
Bach-Blüten-Therapie (ca. 1930 engl. Homöopath Bach)	Die Charaktereigenschaften der Pflanzen sollen Charakterschwächen heilen.	keine Belege
Farb-Therapie (1941 Heilpraktiker Peter Mandel)	Heilkraft der Farben	willkürliche und widersprechende Zuschreibung von Farben, keine naturwissenschaftliche Grundlage
Feuerlauf (religiöse Riten aus Singapur und dem nordgriechischen Anastenaria-Kult)	Läuterung und Transformation durch das Erleben, über 1000 Grad heiße Kohlen zu laufen	– Brandblasen – keine Belege
Kristall-Therapie (12. Jhdt. Hildegard v. Bingen)	Heilkraft der Edelsteine	keine Belege für die Wirkung

„Therapie"	Annahme	Kritik
Polaritäts-Therapie (Wiener Arzt Anton Mesmer 1734–1815, Chiropraktiker S. Stone 1890–1981)	Harmonisierung der Energieströme im Körper durch Handauflegen	naturwissenschaftlicher Unsinn
Reijki (japanischer Lehrer Mikaogussui 19. Jhdt.)	Übertragen der universellen Lebenskraft Ki durch Handauflegen	keine Belege für die Existenz kosmischer Ki-Kräfte oder Wirksamkeit von Fernbehandlungen
Geistheilung (ca. 10 000 sog. Geistheiler im deutschsprach. Raum)	Übertragung kosmischer Heilenergien auch als Fernheilung	die angeblich paranormalen Fähigkeiten konnten nicht bestätigt werden
Positives Denken (Murphy, Freitag)	Heilung von Krankheiten durch positive Suggestionsformen	Beschönigung der Realität statt Akzeptanz
Rebirthing (um 1970 Schriftsteller Leonard Orr)	Durch Hyperventilieren werden Erinnerungen an die eigene Geburt hervorgerufen.	– keine Belege – teilweise sogar gesundheits-schädlich
Reinkarnationstherapie (1968 Thorwald Dethlefsen)	Psychische Störungen sind Überreste aus früheren Leben, Heilung durch Erkennen und Durchleben der Ursachen	– Gefahr psychotischer Entgleisung – keine Belege
Schamanistische Therapie (um 1970 Carlos Castaneda)	Durch Trance Rat und Erkenntnis aus einer anderen Wirklichkeit	– riskant für körperlich und psychisch labile Menschen – willkürliches Zusammenwürfeln v. Elementen verschiedenster Traditionen
Horoskope/Astrologie (mehrere widerstreitende Schulen)	Erkenntnis der schicksalhaft angelegten Lebensthemen, Abweichungen sind Ursachen von Erkrankungen	– Grundkenntnisse in Astronomie führen die Astrologie ad absurdum – keine Belege
Aura-Lesen	Krankheiten zeigen sich als Löcher und Risse in der Aura. Einströmen kosmischer Energien durch den Aura-Reader	– gefährlich für labile Menschen – keine Belege
Kinesiologie (amerikanischer Chiropraktiker George Goodheart 1960)	Exakte Diagnostizierung sämtlicher Probleme, Heilung durch Handauflegen. Stress blockiert den Energiefluss im Körper	völlig unbrauchbares Diagnoseinstrument aufgrund von Kontrollstudien
Hellsehen und Wahrsagen (ca. 50 000 im deutschsprach. Raum)	Höhere Mächte verleihen die Fähigkeit, in die Vergangenheit und Zukunft zu sehen.	– manche Ratsuchende erleben schwere Krisen – wissenschaftl. Widerlegung von Prophezeiungen außer einigen Zufallstreffern – Betrug
Radiästhesie (griech. Strahlen-empfindlichkeit)	Auffinden von krankmachenden Erdstrahlen durch Wünschelruten	Beweis der Unsinnigkeit durch wissenschaftliche Untersuchungen
Pendeln ca. seit 1935	Aus dem Ausschlag des Pendels werden Schlüsse über vorliegende Störungen oder Erkrankungen gezogen.	Pendeldiagnose hat nachweislich keine Aussagekraft

(Psychologie Heute, Juli bis Oktober 1994; zusammengestellt von Görlitz, 1995)

3. Grundsätze wissenschaftlichen Vorgehens[1]

- **Allgemeingültigkeit:** Die Aussage trifft auch tatsächlich auf die in der Aussage angegebenen Personen bzw. -gruppen zu. Wissenschaftliche Aussagen treffen also nicht nur auf den Einzelfall zu, sondern besitzen hohen Allgemeinheitsgrad.

- **Überprüfbarkeit:** Die Aussage und die Art und Weise, wie der Forscher diese Aussage gewonnen hat, sind in der Realität jederzeit nachvollziehbar und wiederholbar.

- **Validität (Gültigkeit):** Tatsächliche Beobachtung bzw. Untersuchung dessen, was zu beobachten und messen angegeben wird.

- **Reliabilität (Zuverlässigkeit):** Genaue und exakte Beobachtung dessen, was zu beobachten und messen angegeben ist.

- **Objektivität:** Verschiedene Forscher erzielen bei gleichem Sachverhalt unter gleichen Bedingungen die gleichen Ergebnisse. Eine Beobachtung bzw. Untersuchung muss also in ihrer Durchführung, Auswertung und Interpretation unabhängig sein von der Person des Forschers.

- **Systematische Gewinnung:** Wissenschaftliche Aussagen werden nach ganz bestimmten Regeln durch wissenschaftliche Methoden gewonnen, das methodische Vorgehen ist geplant und organisiert.

- **Widerlegbarkeit:** Wissenschaftliche Aussagen sind so lange richtig, bis ihre Falsifizierung gelungen ist; eine endgültige Verifikation ist nicht möglich. Es ist nicht möglich, die Wahrheit zu beweisen, sondern nur die Unwahrheit nicht (mehr) richtiger Aussagen; Wissen kann nur durch Falsifikationsversuche untermauert, entkräftet oder als bloßes „Scheinwissen" aufgedeckt werden.

4. Was ist gute Therapie?

Die Frage, wann eine Therapie gut ist, was sie bewirken kann und wo ihre Grenzen sind, beschäftigt nicht nur die Patienten, sondern auch die Experten. Auf die Frage „Was ist eine gute Therapie"
5 antworteten die Vertreter der einzelnen Verbände jedoch sehr unterschiedlich. Das grundlegende Problem bei der ganzen Diskussion: Bislang gibt es noch nicht einmal eine Übereinkunft darüber, was überhaupt mit „Qualität in der Psychotherapie"
10 gemeint ist. Um einer Definition näher zu kommen, verweisen einige Wissenschaftler auf eine Formel, die für die Qualitätssicherung in der Medizin gilt: Demnach muss eine Psychotherapie eine humane, zeitgemäße und wirksame Behandlung
15 der Patienten gewährleisten – aber auch damit ist noch viel Spielraum für Interpretationen gegeben. Ein anderer Ansatz beleuchtet die Qualität auf drei Ebenen:

- Bei der **Strukturqualität** dreht sich alles um die
20 Qualifikation der Therapeuten und Ärzte: Wie

gut sind sie ausgebildet? Welche Prüfungsvorschriften gibt es? Nehmen sie regelmäßig an Weiterbildungen und Supervisionen teil? Gibt es genügend Therapeuten und Ärzte für alle Rat suchenden Patienten mit seelischen Pro- 25 blemen?

- Die **Prozessqualität** zielt darauf, dass die diagnostischen und therapeutischen Maßnahmen richtig eingesetzt werden. Dabei geht es unter anderem um die Wartezeiten und die Patien- 30 tenzahl, hinzu kommen Aspekte wie Verweildauer, Terminänderungen, Fehlstunden und Abbruchraten. Schwieriger ist es jedoch, folgende Fragen zu beantworten: Wie gut ist die Therapeuten-Patienten-Beziehung? Gibt es 35 Konflikte in der Beziehung? Wie werden sie gelöst?

- Auch die **Ergebnisqualität** lässt sich bewerten: Ist das Behandlungsziel erreicht? Geht es

---
[1] vgl. Kapitel 1.1.2 und 19.2.1

dem Patienten besser? Ist er geheilt? Wie lange hat die Behandlung bis zur Besserung gedauert? Gab es therapiebedingte Komplikationen? Diese Fragen richten sich nicht nur an die Therapeuten, sondern vor allem auch an die Patienten.

Lange Zeit ging es in der Psychotherapieforschung darum, wie wirksam die einzelnen Therapieformen sind. Psychotherapieforscher wie Professor *Hans H. Strupp* von der Vanderbilt University in Nashville/Tennessee verweisen jedoch auf einen anderen Gesichtspunkt: Demnach kann eine Therapie nur dann erfolgreich sein, wenn die Sitzungen in einem für beide Seiten angenehmen und verständnisvollen Klima ablaufen. Wichtig ist: Jeder Kassenpatient hat das Recht auf bis zu fünf Probesitzungen. „In dieser Zeit überlegen Patient und Therapeut, ob die Zusammenarbeit für beide Seiten sinnvoll erscheint", erklärt die Münchner Psychiaterin und Psychotherapeutin *Dorette Poland*. „Der Patient sollte sich nicht scheuen, nach dem Werdegang des Therapeuten zu fragen. Dazu gehören die Aus- und Weiterbildung, die Schwerpunktthemen und die Mitgliedschaft in Berufsverbänden."

Gleich in den ersten Stunden sollte sich der Patient aber auch fragen: „Fühle ich mich mit dem Therapeuten wohl? Kann ich ihm vertrauen? Hat er Verständnis für mich? Fängt er mich auf?" Unangenehme Gefühle sollten beide Seiten frühzeitig ansprechen, denn manchmal ist es sinnvoller, zu einem anderen Experten zu wechseln und dort noch einmal fünf Probesitzungen zu vereinbaren. … Normalerweise endet eine Psychotherapie, wenn die Ziele erreicht sind und beide Seiten feststellen, dass der Klient in Zukunft allein klarkommen wird. …
Nicht jede Therapie ist erfolgreich. Die meisten Aussagen dazu sind recht vage, der amerikanische Psychotherapieforscher *Hans H. Strupp* spricht jedoch Klartext: „Wie unsere Wirkungsstudien zeigen, verschlechtert sich der Zustand von etwa zehn Prozent aller Patienten durch die Therapie. Und das ist meist auf die Unzulänglichkeit des Therapeuten zurückzuführen."

(Hertzer, 11/2002, S. 42, gekürzt)

Aufgaben und Anregungen

Aufgaben

1. Beschreiben Sie an je einem Beispiel den Gegenstand der Klinischen Psychologie.
   (Abschnitt 22.1.1)

2. Geben Sie einen Überblick über die Aufgaben der Klinischen Psychologie.
   (Abschnitt 22.1.2)

3. Erläutern Sie an einem ausgewählten Beispiel
   a) die Diagnostik als Aufgabe der Klinischen Psychologie.
   b) die Prävention als Aufgabe der Klinischen Psychologie.
   (Abschnitt 22.1.2)

4. Zeigen Sie die Behandlung als Aufgabe der Klinischen Psychologie auf.
   (Abschnitt 22.1.2)

5. Erläutern Sie die wissenschaftliche Fundierung der Klinischen Psychologie. Gehen Sie dabei darauf ein, wann die psychotherapeutische Praxis als wissenschaftlich fundiert gelten kann.
   (Abschnitt 22.1.3)

6. Setzen Sie sich mit der wissenschaftlichen Fundierung der Klinischen Psychologie in Abgrenzung von spekulativen Erklärungs- und Vorgehensweisen auseinander.
   (Abschnitt 22.1.3)

7. Bestimmen Sie die Begriffe „Gesundheit" und „Krankheit".
   (Abschnitt 22.2.1)

8. Beschreiben Sie an einem Beispiel Merkmale von Gesundheit und Krankheit.
   (Abschnitt 22.2.2)

9. *Die Ärzte teilen nach einer eingehenden Untersuchung Frau Brechtel mit, dass ihre Organe schrumpfen und ihre Leber verkümmere. Frau Brechtel ist sehr erstaunt, sie selbst fühlt sich sehr wohl. „Aber ich merke nichts davon!" ist ihre Antwort auf den ärztlichen Befund.*
   Setzen Sie sich bezogen auf dieses Beispiel kritisch mit wesentlichen Merkmalen von Gesundheit und Krankheit auseinander.
   (Abschnitt 22.2.2)

10. Beschreiben Sie das Störungsbild einer Form der Depression und erklären Sie die Entstehung dieser Störung auf der Grundlage
    a) der operanten Konditionierung.
       (Abschnitt 22.3.1 und 22.3.2 sowie *Kapitel 6.2*)
    b) der personenzentrierten Theorie.
       (Abschnitt 22.3.1 und 22.3.3 sowie *Kapitel 13.2*)

11. Stellen Sie das Störungsbild einer Angststörung (zum Beispiel einer Phobie) dar und erklären Sie die Entstehung dieser Störung mithilfe der
    a) klassischen Konditionierung.
       (Abschnitt 22.4.1 und 22.4.2 sowie *Kapitel 6.1*)

b) der psychoanalytischen Theorie.
(Abschnitt 22.4.1 und 22.3.1 sowie *Kapitel 8.2* und *8.4.1*)

12. Erklären Sie auf der Grundlage *zweier* unterschiedlicher Theorien, wie eine Form der Depression *oder* der Angststörung entstanden sein könnte.
(Abschnitt 22.2 oder 22.3)

13. Legen Sie dar, wie verschiedene Theorien eine Depression *oder* eine Angststörung (zum Beispiel Phobie) sehen. Beschränken Sie sich dabei auf zwei Theorien.
(Abschnitt 22.2 oder 22.3)

Anregungen

14. Fertigen Sie in Gruppen einen hierarchischen Abrufplan zu dem Thema „Klinische Psychologie" an: Das Thema wird in einem ersten Schritt zu Begriffen bzw. Stichworten zusammengefasst. Sodann werden diese Begriffe in Oberbegriffe, Unterbegriffe, untere Unterbegriffe usw. gegliedert.

15. Sicher sind auch Sie schon einmal von irrationalen Ängsten geplagt worden. Notieren Sie diese Ängste.
Schließen Sie sich in Dreiergruppen zusammen und erzählen Sie sich die notierten Ängste.

16. Laden Sie in Ihre Klasse einen in der Praxis tätigen Psychotherapeuten ein und lassen Sie sich von ihm erzählen, nach welchem Grundkonzept der Psychotherapie er vorgeht, welche Vorgehensweise er anwendet (vielleicht kann er dieses an einem ganz konkreten „Fall" machen), wie hoch seine „Erfolgsquote" ist und mit welchen Problemen er in seiner Arbeit konfrontiert ist.

17. *Welche psychologische Hilfe halte ich für geeignet?*
    – Überlegen Sie bitte, welche Freundin oder welcher Freund von Ihnen Hilfe benötigt.
    – Schließen Sie sich in Vierergruppen zusammen und erzählen Sie sich das Problem, welches Ihr(e) Freund(in) hat.
    – Einigen Sie sich in der Gruppe auf einen Problemfall und diskutieren Sie, welche psychologische Art der Hilfe Ihrer Meinung nach für diesen am ehesten geeignet ist: Beratung oder welches der psychotherapeutischen Verfahren? Begründen Sie Ihre Wahl.
    – Einigen Sie sich auf eine Hilfeart.

Behandlung von psychischen Störungen

23

Sarah, 21 Jahre alt, im ersten Studiensemester, wendet sich an ihren Hausarzt: „Seit meinem Umzug in die Universitätsstadt schlafe ich sehr schlecht, ich wache morgens um vier Uhr auf und kann nicht mehr einschlafen. Seit Wochen kann ich mich nicht aufraffen in die Uni zu gehen, auch weil ich mich nicht konzentrieren kann. Ich sitze in meinem Zimmer und grüble, weil alles so sinnlos ist. Ich habe in der letzten Zeit abgenommen, weil mir nichts schmeckt. Ich habe hier keine Freunde und werde sicherlich auch keine finden. Manchmal denke ich, wenn ich tot bin, ist alles besser". Der Hausarzt diagnostiziert eine Depression und empfiehlt sie an eine Psychotherapeutin weiter.

In den ersten Sitzungen erfragt die Psychotherapeutin die Symptome von Sarah, ihre Lebensumstände und ihre biographischen Erfahrungen. Es wird deutlich, dass der Umzug und der damit verbundene Verlust der vertrauten Umgebung und des sozialen Umfelds an frühere Verlust-erfahrungen von Sarah anknüpft, die mit 12 Jahren ihre an Krebs erkrankte Mutter verloren hat.

Die Frage ist, wie Sarah geholfen werden könnte.

Dabei werden zwei unterschiedliche psychotherapeutische Vorgehensweisen vorgestellt: eine *psychoanalytische und eine kognitive Therapie*.

Folgende Fragen werden in diesem Kapitel geklärt:

1. Welche Ziele verfolgen die psychoanalytische und die kognitive Therapie, um psychische Störungen zu lindern bzw. zu heilen?

2. Von welchen Grundannahmen gehen diese beiden Therapierichtungen jeweils aus?
   Wie ist die Vorgehensweise dieser beiden therapeutischen Interventionen?

3. Welche Gemeinsamkeiten und Unterschiede zeigen diese beiden Therapie-konzepte?
   Wie lassen sie sich hinsichtlich ihrer Effektivität bewerten?

23.1 Das psychoanalytische Therapieverfahren

Der Beginn von Psychotherapie ist eng mit *Sigmund Freud*, dem Begründer der Psychoanalyse, verbunden. Seine Schriften zeigen den Beginn eines psychotherapeutischen Behandlungsansatzes und sind so berühmt geworden, dass in der ersten Hälfte des 20. Jahrhunderts Psychotherapie mit Psychoanalyse nahezu gleichgesetzt wurde. Alle wichtigen psychotherapeutischen Verfahren sind aus der Psychoanalyse hervorgegangen oder stark von ihr beeinflusst.

23.1.1 Grundlagen der psychoanalytischen Therapie

Innerhalb der Psychoanalyse haben sich im Laufe der Zeit verschiedene Therapieformen entwickelt. Im Folgenden wird die **klassische Analyse** nach *Sigmund Freud* dargestellt.

Wissenschaftliche Grundlage der klassischen psychoanalytischen Therapie bildet die psychoanalytische Theorie, die auf *Sigmund Freud* zurückgeht und in *Kapitel 8* ausführlich dargestellt ist. Grundlegende Annahme der Psychoanalyse ist, dass bestimmte **seelische Vorgänge und innere Kräfte** – zum Beispiel verbotene oder bestrafte Wünsche, unangenehme Erlebnisse oder Probleme – **dem Bewusstsein verborgen, also „unbewusst", sind, sich jedoch auf das individuelle Verhalten und die Entwicklung der Persönlichkeit nach ganz bestimmten Gesetzmäßigkeiten auswirken.** Es sind in erster Linie unverarbeitete Vorgänge und Konflikte, die vom Individuum verdrängt wurden und deshalb krank machen.

Ziel psychoanalytischer Therapie ist die **Klärung unbewusster Zusammenhänge und die emotionale Auf- und Verarbeitung der bewusst gemachten Konflikte**, was in der Fachsprache häufig als *Katharsis*[1], die Annahme, dass unterdrückte Gefühle und Konflikte ihre störende Wirkung verlieren, wenn sie aufgearbeitet werden können, bezeichnet wird. Die emotionale Auf- und Verarbeitung der bewusst gemachten Konflikte führt schließlich zur Veränderung der Beschwerden.

*Im Gespräch, im Spiel, im Rollenspiel sowie im musischen Gestalten können dabei die dem Erleben und Verhalten zugrunde liegenden Konflikte aufgedeckt und bearbeitet werden. Durch das Spielen von Ängsten und Problemen können diese thematisiert und bisher nicht zugängliche Bewältigungsstrategien gefunden werden. Dabei geht es vor allem bei Kindern und Jugendlichen neben dem **motorischen Entladen** wie etwa beim Rollenspiel um ein **symbolisches Ausleben** von unverarbeiteten Konflikten durch Spielen, Malen, Basteln, Bauen und dergleichen.*

23.1.2 Die Analyse

Die Analyse liefert die für den Psychotherapeuten wichtigen Erkenntnisse für die Erforschung der unbewussten bedeutsamen Zusammenhänge. Zur Bildung eines ersten Eindrucks und Beurteilung der Erfolgsaussichten einer Zusammenarbeit stehen dem Psychotherapeuten zwei Vorgehensweisen zur Wahl: das **psychoanalytische Erstinterview** und eine **tiefenpsychologische Anamnese**.

---

[1] *kátharsis (griech.): die Reinigung*

Das psychoanalytische Erstinterview

Der Psychotherapeut überlässt dem Klienten weitgehend die Aktivität, den Gesprächsverlauf zu bestimmen. Die vom Klienten angesprochenen Themen, die Art und Weise, wie er darüber spricht, bieten dem Psychotherapeuten eine Reihe von Anhaltspunkten. Die Rolle des Psychotherapeuten ist dabei die eines reflektierenden Mitspielers, nicht die eines außenstehenden Beobachters. Das psychoanalytische Erstinterview ist keine lebensgeschichtliche Ursachenforschung, das Hauptinteresse des Psychotherapeuten liegt auf der **subjektiven und szenischen Bedeutung von Informationen**.

> Wichtig ist zum Beispiel nicht das Ereignis an sich, sondern wie der Klient darüber spricht: heiter, traurig, erleichtert und dergleichen. Außerdem ist von Bedeutung in welcher Reihenfolge er über die Ereignisse spricht.

Ziel ist es, die bewusste und unbewusste Bedeutung der Ereignisse für den Klienten kennenzulernen. Dabei verhält sich der Psychotherapeut *akzeptierend, zugewandt und freundlich*, um beim Klienten Angst- und Schamgefühle abzubauen.

Die tiefenpsychologische Anamnese

In der Anamnese wird der Klient über seine bisherige Lebensgeschichte befragt und es werden Daten über die Entwicklungsgeschichte seines Problems erhoben. Mithilfe grob strukturierter Fragen erstellt der Psychotherapeut ein möglichst lückenloses Bild bedeutsamer lebensgeschichtlicher Faktoren des Klienten. Die dafür nötigen Informationen werden möglichst gründlich erhoben und durch gezieltes Nachfragen vervollständigt. Folgende Themenkomplexe werden erfasst:

– Anlass des Kommens
– Beschreibung der Beschwerden, des Symptoms
– Konflikte und Auffälligkeiten in der Persönlichkeitsstruktur (zum Beispiel Ängste, häufige Trennungen, aggressive sexuelle Verhaltensweisen)
– lebensgeschichtliche Daten
– Daten zur Familiensituation in der Herkunftsfamilie
– Partnerwahl
– eigene familiäre Situation
– schulischer, beruflicher Werdegang/besondere Probleme
– Gruppenzugehörigkeit
– Freizeitaktivitäten

Der Psychotherapeut sieht sich hier in der Rolle eines unbeteiligten Beobachters, der die erhaltenen Informationen systematisch analysiert. Die Auswertung des Anamnesegesprächs durch den Psychotherapeuten besteht in der Formulierung von Annahmen über mögliche Ursachen für das Symptom bzw. Problem sowie über die Erklärung dieses Problems. Ergänzende Daten zum Problem des Klienten können über Tests und Beobachtungen gewonnen werden. Die damit ermittelten Informationen dienen zur Überprüfung der durch den Psychotherapeuten aufgestellten Annahmen über mögliche Zusammenhänge zwischen dem Problem und dessen Ursachen. Anamnesedaten wiederum liefern Hinweise für die Interpretation der Testergebnisse.

Weitere Daten werden durch den analytischen Prozess selbst gewonnen, in dessen Verlauf die unbewussten Anteile des Konfliktes analysiert und damit dem Bewusstsein zugänglich gemacht werden.

23.1.3 Vorgehensweise in der psychoanalytischen Therapie

Zur Aufdeckung unbewusster psychischer Inhalte und Vorgänge bedient sich die Psychoanalyse vornehmlich *dreier Verfahrensweisen*: **die freie Assoziation, die Traumanalyse und die Deutung**.

Die freie Assoziation

Um Zugang zu verdrängten Inhalten zu gewinnen, wird die Technik des freien Assoziierens angewendet. Der Klient wird aufgefordert, seinen Gedanken und Gefühlen freien Lauf zu lassen und alles zu äußern, was ihm in den Sinn kommt, so banal oder peinlich es ihm auch erscheinen mag.

> Freies Assoziieren ist eine psychoanalytische Verfahrensweise, die darin besteht, dass der Klient aufgefordert wird, seinen Gedanken freien Lauf zu lassen und alle Gefühle und Gedanken zu äußern ohne Rücksicht darauf, wie unwichtig, persönlich oder beschämend sie ihm erscheinen.

Um den Vorgang des freien Assoziierens zu erleichtern, liegt der Klient beim traditionellen Vorgehen auf einer Couch, und der Analytiker sitzt hinter ihm außerhalb seines Blickfeldes. Der Klient liefert so das notwendige Material, das zur Entdeckung von Störungen analysiert werden kann. Der Psychotherapeut achtet dabei in gleichem Maße auf den Fluss der Gedanken als auch auf Stockungen und Unterbrechungen.

Die Traumanalyse

Neben der freien Assoziation sind es vor allem die Träume, die den Zugang zum Unbewussten öffnen. Es wird angenommen, dass im Traum unbewusste Bedürfnisse und Konflikte auftreten, die im Wachzustand nicht zugelassen werden, weil sie Angst erzeugen. Im Traum treten sie in so verschlüsselter und symbolhafter Form auf, dass der Träumende sie nicht versteht. Der Klient wird aufgefordert, von seinen Träumen zu berichten. Er erzählt den **manifesten**[1] **Inhalt seiner Träume**, das heißt die Bilder und Vorgänge, an die er sich noch erinnert. Den Therapeuten interessiert jedoch der **latente**[2] **Trauminhalt**, das sind die unbewussten Bedürfnisse, Ängste und Konflikte hinter diesen Traumbildern – also der verborgene, unbewusste Inhalt des Traumes. Dazu wird er den Klienten wieder auffordern, frei zu assoziieren: der Klient soll sagen, was ihm zu bestimmten Ereignissen oder Personen im Traum einfällt.

> Der manifeste Trauminhalt ist das Traumgeschehen, an das sich der Klient erinnert und wovon er berichten kann. Der latente Trauminhalt dagegen stellt die unbewussten Bedürfnisse, Ängste und Konflikte dar, die hinter dem manifesten Trauminhalt verborgen sind.

---

[1] *manifestus (lat.): sichtbar, „handgreiflich" gemacht*

[2] *latens (lat.): verborgen*

Die Deutung

Das aus den Träumen und der freien Assoziation gewonnene Material versucht der Therapeut zu *deuten*: Er „übersetzt" dem Klienten bestimmte Symbole und zeigt ihm bestimmte Zusammenhänge auf.

> **Eine Deutung ist die dem Klienten mitgeteilte Interpretation über unbewusste Sinnzu-sammenhänge.**

> *„Die Traumdeutung aber ist die Via regia[1] zur Kenntnis des Unbewussten im Seelen-leben."*
> (Freud, Band 2, 2000, S. 577)

Materialien 1

Der Analytiker teilt dem Klienten die Deutung mit. Allerdings erst dann, wenn er annimmt, dass dieser in der Lage ist, die Deutung anzunehmen und zu verarbeiten. Erfolgt die Deutung zu früh, so wehrt der Klient die Deutung ab. Er reagiert mit **Widerstand**, die Abneigung gegen die Bewusstmachung unbewusster psychischer Inhalte. Diesen kann nun der Therapeut wieder deuten und interpretieren. Unter Umständen ist der Abbau eines solchen Widerstandes ein schwieriger und langwieriger Prozess.

Auslöser des Widerstandes kann oft die Angst vor der Veränderung sein, deshalb liefert eine Analyse über die Art und das Ziel des Widerstandes sowie die Frage, warum der Klient Widerstand leistet, wichtige Hinweise für das weitere Vorgehen.

Im Laufe der psychoanalytischen Behandlung kommt es in der Regel zu einer starken emotionalen Reaktion vonseiten des Klienten auf den Therapeuten. Der Klient identifiziert den Therapeuten mit einem bestimmten Erlebnis, einer Person oder einer Beziehung, die früher im Mittelpunkt seines heute unbewussten Konflikts standen. Meist sind dies die Eltern oder auch die Mutter-Kind-Beziehung in der frühen Kindheit. Er, der Klient, überträgt die entsprechenden Gefühle auf den Therapeuten. Man nennt dieses Phänomen **Übertragung**; es ermöglicht dem Psychotherapeuten, die unbewussten Wünsche und Konflikte des Klienten unmittelbar zu beobachten.

> Eine junge Klientin zum Beispiel, die der Therapeut zwei oder drei Minuten warten ließ, wurde wütend und brach in Tränen aus. Sie redete sich ein, dass der Therapeut seiner Lieblingsklientin zusätzliche Zeit widme. Bei der Reflexion wurde deutlich, dass die in dieser Situation geäußerten Gefühle und Fantasien die Klientin an ihre Reaktionen als fünfjähriges Kind erinnerten, wenn sie auf den Vater wartete, der ihr vor dem Einschlafen noch einen Gutenachtkuss geben sollte. Da jedoch immer zuerst die jüngere Schwester einen Gutenachtkuss bekam, musste sie ein paar Minuten warten. Auch damals reagierte sie wütend, eifersüchtig und mit Tränen.

> **Übertragung bezeichnet den Vorgang, Gefühle, die man gegenüber einem Erlebnis, einer Person oder einer Beziehung aus der Vergangenheit hatte, auf den Therapeuten zu projizieren.**

---

[1] *via regia (lat.): der königliche Weg*

Der Übertragungsprozess ist das Kernstück der klassischen psychoanalytischen Therapie. Seine Bearbeitung ermöglicht die eigentliche emotionale Aufarbeitung.

Bei Kindern wird in der Regel Spielmaterial benutzt, in welches die emotionalen Reaktionen hineinprojiziert werden. Oft ist es auch das Erzählen selbst, das Emotionen freisetzt. Menschen erzählen oft sehr engagiert – auch in der Körpersprache – über das, was sie bewegt, und erfahren dadurch Erleichterung. Das Erzählen wird dann oft als „Erleichterung" erlebt, wobei es im strengen Sinne nicht das Erzählen an sich ist, das zur Veränderung der Belastung führt, sondern die dadurch freigesetzten Emotionen. Meist aber werden diese Gefühle auf den Therapeuten übertragen.

Die Hilfe kann als beendet gelten, wenn der Klient als Ziel die Fähigkeit zur Selbstanalyse erreicht hat und unbewusste Zusammenhänge klar geworden sind sowie die bewusst gemachten Konflikte aufgearbeitet und verarbeitet sind. Es ist Aufgabe des Psychotherapeuten, zu beurteilen, wann das Ziel der Therapie erreicht ist.

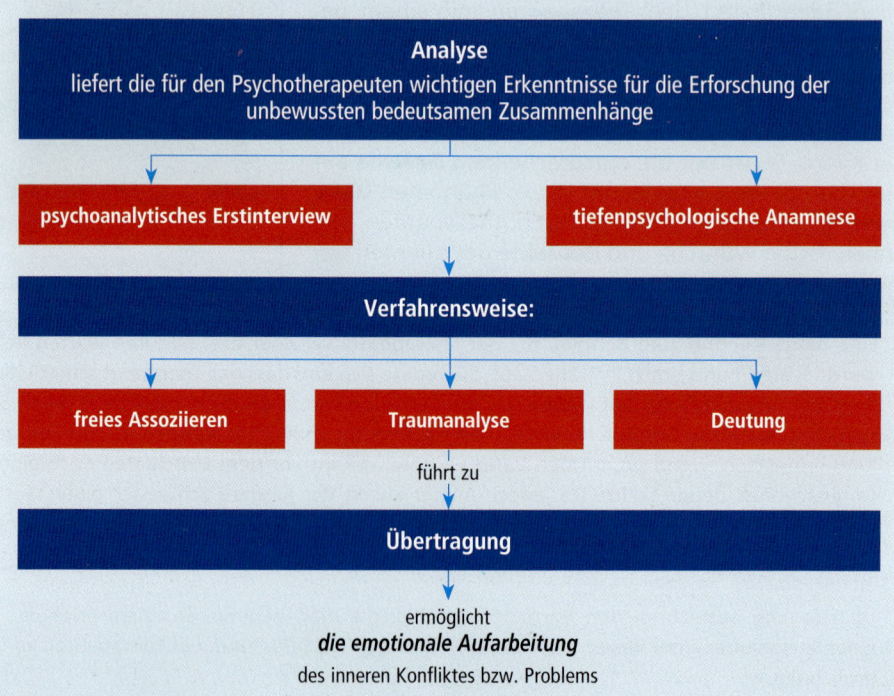

Die psychoanalytische Therapie

Wissenschaftliche Grundlage: Die psychoanalytische Theorie

Grundannahme: Bestimmte seelische Vorgänge und innere Kräfte bleiben dem Bewusstsein verborgen, sind also „unbewusst", wirken sich jedoch auf das individuelle Verhalten und die Entwicklung der Persönlichkeit nach ganz bestimmten Gesetzmäßigkeiten aus.

Zielsetzung:
– Klärung unbewusster Zusammenhänge
– Emotionale Auf- und Verarbeitung von bewusst gemachten Konflikten

Analyse
liefert die für den Psychotherapeuten wichtigen Erkenntnisse für die Erforschung der unbewussten bedeutsamen Zusammenhänge

psychoanalytisches Erstinterview **tiefenpsychologische Anamnese**

Verfahrensweise:

freies Assoziieren **Traumanalyse** **Deutung**

führt zu

Übertragung

ermöglicht
die emotionale Aufarbeitung
des inneren Konfliktes bzw. Problems

Materialien 2

23.2 Die kognitive Therapie

Die ursprünglichen Schwächen der behavioristischen Schule, insbesondere das Vernachlässigen von kognitiven Vorgängen, wie etwa das Erkennen, Begreifen, Urteilen und Denken, haben Psychologen in den sechziger und siebziger Jahren des letzten Jahrhunderts veranlasst, nach Erklärungsmustern für menschliches Verhalten zu suchen, die diese Aspekte einbeziehen. Heute gibt es eine Reihe von Psychologen, die innere kognitive Prozesse zur Erklärung von Erleben und Verhalten heranziehen.

23.2.1 Grundlagen der kognitiven Therapiekonzepte

Wissenschaftliche Grundlage der kognitiven Therapien bilden **kognitive Theorien, deren grundlegende Annahme ist, dass es die kognitiven Prozesse und Strukturen eines Menschen sind, die einen erheblichen Einfluss auf das Verhalten und Erleben ausüben und entscheiden, wie ein Individuum erlebt und sich verhält.** Es ist nicht ein bestimmter Reiz oder die Situation an sich, die das Erleben und Verhalten eines Menschen beeinflussen; es kommt darauf an, *wie er Umweltereignisse wahrnimmt, diese gedanklich verarbeitet, beurteilt und bewertet*[1].

Die beiden Psychologen Ellen J. Langer und Alia J. Crum (04/2007, S. 12) fanden in ihren Untersuchungen heraus, dass der Glaube wohl nicht nur Berge, sondern auch Fettpolster versetzen kann: Wer während einer normalen körperlichen Tätigkeit meint, seine Gesundheit damit zu stärken, profitiere tatsächlich davon.

Schon der Gedanke lässt die Muskeln wachsen

Brighton (Reuters) Schon allein der Gedanke an sportliche Aktivität zahlt sich nach Angaben von Wissenschaftlern für den Körper aus. Das Gehirn verhalte sich sehr ähnlich, egal, ob ein Mensch tatsächlich Sport treibe oder es sich nur vorstelle, sagte der Sportpsychologe Dave Smith am Samstag. Er ließ Studenten Fingerübungen machen. Eine Gruppe musste ihre Finger regelmäßig beugen, während die andere sich dies nur vorstellte. Bei allen nahm die Muskelstärke zu.

(Donaukurier vom 30.03.1998, S.16)

„*Es sind nicht die Dinge selbst, die uns beunruhigen, sondern die Meinungen, die wir über die Dinge haben.*"
(Epiktet[2], 1984[11], S. 24)

Der Begriff „Kognition" umfasst dabei sehr Unterschiedliches wie Wahrnehmen, Interpretieren und Bewerten von Ereignissen, eigene Erwartungen, Einstellungen, Überzeugungen, Grundhaltungen u.a. Jeder Mensch besitzt aufgrund seiner persönlichen Erfahrungen, die er in seiner Lebensgeschichte gemacht hat, ein ganz bestimmtes **individuelles Kognitionsmuster**, das bestimmt, wie er eine gewisse Situa-

---

[1] Die Grundannahmen kognitiver Theorien sind in Kapitel 6.3.3 zusammengefasst.
[2] *Epiktet war griechischer Philosoph (um 50 bis 138), dessen Philosophie die Werte Freiheit, Moral und Humanität betont. Er wurde in Hierapolis (heutige Türkei) als Sklave geboren, dem später die Freiheit geschenkt wurde.*

tion wahrnimmt, verarbeitet und bewertet. Diese Kognitionsmuster stellen die Grundlagen dar, auf deren Hintergrund eine bestimmte Umweltsituation gesehen und beurteilt wird. Sie beeinflussen sowohl das Verhalten als auch das Erleben wie beispielsweise den Gefühlszustand.

> So sind zum Beispiel Meinungen über sich selbst wie „Das schaffe ich nie.", „Ich tauge zu nichts." oder „Mich mag niemand." geeignet, einen negativen Gefühlszustand entstehen zu lassen.

Die Entstehung und Aufrechterhaltung von psychischen Störungen hängt demnach mit „falschen" Gedanken und Bewertungsmustern zusammen, die in den Kognitionstheorien im Gegensatz zu den funktionalen **dysfunktionale Kognitionen** genannt werden.

> So lassen Sichtweisen wie „Ich bin ein Versager.", „Niemand mag mich, alle sind gegen mich." oder „Es ist alles so hoffnungslos." aus der Sicht kognitiver Theorien eine Depression entstehen und auch aufrechterhalten.

> **Unter dysfunktionalen Kognitionen versteht man unangemessene, nicht realitätsgerechte, selbstschädigende und nicht zielführende Gedanken und Annahmen eines Menschen.**

Der Mensch kann also durch die Art und Weise, wie er gewisse Situationen wahrnimmt, verarbeitet und bewertet, sein Erleben und Verhalten beeinflussen, ja sogar selbst steuern. Entsprechend gehen kognitiv orientierte Therapien davon aus, dass kognitive Prozesse durch geeignete Techniken verändert werden können und dass diese Veränderungen auch das Verhalten und Erleben eines Menschen „korrigieren".

> *„Psychische Probleme können durch eine Korrektur der falschen Auffassung bewältigt werden. Der Therapeut hilft dem Klienten, seine Fehlorientierung und ihre Folgen zu erkennen, seine Denk- und Wahrnehmungsfehler zu korrigieren und produktives Erleben und Verhalten einzuüben. Da Selbstwahrnehmung, Einsicht, Realitätsprüfung und Lernen kognitive Prozesse sind, bezeichnet man eine Therapie, die auf diese Weise Problemverhalten angeht, als kognitive Therapie."*
>
> *(Lückert/Lückert, 1994, S. 247)*

Ziel kognitiv orientierter Therapien ist demnach die **Änderung der kognitiven Struktur** eines Menschen, die ihn „krank" macht. Dabei geht es zum einen um das **Erkennen der gedanklichen Strukturen eines Menschen** – bei psychischen Störungen handelt es sich um dysfunktionale Kognitionen – und zum anderen um den **Abbau von „fehlerhaften" Strukturen und um den Aufbau von angemessenen** – funktionalen – **kognitiven Strukturen**.

Kognitive Therapie stellt nicht eine in sich geschlossene Vorgehensweise dar. Sie besteht aus unterschiedlichen Behandlungsverfahren. Im Folgenden gilt als Orientierung die kognitive Therapie von *Aaron T. Beck*, die sich insbesondere mit der Behandlung von Depressionen befasst. Sie wird deshalb als **Kognitive Therapie der Depression** bezeichnet und wurde in Deutschland von *Martin Hautzinger* weiterentwickelt.

23.2.2 Das kognitive Modell

Das kognitive Modell geht auf *Aaron T. Beck* zurück.

Aaron T. Beck, 1921 in Providence, Rhode Island, geboren, er-arbeitete seinen theoretischen Ansatz in der Auseinan-dersetzung mit der Psychoanalyse. Beck war selbst Psycho-analytiker, bevor er seinen Ansatz einer kognitiven Therapie Anfang der 1960er Jahre vorstellte. Er war zunächst als Psychi-ater, später als Professor für Psychiatrie tätig. Seine Arbeits-gruppe an der University of Pennsylvania, Philadelphia, be-fasste sich seit Ende der 1950er Jahre speziell mit der Erforschung der Entstehung und Aufrechterhaltung von De-pressionen. Seine Untersuchungen führten ihn bald zu seinem Konzept des „Kognitiven Modells der Depression", welches in der Folgezeit auch auf weitere Bereiche psychischer Störun-gen angewendet wurde – zum Beispiel auf den Bereich der Angststörungen, der Persönlichkeitsstörungen und der Süch-

te. 1971 wurde er Professor und Direktor des Zentrums für Kognitive Therapie an der University of Pennsylvania, Philadelphia, wo 1994 das Beck-Institut for Cognitive Therapie and Research gegründet wurde. Gegen Ende des vergangenen Jahrhunderts wurde sein Konzept für die Be-handlung nahezu aller wichtigen klinischen Symptome nutzbar gemacht.

Nach *Aaron T. Beck* sind für das Erleben und Verhalten sogenannte **automatische Gedanken** von zentraler Bedeutung, die nicht das Ergebnis von Überlegungen oder logischem Denken sind, sondern bewertende Gedanken, die durch den Kopf „schie-ßen" – manchmal ganz kurz und schnell.

> Solche automatischen Gedanken sind zum Beispiel „Das schaffe ich nie, das ist zu schwer, das kapiere ich nie.", wenn man eine Prüfungsarbeit bewältigen soll, oder „Ich kann es keinem recht machen.", wenn eine Person mit etwas nicht einverstanden ist, oder „Ich bin halt ein Schlappschwanz.", wenn etwas daneben ging.

Automatische Gedanken führen zu entsprechenden Reaktionen im Erleben und Ver-halten, bei psychischen Störungen sind sie fehlerhaft, verzerrt und unangepasst.

> **Automatische Gedanken sind schnell ablaufende, reflexhaft auftretende und in der Situ-ation subjektiv plausibel erscheinende Kognitionen, die zwischen einem Ereignis und einem bestimmten Erleben und Verhalten als Konsequenz stattfinden *(vgl. Hautzinger, 2003[6], S. 116)*.**

Solchen automatischen Gedanken liegen grundlegende Überzeugungen, Werthal-tungen und Einstellungen zugrunde, die *Beck* als **kognitive Grundannahmen („core beliefs")** bezeichnet. Sie stellen gleichsam die „Lebensphilosophie" eines Menschen dar, nach der er sich selbst, die Welt und seine Zukunft ordnet, beurteilt und struktu-riert.

> Beispiele für solche kognitiven Grundannahmen sind „Ich bin unfähig.", „Ich muss perfekt sein." oder „Ich bin ein Versager.", „Ich bin wertlos.".

> Kognitive Grundannahmen sind grundlegende Überzeugungen, Werthaltungen und Einstellungen, nach denen der Mensch sich selbst, die Welt und seine Zukunft ordnet, beurteilt und strukturiert.

Manche Autoren bezeichnen diese Grundannahmen als Schemata. Beck selbst unterscheidet zwischen Schemata und Grundannahmen: Er verwendet den Begriff „Schemata" für kognitive Strukturen des Bewusstseins, deren Inhalte die Grundannahmen sind (vgl. Beck, 1999, S. 171).

In der Regel sind dem Menschen seine Grundannahmen nicht bewusst; sie äußern sich aber in seinen automatischen Gedanken. So lassen sich über die automatischen Gedanken die zugrunde liegenden Grundannahmen erschließen.

> So kann sich die Grundannahme „Ich bin unfähig." in automatischen Gedanken äußern wie „Das ist mir zu schwer.", „Ich kapiere das nicht." oder „Das schaffe ich nie.".

Wenn eine bestimmte Grundannahme aktiviert ist, dann betrachtet das Individuum alle Situationen durch die Brille dieser Annahme, und es sucht sich immer wieder selbst zu bestätigen: Nicht den Grundannahmen entsprechenden Informationen und Situationen werden ignoriert oder abgewertet; es kommt zu einer Verengung des Denkens und zu einer deutlich verzerrten Sicht der Realität im Sinne der Annahmen.

Die Grundannahmen bilden nach *Beck* (*1999, S. 15 f.*) die unterste, am wenigsten zugängliche Ebene der Kognitionen. Sie sind situationsunabhängig, starr und übergeneralisiert und bestimmen die automatischen Gedanken, die einer Person durch den Kopf gehen. Diese sind situationsspezifisch und können als die oberste Ebene der Kognitionen angesehen werden. Während die kognitiven Grundannahmen als innerste Überzeugung eines Menschen fundamental und tief verwurzelt sind, werden die automatischen Gedanken grundsätzlich von einer bestimmten Situation ausgelöst.

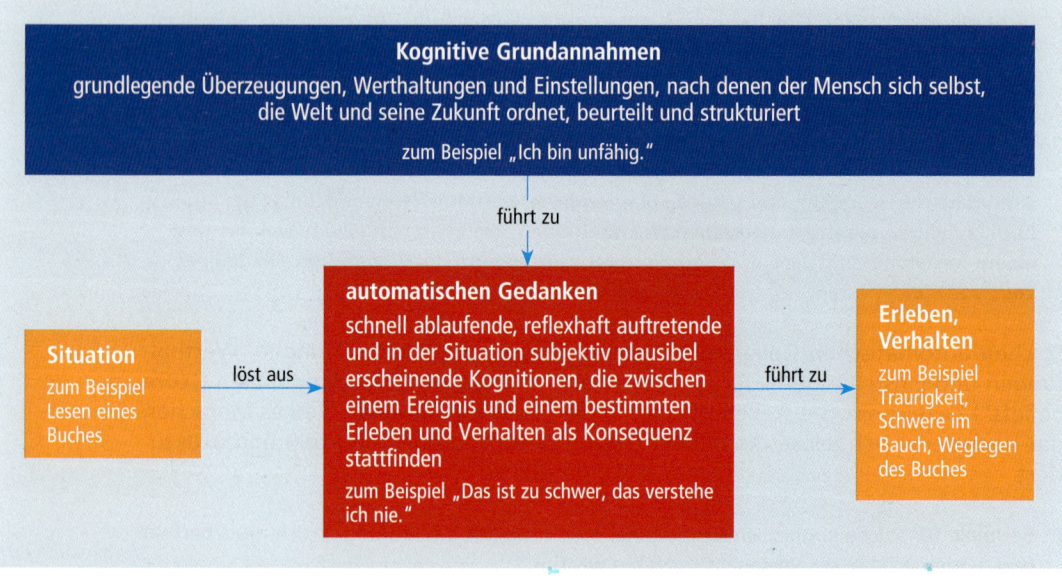

(vgl. Beck, 1999, S. 18, verändert)

So ist zum Beispiel die Grundannahme „Ich bin unfähig" im Menschen tief verwurzelt und bestimmt automatische Gedanken wie „Das ist mir zu schwer, das schaffe ich nie". Diese treten jedoch erst auf, wenn man etwa vor einer Prüfungsarbeit sitzt.

> *„In einer bestimmten Situation wird unsere Wahrnehmung von grundlegenden Annahmen beeinflusst, was sich in situationsspezifischen automatischen Gedanken äußert. Diese Gedanken beeinflussen ihrerseits unsere Emotionen."*
>
> *(Beck, 1999, S. 17)*

23.2.3 Die Analyse

Eine Analyse entsprechend dem in *Abschnitt 23.2.2* dargestellten kognitiven Modell ist für die Planung der Therapie und die Auswahl geeigneter Methoden unerlässlich. Sie soll **die Beziehung herstellen zwischen den kognitiven Grundannahmen und den automatischen Gedanken, den daraus resultierenden Reaktionen sowie der Situation, die diese Gedanken auslöst.**

> *Die Analyse ist die „Landkarte der Psychopathologie des Patienten und hilft, die große Anzahl von Daten, die der Patient berichtet, zu ordnen."* *(Beck, 1999, S. 143)*

Folgende Gesichtspunkte werden in der Analyse geklärt *(vgl. Beck, 1999, S. 142)*:

– **Beschreibung** der automatischen Gedanken, die dem Individuum aufgrund der problematischen Ereignisse durch den Kopf gehen. Dabei geht es auch um die **Bedeutung** dieser automatischen Gedanken für das Individuum, denn sie führt zu den zugrunde liegenden kognitiven Grundannahmen.

> Solche automatischen Gedanken können – wie im vorigen Abschnitt dargestellt – zum Beispiel sein „Das ist zu schwer, das verstehe ich nie.".

– **Klärung** der Ereignisse, die automatische Gedanken auftreten lassen. Dabei kann es sich um bestimmte Reize, Situationen oder auch um gewisse Erlebnisse handeln.

> Eine mögliche Situation, die diese Gedanken auftreten lässt, kann zum Beispiel sein: ein Buch lesen oder eine Prüfungsarbeit schreiben.

– **Beschreibung** des Erlebens und Verhaltens, das mit den automatischen Gedanken verbunden ist. Hierbei geht es vor allem darum, welche Gefühle mit diesen Gedanken verknüpft sind, was auf der körperlichen Ebene abläuft und wie sich das Individuum verhält.

> So führen die automatischen Gedanken zu einer gedrückten, niedergeschlagenen Stimmung und zu Traurigkeit, das Individuum empfindet eine gewisse Schwere im Bauch und es legt das Buch bzw. den Schreibstift weg.

– **Beschreibung** der kognitiven Grundannahmen, die den automatischen Gedanken zugrunde liegen.

So kann sich hinter automatischen Gedanken wie „Das ist zu schwer, das verstehe ich nie." die Grundannahme „Ich bin unfähig." verbergen.

– Ermitteln der relevanten Kindheitsdaten, die für die Entstehung und Aufrechterhaltung der Grundannahmen verantwortlich sind.

Die Grundannahme „Ich bin unfähig." kann beispielsweise durch ein entsprechendes Erzieherverhalten entstanden sein, indem man dem Kind nichts zugetraut hat oder durch Zuschreibungen, wie „Das kannst du ja sowieso nicht." oder „Aus dir wird mal nichts werden.".

Diese Daten können nur zum Teil vor der eigentlichen Behandlung erhoben werden, sie müssen während der gesamten Therapie ergänzt und immer wieder überprüft werden. Methoden der Analyse sind die Beobachtung des Klienten in „natürlichen" Situationen, das Gespräch, das Herstellen von bestimmten Situationen im Rollenspiel, Berichte des Klienten und standardisierte Testverfahren sowie Persönlichkeitsfragebögen *(vgl. Hautzinger, 2003[6], S. 13 f.)*.

23.2.4 Die Veränderung der Kognitionen

Der Therapeut informiert zunächst den Klienten über das kognitive Modell[1], damit dieser die Zusammenhänge zwischen kognitiven Grundannahmen und den automatischen Gedanken mit seinen Reaktionen sowie der Situation, die diese Gedanken auslöst, erkennen und durchschauen kann bzw. lernt. Ziel ist dabei, den Klienten „zu seinem eigenen Therapeuten zu machen" *(Beck, 1999, S. 33)*. Es empfiehlt sich, die Beziehungen anhand seines eigenen Erlebens anschaulich und plausibel zu machen. Der eigentliche Prozess der Veränderung der Kognitionen ist die **kognitive Umstrukturierung**.

Mit kognitiver Umstrukturierung wird die Veränderung eines Denkmusters bezeichnet, das als Ursache für gestörtes Erleben und Verhalten gilt (vgl. *Hautzinger/Thies, 2009*, S. 10).

Sie geschieht in fünf Schritten:

1. Schritt: Die Aufdeckung dysfunktionaler Kognitionen

Der erste wichtige Schritt bezüglich der Umstrukturierung von Kognitionen ist die Aufdeckung der automatischen Gedanken, die bei einer psychischen Störung dysfunktional sind. Dieser Schritt wird in der kognitiven Therapie häufig als **Identifikation von dysfunktionalen Kognitionen** bezeichnet.

---

[1] *vgl. Abschnitt 23.2.2*

Der Therapeut geht in der Regel dabei in folgender Reihenfolge vor:

– Klärung der auslösenden Situation interner oder externer Art.

> Externe Ereignisse sind beispielsweise das Schreiben einer Prüfungsarbeit, die Kritik des Chefs, die Unpünktlichkeit des Freundes; interne Ereignisse können das Wahrnehmen bestimmter körperlicher Symptome sein wie Herzrasen, das Denken an eine bestimmte Person, der Gedanke, sich bei der bevorstehenden Party lächerlich zu machen.

– Klärung der belastenden Gefühle und der Verhaltensweisen, die die Situation hervorrufen. Neben der Art der Gefühlsreaktion – zum Beispiel Wut, Trauer, Verzweiflung – sind auch die Stärke und die Dauer der Gefühle sowie der Grad der subjektiv erlebten Belastung von Bedeutung. Außer dem konkreten Verhalten in der Situation gilt es, auch die körperlichen Reaktionen des Klienten wie beispielsweise Zittern, Schweißausbrüche u. a. zu erfassen.

– Erst jetzt werden die dysfunktionalen Kognitionen identifiziert, welche die Situation auslösen und das unangemessene Erleben und Verhalten bewirken.

Dabei ist entscheidend, dass der Klient diese Zusammenhänge selbst erkennen lernt – der Therapeut gibt ihm hierzu lediglich „Hilfestellung".

Ausgangspunkt bei den Kognitionen sind immer die automatischen Gedanken, um aufgrund dieser zu den dahinter liegenden kognitiven Grundannahmen zu kommen. Erst über die automatischen Gedanken lassen sich nämlich – wie in Abschnitt 23.2.2 ausgeführt – die zugrunde liegenden Grundannahmen erschließen. Auch die kognitiven Grundannahmen werden aufgedeckt und identifiziert.

2. Schritt: Überprüfung der dysfunktionalen Kognitionen

Ziel einer solchen Überprüfung ist es, die dysfunktionalen Kognitionen auf ihren Realitätsgehalt hin zu testen. Sie ist Voraussetzung für die Korrektur von kognitiven Verzerrungen und falschen Schlussfolgerungen. Mit dieser Überprüfung geht die Einsicht in die selbstschädigenden Folgen von solchen Gedanken einher.

> *„Ausgangspunkt für das Realitätstesten ist z. B. die Schilderung einer konkreten Erfahrung oder einer Situation, die vom Patienten negativ interpretiert wurde. Der Therapeut hält die Patientenäußerung zunächst einmal für ungültig … Er veranlasst stattdessen, Belege und nähere Informationen zu erbringen. Meist ist es notwendig, dass der Patient seine Gedanken in der realen Situation überprüft, bevor Veränderungen gelingen."*
> (Hautzinger, 2003[6], S. 138)

Materialien 3

3. Schritt: Infragestellung der dysfunktionalen Kognitionen

Hat der Klient erkannt, dass seine Gedanken wenig realitätsnah und unbegründet sind – was ja bei dysfunktionalen Kognitionen grundsätzlich der Fall ist – so können sie infrage gestellt werden. Dies stellt das eigentliche Kernstück kognitiver Therapie dar. Dabei soll der Klient durch gezielte, möglichst offene, aber spezifische Fragen seine eigenen Kognitionen in bestimmten Situationen reflektieren lernen, selbst deren Unangemessenheit erkennen und daraus Schlüsse ziehen können. Es geht also darum, „den Klienten möglichst selbstständig neue Einsichten und Erkenntnisse erarbeiten zu lassen" (Wilken, 2008[4], S. 90).

4. Schritt: Die Erarbeitung angemessener, funktionaler Kognitionen

Sind die dysfunktionalen Kognitionen „entkräftet", so werden in diesem Schritt mit dem Klienten alternative Kognitionen, mit denen er in zukünftigen Situationen sein Erleben und Verhalten positiv beeinflussen kann, ausgearbeitet. Dabei gilt es, diese alternativen Kognitionen in der Vorstellung, im Rollenspiel oder in der Realität hinsichtlich ihrer Folgen für das emotionale Befinden und das Verhalten zu überprüfen. In der Regel erfährt der Klient dabei eine erhebliche Stimmungsverbesserung und angemesseneres Verhalten.

5. Schritt: Die Einübung angemessener, funktionaler Kognitionen

Ein einmaliges „Durchlaufen" dieses Umstrukturierungsprozesses bedeutet jedoch noch lange nicht, dass der Klient diese gewonnene Einsicht nun auch im Alltag selbstständig umsetzen kann. Vielmehr erfordert dies ein aktives Training und viel Übung seitens des Klienten. Hausaufgaben wie Vorstellungs- und Verhaltensübungen eignen sich hierfür am besten.

Materialien 4

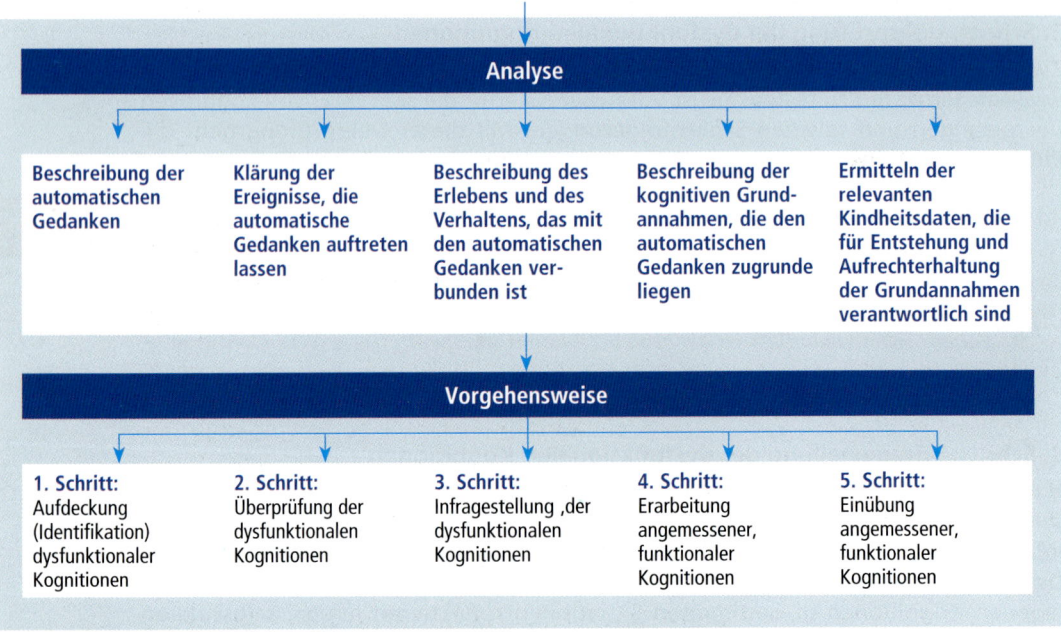

Die kognitive Therapie nach *Aaron T. Beck*

Wissenschaftliche Grundlage: Kognitive Theorien

Grundannahme: Die kognitiven Prozesse und Strukturen eines Menschen üben einen erheblichen Einfluss auf das Verhalten und Erleben aus und entscheiden, wie ein Individuum erlebt und sich verhält; es kommt darauf an, wie es Umweltereignisse wahrnimmt, diese gedanklich verarbeitet, beurteilt und bewertet.

Zielsetzung: Die Änderung der kognitiven Struktur eines Menschen, die ihn „krank" macht (Änderung von dysfunktionalen Kognitionen)

Analyse

| Beschreibung der automatischen Gedanken | Klärung der Ereignisse, die automatische Gedanken auftreten lassen | Beschreibung des Erlebens und des Verhaltens, das mit den automatischen Gedanken verbunden ist | Beschreibung der kognitiven Grundannahmen, die den automatischen Gedanken zugrunde liegen | Ermitteln der relevanten Kindheitsdaten, die für Entstehung und Aufrechterhaltung der Grundannahmen verantwortlich sind |

Vorgehensweise

| 1. Schritt: Aufdeckung (Identifikation) dysfunktionaler Kognitionen | 2. Schritt: Überprüfung der dysfunktionalen Kognitionen | 3. Schritt: Infragestellung ‚der dysfunktionalen Kognitionen | 4. Schritt: Erarbeitung angemessener, funktionaler Kognitionen | 5. Schritt: Einübung angemessener, funktionaler Kognitionen |

23.3 Vergleich und Bewertung der psychoanalytischen und kognitiven Psychotherapie

Bei der psychoanalytischen und der kognitiven Psychotherapie handelt es sich um unterschiedliche Ansätze, die in ihrem theoretischen Hintergrund keine umfassende Sicht des Menschen darstellen, sondern jeweils eine bestimmte Sichtweise hervorheben.

23.3.1 Vergleich der psychoanalytischen und der kognitiven Psychotherapie

Bezüglich des Vergleiches von Psychotherapiekonzepten haben sich als Kriterien der **Theoriebezug**, das **Menschenbild**, die **Grundannahmen** der zugrunde liegenden Theorie, der **Gegenstand** und das **Ziel** der Therapie bewährt[1].

Theoriebezug

Psychoanalytische und kognitive Therapien sind wissenschaftlich fundiert und haben als Grundlage wissenschaftliche Theorien, mit deren Hilfe sich die einzelnen Änderungsmöglichkeiten begründen lassen. Die theoretischen Grundlagen der psychoanalytischen Therapien bilden die *psychoanalytischen Theorien* – bei der klassischen Analyse die Theorie nach *Sigmund Freud*[2], bei denen unbewusste Vorgänge und innere Kräfte die entscheidende Rolle spielen. Basis der *kognitiven Therapien* sind kognitive Theorien wie zum Beispiel die sozial-kognitive Theorie von *Albert Bandura*[3].

Beide Therapieformen versuchen mit psychologischen, wissenschaftlich fundierten Techniken und Verfahrensweisen psychische Störungen eines Menschen zu heilen. Die psychoanalytischen und kognitiven Therapiekonzepte werden wegen ihrer Erfolge vielfach in der psychotherapeutischen Praxis eingesetzt.

Menschenbild

Freud betrachtet den Menschen als ein dynamisches *System, das von verschiedenen Energien gesteuert wird*. Aus dieser Sicht kann man *Freuds* Menschenbild als **mechanistisch** bezeichnen: Seine Theorie beschreibt Mechanismen im Sinne von Ursache-Wirkungs-Zusammenhängen; alles Geschehen steht in einem ursächlichen Zusammenhang, in einem Verhältnis von Ursache und Wirkung. Ziele, die der Mensch mit seinem Verhalten verfolgt, und damit auch die Möglichkeit einer Selbststeuerung werden nicht berücksichtigt. *Freud* vertritt zudem die Auffassung, dass das Individuum von sexuellen und aggressiven Impulsen gesteuert wird.

Kognitive Theorien dagegen vertreten die Auffassung, dass nicht die Vergangenheit den Menschen „quält", sondern seine Zukunft. Der Mensch wird als ein Wesen gesehen, das sich grundsätzlich auf seine Zukunft hin orientiert *(vgl. Pervin u. a., 2005[5], S. 494)*. Im Gegensatz zur Psychoanalyse schreiben die kognitiven Therapien dem Menschen ein hohes Maß an Selbststeuerung zu: Der Mensch kann über seine Kog-

---

[1] *In Kapitel 25.1.3 wird ausführlich auf das Vergleichen als Leistungsbereich in Pädagogik/ Psychologie eingegangen.*

[2] *siehe Kapitel 8*

[3] *Die Grundannahmen kognitiver Theorien sind in Kapitel 6.3.3 dargestellt, die sozial-kognitive Theorie von Albert Bandura befindet sich in Kapitel 7.*

nitionen sein Erleben und Verhalten in einem sehr entscheidenden Maße selbst bestimmen und steuern; er ist kein Gefangener seiner gemachten Erfahrungen und seiner Lebensumstände – außer er entschließt sich selbst dazu, sich in dieser Art und Weise zu konstruieren.

Grundannahmen

Psychoanalytische Therapien gehen – wie in *Abschnitt 23.1.1* ausgeführt – davon aus, dass bestimmte seelische Vorgänge und innere Kräfte dem Bewusstsein verborgen, also „unbewusst", sind, sich jedoch auf das individuelle Verhalten und die Entwicklung der Persönlichkeit nach ganz bestimmten Gesetzmäßigkeiten auswirken. Es sind in erster Linie unverarbeitete Vorgänge und Konflikte, die vom Individuum verdrängt wurden und deshalb krankmachen.

Grundlegende Annahme, auf der kognitive Therapien basieren, ist, dass es die kognitiven Prozesse und Strukturen eines Menschen sind, die einen erheblichen Einfluss auf das Verhalten und Erleben ausüben und entscheiden, wie ein Individuum erlebt und sich verhält. Es kommt grundsätzlich darauf an, wie der Mensch Umweltereignisse wahrnimmt, diese gedanklich verarbeitet, beurteilt und bewertet[1].

Gegenstand

Gegenstand therapeutischer Veränderungsversuche sind in der psychoanalytischen Therapie unverarbeitete Vorgänge und Konflikte, welche sich in bestimmten Symptomen äußern. Ähnlich der personenzentrierten Theorie und entgegen dem Behaviorismus liegt in der psychoanalytischen Theorie einem Symptom grundsätzlich eine Störung zugrunde.

Die „Störung" in den kognitiven Therapien stellen die dysfunktionalen kognitiven Grundannahmen als grundlegende Überzeugungen, Werthaltungen und Einstellungen eines Menschen dar, die sich in seinen automatischen Gedanken äußern und das unangepasste Erleben und Verhalten hervorrufen. Dem krankhaften Symptom liegen also „fehlerhafte" kognitive Grundannahmen zugrunde.

Bei beiden Therapieformen handelt es sich um am Individuum orientierte Ansätze. Die Entstehung des nicht angepassten Erlebens und Verhaltens wird im „Inneren" einer Person angesiedelt. Entsprechend befasst sich die Unterstützung von psychisch kranken Menschen mit ihrem Erleben und Verhalten selbst.

Ziel

In der psychoanalytischen Therapie geht es um die Klärung unbewusster Zusammenhänge und die emotionale Auf- und Verarbeitung der bewusst gemachten Konflikte. Diese führt schließlich zur Verbesserung bzw. Behebung der Beschwerden. Kognitiv orientierte Therapien dagegen zielen auf die Änderung der kognitiven Struktur eines Menschen, die ihn „krank" macht. Dabei geht es um das Erkennen der gedanklichen Strukturen eines Menschen sowie um den Abbau von dysfunktionalen Strukturen und um den Aufbau von angemessenen – funktionalen – kognitiven Strukturen.

---

[1] *vgl. Abschnitt 23.2.1*

Der Vergleich psychoanalytischer und kognitiver Therapie im Überblick		
Kriterium	**Psychoanalytische Therapie**	**Kognitive Therapie**
Theoriebezug	Grundlage bilden die psychoanalytischen Theorien, bei der klassischen Analyse die Theorie nach *Sigmund Freud*.	Grundlage bilden die kognitive Theorie (zum Beispiel die Theorie von *Albert Bandura*).
Menschenbild	Der Mensch ist ein dynamisches System, das von verschiedenen Energien gesteuert wird; mechanistisches Menschenbild. Der Mensch ist ein triebgesteuertes Wesen, welches von sexuellen und aggressiven Impulsen gesteuert wird; dem Menschen wird keine Selbststeuerung zugestanden.	Der Mensch ist grundsätzlich auf seine Zukunft hin orientiert. Der Mensch kann über seine Kognitionen sein Erleben und Verhalten in einem sehr entscheidenden Maße selbst steuern.
Grundannahmen	Bestimmte seelische Vorgänge und innere Kräfte sind unbewusst, wirken sich jedoch auf das individuelle Verhalten und die Entwicklung der Persönlichkeit nach ganz bestimmten Gesetzmäßigkeiten aus; es sind unverarbeitete Vorgänge und Konflikte, die krank machen.	Kognitive Prozesse und Strukturen eines Menschen üben einen erheblichen Einfluss auf das Verhalten und Erleben aus und entscheiden, wie ein Individuum erlebt und sich verhält; es sind dysfunktionale Kognitionen, die krank machen.
Gegenstand	Unverarbeitete Vorgänge und Konflikte, welche sich in bestimmten Symptomen äußern. Ein am Individuum orientierter Ansatz, die Entstehung des nicht angepassten Erlebens und Verhaltens wird im „Inneren" einer Person angesiedelt.	Dysfunktionale kognitive Grundannahmen, die sich in automatischen Gedanken äußern und das unangepasste Erleben und Verhalten hervorrufen. Ein am Individuum orientierter Ansatz, die Entstehung des nicht angepassten Erlebens und Verhaltens wird im „Inneren" einer Person angesiedelt.
Ziel	Klärung unbewusster Zusammenhänge und die emotionale Auf- und Verarbeitung der bewusst gemachten Konflikte	Erkennen der gedanklichen Strukturen eines Menschen, Abbau von dysfunktionalen Strukturen und Aufbau von funktionalen kognitiven Strukturen.

23.3.2 Bewertung der psychoanalytischen Therapie

Die von *Sigmund Freud* entwickelte Therapieform stellt den eigentlichen Ausgangspunkt aller anderen Therapieformen dar. Alle Begründer von weiteren Therapiemethoden haben sich mit der *Freud'schen* psychoanalytischen Therapie auseinandergesetzt und Elemente daraus in ihre eigene Vorgehensweise mit einbezogen, verändert oder weiterentwickelt. Heute gibt es verschiedene Formen psychoanalytischer Therapie, die alle von der gleichen Grundannahme ausgehen. Neben der **klassischen Langzeit-Analyse** von *Freud* findet die **psychoanalytische Kurz(zeit)therapie** am meisten Anwendung[1].

Die psychoanalytische Therapie ist nach *Klaus Grawe u. a. (2001[5], S. 738 f.)* als wissenschaftlich fundiert anzusehen. Die *Freud'sche* Analyse hat eine sehr große Wirkung

---

[1] *Es gibt noch weitere psychoanalytische Therapieformen, auf die in diesem Zusammenhang nicht eingegangen wird. Von der psychoanalytischen sind tiefenpsychologische Therapieformen wie zum Beispiel die individualpsychologische Therapie nach Alfred Adler oder die analytische Psychotherapie, die auf Carl Gustav Jung zurückgeht, zu unterscheiden. Tiefenpsychologische Therapien gehen zwar von der gleichen Grundannahme aus wie die psychoanalytischen (vgl. Abschnitt 23.1.1), doch ihre theoretischen Grundlagen sind andere.*

und hat sich auch bei nicht klar zu umreißenden und vor allem sehr umfassenden Störungen bewährt. Sie ist bei bereits lang andauernden, schweren psychischen Störungen angebracht, bei denen vergangene Erlebnisse und Konflikte eine entscheidende Rolle spielen. Neben den verhaltenstherapeutischen und kognitiven Therapien ist die dargestellte psychoanalytische als Einzel- und Gruppenverfahren im Rahmen der gesetzlichen Krankenversicherung anerkannt.

Es wird häufig eingewendet, dass es den Klienten während der Therapie lange Zeit nicht gut geht, teilweise sogar schlechter als vorher, was vermutlich mit der Bewusstmachung von unangenehmen Erlebnissen und Konflikten zusammenhängt. Dies ist sicher neben der langen Behandlungsdauer mit ein Grund, warum Klienten häufiger als bei anderen Therapieformen die Therapie vorzeitig abbrechen.

Die psychoanalytische Therapie genießt hohes Ansehen, vor allem deshalb, weil sie die Psychotherapie insgesamt aus der Taufe gehoben hat. Vor allem bei Psychiatern mit psychotherapeutischer Zusatzausbildung findet sie große Anerkennung. Kritiker wenden jedoch ein, dass sie zu zeitintensiv sei: Die Behandlungsdauer erstreckt sich gegenüber anderen Therapieverfahren oft über mehrere Jahre; Stundenzahlen mit über 300 Stunden sind keine Seltenheit, was diese Therapie sehr teuer macht. Eine klassische psychoanalytische Behandlung dauert in der Regel daher oft mindestens drei Jahre. Dies ist insofern erwähnenswert, als andere Therapieformen mit einem erheblich kürzeren Zeitaufwand positive Wirkungen erreichen. *Klaus Grawe u. a. (2001[5], S. 696)* haben in Untersuchungen festgestellt, dass die von vielen Psychoanalytikern vertretene Auffassung, schwer gestörte Patienten würden langjährige Therapien benötigen, nicht zutrifft. Manche Kritiker werfen der Psychoanalyse vor, dass aufgrund der langen Therapiedauer häufig eine Heilung quasi „von selbst" oder eine „spontane Remission" eintreten würde, doch diese Vermutung ist eindeutig widerlegt.

Neuere Forschungen haben ergeben, dass Menschen auch sogenannte Pseudoerinnerungen haben – Erinnerungen, die es in Wirklichkeit niemals gegeben hat, der Betroffene aber meint, dies erlebt zu haben – und es kann leicht möglich sein, dass solche Erinnerungen bei einem Klienten nicht mehr von echten Erinnerungen unterscheidbar sind.

Um eine psychoanalytische Therapie durchführen zu können, benötigt der Klient gewisse Fähigkeiten wie Verbalisieren-Können, Krankheitseinsicht und eine ausreichende Motivation. Von diesen Fähigkeiten kann der Erfolg der Therapie in einem nicht unerheblichen Maße abhängen. Psychoanalytisches Vorgehen ist grundsätzlich individuumsorientiert, der größere Bezugsrahmen sozialer, wirtschaftlicher und politischer Einflussfaktoren und Austauschprozesse wird ausgeblendet, was die Erfassung der Problemlage in allen Dimensionen unmöglich macht.

23.3.3 Bewertung der kognitiven Psychotherapie

Die kognitive Therapie ist keine in sich geschlossene Vorgehensweise; sie besteht aus unterschiedlichen Behandlungsverfahren, die auf der Grundlage der verschiedenen kognitiven Theorien beruhen.

Auch die kognitiven Therapien sind ausführlich überprüft worden: Studien haben eindeutig ihre Wirksamkeit nachgewiesen; sie haben ergeben, dass kognitive Therapien für Klienten mit unterschiedlichem Bildungs- und Einkommensniveau und unterschiedlicher Herkunft effektiv eingesetzt werden können. Insbesondere die in *Abschnitt 23.2* dargestellte kognitive Therapie von *Aaron T. Beck* konnte eindrucksvoll ihre hohe Wirksamkeit bei der Behandlung von Depressionen nachweisen; sie erwies sich auch der medikamentösen Behandlung als überlegen. Zudem sind die kognitiven Therapien sehr geeignet, die Selbstanalyse- und Selbsthilfefähigkeit von Klienten zu fördern. Neben den verhaltenstherapeutischen und psychoanalytischen Therapien sind kognitive als Einzel- und Gruppenverfahren im Rahmen der gesetzlichen Krankenversicherung anerkannt.

Nach *Martin Hautzinger (2003[6], S. 46)* stellen höheres Lebensalter, mangelnde geistige Beweglichkeit oder unterdurchschnittliche Intelligenz keine Anwendungshindernisse dar. Gegenüber der klassischen psychoanalytischen Therapie sind psychische Störungen in relativ kurzer Zeit zu bewältigen. Aus dieser Sichtweise handelt es sich bei kognitiven Therapien um ein kostengünstiges psychotherapeutisches Verfahren.

Kritiker raten jedoch von einer Behandlung auf einer rein kognitiv-verbalen Ebene ab. Da Kognition, Emotion und Verhalten nicht voneinander zu trennen sind, ist eine Behandlung auf allen diesen Ebenen, nicht nur auf der kognitiven, erforderlich. Zusammen mit verhaltenstherapeutischen Maßnahmen bilden kognitive Therapien nach *Klaus Grawe u. a. (2001[5], S. 744)* denn auch die mit größtem Abstand am besten nachgewiesenen und wirkungsvollsten Therapien. Man spricht von **kognitiv-behavioralen Therapien**, wenn kognitiv orientierte und verhaltenstherapeutische Maßnahmen[1] zusammen angewendet werden, wie dies normalerweise in der psychotherapeutischen Praxis auch der Fall ist.

Kognitive Therapien sind grundsätzlich individuumsorientiert, der größere Bezugsrahmen sozialer, wirtschaftlicher und politischer Einflussfaktoren und Austauschprozesse wird ausgeblendet, was die Erfassung der Problemlage in allen Dimensionen unmöglich macht.

Bewertung der kognitiven Psychotherapien

- Die kognitive Therapie ist wissenschaftlich fundiert, ihre Wirksamkeit ist nachgewiesen.
- Sie ist geeignet, die Selbstanalyse- und Selbsthilfefähigkeit von Klienten zu fördern.
- Psychische Störungen sind in relativ kurzer Zeit zu bewältigen. Das psychotherapeutische Verfahren ist relativ kostengünstig.
- Die effektivste Behandlung geschieht mithilfe kognitiv-behaviorale Therapien.
- Sie ist individuumsorientiert, der größere Bezugsrahmen sozialer, wirtschaftlicher und politischer Einflussfaktoren und Austauschprozesse wird ausgeblendet.

Bewertung der psychoanalytischen Psychotherapie

- Die von Sigmund Freud entwickelte Therapieform stellt den eigentlichen Ausgangspunkt aller anderen Therapieformen dar.
- Sie ist wissenschaftlich fundiert, die Wirksamkeit ist nachgewiesen.
- Sie ist angebracht bei lang andauernden, schweren psychischen Störungen, bei denen vergangene Erlebnisse und Konflikte eine entscheidende Rolle spielen.
- Sie ist sehr zeitintensiv, was diese Therapie sehr teuer macht.
- „Spontane Remission" ist widerlegt.
- Der Klient benötigt Fähigkeiten wie Verbalisieren-Können, Krankheitseinsicht und eine ausreichende Motivation.
- Sie ist individuumsorientiert, der größere Bezugsrahmen sozialer, wirtschaftlicher und politischer Einflussfaktoren und Austauschprozesse wird ausgeblendet.

---

[1] *vgl. Kapitel 21.1*

Zusammenfassung

- Wissenschaftliche Grundlage der klassischen psychoanalytischen Therapie bildet die psychoanalytische Theorie. Grundlegende Annahme ist, dass bestimmte seelische Vorgänge und innere Kräfte dem Bewusstsein verborgen, also „unbewusst", sind, sich jedoch auf das individuelle Verhalten und die Entwicklung der Persönlichkeit nach ganz bestimmten Gesetzmäßigkeiten auswirken. Ziel psychoanalytischer Therapie ist die Klärung unbewusster Zusammenhänge und die emotionale Auf- und Verarbeitung der bewusst gemachten Konflikte.

- Der Analyse stehen zwei Vorgehensweisen zur Wahl: das psychoanalytische Erstinterview und eine tiefenpsychologische Anamnese. Zur Aufdeckung unbewusster psychischer Inhalte und Vorgänge bedient sich die Psychoanalyse vornehmlich dreier Verfahrensweisen: die freie Assoziation, die Traumanalyse und die Deutung. Dabei spielt die Übertragung der entsprechenden Gefühle auf den Therapeuten eine wichtige Rolle; sie ermöglicht ihm, die unbewussten Wünsche und Konflikte des Klienten unmittelbar zu beobachten.

- Wissenschaftliche Grundlage der kognitiven Therapien bilden kognitive Theorien, deren grundlegende Annahme ist, dass es die kognitiven Prozesse und Strukturen eines Menschen sind, die einen erheblichen Einfluss auf das Verhalten und Erleben ausüben und entscheiden, wie ein Individuum erlebt und sich verhält. Die Entstehung und Aufrechterhaltung von psychischen Störungen hängt mit „falschen" Gedanken und Bewertungsmustern zusammen, die in den Kognitionstheorien im Gegensatz zu den funktionalen dysfunktionale Kognitionen genannt werden. Ziel kognitiv orientierter Therapien ist die Änderung der kognitiven Struktur eines Menschen, die ihn „krank" macht.

- Eine Analyse ist für die Planung der Therapie und die Auswahl geeigneter Methoden unerlässlich. Sie soll die Beziehung herstellen zwischen den kognitiven Grundannahmen und den automatischen Gedanken mit den daraus resultierenden Reaktionen sowie der Situation, die diese Gedanken auslöst. Der eigentliche Prozess der Veränderung der Kognitionen – der kognitiven Umstrukturierung – geschieht in fünf Schritten:
  - Die Aufdeckung dysfunktionaler Kognitionen
  - Überprüfung der dysfunktionalen Kognitionen
  - Infragestellung der dysfunktionalen Kognitionen
  - Erarbeitung angemessener funktionaler Kognitionen
  - Einübung angemessener funktionaler Kognitionen

- Bezüglich des Vergleiches von Therapiekonzepten haben sich als Kriterien der Theoriebezug, das Menschenbild, die Grundannahmen der zugrunde liegenden Theorie, der Gegenstand und das Ziel der Therapie bewährt. Psychoanalytische und kognitive Therapieformen sind wissenschaftlich fundiert, zeigen aber in ihren Konzeptionen sowohl Stärken als auch Schwächen.

Materialien Kapitel 23

1. Träum weiter

Freud wusste, dass die Entschlüsselung der Gesetzmäßigkeiten des Traums ein Menschheitsrätsel lö-
sen würde. Wohlweislich hatte er sein Hauptwerk
„Die Traumdeutung" auf 1900 vorausdatiert, ob-
5 schon es im November 1899 gedruckt vorlag – als
hätte er gespürt, dass dieses vielfaserige Buch die
symbolische Eröffnung eines Jahrhunderts, die Er-
zählung einer ganzen Epoche werden, dass es …
die gesamte Wissenschaftskultur beeinflussen
10 würde. …

Und in der Tat läutete das Werk eher das 20. Jahrhundert ein, als dass es das 19. abschloss; die un-
bestrittene Bedeutung der Traumdeutung lag
schließlich darin, dass dieses Buch nicht nur eine
15 psychologische Theorie aufstellte und, wie einst
Kopernikus und Darwin, einen unentdeckten Kosmos erkundete. Es war darüber hinaus medizinische Heilkunde, Kulturtheorie und Wissenschaftsgeschichte; es nahm Erkenntnisse der Neurowis-
20 senschaft vorweg und amalgamierte[1] Geistes- und
Naturwissenschaft. Es buchstabierte eine Metabiologie, formulierte eine Anthropologie und zum
ersten Mal eine Psychopathologie[2]. … Die Traumdeutung war die Geburtsurkunde der Psychoana-
25 lyse. …

Vier fundamentale Einsichten liegen der Traum-
lehre zugrunde:

1. Der Traum hat und macht Sinn.
2. Der Traum ist die Erfüllung eines unterdrückten
30 Wunsches.
3. Der Traumstoff stellt sich, unabhängig von individuellen Einfällen, in immergleichen stereotypen[3] Symbolen dar.
4. Der Traum formuliert die Logik des unbewuss-
35 ten Denkens. …

Der Trauminhalt, das war *Freuds* wichtigste Erkenntnis, bildet sich durch Verdichtung des Mate-
rials. Nur sehr wenige Elemente aus den reichhalti-
gen und umfangreichen Traumgedanken gelangen in den Trauminhalt. So verschmelzen etwa die 40
vielen verschiedenen Personen aus allen Lebensla-
gen, welche die Traumbühne einer Nacht bevöl-
kern, in einer einzigen, sogenannten Mischperson,
die man zu kennen glaubt und doch nicht kennt.
Durch Synthesen stehender Begriffe und neuer Er- 45
eignisse bilden sich Kunstwörter und Wortver-
bildungen. …

Lange sah es so aus, als hätten *Freud* und seine
Theorien ausgedient. Seinen postmodernen Kritikern galt er als einer der großen Märchenerzähler 50
des 20. Jahrhunderts, obwohl gerade die Traumdeutung ein Meisterstück des postmodernen
Patchworks, des Flickwerks, des vielfach Verscho-
benen in doppelter Hinsicht war: ein formal offen
gebliebenes Buch aus Versatzstücken, das inhalt- 55
lich zum Ziel hatte, die Versatzstücke des Traumes
von Auflage zu Auflage zu einer kompletteren
Theorie zu führen. …

1953 entdeckten die beiden Neurowissenschaftler
Eugene Aserinsky und *Nathaniel Kleitman* an der 60
University of Chicago den REM-Schlaf (»Rapid Eye
Movement«), den Tiefschlaf. Dieser „Traum-
Schlaf" macht etwa 20 Prozent des gesamten
Schlafs aus; die restlichen 80 Prozent, schlossen die
Forscher, seien traumloser Non-REM-Schlaf. … 65
Dann aber stießen Neurologen auf ein verstören-
des Phänomen. Patienten, die durch Hirnstamm-
verletzungen keinen REM-Schlaf hatten, träumten
dennoch. Das konnte nichts anderes bedeuten, als
dass Träume auch außerhalb der REM-Phasen auf- 70
traten. Es mussten also Nervennetzwerke in der
Großhirnhemisphäre dafür zuständig sein und

---

[1] *amalgamieren (lat.): verbinden, vereinigen*

[2] *Metabiologie (griech.): die Lehre von den Voraussetzungen der Biologie; Anthropologie (griech.): die Wissenschaft vom Menschen und seiner Entstehung; Psychopathologie (griech.): die Lehre von den psychischen Erkrankungen.*

[3] *Stereotypen (griech.) sind schablonenhafte Beurteilungen, vereinfachte Verallgemeinerungen bzw.
Klischeevorstellungen wie zum Beispiel „Farbige sind dümmer als Weiße.".*

nicht, wie bislang angenommen, die Pons-Region[1]. Es sei Ziel dieser Netzwerke, führt der südafrikanische Neurologe und Psychoanalytiker *Mark Solms* aus, durch Ausschüttung der Transmittersubstanz Dopamin „das Subjekt zu motivieren, äußere Objekte, die seine inneren Bedürfnisse zu befriedigen vermögen, aufzuspüren und mit ihnen in Beziehung zu treten". Das wiederum scheint nichts anderes zu sein als das, was *Freud* in seiner Traumtheorie der Libido als Triebkraft der Träume zuschrieb. Seit der biologischen Wende Mitte der achtziger Jahre hat der Traumdeuter, nach Jahren des »Bashings[2]«, also eine unerwartete Rehabilitierung durch die Neurophysiologie[3] und Hirnforschung erfahren. ...

(Schüle, in: Die Zeit 1/2006, gekürzt)

2. Psychotherapeutische Verfahren bei Depressionen und Angststörungen

a) Verfahren bei Depressionen

Psychoanalytische (oder allgemeiner: *psychodynamische*) Therapien depressiver Zustände werden nicht selten durchgeführt, sind aber nicht in größeren Therapiestudien evaluiert worden. Unklar ist in den Falldarstellungen, ob es sich bei den Patienten eher um chronisch Depressive oder um solche mit episodenhaft verlaufenden depressiven Zuständen handelte. Ersteres dürfte häufiger der Fall sein, da die Kürze depressiver Episoden (im Schnitt etwa sechs Monate) und die folgende typische Beschwerdefreiheit oder gar manische Symptomatik klassischen psychoanalytischen Behandlungen große Schwierigkeiten entgegensetzt. Außerdem hatte erwähntermaßen Freud die Melancholie zu den *narzisstischen Neurosen* gerechnet, also das für die psychoanalytische Behandlung seines Erachtens entscheidende Moment der Übertragung bei diesen Patienten vermisst. Die Therapien basieren im Großen und Ganzen auf der Freudschen Annahme, dass der Depression ein Verlusterlebnis (oft unbewusster Natur) zugrunde liegt und versuchen, dies dem Bewusstsein zugänglich zu machen und zu bearbeiten. Der Wert klassischer, sich über lange Zeit erstreckender psychoanalytischer Therapien bei der Depressionsbehandlung wird ... eher gering geschätzt, wobei in schwer depressiven Zuständen wohl auch die Behandlung intellektuell zu anstrengend sein dürfte. Die therapeutische Hoffnung scheint zunehmend auf anders gestalteten Kurztherapien zu liegen, über deren Effizienz jedoch augenblicklich wenig gesagt werden kann. *Verhaltenstherapeutische* Interventionen im engeren Sinne, also nach den älteren Modellen der Umkonditionierung durch alleinige Veränderung von Stimuli und Konsequenzen konzipiert, basieren auf der von *Lewinsohn* vertretenen Annahme, dass depressiven Zuständen ein Verlust von verstärkenden Reizen zugrunde liegt. Entsprechend wird versucht, alte vor Beginn der Störung effektive Verstärker zu finden (beispielsweise gern verrichtete Tätigkeiten) und bei den Betroffenen wieder einzuführen; weiter soll depressives Verhalten wie Weinen oder Jammern ignoriert, erwünschte Verhaltensweisen hingegen belohnt werden; hinzu kommt ein Training sozialer Fertigkeiten, damit die Depressiven durch verstärkte Kontakte wieder mehr in den Genuss von Verstärkungen aus sozialen Beziehungen kommen. Insgesamt werden gute Ergebnisse berichtet, allerdings nur, wenn sämtliche der erwähnten Methoden gleichzeitig zum Einsatz kommen; nicht überraschend ist, dass dieses Therapieverfahren bei leichten und mittelschweren Depressionen besser anspricht als bei schweren.

Gängiger sind *kognitiv-verhaltenstherapeutische* Verfahren, welche die klassischen verhaltenstherapeutischen Techniken mit Elementen einsichtsorientierter Behandlungsverfahren verknüpfen. Die Ersteren zielen auf direkte Verhaltensbeeinflussung und Abbau von defizitären Verhaltensweisen, wozu unter anderem Methoden zur *Hebung des Aktivitätsniveaus* (Planung des Tagesablaufes, Herbeiführen von verstärkenden Bedingungen und Vermeidung unangenehmer Stimuli)

---

[1] *Der Pons (lat.: die Brücke) ist ein Abschnitt des Gehirns*
[2] *Bashing (engl.): eine Form von verbaler oder körperlicher Gewalt*
[3] *Rehabilitierung (lat.): Wiedereingliederung in Gesellschaft, Arbeit und Beruf; Neurophysiologie (griech.) befasst sich mit der Funktionsweise des Nervensystems*

und *Verbesserung der sozialen Kontaktfreudig-keit* (Kompetenztrainings und Rollenspiele) ge-hören.

Die kognitiven Methoden setzen im Wesentlichen
5 an dem von Beck als pathogen betrachteten ne-gativen Denk- und Bewertungsstil und den auto-matischen Gedanken an. Techniken sind dabei

zunächst genaue Selbstbeobachtung mit Protokol-lierung negativer und automatischer Gedanken
hinsichtlich Auslösesituationen und dabei auftre- 10
tender Empfindungen, danach ihre Veränderung,
unter anderem durch Überprüfung ihrer Ange-messenheit und Entwicklung alternativer Über-zeugungen.

(Köhler, 1998, S. 122 f.)

b) Verfahren bei Angstzuständen

Psychoanalytische Therapie bei Panik- und genera-lisierter Angststörung scheint nicht häufig zur An-wendung zu kommen und wenn, dann wurden
5 die Verfahren in aller Regel nicht hinreichend eva-luiert. *Freud* selbst sah die Angstneurose nicht als
Indikation für die Psychoanalyse an, da es bei die-sem Störungsbild seiner Auffassung nach nicht um
die Aufhebung von Verdrängungen ging. Die von
10 ihm vorgeschlagene Behandlung bestand vor-nehmlich im Auffinden und Aufzeigen der Zusam-menhänge zwischen Libidostau und Angstsympto-matik sowie in der Anleitung zu einer diesbezüglich
weniger pathogenen Lebensweise, also letztlich in
15 der Einleitung psychohygienischer Maßnahmen.
Wie bei den Phobien, so gilt auch bei Panikstörung

*Verhaltenstherapie unter Einbeziehung kognitiver
Verfahren* augenblicklich als psychotherapeuti-sche Methode der Wahl. Dabei werden den Pa-tienten Informationen über die Entstehung von 20
Angstanfällen und insbesondere die Bedeutung
des Circulus vitiosus[1] bei der Ausbildung der Symp-tome gegeben, auf die Rolle von Fehlinterpreta-tionen körperlicher Anzeichen hingewiesen und
Bewältigungsstrategien vermittelt; hinzu kommt 25
Konfrontation mit auslösenden Situationen und
mit körperlichen Symptomen, die beispielsweise
über Hyperventilation[2] provoziert werden. Der Er-folg dieser Verfahren ist in mehreren Studien be-legt worden.   30

(Köhler, 1998, S. 141)

3. Techniken zur Identifizierung automatischer Gedanken

Grundfrage: Was ist Ihnen in diesem Moment
durch den Kopf gegangen?

Zur Identifizierung automatischer Gedanken
1. Stellen Sie diese Frage, wenn Sie in der Sitzung
   eine Veränderung oder Verstärkung der Stim-mung bemerken.
2. Lassen Sie den Patienten eine problematische
   Situation beschreiben oder einen Moment, in
   dem er eine Stimmungsveränderung bemerkte,
   und stellen Sie die obige Frage.
3. Falls nötig, fordern Sie den Patienten dazu auf,
   sich in die Situation zurückzuversetzen, um die
   Situation oder den Moment detailliert zu be-schreiben (als ob er sich gerade ereignen wür-de), und stellen Sie dann die obige Frage.
4. Falls nötig oder wünschenswert, lassen Sie den
   Patienten eine bestimmte Interaktion im Rol-

lenspiel mit Ihnen durchspielen und stellen Sie
dann die obige Frage.

Andere Fragen zur Aufdeckung automatischer Ge-danken
1. Was glauben Sie, woran Sie gedacht haben?
2. Könnte es sein, dass Sie über _____
   oder _____. nachgedacht haben? (Der
   Therapeut schlägt einige plausible Alternativen
   vor.)
3. Haben Sie sich etwas vorgestellt, was passieren
   könnte, oder sich an etwas erinnert?
4. Welche Bedeutung hatte diese Situation für
   Sie? (Oder: Was sagt diese Situation über Sie?)
5. Haben Sie an _____ gedacht? (Der Thera-peut schlägt das Gegenteil der vermuteten Ant-wort vor.)

(Beck, 1999, S. 81)

---

[1] *(lat.): Teufelskreis*

[2] *(lat.): übermäßige Steigerung der Atmung*

4. Möglichkeiten zur Einübung funktionaler Kognitionen

Kognitive Vertiefung

Ein Weg, die erarbeiteten „Bewältigungssätze" bzw. „Selbstinstruktionen" einzuüben, besteht darin, dass der Klient sich diese Sätze immer wieder
5 zunächst laut, dann leise vorsagt. Dabei kann es für manche Klienten hilfreich sein, auch direkt eine bestimmte Intonation[1] mit einzuüben und innerlich in einer sehr auffordernden, „wachrüttelnden" Sprache mit sich zu sprechen (z.B. „Jetzt *reiß*
10 Dich aber zusammen! Du *bist* gesund und Du *weißt* es!"). Zudem kann der Klient die erarbeiteten Selbstverbalisationen auf ein Stück Papier oder ein kleines Karteikärtchen notieren, das er immer (z.B. in der Brieftasche, in der Jackentasche) bei
15 sich trägt. Er kann sich dann diese Sätze mehrmals täglich durchlesen. Ebenso kann er bestimmte, für ihn besonders zentrale hilfreiche Gedanken schlichtweg auswendig lernen und sie leise innerlich mehrmals täglich wiederholen. Auch kann er
20 versuchen, bestimmte Metaphern, Bilder oder Gegenstände zu finden, die für ihn die Ergebnisse der Disputation[2] anschaulich repräsentieren.

Als Beispiel sei hier ein Klient mit einer massiven Ärgerproblematik und begleitenden erheblichen
25 psychosomatischen Beschwerden genannt, dem insbesondere die hedonistische Disputation (Hilft mir mein Ärger/mein Krankwerden dabei, die Situation zu verändern?) aufschlussreich war und der als zentrale hilfreiche Selbstverbalisation für typi-
30 sche auslösende Situationen A an seinem Arbeitsplatz formulierte: „Nun lass Dich nicht schon wieder auf die Palme bringen! Damit schadest Du nur Dir selbst! Behalte lieber einen ‚kühlen Kopf' und überlege, was Du tun kannst." Er platzierte ein
35 kleines, auf einer Palme sitzendes Spielzeugäffchen auf seinem Schreibtisch, das ihn bei aufkommendem Ärger erfolgreich an seine hilfreichen Kognitionen erinnerte.

Der Klient wird also aufgefordert, sich sozusagen
40 die *Ergebnisse* des kognitiven Umstrukturierungsprozesses immer wieder vor Augen zu führen. Zugleich wird er angeleitet, sich selbst innerlich immer wieder von den Vorteilen der neuen Einstellungen und von der Unbegründetheit und
45 Unzweckmäßigkeit der alten Kognitionen zu

überzeugen, d.h., den *Prozess* des Infragestellens der bearbeiteten dysfunktionalen Kognitionen noch mehrmals innerlich nachzuvollziehen.

Üben in der Vorstellung

Eine Form des „Übens in der Vorstellung" besteht 50 darin, dass der Klient gebeten wird, sich die belastende Situation A, für die bereits hilfreiche Kognitionen erarbeitet wurden, möglichst konkret (möglichst plastisch, lebhaft, anschaulich) vorzustellen (z.B. bevorstehende Prüfungssituation, 55 Rede vor einer Versammlung, evtl. auch Vorstellung eines Misserfolgs, einer Blamage). Dies kann (muss aber nicht) im entspannten Zustand geschehen, wobei auf Entspannungstechniken wie das Autogene Training, die Progressive Muskelent- 60 spannung nach Jacobson oder verschiedene Kurzentspannungstechniken zurückgegriffen werden kann.

Die weitere Aufgabe des Klienten besteht dann darin, statt der bisher dabei gewohnten dysfunk- 65 tionalen Kognitionen sich vorzustellen, dass er sich in der (für den Beobachter unveränderten) Situation *nur noch* die erarbeiteten hilfreichen Kognitionen sagt und sich dadurch entsprechend seiner Ziele C' in der Situation fühlt und verhält (z.B. mit 70 ruhiger Stimme und innerlich relativ entspannt seine Rede hält).

Eine andere Form der Vorstellungsübung stellt folgende von Meichenbaum vorgeschlagene Bewältigungsfantasie dar: Der Klient stellt sich vor, wie er 75 sich der Situation A annähert und sich dabei zunächst noch die üblichen dysfunktionalen Kognitionen „einsagt" (und entsprechend die emotionalen: Belastungen C erlebt). Dann wird er aufgefordert, seine dysfunktionalen Kognitionen 80 zu hinterfragen und zu disputieren[2] und sie durch hilfreiche Kognitionen zu ersetzen (wie „Das stimmt gar nicht, was du dir da einredest. Gucke mal genau hin: Die Dinge sind nicht so schrecklich, wie du sie dir vorstellst."). Zum Schluss erlebt er in 85 der Vorstellung eine Reduktion der emotionalen Belastung. (Erst wenn es ihm in der Vorstellung gelungen ist, die negativen Gefühle zu reduzieren, darf er die Vorstellung beenden.) Auch diese

---

[1] (lat.): Höhe und Stärke beim Sprechen

[2] (lat.): hier: Auseinandersetzung

Übung kann mit dem Einsatz von Entspannungstechniken (hier zur Unterstützung der Angst- bzw.
Anspannungsreduktion) kombiniert werden.

Üben in der Realität

5 Das Einüben der neuen hilfreichen Kognitionen in
realen Alltagssituationen wird als die effektivste
Methode zur Festigung und Stabilisierung dieser
Kognitionen angesehen.

Bemerkt der Klient in seinem Alltag das Auftreten
10 der negativen/belastenden Gefühle und Verhaltensweisen, die er verändern möchte, so soll er
den automatisch auftretenden dysfunktionalen
Kognitionen die in der Therapie entwickelten neu-
en, hilfreichen Kognitionen entgegensetzen.

15 Manche Klienten berichten in diesem Zusammenhang, dass es ihnen hilfreich ist, sich dabei eine Art
„innere Instanz" („innerer Kritiker", „Panikteu-
fel", „Miesmacher") vorzustellen, die die dysfunktionalen Kognitionen in dem Moment produziert
20 und der sie dann vehement in direkter Rede die
erarbeiteten hilfreichen Gedanken entgegenhal-
ten können (z. B. „Jetzt halt endlich den Mund! Ich
habe keine Lust mehr, Dich weiter anzuhören. Du
hast mir lange genug das Leben schwer gemacht!
25 Ich weiß, dass ich noch lange kein Versager bin,
nur wenn ich einmal einen Fehler mache.").

Darüber hinaus kann der Klient auch die Aufgabe
erhalten, für ihn problematische Stresssituationen
immer wieder (soweit möglich) aktiv herzustellen
30 bzw. aufzusuchen (vgl. das *Meichenbaumsche*
Stressimpfungstraining). Er kann dabei die für diese Situationen erarbeiteten hilfreichen Selbstverbalisationen in schriftlicher Form bei sich tragen
(als Erinnerungshilfe) und sie sich bei der Vorberei-
35 tung auf die Situation noch einmal verdeutlichen.
In der Situation soll der Klient dann versuchen,
mittels der hilfreichen Selbstverbalisationen auf-
kommende negative Gefühls- und Verhaltensreak-
tionen zu kontrollieren und im Sinne seiner Ver-
40 änderungsziele zu beeinflussen. Speziell zur
Angst- und Stressbewältigung empfiehlt *Meichen-*
baum auch hier den Einsatz einer Entspannungs-
technik als *zusätzlicher* Hilfe, um auftretende
Angst bzw. Stressreaktionen kontrollieren zu kön-
45 nen. Auch weitere verhaltenstherapeutische Stra-

tegien können unterstützend zum Einsatz kommen. Zentral ist jedoch die Anwendung der
erarbeiteten Selbstverbalisationen.
Bei bereits deutlichem Vermeidungsverhalten ist
im Einzelfall zu entscheiden, ob eine graduierte 50
Annäherung an die bisher vermiedenen Situationen erfolgt (Erstellen einer Angsthierarchie, ge-
stuftes Üben) oder aber ob man direkt mit der
Konfrontation mit der am meisten angstauslösenden Situation beginnt. Für genauere Hinweise zur 55
Durchführung von Konfrontationsübungen sei
hier auf die entsprechende verhaltenstherapeutische Literatur verwiesen.

Förderung der Selbsthilfefähigkeiten des Klienten
60

Schriftliche Trainingseinheiten
Neben dem „Einüben" der konkreten Ergebnisse
des kognitiven Umstrukturierungsprozesses in Bezug auf die Gefühle/Verhaltensweisen in *einer* bestimmten Problemsituation A (d. h. der für *diese* 65
Situation entwickelten hilfreichen Kognitionen,
wie es bisher beschrieben wurde) wird in den kognitiven Therapien (insbesondere den Ansätzen
von Ellis und Beck) entscheidender Wert darauf
gelegt, dass der Klient auch lernt, den *gesamten* 70
Prozess der kognitiven Umstrukturierung (Selbstbeobachtung und Identifikation dysfunktionaler
Kognitionen, Infragestellen der dysfunktionalen
Kognitionen, Formulieren für diese Situationen
passender zielführender Kognitionen) *selbststän-* 75
dig zu durchlaufen, um so auch mit anderen, nicht
in der Therapie besprochenen Situationen A ad-
äquat[1] umgehen zu können. Nur dann kann von
einer Generalisierung der Therapieergebnisse im
Sinne eines Erwerbs *allgemeiner* Problemlösefä- 80
higkeiten gesprochen werden. Voraussetzung dafür ist, dass der Prozess der kognitiven Umstrukturierung anhand verschiedener Beispielsituationen
aus dem Alltag des Patienten mehrmals „durch-
exerziert" wird. Dies geschieht sowohl *in* der The- 85
rapie gemeinsam mit dem Therapeuten (wobei
auf die häufig notwendige Redundanz[2] und die
Disputation ein und derselben dysfunktionalen
Kognition anhand mehrerer Beispielsituationen
schon hingewiesen wurde) wie auch in Form der 90
bereits mehrfach erwähnten schriftlichen Trai-
ningseinheiten zwischen den jeweiligen Therapie-

---

[1] *(lat.): angemessen, entsprechend*
[2] *(lat.): Vorhandensein von Überflüssigem, für die Therapie unötigen Informationen*

sitzungen die jedem Klienten als wertvolle Selbsthilfemaßnahme sowohl begleitend zur Therapie wie auch nach Beendigung der Therapie nahe gelegt werden können. Letztlich ist es Zielsetzung
5 dieser Aufgaben, dass der Klient *das Auftreten negativer belastender Gefühle oder Verhaltensweisen* für sich als *Signal* anzusehen lernt für das Vorhandensein bestimmter dysfunktionaler Kognitionen, die er dann mithilfe der Schemata identi-
10 fizieren und verändern kann, um entsprechend auch seine Emotionen/Verhaltensweisen in eine für ihn befriedigendere Richtung zu steuern. Die Einfachheit der Schemata macht es den meisten Patienten möglich, dies auch tatsächlich ohne Mit-
15 hilfe des Therapeuten tun zu können. Zur Disputation der dysfunktionalen Kognitionen sind oft die zwei Kernfragen: Hilft mir dieser Gedanke, mich so zu fühlen und zu verhalten, wie ich es will? ... und: Entspricht der Gedanke den Tatsachen? Wo
20 ist der Beweis für diesen Gedanken? ... ausreichend. Die schriftliche Auseinandersetzung mit den eigenen hinderlichen, dysfunktionalen Kognitionen hat vor allem zu Beginn der Therapie einen wichtigen Stellenwert. Gegen Ende der Therapie
25 benötigen viele Klienten die Schriftform nicht mehr oder nur noch in besonders schwierigen Fällen, in denen die Anwendung der erlernten Methoden „im Kopf" noch nicht gelingt.

Vermittlung von Selbstkontrollstrategien

Zur Unterstützung *aller* Arten von selbstständigen 30 Übungen/Hausaufgaben im Verlaufe der Therapie, aber auch zur Unterstützung der späteren Selbsthilfepraxis des Klienten ist es zudem hilfreich, dem Klienten Selbstkontrollstrategien zu vermitteln (neben den bereits erwähnten kogniti- 35 ven Selbstverstärkungsstrategien z.B. konkretes Planen einzelner Aufgaben, Festlegen von Zwischenzielen und Teilschritten (Erfolgskriterien), contract-management, weitere Selbstverstärkungsstrategien bei Erreichen bestimmter Zwi- 40 schenziele; vgl. auch hierzu die entsprechende verhaltenstherapeutische Literatur). *Ellis* z.B. bittet Klienten in seinen Workshops gerne, zunächst zu benennen, welche Dinge sie im Alltag gerne tun oder haben (z.B. Kaffee trinken, Bier trinken, Fuß- 45 ball spielen, spazierengehen, sonnenbaden o.Ä.) und dann eine Liste von Dingen zu erstellen, die sie nicht gern tun oder haben (z.B. Geschirr spülen, Auto waschen, Behördengänge erledigen, bügeln o.Ä.). Dann wird der Klient aufgefordert, 50 mit sich selbst einen Vertrag abzuschließen, nach dem er eine der als positiv bezeichneten „Belohnungen" erst und nur dann ausführen darf, wenn er den für diesen Tag geplanten Selbsthilfeschritt (kognitive Übung, Vorstellungsübung, Verhaltens- 55 übung) tatsächlich auch ausgeführt hat, umgekehrt sich aber dazu verpflichtet, eine der als unangenehm bezeichneten Handlungen auszuführen, wenn er dies unterlässt.

(Wilken, 2008[4], S. 169 ff.)

Aufgaben und Anregungen

Aufgaben

1. Stellen Sie wissenschaftliche Grundlagen, Grundannahme und Zielsetzung
   a) der psychoanalytischen Therapie dar.
      (Abschnitt 23.1.1)
   b) der kognitiven Therapie dar.
      (Abschnitt 23.2.1)

2. Erläutern Sie anhand eines Beispiels das kognitive Modell nach *Aaron T. Beck*.
   (Abschnitt 23.2.2)

3. Beschreiben Sie am Beispiel einer psychischen Störung die Analyse
   a) in der psychoanalytischen Therapie.
      (Abschnitt 23.1.2)
   b) in der kognitiven Therapie.
      (Abschnitt 23.2.3)

4. Erläutern Sie am Beispiel einer ausgewählten psychischen Störung die Vorgehensweise
   a) in einer psychoanalytischen Therapie (zum Beispiel klassische Therapie nach *Freud*).
      (Abschnitt 23.1.3)
   b) in einer kognitiven Therapie (zum Beispiel kognitive Therapie nach *Beck*).
      (Abschnitt 23.2.4)

5. Zeigen Sie anhand einer Form der Depression oder einer Angststörung (zum Beispiel Phobie)
   a) eine psychoanalytische Therapie (zum Beispiel klassische Therapie nach *Freud*) auf.
      (Abschnitt 23.1)
   b) eine kognitive Therapie (zum Beispiel kognitive Therapie nach *Beck*) auf.
      (Abschnitt 23.2)

6. Fallbeschreibung: „Helmut"
   Helmut, 11 Jahre alt, wird von seiner Mutter wegen Zwangserscheinungen bei der Erziehungsberatung vorgestellt. Sie berichtet: Helmut sei ein sehr braves und ruhiges Kind. So etwas wie eine Trotzphase habe er nicht durchgemacht. Allerdings sei er auch sehr ängstlich und langsam. Für das Anfertigen der Hausaufgaben brauche er im Vergleich zu anderen Kindern ungewöhnlich lange. Sorge machten ihr aber vor allem seine Ordnungszwänge. Wenn die Bleistifte auf seinem Schreibtisch nicht genau im rechten Winkel zur Tischkante lägen, gerate er in Panik. Er meinte, dann passiere ein fürchterliches Unglück. Sie selbst sagt von sich, dass sie das Kind immer sehr streng gehalten habe. Vor allem die Sauberkeitserziehung habe sie rigoros durchgezogen.

   Stellen Sie am Beispiel von Helmut wichtige Elemente einer psychoanalytischen Therapie (zum Beispiel der klassischen psychoanalytischen Therapie nach *Freud*) dar.
   (Abschnitt 23.1)

7. Fallbeschreibung „Sally"
   Sally ist 18 Jahre alt und besucht die 13. Klasse eines Gymnasiums. Sie kam zur Therapie, weil sie sich ständig traurig, ängstlich und einsam fühlt. Auf Fragen des Therapeuten antwortet sie, dass sie sich am schlechtesten fühle, wenn sie im Bett liege und versuche, einzuschlafen. Ihr

schießen dann Gedanken wie „Ich werde diese Seminararbeit nie fertig krie-
gen.", „Wahrscheinlich schaffe ich deshalb das Abitur nicht." oder „Aus mir wird
nie etwas Anständiges." durch den Kopf. Nach der Vergangenheit befragt ergab
sich folgendes Bild: Sally hatte einen sehr begabten älteren Bruder, dem sie in
allem unterlegen war. Sie verglich auch immer wieder ihre Leistungen mit denen
ihres Bruders und schnitt dabei stets schlechter ab. Durch die häufige Kritik ihrer
Mutter wurde sie in ihrer Ansicht bestärkt. Vor allem stellte die Mutter ständig
die besseren Leistungen ihres Bruders heraus. Sie könne sich noch erinnern, dass
die Mutter öfters, wenn es Zeugnisse gab, gesagt habe: „Dein Bruder hat ein
gutes Zeugnis. Und du? Du wirst nie die Schule schaffen, du wirst es auch nie zu
etwas bringen!" Sally war – wie sie dem Therapeuten erzählt – für die Worte
ihrer Mutter sehr empfänglich, weil sie glaubte, ihre Mutter habe quasi immer
recht. Deshalb glaubte sie der Mutter auch dann, wenn diese sie kritisierte und
sie damit direkt oder indirekt als „unfähig" bezeichnete (vgl. Beck, 1999, S. 19 f.).

Erläutern Sie anhand der Fallbeschreibung „Sally" eine kognitive Therapie (zum
Beispiel nach *Aaron T. Beck*).
(Abschnitt 23.2)

8. a) Wählen Sie ein geeignetes therapeutisches Modell für die Behandlung von
    Essstörungen aus und begründen Sie Ihre Wahl.
    b) Stellen Sie dieses therapeutische Vorgehen und seine theoretische Fundie-
    rung am Beispiel der Behandlung von Essstörungen dar.
    (Abschnitt 23.1 oder 23.2)

9. Vergleichen Sie die psychoanalytische und die kognitive Therapie.
    (Abschnitt 23.3.1)

10. Unterziehen Sie das psychoanalytische Therapiekonzept einer Bewertung.
    (Abschnitt 23.3.2)

11. Bewerten Sie die kognitive Therapie hinsichtlich ihrer Effektivität bei der Be-
    handlung von Menschen mit psychischen Störungen.
    (Abschnitt 23.3.3)

12. Diskutieren Sie ein therapeutisches Konzept (zum Beispiel ein psychoanalyti-
    sches oder kognitives Therapiekonzept) zur Behandlung entweder einer Depres-
    sion oder einer Angststörung.
    (Abschnitt 23.3.2 oder 23.3.3 und *Kapitel 22.3.1 oder 22.4.1*)

Anregungen

13. *Wer wird Millionär?*
    Erstellen Sie in Kleingruppen je 10 Fragen zu dem Thema „Behandlung von psy-
    chischen Störungen". Jeder Frage sind vier Antwortvorschläge anzufügen, wo-
    von nur eine Antwort richtig sein darf. Mischen Sie anschließend die Fragen der
    verschiedenen Kleingruppen und spielen Sie in der Klasse das Spiel „Wer wird
    Millionär?"

14. *Biografie und Internetsuche*
    - Suchen Sie in Gruppen im Internet nach Informationen über das Leben und Werk von *Aaron T. Beck*.
    - Fertigen Sie in Kleingruppen eine Übersicht zur Biografie von *Aaron T. Beck* an.
    - Erarbeiten Sie vier bis sechs wichtige Abschnitte seines Lebens.

15. Besuchen Sie mit der Klasse eine psychotherapeutische Praxis. Bringen Sie dort in Erfahrung, wie diese arbeitet und welche Probleme sich hinsichtlich der Arbeit mit Klienten ergeben.

16. Machen Sie zusammen mit Ihrer Klasse ausfindig, ob sich in Ihrer Nähe eine Einrichtung befindet, die nach einem psychoanalytischen oder einem kognitiven Konzept arbeitet.

17. *Interview führen*
    - Entscheiden Sie sich für eine Stelle, die psychotherapeutisch arbeitet.
    - Bereiten Sie in Kleingruppen Fragen zu folgenden Themen vor: Ziele, Organisation, Arbeitsweise, Klientel, Chancen, Probleme und Grenzen der Arbeit in dieser Stelle.
    - Überlegen Sie sich geeignete Möglichkeiten der Präsentation.
    - Berichten Sie die Ergebnisse Ihres Interviews vor der Klasse.

18. Laden Sie in Ihre Klasse einen in der Praxis tätigen Psychotherapeuten ein und lassen Sie sich von ihm erzählen,
    - nach welchem Grundkonzept der Psychotherapie er vorgeht,
    - welche Vorgehensweise er anwendet (vielleicht kann er dies an einem ganz konkreten „Fall" machen),
    - wie hoch seine „Erfolgsquote" ist und
    - mit welchen Problemen er in seiner Arbeit konfrontiert ist.

24 Organisationspsychologie

Schule und Krankenhaus – zwei Organisationen, die jeder von uns gut kennt.

Folgende Fragen werden in diesem Kapitel geklärt:

1. *Was versteht man unter Organisationspsychologie?*
   Mit welchem Gegenstand befasst sie sich?

2. *Durch welche Merkmale sind Organisationen gekennzeichnet?*

3. *Welche Auswirkungen haben diese Merkmale auf die einzelnen Mitglieder*
   einer Organisation?
   Welche auf ihre Gruppen und auf die Organisation als Ganzes?

4. *Welche Möglichkeiten gibt es, um das äußerst komplexe Geschehen in*
   Organisationen zu beeinflussen?

24.1 Merkmale von Organisationen

Die Wirtschaftspsychologie beschäftigt sich mit dem Menschen als Hersteller und Verbraucher von Gütern und Dienstleistungen. Die Wirtschaftspsychologie unterteilt sich in verschiedene Bereiche: Während der Marktpsychologie und Kommunikationspsychologie die Aufgabe zufällt, sich mit dem Menschen als Konsumenten zu befassen, richtet die Organisationspsychologie im weiteren Sinne ihr Interesse auf den Menschen in seiner Funktion als Produzent.

24.1.1 Der Gegenstand der Organisationspsychologie

Will man den Gegenstand der Organisationspsychologie bestimmen, so ist es ratsam zunächst den Begriff „Organisation" näher zu betrachten. Eine Organisation setzt sich immer aus verschiedenen Personen zusammen. Sie stellt eine soziale Einheit dar, die aus mehreren Personen besteht und in der soziale Beziehungen existieren sowie soziales Handeln stattfindet. Eine solche soziale Einheit bezeichnet man als **soziales Gebilde**. Dieses ist zeitlich überdauernd, verfolgt bestimmte **Ziele**, weist eine bestimmte **Struktur** auf.

> Ein Betrieb zum Beispiel hat das Ziel, etwa Autos, Haushaltsgeräte, Werkzeuge oder Maschinen herzustellen. Organisationen im Bereich des Gesundheitswesens bemühen sich um Gesundheitsvorsorge bzw. wollen Menschen von Krankheiten heilen. Solche sozialen Gebilde weisen eine bestimmte Struktur auf, etwa Arbeitsteilung oder eine Hierarchie von Verantwortung und existieren über einen längeren Zeitraum.

Statt von einem sozialen Gebilde wird auch oft von einem **sozialen System** gesprochen. Damit soll der Aspekt hervorgehoben werden, dass ein soziales Gebilde immer ein Ganzes ist, dessen Teile untereinander in einer wechselseitigen Beziehung stehen und sich gegenseitig beeinflussen[1].

> **Eine Organisation ist ein zeitlich überdauerndes, strukturiertes soziales Gebilde bzw. System, welches sich aus verschiedenen Personen zusammensetzt und bestimmte Ziele verfolgt (vgl. *von Rosenstiel, 2007*[6], S. 6)**

---

[1] *vgl. Abschnitt 24.1.4*

Das Interesse der Organisationspsychologie gilt dem Erleben und Verhalten von Menschen im Zusammenhang mit ihrer Arbeit in Organisationen wie in der Schule, in Verbänden, Wirtschaftsunternehmen oder Behörden. Deshalb lässt sich die Organisationspsychologie als eine Wissenschaft bezeichnen, die sich mit dem Erleben und Verhalten von Menschen in ihrer Rolle als Mitglieder von Organisationen beschäftigt (vgl. *von Rosenstiel, 2007[6], S. 5*).

> **Organisationspsychologie ist die Wissenschaft vom Erleben und Verhalten von Menschen in ihrer Eigenschaft als MItglieder von Organisationen.**

Die vielen verschiedenen Sichtweisen von Organisationen haben zu einer Vielfalt von zum Teil recht unterschiedlichen Merkmalen geführt, mit denen man Organisationen charakterisiert. Trotz dieser Unterschiede gelten mittlerweile einige **Merkmale von Organisationen** als relativ typisch und unstrittig.

24.1.2 Das Merkmal der Zielbezogenheit

Schon immer waren Menschen bemüht, ihre Bedürfnisse zu befriedigen. Viele der dafür benötigten Güter und Dienstleistungen sind jedoch knapp oder können durch den Einzelnen – wenn überhaupt – nur unter unverhältnismäßig großem Einsatz von speziellen Fertigkeiten, Fähigkeiten, Zeit, Mühe, Maschinen und dergleichen hergestellt werden. Erst durch die absichtliche, geplante Zusammenarbeit vieler Personen, die ihre Aktivitäten koordinieren und auf ein festgelegtes Ziel ausrichten, gelingt es in der Regel, die nötige Anzahl von Produkten in akzeptabler Qualität und bei vertretbarem Aufwand zu erzeugen. Ein solches Zusammenwirken von Menschen erfolgt in eigens zu diesem Zweck gegründeten sozialen Einheiten, den sogenannten Organisationen. Damit wird **die Ausrichtung von Organisationen an festgelegten Zielen** zu einer ihrer zentralen charakteristischen Kennzeichen.

> Organisationen im Bereich der Wirtschaft haben beispielsweise das Ziel, Autos, Haushaltsgeräte, Werkzeuge oder Maschinen herzustellen, während Organisationen im Bereich des Gesundheitswesens sich um Gesundheitsvorsorge bemühen bzw. Menschen von Krankheiten heilen wollen. Wesentliche Ziele von Organisationen im Bereich der Erziehung und Bildung sind in entsprechenden Gesetzen oder Lehrplänen festgeschrieben. So finden sich beispielsweise im „Bayerischen Gesetz über das Erziehungs- und Unterrichtswesen" u.a. folgende Ziele:
> – Schulen sollen Können und Wissen vermitteln;
> – Geist, Körper, Herz und Charakter bilden;
> – zu Selbstbeherrschung, Verantwortungsbewusstsein, zur Achtung vor Gott und der religiösen Überzeugungen anderer, zur Achtung der Menschenwürde, Hilfsbereitschaft u.a. erziehen.
> In diesem Zusammenhang erscheinen ferner als besondere schulische Aufgaben die Erziehung zur Toleranz, zur friedlichen Gesinnung und zur Achtung anderer Menschen, zur Einsatzbereitschaft für den freiheitlich-demokratischen Rechtsstaat usw. Ferner fällt den Schulen die Aufgabe zu, auf Arbeits- und Berufswelt vorzubereiten.

> **Zielbezogenheit als Organisationsmerkmal meint ein Ausrichten bzw. ein Ausgerichtetsein der Organisation auf bestimmte, festgelegte Absichten.**

24.1.3 Das Merkmal der Strukturiertheit

Von Anfang an werden in Organisationen ganz bewusst Organisationsziele entwickelt und für verbindlich erklärt, die Anzahl der nötigen Mitarbeiter und ihre erforderlichen Qualifikationen festgelegt, Verhaltensregeln etabliert und durch entsprechende Belohnungs- bzw. Bestrafungsmechanismen gestützt. Ferner schafft man Positionen, Rollen und Hierarchien, Kommunikationswege und vieles andere mehr. Auf diese Weise entsteht eine Vielzahl Regelungen und Festlegungen, die man als Organisation(sstruktur) bezeichnet.

> **Organisationsstruktur meint die Gesamtheit von Regelungen und Festlegungen in Organisationen.**

Meist sind solche Regelungen und Festlegungen absichtlich geschaffen, geplant und verbindlich. Man spricht hier von **formaler Organisationsstruktur (formaler Organisation)**, die ausschließlich dem Zweck dient, die Arbeit der Organisationsmitglieder zu koordinieren, um die angestrebten Ziele möglichst effektiv zu erreichen.

> In der Schule sind beispielsweise Lernziele und Lerninhalte von Anfang an festgelegt, ebenso die Anzahl der benötigten Lehrer. Eine Schulordnung regelt das Zusammenleben und sieht entsprechende Maßnahmen bei groben Verstößen vor.

> In jeder Schule besetzen Mitarbeiter bestimmte Positionen – vom Hausmeister bis zum Schulleiter -, die sich hinsichtlich ihres Ranges unterscheiden. Mit diesen Positionen sind außerdem bestimmte Verhaltenserwartungen und Rechte verbunden, die das Aufgabenfeld des Positionsinhabers definieren und ihm bestimmte Kommunikationswege vorschreiben oder erst eröffnen.

> **Formale Organisationsstruktur meint die Gesamtheit von absichtlichen, geplanten und verbindlichen Anordnungen und Festlegungen, um bestimmte Organisationsziele zu realisieren.**

Lange Zeit war man der Überzeugung, dass man eine Organisation bis in die letzten Details planen könne, ähnlich dem Funktionieren einer Maschine. Man spricht deshalb von einem sogenannten Maschinen-Modell. Doch solche Versuche scheiterten und mussten aufgegeben werden.

Die formale Organisationsstruktur ist durch drei Merkmale näher gekennzeichnet (vgl. *Kühn, 2006[5], S. 341 f.*):

- **Spezialisierung** meint die Art und Menge der Zerlegung und Untergliederung einer Organisation; ihr Kriterium ist der **Grad der Arbeitsteilung**.
- **Zentralisierung** bedeutet das Ausmaß der Konzentration von Entscheidungsbefugnissen[1].
- **Formalisierung** meint den Grad der Festlegung der Zuständigkeiten und Arbeitsabläufe.

Eine Organisation kann einen hohen oder niedrigen Grad an Spezialisierung, Zentralisierung und/oder Formalisierung aufweisen.

Weist eine Organisation einen hohen Grad an Spezialisierung, Zentralisierung und Formalisierung auf, so wird eine solche als **bürokratisch** *bezeichnet.*

Obwohl Organisationen um ein Steuern der Zusammenarbeit ihrer Mitglieder bemüht sind, gelingt es niemals, für alle möglichen oder eventuell eintretenden Situationen und Gegebenheiten Regelungen bzw. Verfahrenweisen festzulegen.

> Man bedenke beispielsweise, dass in Organisationen ständig die unterschiedlichsten Menschen aufeinander treffen, die Zusammensetzung von Arbeitsgruppen sich häufig verändert, die Gesellschaft rasanten Veränderungen unterliegt, die Nachfrage nach bestimmten Gütern und Dienstleistungen erheblichen Schwankungen unterworfen sein kann.

In dem Maße, wie die formalen Planungs- und Steuerungsmöglichkeiten an ihre Grenzen stoßen, entwickeln sich parallel zur formalen Struktur – insbesondere in Gruppen – eigene und eigenständige Regelungen, Vereinbarungen, Verfahrensweisen, Normen, Werte und Rangordnungen. Diese sind weder von vorneherein geplant, noch irgendwo offiziell festgelegt. Man spricht deshalb von einer **informalen Organisationsstruktur (informale Organisation)**.

> Beispielsweise kann ein von seiner Arbeitsgruppe sehr geschätzter Mitarbeiter in bestimmten Situationen Gruppenentscheidungen wesentlich mehr beeinflussen, als der direkte Vorgesetzte dieser Gruppe und damit die offizielle Rangordnung relativieren. Die Vorstellungen einer Gruppe über Geschwindigkeit und Qualität einer zu erbringenden Leistung kann deren Ergebnis weit mehr beeinflussen als offizielle Anreizsysteme. Das offizielle Ziel, möglichst kostengünstig zu produzieren, muss sich nicht zwangsläufig mit dem Ziel der Arbeitnehmer decken, insbesondere wenn dieses Ziel durch zusätzliche, nicht entlohnte Arbeit angestrebt werden soll.

Als informale Organisationsstruktur bezeichnet man alle in einer Organisation faktisch existierenden Regelungen und Festlegungen, die nicht von vornherein geplant und beabsichtigt sind und die es „offiziell" gar nicht gibt.

Formale und informale Organisationsstrukturen existieren nebeneinander und bedingen sich gegenseitig. In der Regel schafft die formale Organisationsstruktur wesentliche, allgemeine Rahmenbedingungen, innerhalb deren sich informale Strukturen herausbilden. Dabei können formale und informale Organisationsstrukturen aber auch in Widerspruch zueinander geraten. Insbesondere dort, wo sich formale

---

[1] vgl. Abschnitt 24.2

Vorgaben als umständlich, die Arbeit behindernd oder als völlig untauglich erwiesen haben, etablieren sich informale Praktiken, die dann für den reibungslosen Ablauf von Arbeitsprozessen sorgen. Dies ist vor allem bei sehr bürokratischen Organisationen der Fall.

> Im Schulbetrieb sind zum Beispiel vier zusammenhängende Unterrichtsstunden im Fach Deutsch in der Regel nicht vorgesehen. Will der Deutschlehrer aber einen entsprechend langen Leistungsnachweis durchführen, wird er informell mit den Kollegen Stunden tauschen. Er kann auf diese Weise sein Ziel erreichen, die Klasse an lange Prüfungszeiten zu gewöhnen. Eine offizielle Anfrage bei der Schulleitung würde dagegen mit erheblich mehr Arbeits- und Zeitaufwand verbunden sein, und die Schulleitung von anderen, wichtigeren Aufgaben abhalten.

„Formal eingerichtete und inoffiziell sich entwickelnde Regeln, Werte und Gesetze sind in jeder formalen Organisation unabdingbar und unteilbar miteinander verwoben…"
(Weinert, 1987[2], S. 43)

Wichtige Aspekte der Organisationsstruktur sind die Kommunikations- und ***Entscheidungsstrukturen***[1].

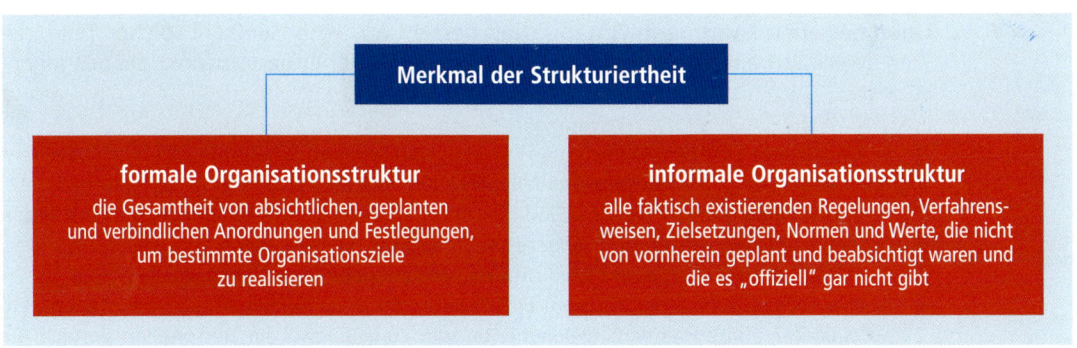

Merkmal der Strukturiertheit

formale Organisationsstruktur	**informale Organisationsstruktur**
die Gesamtheit von absichtlichen, geplanten und verbindlichen Anordnungen und Festlegungen, um bestimmte Organisationsziele zu realisieren	alle faktisch existierenden Regelungen, Verfahrensweisen, Zielsetzungen, Normen und Werte, die nicht von vornherein geplant und beabsichtigt waren und die es „offiziell" gar nicht gibt

---

[1] *siehe Abschnitt 24.2*

24.1.4 Die Organisation als System

Will man das Verhalten und Erleben von Menschen in der Arbeitswelt verstehen und erklären, so muss man die Organisation als soziales Gefüge betrachteten, das aus vielen zusammenhängenden Einzelteilen besteht, deren spezifische Anordnungen und Verbindungen ein Ganzes ergeben. **Dabei stehen alle einzelnen Elemente in einer Organisation zueinander in einer wechselseitigen Beziehung und beeinflussen sich gegenseitig.** Die Psychologie spricht in diesem Zusammenhang von einem System.

> Die Schule zum Beispiel stellt als Organisation ein System dar: Sie ist ein Ganzes, welches aus einzelnen Elementen – Schulleitung, Lehrerkollegium, Verwaltungspersonal, Schüler – besteht. Diese Elemente beeinflussen sich gegenseitig.

> **Unter einem System wird eine Ganzheit verstanden, die aus einzelnen Elementen, welche untereinander in einer wechselseitigen Beziehung stehen und sich gegenseitig beeinflussen, besteht.**

Bei diesem Blick aufs Ganze und seine Einzelteile erscheint jede Organisation als ein System, welches wiederum aus vielen verschiedenen Untereinheiten, den **Subsystemen** bestehen kann. Jede Organisation besteht aus einer Vielzahl solcher Teile, deren Zweck auf ein möglichst effektives Realisieren der Organisationsziele ausgerichtet ist.

> So besteht ein Berufschulzentrum aus vielen verschiedenen Schultypen, die sich spätestens dann gegenseitig beeinflussen, wenn Sporthallen oder die zentrale Aula von allen vertretenen Schultypen genutzt werden. Sind die Lehrer als Beschäftigte des Berufschulzentrums in unterschiedlichen Schultypen eingesetzt, so müssen Stundenpläne, Abschlussprüfungen, Fortbildungsmaßnahmen und Ähnliches eng aufeinander abgestimmt werden.
> Aber auch innerhalb einer bestimmten Schulart oder einer einzelnen Schule bestehen viele aufeinander abgestimmte Einzelelemente, wie zum Beispiel im personellen Bereich die Schulleitung, die Lehrerschaft, das Sekretariat, die Schüler und der Hausmeister usw.

Innerhalb der Organisationspsychologie betrachtet man Organisationen in ihrer Eigenschaft als Systeme aus verschiedenen Blickwinkeln. Dementsprechend unterscheidet man die Organisation als **geschlossenes System** und als **offenes System**.

Die Organisation als geschlossenes System

Bei dem Bemühen, Organisationen zu erforschen, beschränken sich Wissenschaftler in diesem Ansatz auf jene Variablen, die einen direkten und auch nachweisbaren Einfluss auf Organisationsziele haben. Einflussgrößen, die sich innerhalb der Organisation nicht genau bestimmen oder messen lassen, werden ebenso vernachlässigt wie Variablen, die von außen als nicht vorhersehbare Kräfte auf die Organisation wirken. Auf diese Weise versucht man Organisationen in ihrer Eigenschaft als in sich geschlossene *zweckrationale Gebilde* möglichst präzise zu erfassen.

> Betrachtet man die Organisation Schule als geschlossenes System, so könnte man beispielsweise Schülerleistungen erheben in Abhängigkeit von Vor- bzw. Nachmittagsunterricht, in Abhängigkeit vom Einsatz bestimmter Medien, der Unterrichtsformen oder der Klassenstärke. Die Ergebnisse solcher Untersuchungen nutzt man dann, um die Leistungen der Schüler zu optimieren, indem optimale Arbeitsbedingungen geschaffen werden.

> Organisation als geschlossenes System meint eine Betrachtungsweise von Organisationen, bei der alle Einflussgrößen, die zum Erreichen angestrebter Ziele dienen, definierbar und exakt messbar sind.

*Bereits zu Beginn des 20. Jahrhunderts befasste sich Frederik W. Taylor mit Themen im Bereich der Arbeitsplatzgestaltung wie zum Beispiel der Länge von Pausen, der Bedienungsweisen von Maschinen, der Auswirkung von Beleuchtung am Arbeitsplatz u. a. Ziel dieses als **Scientific Management** bekannt gewordenen organisationstheoretischen Ansatzes war eine wirtschaftlich möglichst effektive Produktionsweise. Dabei ging man davon, dass Menschen nur aus ökonomischen Anreizen heraus arbeiten und menschliche Bedürfnisse im Produktionsprozess keine wesentliche Rolle spielen. Die Aufteilung von größeren und komplexen Arbeitsabläufen in kleine, monotone Arbeitseinheiten, Akkordlöhne und Fließbandarbeit sind anschauliche Beispiele für die praktische Umsetzung des Scientific Managements.*

> *„Alle … Schulen des ‚rationalen Modells'… haben … in erster Linie ihre Aufmerksamkeit auf Arbeitsleistung, Effizienz und Kontrolle innerhalb der Organisation gerichtet. Ziel ist die Funktionalität der Organisation, das Optimieren und Erreichen des Gesamtziels. Darauf ist alles Planen, darauf sind alle Handlungen ausgerichtet, und weil das Organisationssystem nach außen hin geschlossen ist, sind die Resultate auch ‚klar vorhersagbar'…"*
> (Weinert, 1987[2] S. 46)

Die Organisation als offenes System

Die Betrachtungsweise der Organisation als geschlossenes System hat viel Kritik erfahren, insbesondere wegen der Tatsache, dass sämtliche Außenbeziehungen der Organisation zu ihrer Umwelt vernachlässigt werden. Organisationen sind keine Einheiten, die völlig unabhängig und isoliert von der sie umgebenen Umwelt arbeiten. Jede Organisation wird vielmehr von anderen sozialen Einheiten beeinflusst und wirkt umgekehrt auf diese zurück. Es bestehen also vielfältige **wechselseitige Beeinflussungsprozesse zwischen Organisation und Umwelt.**

Solche Einflüsse von außen sind aber in den wenigsten Fällen in ihrer Vielfalt exakt bestimmbar, weder in der Erfassung der Auswirkungen auf die Organisation noch in der Vorausberechenbarkeit.

Schulen stehen beispielsweise in vielfältigen Wechselbeziehungen zu Kindergärten, da im Rahmen der Vorschulerziehung Kindergartenkinder der Grundschule Besuche abstatten, Erzieher und Grundschullehrer Absprachen treffen und wichtige Informationen austauschen. Schulen werden beeinflusst von den Wünschen und Bedürfnissen der Eltern, unterhalten Kontakte zu Arbeitsorganisationen in Form von Praktika für die Schüler, oder richten ihre Unterrichtsinhalte etwa nach prüfungsrelevanten Vorgaben der Industrie- und Handelskammer. Selbst internationale Vergleichsstudien wie zum Beispiel PISA nehmen indirekt Einfluss auf unsere Bildungsorganisationen.

> Organisation als offenes System meint eine Betrachtungsweise von Organisationen, bei der man die Organisationen in ihren Interaktionsprozessen mit der Umwelt sieht und davon ausgeht, dass es unmöglich ist, alle Einflüsse auf die Organisation genau erheben, berechnen oder voraussagen zu können.

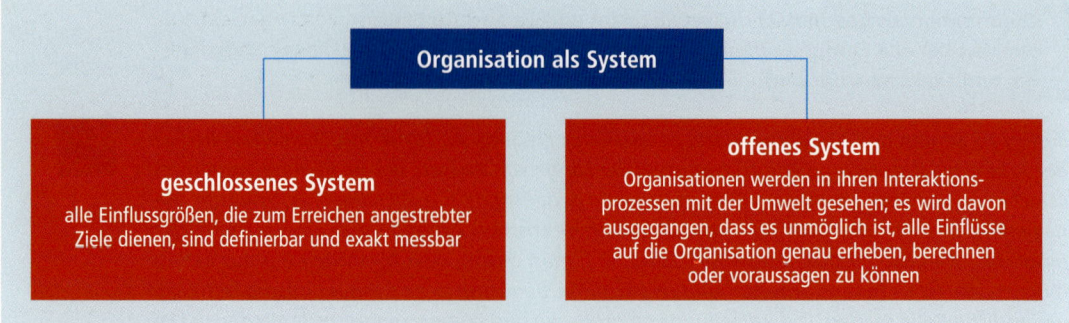

24.2 Kommunikations- und Entscheidungsstrukturen

In jeder Organisation, in der viele Menschen zusammenarbeiten, besteht die Notwendigkeit wichtige Informationen schnell und möglichst fehlerfrei an die dafür vorgesehenen Adressaten zu übermitteln. Nur so lassen sich die vorgegebenen Ziele erreichen, während Mängel beim Informationsfluss gravierende Folgen haben können.

24.2.1 Kommunikationsstrukturen

Jede Organisation besitzt bestimmte Kommunikationsstrukturen, womit das Netz von Informationswegen innerhalb einer Organisation bzw. ihrer Abteilungen oder Gruppen gemeint ist.

> So werden beispielsweise in der Schule über verschiedene Informationswege Nachrichten weitergegeben, die zusammen die Kommunikationsstruktur bilden. Es könnten hierbei folgende verschiedene Informationswege existieren:
> – Der Schulleiter ruft eine Gesamtlehrerkonferenz ein und spricht zu den Kollegen, diese geben wiederum Informationen an die Schüler weiter.
> – Der Schulleiter spricht per Lautsprecherdurchsage zu allen Schülern und Lehrern.
> – Der Schulleiter informiert alle Schüler schriftlich über die Hausordnung, die er jedem Schüler aushändigen lässt.
> – Der Schulleiter schickt per Hauspost eine schriftliche Anordnung an die Leiter der einzelnen Fachbereiche, diese informieren entsprechend die Kollegen ihrer Abteilung.
> – Der Schulleiter macht einen Aushang am „schwarzen Brett".
> Die Gesamtheit dieser Kommunikationswege ergibt die Kommunikationsstruktur.

> **Kommunikationsstrukturen meint das Netz von Informationswegen innerhalb einer Organisation bzw. ihrer Abteilungen oder Gruppen.**

Betrachtet man Kommunikationswege danach, auf welchen hierarchischen Ebenen sie etabliert sind, so lassen sie sich in *vertikale, horizontale und diagonale Kommunikationswege* einteilen. Fließen Informationen dem Hierarchiegefüge einer Organisation entsprechend von oben nach unten und umgekehrt, geschieht dies über **vertikale Kommunikationswege**, die in ihrer Vielzahl dann eine vertikale Kommunikationsstruktur erzeugen.

Der Informationsfluss in der Organisation Schule kann zum Beispiel so organisiert sein, dass der jeweilige Vorgesetzte seine „Untergebenen" informiert. Das Kultusministerium informiert als höchste hierarchische Instanz den Schulleiter. Dieser gibt die Informationen an seinen Stellvertreter weiter, der seinerseits die Fachbetreuer benachrichtigt. Von den Fachbetreuern werden die Mitteilungen an die „einfachen" Lehrer weiter gegeben, die wiederum die Schüler informieren. Die Vielzahl solcher Kommunikationswege erzeugt eine vertikale Kommunikationsstruktur.

Ein Informationsaustausch zwischen Personen, die sich auf derselben hierarchischen Ebene befinden, erfolgt über **horizontale Kommunikationswege**, die ihrerseits eine horizontale Kommunikationsstruktur erzeugen können.

Nutzt das Lehrerkollegium beispielsweise seine Informationswege, indem sich die einzelnen Lehrer gegenseitig wichtige Informationen zukommen lassen, ohne dass über- oder untergeordnete Stellen in diesen Informationsfluss einbezogen sind, so werden horizontaler Kommunikationswege genutzt. Diese bilden dann in ihrer Vielzahl eine horizontale Kommunikationsstruktur.

Diagonale Kommunikationswege ermöglichen den Informationsaustausch zwischen Personen auf unterschiedlichen Hierarchieebenen, wobei zwischen diesen Ebenen keine direkte Weisungsbefugnis besteht.

Informiert in einem beruflichen Schulzentrum Kollege A, der in der Maschinenbauschule stellvertretender Schulleiter ist, seinen Freund B, der an der FOS als „einfacher Lehrer" unterrichtet, so wandert die Information von der Ebene Schulleitung auf die Ebene „einfache Lehrer". Aufgrund der unterschiedlichen Schultypen ist jedoch Lehrer A nicht Vorgesetzter von Lehrer B. Viele solcher Kommunikationswege erzeugen eine diagonale Kommunikationsstruktur.

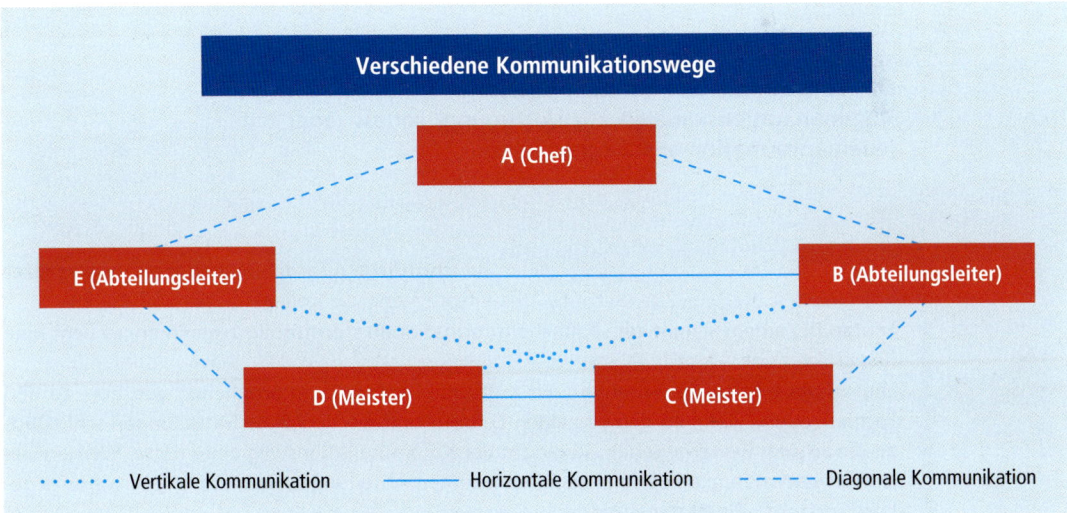

Kommunikationsstrukturen lassen sich danach unterscheiden, in welchem Umfang einer bestimmten, zentralen Person verschiedene Informationswege zur Verfügung stehen. Man spricht in diesem Zusammenhang vom **Zentralitätsgrad**, gelegentlich auch vom Zentralisierungsgrad.

So verfügt ein Schulleiter in der Regel über viele Informationswege und damit über einen hohen Zentralitätsgrad, da er mit allen Schülern, Lehrern, Hausmeistern, Schreibkräften und Eltern direkt sprechen kann. Außerdem stehen ihm zusätzlich im Rahmen von Schulleiter-tagungen, telefonischen und schriftlichen Mitteilungen des Kultusministeriums, oder als Mitglied etwa eines Lehrerverbands eine Vielzahl von weiteren Informationsquellen zur Verfügung.

> **Zentralitätsgrad in diesem Zusammenhang meint das Ausmaß an Informationswegen, über die eine zentrale Person verfügen kann.**

Entsprechend dem Maß an Zentralisierung ergeben sich idealtypisch verschiedene Kommunikationsstrukturen (vgl. *Weinert, 1998⁴, S. 362*):

– Das **Rad**: Im Mittelpunkt des Kommunikationsweges steht eine Person, bei der viele Informationskanäle zusammen-fließen. Der Zentralitätsgrad ist – bezogen auf diese Person – sehr hoch.

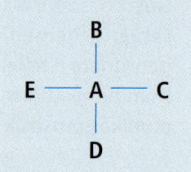

– Die **Kette**: Hier steht den Personen am jeweiligen Ende nur ein Informationska-nal zur Verfügung, während alle ande-ren zwei nutzen können. Es entsteht da-bei ein mittlerer Zentralitätsgrad.

A — B — C — D — E — F

– Der **Kreis**: Hier kann jeder Kommunikationspartner mit sei-nem direkten Nachbarn Informationen austauschen. Der Zentralitätsgrad ist für alle Mitglieder gleich.

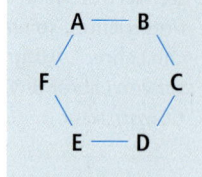

– Die **Vollstruktur**: Bei ihr steht eine sehr große Anzahl von Kommunikationskanälen zur Verfügung, sodass jeder mit jedem Information austauschen kann.

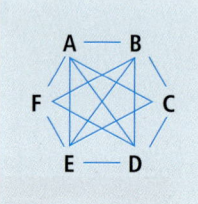

Laufen bei einem Schulleiter sämtliche Informationen sternförmig zusammen, so liegt eine Radstruktur vor.

Laufen die Informationen etwa vom Kultusministerium zum Schulleiter, von dort zu den Fachbetreuern, dann zu den einzelnen Lehrern und werden diese Mitteilungen schließlich an die Schüler weitergegeben, so gleicht der Kommunikationsweg einer Kette. Werden vie-le Informationen, zum Beispiel auch in einzelnen Abteilungen, in dieser Weise weitergege-ben, entsteht eine Kettenstruktur.

Beim Kreis hat jeder Teilnehmer die Möglichkeit mit zwei Partnern Informationen auszu-tauschen. Dies ist beispielsweise der Fall, wenn drei Schüler als Team gemeinsam die Lösung einer Aufgabe erarbeiten.

Die Vollstruktur ergibt sich zum Beispiel in einer Schule, wenn sich Schulleiter, alle Lehrer, Schüler, Hausmeister und Sekretärinnen in der Aula treffen, um Informationen auszutau-schen.

24.2.2 Entscheidungsstrukturen

Jede Organisation verfügt über Strukturen, die den Umfang dessen regeln, was einzelne Personen oder Gruppen auf welcher hierarchischen Ebene festlegen bzw. bestimmen können – sogenannte Entscheidungsstrukturen.

Die Schulordnung legt zum Beispiel fest, welche Befugnisse der Schulleiter, das Lehrerkollegium, der Elternbeirat oder die Schülervertretung hat.

Entscheidungsstrukturen sind Regelungen in Organisationen, die Entscheidungsbefugnisse für die einzelnen Organisationsmitglieder oder Gruppen festlegen.

Entscheidungsbefugnisse können entweder stark auf einzelne Personen zentriert sein, oder aber auf viele Personen oder Gruppen verteilt sein. Daher spricht man von **Zentralisierung bzw. Dezentralisierung** von Entscheidungsstrukturen.

Viele wichtige Entscheidungsbefugnisse in der Schule konzentrieren sich beispielsweise auf den Schulleiter, was auf eine deutliche Tendenz in Richtung Zentralisierung hinweist. Überlässt es der Schulleiter jedoch beispielsweise den einzelnen Fachschaften, die Stundenpläne für die jeweiligen Klassen zu gestalten, die Art der Leistungsnachweise zu bestimmen, oder die Verteilung von Prüfungskorrekturen festzulegen, dann besteht eine Tendenz zur Dezentralisierung von Entscheidungsbefugnissen.

Zentralisierung bzw. Dezentralisierung meint das Ausmaß der Konzentration von Entscheidungsbefugnissen.

In Anlehnung an *Max Weber*[1] unterscheidet *Dietrich Kühn (2006⁵, S. 318 f.)* in seinem *idealtypischen Modell der Organisation* zwei Typen der Zentralität bzw. Dezentralität, innerhalb derer sich verschiedene Mischtypen als Realformen einordnen lassen: das **bürokratische und das teamorientierte Modell**. Ein Idealtyp ist ein Modell, welches in der Realität so nicht existiert.

Beim bürokratischen Modell besteht eine streng hierarchische Struktur mit hoher Zentralität.

Ein Beispiel hierfür ist die Schule, wenn auch nicht in dieser extremen Form: Die Verantwortung liegt grundsätzlich „Oben", entsprechend werden von „Oben" nach „Unten" Anweisungen und Befehle gegeben, die die „Unteren" auszuführen haben; deren Einhaltung wird wiederum von „Oben" kontrolliert. Von „Unten" nach „Oben" gibt es Rückmeldungs- und gegebenenfalls Rechtfertigungswege über die ausgeführten Anweisungen und Befehle, die zudem über den „Dienstweg" laufen.

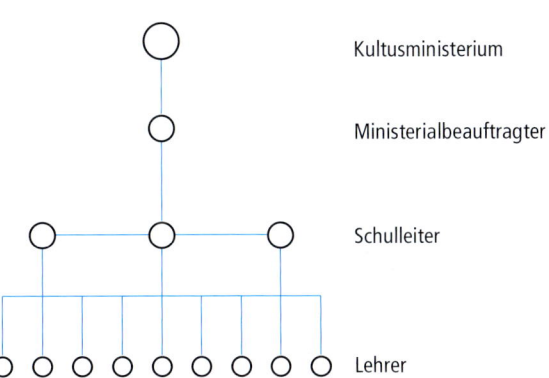

---

[1] *Max Weber (1864–1920), deutscher Wirtschafts- und Sozialwissenschaftler, war Gründungsmitglied der Deutschen Gesellschaft für Soziologie. Noch heute gelten bestimmte Werke von ihm als Grundlage der Soziologie – so zum Beispiel „Macht und Herrschaft".*

Das „Gegenmodell" zur Bürokratie ist das teamorientierte Modell, welches eine sehr hohe Dezentralität aufweist. Alle Organisationsmitglieder sind gleichberechtigt. Zwischen diesen beiden Extrem-Modellen findet man real existierende Mischtypen von Organisationen vor, die eine mehr oder weniger hohe Zentralität bzw. Dezentralität aufweisen.

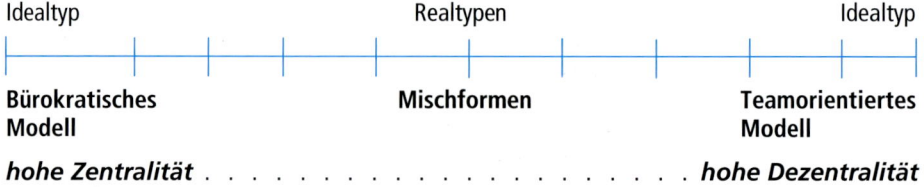

Idealtyp   Realtypen   Idealtyp

Bürokratisches   **Mischformen**   **Teamorientiertes**
Modell   **Modell**

hohe Zentralität . . . . *hohe Dezentralität*

(vgl. Kühn, 2006⁵, S. 319)

Materialien 1

Häufig findet sich in der wissenschaftlichen Literatur das Merkmal Entscheidungsstrukturen in engem Zusammenhang mit den Themen **Führung und Führungstheorien** wieder.

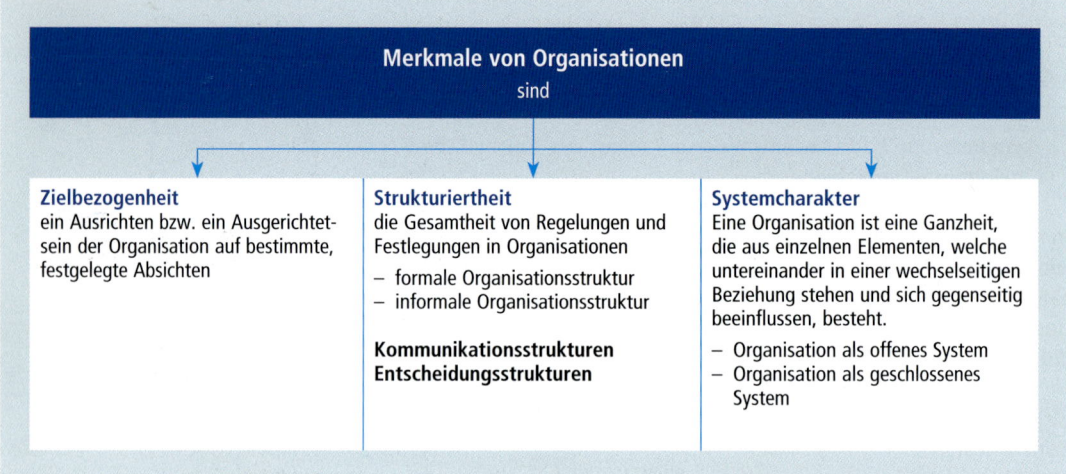

Merkmale von Organisationen
sind

Zielbezogenheit
ein Ausrichten bzw. ein Ausgerichtetsein der Organisation auf bestimmte, festgelegte Absichten

Strukturiertheit
die Gesamtheit von Regelungen und Festlegungen in Organisationen
– formale Organisationsstruktur
– informale Organisationsstruktur

Kommunikationsstrukturen
Entscheidungsstrukturen

Systemcharakter
Eine Organisation ist eine Ganzheit, die aus einzelnen Elementen, welche untereinander in einer wechselseitigen Beziehung stehen und sich gegenseitig beeinflussen, besteht.
– Organisation als offenes System
– Organisation als geschlossenes System

24.3 Auswirkungen von Kommunikations- und Entscheidungsstrukturen

Kommunikations- und Entscheidungsstrukturen sind in Organisationen von zentraler Bedeutung und haben vielfältige Auswirkungen auf den Einzelnen, die Gruppe und das Gesamtsystem.

24.3.1 Arbeitsmotivation und -zufriedenheit

In Organisationen sind drei Ebenen von Bedeutung (vgl. *Kals, 2009, S. 2*):

– die **individuelle Ebene** – das Erleben und Verhalten des einzelnen Individuums,
– die **interindividuelle Ebene** – der Mensch im Kontext mit anderen sowie die Gruppe, und
– die **organisationale Ebene** – die Organisation als Gesamtsystem.

Hinsichtlich der Auswirkungen von Kommunikations- und Entscheidungsstrukturen sind auf individueller Ebene die *Arbeitsmotivation und -zufriedenheit* des Individuums entscheidend, auf interindividueller Ebene die *Arbeitsleistung in Gruppen* und auf organisationaler Ebene die *Produktivität* im Gesamtsystem einer Organisation. Arbeitsmotivation ist das Streben, eine bestimmte Anforderung bzw. Aufgabe in einer Organisation zu bewältigen bzw. zu vollbringen.

> **Arbeitsmotivation bedeutet das Bestreben, eine bestimmte Anforderung bzw. Aufgabe zu bewältigen bzw. zu vollbringen.**

Hohe Arbeitsmotivation führt auf Organisationsebene zu einer hohen Produktivität, niedrige oder gar keine Arbeitsmotivation zu niedriger Produktivität im Gesamtsystem der Organisation. **Produktivität[1] meint das Erzeugen von Gütern und Dienstleistungen**. Sie entsteht durch die Verarbeitung von Materialien in Industrie und Handwerk sowie Handel und Dienstleistungen. *Viele Studien belegen, dass mit steigender Motivation sich auch die Leistung der Organisationsmitglieder verbessert* (vgl. *von Rosenstiel, 2007[6], S. 397*).

Ein wichtiger Faktor für die Arbeitsmotivation ist die Arbeitszufriedenheit, die sich zum einen durch positive (angenehme) Gefühle des Organisationsmitglieds und zum anderen durch eine positive Einstellung gegenüber der Arbeitstätigkeit zeigt (vgl. *von Rosenstiel, 2007[6], S. 430*).

> **Arbeitszufriedenheit liegt vor, wenn die Mitglieder der Organisation positive Gefühle erleben und eine positive Einstellung gegenüber ihrer Arbeitstätigkeit haben.**

*In der neueren Literatur wird von Mitarbeiterbindung, **Commitment**, gesprochen, welche das Engagement des Mitarbeiters sowie sein seelisches und körperliches Wohlbefinden beeinflusst (vgl. Felfe, 05/2009, S. 18).*

Arbeitszufriedenheit und -motivation hängen eng miteinander zusammen: *Eine hohe Arbeitszufriedenheit mit und bei der Arbeit führt zu einer hohen Arbeitsmotivation, was sich wiederum auf die Zufriedenheit auswirkt.*

> *„Dass zufriedene Angestellte tatsächlich auch produktiver sind, gilt heute als eine der am besten gesicherten Erkenntnisse in der Arbeitsforschung überhaupt."*
>
> (Metzger, 07/2009, S. 74)

---

[1] *productum (lat.): das Hervorgebrachte*

24.3.2 Die Bedürfnistheorie nach *A. H. Maslow*

Hohe Arbeitsmotivation und -zufriedenheit, hohe Arbeitsleistung in Gruppen und Produktivität sind aus der Sicht der **Bedürfnistheorien** dann gegeben, wenn der einzelne **Bedürfnisse** im Zusammenhang mit seiner Tätigkeit befriedigen kann.

> *„Die Organisationspsychologie darf sich nicht damit bescheiden, … allein Bedürfnisbefriedigung durch die Organisation (Leistung, Gewinn, Wachstum) zu fördern, sie muss auch mit zumindest gleicher Intensität Bedürfnisbefriedigung in der Organisation (z.B. Zufriedenheit, Selbstverwirklichung, Abbau von Entfremdung etc.) zu erreichen suchen."*
>
> (von Rosenstiel, 2007[6], S. 376)

Die bekannteste Bedürfnistheorie stammt von *Abraham H. Maslow*. Er interessierte sich sehr für die Vielfalt von menschlichen Bedürfnissen und versuchte, diese näher zu bestimmen und nach ihren Prioritäten zu ordnen.

Abraham Harold Maslow (1908–1970) wurde als Sohn russischer Auswanderer in New York geboren. Bis zu seinem Tod war er Präsident der amerikanischen Psychologischen Gesellschaft. Als Motivationsforscher beobachtete er zuerst bei Affen, dass manche Notwendigkeiten, sprich Bedürfnisse, vor anderen Vorrang haben. Die Affen versuchten erst ihren Durst zu löschen, bevor sie sich etwas zu essen suchten, weil sie ohne Essen länger überleben können als ohne Trinken. Ausgehend von dieser Erkenntnis entwickelte Maslow seine berühmte Bedürfnispyramide.

Maslow unterschied **physiologische**[1] **Bedürfnisse, Bedürfnisse nach Sicherheit, Zuwendung, Anerkennung und Selbstverwirklichung** (vgl. *Maslow, 1989, S. 62 ff.*).

Physiologische Bedürfnisse sind zum Beispiel Hunger, Durst, Sauerstoff, Entspannung oder Schlaf; Sicherheitsbedürfnisse sind etwa der Wunsch, nach einer festen Arbeitsstelle, Ordnung oder Stabilität. Viele Sicherheitsbedürfnisse werden häufig mit einer Versicherung abgedeckt; Liebe und Geliebtwerden, Geborgenheit, Kontakt oder Akzeptiertsein sind Beispiele für Zuwendungsbedürfnisse; Anerkennungbedürfnisse sind Selbstwert, Erfolg, Prestige, Leistung, Macht oder Kompetenz.

Solche von *Maslow* beschriebenen Bedürfnisse bestehen auch im Arbeitsprozess und können sich auf unterschiedlichste Weise äußern:

Art der Bedürfnisse	Zeigt sich im Arbeitsprozess beispielsweise als Bedürfnis nach …
Physiologische Bedürfnisse	… Entlohnung, angemessene Pausen, Urlaub, sauberer Luft, sanitären Einrichtungen
Bedürfnis nach Sicherheit	… Einhaltung von Unfallschutzschutzvorschriften, Kündigungsschutz, Arbeitsvertrag, verbindliche Vorschriften

---

[1] *physiologisch (lat.): die Lebensvorgänge im Organismus betreffend*

Art der Bedürfnisse	Zeigt sich im Arbeitsprozess beispielsweise als Bedürfnis nach …
Bedürfnis nach Zuwendung	… Zugehörigkeit zu einer Organisation, Zusammenarbeit in Gruppen, Möglichkeiten zu kommunizieren
Bedürfnis nach Anerkennung	… Anerkennung in Form von Beförderung, Lohnerhöhung, Ausweitung von Befugnissen, Akzeptanz durch Mitarbeiter und Vorgesetzte, Freundschaften, Privilegien (zum Beispiel eigenes Büro, Firmenwagen)
Bedürfnis nach Selbstverwirklichung	… eigenem Arbeitsstil, anspruchsvollen oder neuen Tätigkeiten, Durchsetzung eigener Ideen, Freiräumen bei der Arbeit, Fortbildung

Untersuchungen von Elton Mayo und seinen Mitarbeitern[1] haben ergeben, dass das Leistungsverhalten in Organisationen nicht unerheblich durch zwischenmenschliche Beziehungen beeinflusst wird. Werden Zuwendungs-, Anerkennungs- und Selbstentfaltungsbedürfnisse in einer Organisation nicht bzw. nur unzureichend befriedigt, so entstehen informelle Gruppen, die von den von der Organisation her vorgegebenen Zielen abweichen können.

Maslow ging von einer Rangordnung der menschlichen Bedürfnisse aus, die sich in einer **Bedürfnishierarchie** niederschlägt: Die „tiefer liegenden" Bedürfnisse sind grundlegend für die „höheren"; die „höheren" entwickeln sich erst, wenn die „niedrigeren" angemessen befriedigt sind.

> Wer zu wenig verdient, dem sind Privilegien zweitrangig; wer Hunger hat, will etwas essen, bevor er arbeitet; wer unbedingt Anerkennung will, bemüht sich beliebt bei anderen zu sein und will sich nicht selbst verwirklichen.

Daraus ergibt sich das Prinzip der **prepotency**[2], das jeweils hierarchisch niedrigste (noch) nicht befriedigte Bedürfnis ist das stärkste.

> *„Erst kommt das Fressen, dann die Moral."*   (Brecht, 2008[41], S. 70)

Zufriedenheit des Einzelnen, Arbeitsmotivation, Gruppenleistung und Produktivität hängen nach der Theorie von *Maslow* in einem sehr erheblichen Maße ab von der Befriedigung der verschiedenen Bedürfnisse in einer Organisation. **Die Motivation eines Mitarbeiters in einer Organisation und seine Zufriedenheit, die Gruppenleistung sowie die Produktivität im Gesamtsystem sind umso höher, je mehr Bedürfnisse der Einzelne im Zusammenhang mit seiner Tätigkeit befriedigen kann.**

Je höher nun der Dezentralitätsgrad einer Kommunikationsstruktur und der Führung ist, desto mehr können individuelle und soziale Bedürfnisse befriedigt werden, was hohe Arbeitszufriedenheit und -motivation, hohe Gruppenleistung sowie hohe Produktivität zur Folge hat. Andererseits werden bei hoher Zentralität weniger Bedürfnisse befriedigt, was geringe Arbeitszufriedenheit und -motivation sowie geringe Gruppenleistung und Produktivität bewirkt.

---

[1] *Auf Elton Mayo und seine Mitarbeiter geht der Human-Relations-Ansatz zurück, der das Individuum und die Gruppe in den Mittelpunkt der Betrachtung stellt und die Bedeutung der zwischenmenschlichen Beziehungen und die Befriedigung von verschiedenen Bedürfnissen in ihren Wirkungen auf den Arbeitsprozess betont.*

[2] *prepotency (engl.): Stimulusqualität*

> *„Man wird … bemüht sein, nicht ständig die Befriedigungsmöglichkeit für die Grund-*
> *bedürfnisse weiter zu treiben, sondern bestrebt sein, auch die Befriedigung der Bedürf-*
> *nisse nach Sicherheit, nach sozialem Kontakt, nach Anerkennung und Selbstachtung*
> *und schließlich nach Selbstverwirklichung sicherzustellen. Gerade das letztgenannte*
> *Bedürfnis erscheint – bedenkt man in jüngerer Zeit diskutierte Konzepte – am besten*
> *befriedigbar, wenn bei der Arbeit ein größerer Handlungsspielraum als bislang gege-*
> *ben ist."*
> (von Rosenstiel, 2007[6], S. 406)

Materialien 2

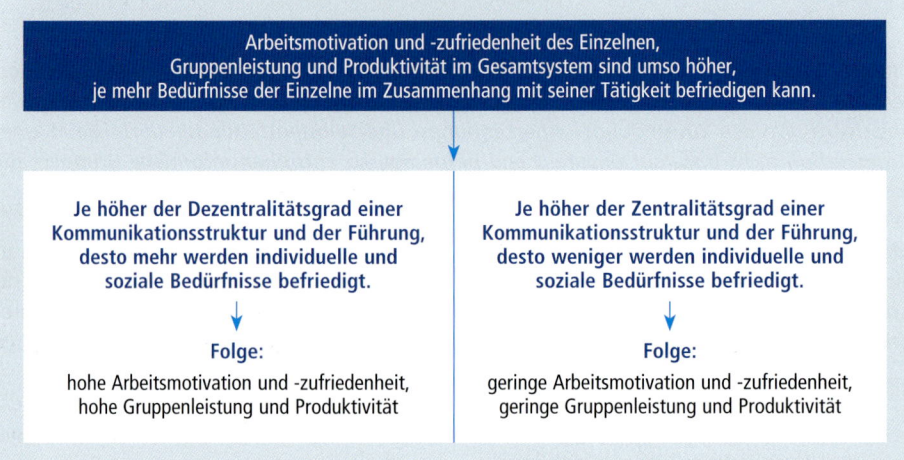

24.3.3 Auswirkungen von Kommunikationsstrukturen

Da die jeweilige Bedürfnislage einzelner Organisationsmitglieder in der Regel unter-schiedlich ist, können sich die verschiedenen Organisationsmerkmale sehr unter-schiedlich auf das **Individuum** auswirken. Trotz dieser Einschränkung liegt eine Reihe von Erkenntnissen über die Wirkung von Kommunikationsstrukturen vor:

– Mehr dezentrale Kommunikationsstrukturen führen zu höherer Arbeitsmotiva-tion und -zufriedenheit als zentrale Kommunikationsstrukturen.

Hinsichtlich der idealtypisch verschiedenen Kommunikationsstrukturen[1] erzeugt zum Bei-spiel das Rad wenig Zufriedenheit bei den Randpersonen B, C, D, E, während A mehr Zu-friedenheit aufweist. Die Kette führt dementsprechend bei A und E zu geringer Zufrieden-heit, während die anderen Personen sich entsprechend wohler fühlen. Die Gruppe ist tendenziell bei Voll- und Kreisstruktur zufriedener, die Radstruktur lässt die Arbeitszufrie-denheit sinken.

---

[1] *siehe Abschnitt 24.2.1*

Beurteilungskriterium	Stern	Kette	Kreis	Voll-Struktur
Zentralisierung	sehr hoch	mittel	niedrig	sehr niedrig
Kommunikationsvorgänge	sehr wenige	mittel	viele	sehr viele
Führung	sehr hoch	mittel	niedrig	sehr niedrig
Gruppenzufriedenheit	niedrig	mittel	mittel	hoch
individuelle Zufriedenheit der Führenden	hoch	mittel	niedrig	sehr niedrig

(vgl. von Rosenstiel, 2007[6], S. 324)

- Die Arbeitszufriedenheit ist bei solchen Personen gering, die im Kommunikationssystem nur Randpositionen einnehmen, während Inhaber zentraler Positionen mehr Zufriedenheit äußern.

- Zentrale Kommunikationsstrukturen erfordern aufgrund der Wege über den jeweils nächsthöheren eine enorme Schreibarbeit und viel Zeitaufwand, und eine Lösung dauert relativ lange, bis sie den hierarchischen Weg zurückgelegt hat. Direkte Verbindungswege dagegen gehen einfach und schnell vor sich.

- Bei dezentralen Kommunikationsstrukturen ist eine hohe Transparenz von Informationen vorhanden, der einzelne weiß, was in der Organisation los ist und worum es geht. Bei zentralen Kommunikationsstrukturen, in denen den „unteren" Organisationsmitgliedern Informationen vorenthalten werden, kommt es häufig zu Gerüchtebildung.

Hinsichtlich der **Auswirkungen von Kommunikationsstrukturen auf die Gruppenleistung** gibt es zahlreiche Untersuchungen zum Thema, ob und gegebenenfalls wie sich Kommunikationsstrukturen auf die *Arbeitsleistungen von Gruppen* auswirken. Dabei hat sich herausgestellt, dass die Schwierigkeit bzw. Komplexität der zu bewältigenden Aufgabe die Effizienz einzelner Kommunikationsstrukturen erheblich mit beeinflusst. In Anlehnung an *Udo Stopp (2007[14])* lassen sich die folgenden Tendenzen feststellen, wobei man zwischen der Geschwindigkeit und der Genauigkeit der Aufgabenerfüllung sowie der Flexibilität der Gruppe unterscheiden kann:

- Bei einfachen Tätigkeiten ist die *Geschwindigkeit*, mit der eine Gruppe Aufgaben bewältigt, bei zentralisierten Kommunikationsstrukturen hoch und nimmt mit zunehmender Dezentralisierung ab.

Die Radstruktur ist beispielsweise der Kette überlegen, die Kette ist wiederum besser geeignet als der Kreis, die Vollstruktur schneidet am schlechtesten ab.

Die *Genauigkeit* der Aufgabenerfüllung erweist sich bei zentralisierten Kommunikationsstrukturen ebenfalls als hoch, während sie bei Dezentralisierung niedriger ist.

Sehr genaue Ergebnisse liefert die Radstruktur, während Kette, Kreis und Vollstruktur sich dagegen als deutlich weniger effizient zeigen.

Und schließlich kann die *Flexibilität* dann ein entscheidendes Kriterium für die Gruppenleistung sein, wenn während des Arbeitsprozesses unerwartete Probleme auftauchen, die mit den gewohnten Routineverfahren nicht mehr zu bewältigen sind. Bei der Flexibilität erweisen sich zentralisierte Kommunikationssysteme als wenig geeignet, während sich mit zunehmender Dezentralisierung auch die Flexibilität erhöht.

So zeigen sich Gruppen mit Vollstruktur sehr flexibel, wohingegen von Kreis über Kette bis zum Rad die Flexibilität abnimmt.

– Bei schwierigen, komplexen Tätigkeiten zeigt sich in der *allgemeinen Gruppenleistung* eine deutliche Unzulänglichkeit der zentralen Kommunikationsstrukturen, die unter anderem mit der Informationsüberlastung der Personen in zentralen Kommunikationspositionen erklärt wird. Bei Kommunikationsstrukturen mit hoher Dezentralisierung sind die allgemeinen Gruppenleistungen dagegen deutlich höher.

24.3.4 Auswirkungen von Entscheidungsstrukturen

– Führung erweist sich dann als effektiv, wenn eine Führungsperson je nach Situation mit der richtigen Balance zwischen aufgaben- und mitarbeiterorientierten Führung reagiert[1]. Ein aufgabenorientierter Führungsstil zielt auf die Verrichtung der Arbeit, ein mitarbeiterorientierter Stil dient den Beziehungen und der Pflege zu den Mitarbeitern.

– Ein aufgabenorientierter Führungsstil erweist sich hinsichtlich der Arbeitseffektivität als überlegener, wenn es sich um eine kurze Zeitdauer, um reine, momentane Produktivität und Arbeitsleistung geht. Bei Langzeitperspektiven wie Dauerleistung, Verantwortlichkeit, Eigeninitiative, Leistung und Arbeitszufriedenheit jedoch ist der mitarbeiterorientierte Stil weit effektiver (vgl. *Weinert, 1998*[4], *S. 434f.*).

– Sehr zentralisierte Entscheidungsstrukturen führen in der Regel zu niedriger Arbeitsmotivation und Gruppenleistung. Zudem verhindert eine streng hierarchische Struktur mit hoher Zentralität Kreativität, erneuernde, belebende und kritische Impulse sowie das „Einbringen" der Mitarbeiter, was für die Effektivität einer Produktion aber wichtig wäre. Zugleich werden wichtige Ressourcen zur Einhaltung der Bürokratie und des Dienstweges vergeudet.

---

[1] *vgl. Materialien 1*

„Das Schlechteste, was einem Unternehmen passieren kann, sind Jasager."

(Georg Mautner-Markhof[1])

Materialien 3

– Eigene Entscheidungsspielräume, Unterstützung und Wertschätzung seitens der Führungskräfte führen zu hohem **Commitment**[2]. Damit ist eine hohe Bindung des Mitarbeiters zu seinem Arbeitgeber gemeint, die sein Engagement sowie sein seelisches und körperliches Wohlbefinden positiv beeinflusst. Mitarbeiter mit hohem Commitment arbeiten hinsichtlich der Produktivität erfolgreicher (vgl. *Felfe, 05/2009, S. 18 ff.*).

„Studien … bestätigen im Wesentlichen, dass, je besser die Beziehung ist, desto zufriedener sind die Mitarbeiter, desto eher fühlen sie sich ihrer Organisation verbunden und desto höher ist ihre Leistung." (Brodbeck u. a., 2008[2], S. 352)

– Je mehr der Einzelne in Entscheidungen eingebunden wird, desto mehr identifiziert er sich mit seiner Organisation und seiner Arbeit. Diese Identifikation – in der Fachsprache oft **job involvement** genannt – kann als Voraussetzung für Arbeitszufriedenheit und -motivation angesehen werden. Werden dagegen Entscheidungen meist „über den Kopf hinweg" des Einzelnen getroffen, so kann eine „innere Kündigung" die Folge sein.

– Sogenannte „basisdemokratisch" geführte Unternehmen, in denen jedes Organisationsmitglied mitbestimmen kann, führen wegen zu großen Unklarheiten zu einer Überforderung der Einzelnen. Klare Strukturen und eine eindeutige Linie in der Führung sowie genaue Aufgabenstellungen bewirken eine Steigerung der Qualität von Arbeitsergebnissen.

Der Versuch, mögliche Auswirkungen von Kommunikations- und Entscheidungsstrukturen zu thematisieren, bringt erhebliche Probleme mit sich. Bereits die einfache Frage, ob Kommunikations- bzw. Entscheidungsstrukturen als unabhängige Variablen in Organisationen auftreten oder ihrerseits von anderen Größen bestimmt werden, lässt sich nicht eindeutig beantworten. Führungseffizienz hängt nicht nur vom Führungsverhalten ab, sondern in einem erheblichen Maß von den Persönlichkeitsmerkmalen des „Geführten", von seinen Erwartungen, der Aufgabe und den situativen Bedingungen. Beschränkt man sich auf die Erforschung einzelner Teilaspekte von Organisationen wie zum Beispiel der Arbeitszufriedenheit oder den Führungserfolg, so treten schon im Bereich der Operationalisierung von Begriffen großen Unstimmigkeiten auf. So verweist die Literatur darauf, dass es schon Mitte der 60er Jahre des vergangenen Jahrhunderts mehr als 1500 verschiedene Kriterien gab, um Führungserfolg zu bestimmen. In den etwa zum gleichen Zeitpunkt existierenden über 3000 Artikel zum Thema Arbeitszufriedenheit gibt es ebenso wie heute noch sehr unterschiedliche Vorstellungen davon, was unter Arbeitszufriedenheit zu verstehen ist. Jenseits dieser uneinheitlichen Operationalisierung lassen sich vermutete Zusammenhänge oft schon bei Einzelaspekten nicht eindeutig nachweisen. So besteht zum Beispiel zwischen Arbeitszufriedenheit und Leistung kein eindeutiger Zusammenhang in dem Sinne, dass hohe Arbeitszufriedenheit auch mit hoher Leistung einhergeht.

---

[1] *Georg Mautner-Markhof (1926–2008) war ein österreichischer Industrieller und Politiker. Er stammte aus einer Unternehmerfamilie.*

[2] *commitment (engl.): Bindung, Einsatz, Engagement*

24.4   Möglichkeiten zur Beeinflussung von Organisationsprozessen

Organisationen müssen nach ihrem heutigen Selbstverständnis nicht nur möglichst effektiv Dienstleistungen und Güter erzeugen. Vielmehr sind sie um Innovations- und internationale Konkurrenzfähigkeit bemüht. Gleichzeitig müssen sie aber auch die berechtigten Bedürfnisse ihrer Mitarbeiter berücksichtigen, hoch qualifizierte Arbeitskräfte langfristig an sich binden und vieles andere mehr. Um diesen Herausforderungen begegnen zu können, wurde im Laufe der Zeit eine Vielzahl von direkten und indirekten Maßnahmen zur Steuerung von Organisationsprozessen entwickelt. Solche Maßnahmen werden als **Organisationsentwicklung (OE)** bezeichnet.

> Unter Organisationsentwicklung versteht man den geplanten, bewussten, in der Regel langfristig angelegten Einsatz von Maßnahmen zur Veränderung von Organisationen, den in ihr tätigen Menschen und ihren Beziehungen.

Es lassen sich zwei Ansätze der Organisationsentwicklung unterscheiden: der **personale Ansatz** – hier steht das *Beeinflussen einzelner Personen, Gruppen und Teams* im Vordergrund – **und der strukturelle Ansatz**, bei dem man ein *Verändern von Organisationsstrukturen* anstrebt. Beide Ansätze enthalten eine Vielzahl von Maßnahmen, die sich zum Teil nicht immer eindeutig der einen oder anderen Richtung zuordnen lassen, sodass die Übergänge zwischen den Ansätzen fließend sein können[1].

24.4.1 Der personale Ansatz der Organisationsentwicklung

Im personalen Ansatz steht das *Beeinflussen einzelner Personen, Gruppen und Teams* im Vordergrund. Häufig geht es etwa darum, dass Mitarbeiter lernen sollen, besser miteinander zu kommunizieren und zusammenzuarbeiten. Methodisch dient dazu eine Reihe von Verfahren:

Die Supervision

Die Supervision[2] ist eine **Methode der Beratung von einzelnen Personen, Gruppen und Teams mit dem Ziel der Sicherung und Verbesserung der Qualität beruflicher Arbeit in einer Organisation**. Dabei geht es um die Fortentwicklung der beruflichen Kompetenz durch eine systematische Reflexion der Tätigkeit. Dies geschieht in der Regel unter der Leitung eines ausgebildeten Supervisors. Dabei werden Probleme des Arbeitslebens, das Verhalten der Betroffenen sowie die Beziehungen aller Beteiligten erörtert, Alternativen dargelegt und diskutiert sowie gangbare Wege für die Weiterentwicklung von beruflichen Strategien aufgezeigt. In erster Linie geht es um das Aufdecken sogenannter „blinder Flecken", Arbeitsblockaden oder auch ungenutzten Potentialen von Mitarbeitern und Anderes. Damit ist Supervision ein gemeinsamer Prozess von Supervisor und Supervisanten mit dem Ziel, Ergebnisse zu finden und die Stärken einzelner Personen bzw. Teams zur Geltung zu bringen.

Supervision ist in vielen psychosozialen Einrichtungen selbstverständlich. Daneben wird Supervision oft angefordert, wenn Schwierigkeiten in einer Organisation auftreten, die Arbeitszufriedenheit sinkt oder Teams zerstritten sind und nicht mehr oder nur sehr schwer miteinander arbeiten können. Supervision strebt dabei in ers-

---

[1] *Manche Autoren unterscheiden neben den beiden genannten Ansätzen noch die **Prozess-Intervention**.*

[2] *supervisio (lat.): der Beobachter*

ter Linie emotionale Entlastung und Verbesserung der Kooperations- und Konflikt-
fähigkeit an.

Das Coaching

Das Coaching[1] ist eine neuere Methode, die sich in der Regel auf Einzelpersonen,
meist Führungskräfte, bezieht und **meint eine individuelle Form der persönlichen
Beratung von Führungskräften durch eine andere kompetente Person** mit dem Ziel,
dass Personen in Organisationen lernen, Schwierigkeiten, Schwächen und Unzuläng-
lichkeiten zu bewältigen und ihre Leistungsfähigkeit zu erhöhen.

Beim Coaching lässt sich eine Führungsperson auf eine Beratungsbeziehung mit
einer Person ein, die in der Regel nicht der Organisation angehört. Durch gezielte
Rückmeldungen vonseiten des Coaches – das ist die Person, die das Coaching durch-
führt – erhält die Führungskraft Informationen über sich selbst - zum Beispiel über
ihren individuellen Führungsstil, ihre spezifischen Einstellungen, ihre Stärken und
Schwächen, die in bestimmten Führungssituationen zu Tage getreten sind. Hinzu
kommen auch Formen von Beratung wie etwa bei Rollenkonflikten zwischen der
Berufs- und Familienrolle, die bei Führungskräften häufig auftreten. Allgemeines
Ziel eines Coaching ist, dass Führungspersonen lernen, Schwächen abzubauen und
ihre Leistungsfähigkeit zu erhöhen.

In Anlehnung an *Ansfried B. Weinert (1998[4], S. 726)* lassen sich beim Coaching sechs
verschiedene Bereiche unterscheiden, in denen der Coach Unterstützung anbietet:
- das **Zuhören**, bei dem der Coach herausfindet, wie der Gecoachte die jeweilige
  Situation wahrnimmt;
- das **Klarstellen**, bei dem herausgearbeitet wird, welche Themen relevant sind;
- das **Verhandeln**, bei dem es um das Aushandeln von Abmachungen mit anderen
  Personen geht;
- das **Unterweisen**, in dessen Zusammenhang der Coach als „Lehrer" fungiert und
  dem Gecoachten bestimmte theoretische Sachverhalte vermittelt;
- das **Training**, das dem Einüben verschiedener konkreter Verhaltensweisen dient;
- das **Betrachten der Veränderungen** im Führungsverhalten des Gecoachten nach
  einiger Zeit.

So könnte der Coach beispielsweise bei einer Konfliktsituation zwischen der Führungsperson und einigen ihrer Mitarbeiter tätig werden. Beim Zuhören stellt er fest, dass die Führungskraft zum Beispiel die Forderungen der Mitarbeiter als unangemessen und unakzepta-
bel wahrnimmt. Beim Klarstellen könnte vielleicht deutlich werden, dass die noch junge
Führungskraft fürchtet, im Falle von Zugeständnissen bei ihrem Vorgesetzten als zu kom-
promissbereit zu gelten. Beim Verhandeln tritt der Coach etwa als Vermittler zwischen Führungskraft und den Mitarbeitern auf. Anschließend zeigt der Coach auf, dass bestimmte
Formen der Kommunikation, deren sich die Führungskraft bedient, zwangsläufig zu Kommunikationsstörungen führen. Er könnte auch Wege aufzeigen, wie die Führungskraft ihre
Unsicherheit bezüglich der möglichen Bewertung von Kompromissbereitschaft abbauen
kann. Sodann übt der Coach etwa mit dem Gecoachten alternative Kommunikationsformen
ein. Schließlich wird nach angemessener Zeit überprüft, ob die neuen Kommunikationstech-
niken auch weiterhin sicher angewendet werden.

*Die starke Zunahme von Coaching resultiert vor allem aus den enorm gestiegenen Anforderun-
gen an Führungskräfte. Rasante Veränderungen, wie beispielsweise Tendenzen zum Abbau
von Hierarchien in der Arbeitswelt, globale Konkurrenz verbunden mit permanenter Gefahr*

---

[1] *coach (engl.): der Kutscher, der Trainer*

von feindlichen Übernahmen, viele Auslandsaufenthalte ohne die eigene Familie, lange Arbeitszeiten und vieles andere mehr lassen Personen, die eigentlich als „Problemlöser" fungieren sollen, selbst immer mehr zum Problem werden.

Der Erfolg von Coaching hängt im hohen Maß von der Vertrauenswürdigkeit und der Unabhängigkeit des jeweiligen Beraters ab.

24.4.2 Der strukturelle Ansatz der Organisationsentwicklung

Bei diesem Ansatz strebt man ein *Verändern von Organisationsstrukturen* an und zielt dabei im Wesentlichen auf eine Dezentralisierung der Organisation.

Die Evaluation

Evaluation[1] **bedeutet eine fach- und sachgerechte Beurteilung und Bewertung eines bestimmten Sachverhaltes in einer Organisation** – zum Beispiel einen gewissen Arbeitsablauf in der Schule. Sie beruht auf neuen oder auch auf bereits vorhandenen Daten über den Bereich, der untersucht werden soll. Diese Daten werden nach festgelegten Kriterien, sogenannte *Qualitätsstandards*, analysiert und bewertet.

> Schüler zum Beispiel können nach bestimmten Kriterien wie Interessantheit, Anschaulichkeit, Verständnis, Gesprächsführung, Gerechtigkeit in der Benotung u.a. den Unterricht eines Lehrers mithilfe einer mehrstufigen Skala – etwa von „ist immer vorhanden" bis „ist überhaupt nicht vorhanden" – beurteilen. Als Ergebnis erhält man verschiedenen Daten, die dann ausgewertet und analysiert werden.

Durch die Bewertung ist es möglich, die Arbeit in der Praxis zu bestätigen oder zu verändern, um sie zu verbessern. Hierzu werden sogenannte *Zielvereinbarungen* und Entscheidungen über die weitere Entwicklung der Arbeit getroffen, die nach einem bestimmten Zeitraum erneut evaluiert werden können. Eine Evaluation betrifft in der Regel bestimmte Bereiche der Organisation, zum Beispiel einen Arbeitsablauf, den Unterricht, das Verhältnis Führung – Mitarbeiter.

---

[1] *evalescere (lat.): erstarken, wachsen*

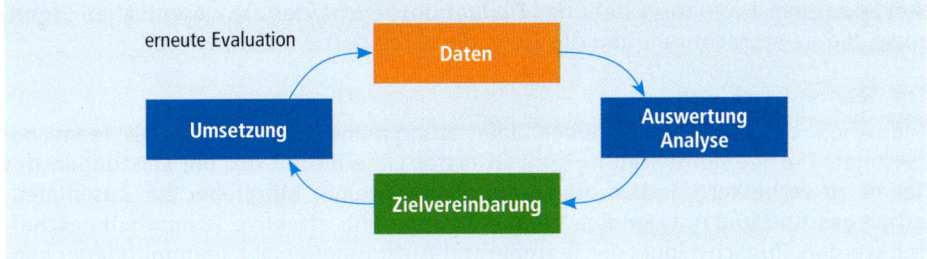

Man unterscheidet zwischen **interner und externer Evaluation**. Bei einer internen Evaluation, auch Selbstevaluation genannt, gestaltet und führt die Organisation selbst die Evaluation durch.

> Patienten bewerten zum Beispiel mithilfe eines Fragebogens die Pflege auf Station, Schüler den Unterricht ihres Lehrers.

Bei einer externen Evaluation, der Fremdevaluation, gestalten und führen Personen bzw. Personengruppen von außerhalb der Organisation die Evaluation durch; die Evaluatoren – das sind diejenigen, die die Evaluation durchführen – sind nicht in der zu evaluierenden Organisation beschäftigt.

> Ein Team von Fachleuten beispielsweise kommt an die Schule und bewertet durch Beobachtung den Unterricht von Lehrern.

Oft wirken beide Evaluationsformen zusammen.

Evaluation dient einmal der Planung und Steuerung der Organisationsentwicklung: Daten werden gesammelt, um Sichtweisen der Mitarbeiter einzuholen, Entscheidungen treffen zu können und Wissen über die Effektivität des zu evaluierenden Sachverhaltes zu erhalten. Zum anderen dient sie dem Erkenntnisgewinn: Das Wissen der beteiligten Personen über die eigene Situation wird erweitert und neue Einsichten werden gewonnen, um Orientierung und Handlungssicherheit zu bekommen. Und schließlich dient Evaluation der Rechenschaftslegung: Durch Evaluation ist es möglich, sich selbst und anderen Rechenschaft über die eigenen Leistungen zu geben und die Einhaltung von eigenen oder fremden Standards sowie die Zielerreichungen zu überprüfen (vgl. *Burkard/Eikenbusch, 2007[6], S. 24*). In der Praxis sind diese Funktionen miteinander verbunden und werden in der Regel gleichzeitig angestrebt.

Evaluation hat folgende Arbeitsschritte (vgl. *Burkard/Eikenbusch, 2007[6], S. 27*):

1. Auswählen des Evaluationsbereiches und Klärung der Evaluationsziele
2. Vereinbarung und Festlegung der Qualitätsstandards
3. Planen des Vorgehens und Auswahl bzw. Anfertigen der Methoden zur Datensammlung (zum Beispiel mündliche oder schriftliche Befragung, Beobachtung, Fragebogen)
4. Sammeln und Aufbereiten der Daten
5. Analyse und Bewertung der vorliegenden Daten
6. Vereinbarung von Zielen und Treffen von Entscheidungen über die weitere Entwicklung der Arbeit

Am Ende einer Evaluation steht der *Evaluationsbericht*, der die wesentlichen Ergebnisse, die sie erbracht hat, und die Ziele, die vereinbart wurden, enthält.

Die Teamentwicklung

Menschen, die zur Erfüllung eines Zieles zusammenwirken, werden als Team[1] bezeichnet. Die Teamentwicklung zielt in erster Linie darauf ab, **die Leistungen des Teams zu verbessern, indem die Fähigkeiten einzelner Mitglieder zur Zusammenarbeit geschult und notwendige Voraussetzungen für effektive Teamarbeit geschaffen werden**. Zunächst muss der Teamberater Auftraggeber und Teammitglieder kennenlernen. Sodann benötigt er Informationen über das Team, um schließlich Maßnahmen zur eigentlichen Teamentwicklung durchzuführen. Diese können je nach Situation der Gruppen darin bestehen, latente Konflikte in der Gruppe bewusst zu machen, neue Arbeitstechniken zu etablieren oder die Erwartungen der Mitglieder aneinander zu verändern. Letzteres wird auch als *Rollenverhandeln* bezeichnet.

Bei dieser Methode des Rollenverhandelns geht man davon aus, dass die etablierten Strukturen in der jeweiligen Organisation in erster Linie durch die real bestehenden Machtverhältnisse und durch Interaktionen zwischen den Organisationsmitgliedern entstanden sind. Um Organisationen verändern zu können, müssen daher auch Schwächen der organisationsinternen Regeln von Führungskräften und Geführten thematisiert werden. Ziel ist es, Regeln bzw. Rollen neu auszuhandeln. Zu diesem Zweck formulieren die Betroffenen im Beisein eines Beraters ihre Erwartungen an die übrigen Mitglieder des Teams.

> Jedes Teammitglied erhält beispielsweise Rückmeldung darüber, was es in Zukunft mehr oder besser machen kann, was es nicht mehr oder weniger tun soll und welche bisherigen Verhaltensweisen es beibehalten soll. So könnten sich etwa Mitarbeiter wünschen, dass ihr Vorgesetzter mehr Informationen Preis gibt und diese auch konkreter formuliert. Weiterhin könnten sie erwarten, in Zukunft in bestimmten Arbeitsbereichen gar nicht mehr oder weniger kontrolliert zu werden, wo hingegen sie die bisher großzügig gehandhabte Urlaubsgenehmigung durch ihren Vorgesetzten beibehalten möchten.

Sind die Erwartungen der Gruppenmitglieder an die einzelnen Personen ausgesprochen und auf Plakaten oder Tafeln festgehalten und somit für alle deutlich sichtbar gemacht, tritt man nun in Verhandlungen ein über jene Erwartungen, bei denen zwischen den Betroffenen Uneinigkeit herrscht. Gegebenenfalls mithilfe des Beraters werden Einigungen erzielt und schriftlich festgehalten.

> So könnte sich zum Beispiel der Vorgesetzte verpflichten, weniger die permanente Anwesenheit der Mitarbeiter zu kontrollieren. Im Gegenzug versprechen die Mitarbeiter, ihre Raucherpausen während der Arbeitszeit erheblich zu reduzieren.

Materialien 4b

Neben diesen Maßnahmen der Organisationsentwicklung versuchen Organisationen bereits im Vorfeld mit aufwändigen Verfahren herauszufinden, welche Mitarbeiter etwa als zukünftige Führungskräfte geeignet sind. Eines von vielen solchen Auswahlverfahren stellt das **Assessment Center** *dar, ein diagnostisches Verfahren, in welchem mehrere Bewerber über mehrere Tage untersucht und dabei von mehreren Beurteilern hinsichtlich ihrer Eignung für bestimmte Situationen beurteilt werden, dar (vgl. von Rosenstiel u. a., 2005⁹, S. 334 f.).*

---

[1] *team (engl.): das Gespann, die Mannschaft*

Zusammenfassung

● Eine Organisation ist ein zeitlich überdauerndes, strukturiertes soziales Gebilde bzw. System, welches sich aus verschiedenen Personen zusammensetzt und bestimmte Ziele verfolgt. Die Organisationspsychologie ist die Wissenschaft vom Erleben und Verhalten von Menschen in ihrer Eigenschaft als Mitglieder von Organisationen. Merkmale von Organisationen sind die Zielbezogenheit, die Strukturiertheit und der Systemcharakter. Zielbezogenheit als Organisationsmerkmal meint ein Ausrichten bzw. ein Ausgerichtetsein der Organisation auf bestimmte, festgelegte Absichten.

● Organisationsstruktur meint die Gesamtheit von Regelungen und Festlegungen in Organisationen. Sie unterteilt sich in die formale Organisation(sstruktur) und die informale Organisation(sstruktur). Formale Organisation meint die Gesamtheit aller absichtlichen, geplanten und verbindlichen Anordnungen und Festlegungen, um bestimmte Organisationsziele zu realisieren. Als informale Organisation bezeichnet man dagegen alle in einer Organisation faktisch existierenden Regelungen, Verfahrensweisen Zielsetzungen, Normen und Werte, die nicht von vornherein geplant und beabsichtigt sind und die es „offiziell" gar nicht gibt.

● Eine besondere Rolle spielen dabei die Kommunikations- und Entscheidungsstrukturen. Kommunikationsstrukturen meint das Netz von Informationswegen innerhalb der Organisation bzw. ihrer Abteilungen oder Gruppen und lassen sich danach unterscheiden, in welchem Umfang einer bestimmten, zentralen Person verschiedene Informationswege zur Verfügung stehen. Man spricht in diesem Zusammenhang vom Zentralitätsgrad gelegentlich auch vom Zentralisierungsgrad und meint das Ausmaß an Informationswegen, über die eine zentrale Person verfügen kann. Entsprechend dem Maß an Zentralisierung ergeben sich idealtypisch verschiedene Kommunikationsstrukturen: das Rad, die Kette, der Kreis und die Vollstruktur.

● Entscheidungsstrukturen sind Regelungen in Organisationen, die Entscheidungsbefugnisse für die einzelnen Organisationsmitglieder oder Gruppen festlegen. Entscheidungsbefugnisse können entweder stark auf einzelne Personen zentriert sein, oder aber auf viele Personen oder Gruppen verteilt sein. Dementsprechend spricht man von Zentralisierung bzw. Dezentralisierung von Entscheidungsstrukturen und meint das Ausmaß der Konzentration von Entscheidungsbefugnissen.

- Das Merkmal Systemcharakter sieht die Organisation als ein geordnetes Ganzes, bei dem die Einzelteile in Beziehung zueinander stehen. Je nach Betrachtungsweise interessiert man sich innerhalb solcher Systeme für jene Einflussgrößen, die zum Erreichen angestrebter Ziele dienen und eindeutig definierbar, sowie exakt messbar sind (= geschlossenes System), oder man betrachtet die Organisationen in ihren Interaktionsprozessen mit der Umwelt, wobei nicht mehr alle Einflüsse auf die Organisation genau bestimmbar sind (= offenes System).

- Hinsichtlich der Auswirkungen von Kommunikations- und Entscheidungsstrukturen sind auf individueller Ebene die Arbeitsmotivation und -zufriedenheit des Individuums entscheidend, auf interindividueller Ebene die Arbeitsleistung in Gruppen und auf organisationaler Ebene die Produktivität im Gesamtsystem einer Organisation. Hohe Arbeitsmotivation und -zufriedenheit, hohe Arbeitsleistung in Gruppen und Produktivität sind dann gegeben, wenn der Einzelne Bedürfnisse im Zusammenhang mit seiner Tätigkeit befriedigen kann.

- Unter Organisationsentwicklung versteht man den geplanten, bewussten, in der Regel langfristig angelegten Einsatz von Maßnahmen zur Veränderung von Organisationen, den in ihr tätigen Menschen und ihren Beziehungen. Im personalen Ansatz steht das Beeinflussen einzelner Personen, Gruppen und Teams im Vordergrund, beim strukturellen Ansatz strebt man ein Verändern von Organisationsstrukturen an und zielt dabei im Wesentlichen auf eine Dezentralisierung der Organisation. Möglichkeiten zur Beeinflussung von Organisationsprozessen im Rahmen der Organisationsentwicklung sind beispielsweise Supervision, Coaching, Evaluation oder Teamentwicklung.

Materialien Kapitel 24

1. Führung und Management

a) Führungsstile

In der Literatur vertreten eine Reihe bekannter Forscher die Auffassung, dass das Thema Entscheidungen bzw. Entscheidungsstrukturen in Organi-
5 sationen sehr eng mit dem Aspekt der Führung verbunden ist. Führung bedeutet, auf andere Menschen gezielt Einfluss zu nehmen. Dies kann entweder durch formale Strukturen wie zum Beispiel Satzungen, Verordnungen und in Aussicht
10 gestellte Belohnungen geschehen oder aber durch direkte Beeinflussungen von Menschen durch Menschen erfolgen.

Es existieren sehr unterschiedliche Vorstellungen darüber, welchen Aspekten im Zusammenhang
15 mit Führung wesentliche Bedeutung zukommt. Es gab schon Ende der dreißiger Jahre des vergangenen Jahrhunderts Bemühungen, die Wirkung von verschiedenen Führungsweisen auf Menschen zu erforschen. So führten *Kurt Lewin* und seine Mit-
20 arbeiter *Ronald Lippit* und *Ralph White* eine Reihe einschlägiger Experimente durch, mit denen sie die Wirkung verschiedener sog. Führungsstile auf das Erleben und Verhalten von Gruppenmitgliedern erforschten.

25 Im *Ohio State Führungsforschungsprojekt* wird unterschieden, ob es sich eher um einen **mitarbeiterorientierten** (personenzentrierten) oder eher **aufgabenorientierten** (produktzentrierten) Führungsstil handelt. Mitarbeiterorientierung – in der
30 amerikanischen Originalliteratur als **Consideration** bezeichnet – dient den Beziehungen der Mitarbeitern sowie ihrer Pflege und zeigt sich in Freundlichkeit den Untergebenen gegenüber sowie durch das Bemühen um ein gutes Verhältnis zu ihnen. Aufgabenorientierung – in der Literatur als 35 **Initiating Structure** bezeichnet – zielt auf die *Verrichtung der Arbeit*. Versteht man Mitarbeiter- und Aufgabenorientierung als jeweilige Dimension[1], so ergeben sich als „Extremtypen" vier Führungsstile: 40

– der **partnerschaftliche Führungsstil**, welcher durch eine hohe Mitarbeiterorientierung und niedrige Aufgabenorientierung gekennzeichnet ist,

– der **sachorientierte Führungsstil**, welcher so- 45 wohl durch eine hohe Mitarbeiterorientierung als auch durch eine hohe Aufgabenorientierung gekennzeichnet ist,

– der **laissez-faire Führungsstil**, welcher sowohl durch eine niedrige Mitarbeiterorientierung als 50 auch durch eine niedrige Aufgabenorientierung gekennzeichnet ist und

– der **autoritäre-direktive Führungsstil**, welcher durch eine niedrige Mitarbeiterorientierung und hohe Aufgabenorientierung gekennzeich- 55 net ist.

---

[1] *Eine Dimension ist nach Tausch/Tausch (1998[11], S. 101) eine Zusammenfassung ähnlicher, einander entsprechender Haltungen, Verhaltens- und Handlungsweisen, die mithilfe von Skalen gemessen werden können.*

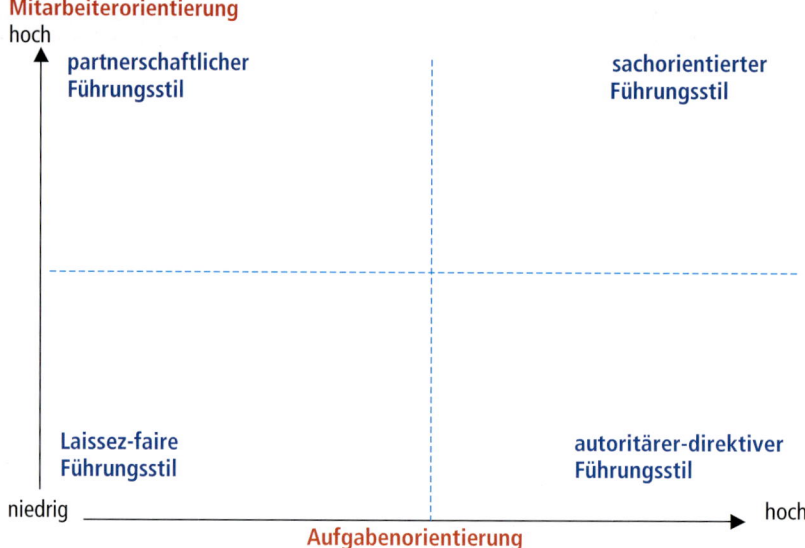

Mitarbeiterorientierung
hoch

partnerschaftlicher
Führungsstil

sachorientierter
Führungsstil

Laissez-faire
Führungsstil

autoritärer-direktiver
Führungsstil

niedrig   hoch

Aufgabenorientierung

b) Management

Steuerung und Gestaltung von Organisationen werden in der jüngeren Literatur mit **Management** bezeichnet (vgl. *Timmermann/Strikker, 2007⁹, S. 166*). Dabei gibt es verschiedene Konzep-
5 te des Managements (vgl. *Timmermann/Strikker, 2007⁹, S. 166 f.*):

– **Direktive Management-Konzepte** setzen auf *Zentralisierung* der Führungsbefugnisse und
10 sind sehr stark auf einzelne Personen zentriert. Es ist eine strikte Trennung von Entscheidungsbefugnissen und Verantwortung einerseits und dem Durchführen der Verfügungen andererseits. Die Organisationsmitglieder sind von dem
15 Führungspersonal abhängig. Untersuchungen zeigen, dass Organisationsmitglieder durch ein direktives Management demotiviert werden und mit „innerer Kündigung" reagieren.

– **Nichtdirektive Management-Konzepte** setzen auf *Dezentralisierung* der Führungsbefugnisse 20 und delegieren diese auf unterschiedliche Weise nach „unten". Entscheidungsbefugnisse werden auf mehr oder weniger viele Personen oder Gruppen verteilt, wobei der Einzelne Entscheidungsbefugnis und Verantwortung hat. Ein 25 Management, in welchem den Mitarbeitern mehr Entscheidungsbefugnisse zur Erledigung ihrer Aufgaben übertragen werden, wird als **Empowerment** bezeichnet.

Diese beiden Modelle kommen in der Praxis über- 30 wiegend als „Mischformen" vor.

2. Die Zwei-Faktoren-Theorie von *Frederick Herzberg u. a.*

Die Zwei-Faktoren-Theorie geht wie die Theorie von *Maslow* davon aus, dass ***allen Menschen bestimmte Bedürfnisse zu eigen sind, die befriedigt werden wollen***. *Herzberg* (1923–2000) postuliert zwei Arten von Bedürfnissen, **Motivationsbedürfnisse** und **Hygienebedürfnisse** (vgl. *von Rosenstiel, 2007⁶, S. 79 f.*):

– Die **Motivationsbedürfnisse**, auch **Motivatoren** oder **intrinsische**[1] **Arbeitsmotivation** genannt, beeinflussen nach *Herzberg u. a.* die **Motivation zur Leistung selbst und betreffen den Arbeitsinhalt**. Zu den bedeutendsten Motivatoren zählen insbesondere Leistung und Erfolg, Anerkennung der eigenen Leistung, die Arbeit selbst, Verantwortung, Aufstiegsmöglichkeiten und Beförderung sowie Möglichkeit zum Wachstum. Diese Faktoren sind die **„Zufriedensteller"** in einer Organisation. Werden die Motivationsbedürfnisse nicht oder nur unzureichend befriedigt, bewirkt das zwar keine hohe Unzufriedenheit, aber auch keine hohe Motivation und Leistungsbereitschaft. Motivatoren verändern also die Zufriedenheit, ihr Fehlen führt aber nicht zwangsläufig zur Unzufriedenheit[2].

– Die **Hygienebedürfnisse**, auch **Context-Variablen** oder **extrinsische**[3] **Arbeitsmotivation** genannt, betreffen die **Arbeitsbedingungen, unter denen gearbeitet wird**. Zu den wichtigsten Context-Variablen zählen Führungsstil, Entlohnung und Gehalt, Beziehungen zu Vorgesetzten und unter den Mitarbeitern, Sicherheit der Arbeitsstelle oder Unternehmens- und Personalpolitik. Diese Faktoren sind die **„Unzufriedensteller"** in einer Organisation. Bei Entfernung von „Unzufriedensteller" entsteht nach *Herzberg u. a.* allerdings keine Zufriedenheit, sondern ein neutraler Erlebniszustand, der Nicht-Unzufriedenheit genannt wird. Man bezeichnet diese Faktoren deshalb als Hygienefaktoren, weil sie wie in der medizinischen Hygiene Gesundheitsrisiken sein können, die krankmachen; sie müssen beseitigt werden, um Krankheit zu verhindern.

Schlechte Hygienefaktoren demotivieren Mitarbeiter in einer Organisation, gute jedoch spornen noch nicht zu Höchstleistungen an. Nicht-Zufriedenheit ist ein neutraler emotionaler Zustand und bedeutet nicht Unzufriedenheit, die sich in negativen (unangenehmen) Gefühlen des Organisationsmitglieds und zum anderen durch eine negative Einstellung gegenüber der Arbeitstätigkeit zeigt. Zu einer hohen Zufriedenheit gehören gute Hygienefaktoren, Entfernung von „Unzufriedensteller" und gute Motivatoren.

(Hobmair, 2010, S. 153 f.)

3. Das große Wettrudern

Vor einiger Zeit verabredete eine deutsche Firma, dass man ein jährliches Wettrudern gegen eine japanische Firma durchführen wolle. Dieses Wettrudern sollte mit einem Achter auf dem Rhein ausgetragen werden. Beide Mannschaften trainierten lange und hart und erreichten so ihre höchste Leistungsstufe.

Als der große Tag kam, waren beide Mannschaften dann topfit. Doch die Japaner gewannen das Rennen mit einem deutlichen Vorsprung von einem Kilometer! Nach dieser Niederlage war die deutsche Firma sehr betroffen und die Moral war auf dem absoluten Tiefpunkt angelangt. Das obere Management entschied, dass der Grund für diese Niederlage unbedingt herausgefunden werden müsse. Ein Projektteam wurde eingesetzt, um das Problem zu untersuchen und geeignete Änderungen und gegebenenfalls Umstrukturierungen zu empfehlen. Nach wochenlangen Untersuchungen fand man heraus: Im japanischem Team ruderten sieben Mitarbeiter und einer steuerte, im deutschen Team ruderte ein Mitarbeiter und sieben steuerten.

Das oberste Management engagierte sofort eine Beraterfirma, die eine Studie über die Struktur des deutschen Teams anfertigen sollte. Nach einigen Monaten und ganz beträchtlichen Kosten kam die Beraterfirma zu folgendem Ergebnis: Zu viele Mitarbeiter steuerten und zu wenig Mitarbeiter ruderten.

---

[1] *intrinsisch (lat.): von innen her, aus eigenem Antrieb*

[2] *Herzberg u. a. unterscheiden zwischen unzufrieden und nicht zufrieden. Nicht-Zufriedenheit ist neutral und bedeutet nicht unbedingt Unzufriedenheit.*

[3] *extrinsisch (lat.): von außen her, aufgrund eines äußeren Antriebs*

Um einer weiteren Niederlage vorzubeugen, wurde vom obersten Management die Teamstruktur geändert. Es gab jetzt vier Steuerleute, zwei Obersteuerleute, einen Steuerdirektor und einen Ruderer. Außerdem wurde für den Ruderer ein neues Leistungsbewertungs- und Beurteilungssystem eingeführt, um mehr Ansporn zu geben. Das oberste Management war der Auffassung: „Wir müssen seinen Aufgabenbereich erweitern, um ihm mehr Verantwortung zu geben."

Im nächsten Jahr gewann das japanische Team mit einem Vorsprung von zwei Kilometern. Die Konsequenz dieser erneuten Niederlage:
– Das oberste Management stufte die Beurteilung für den Ruderer nach unten.
– Das Ruder wurde verkauft und alle Investitionen für ein neues Boot wurden gestoppt.
– Der Beraterfirma wurde ein großes Lob ausgesprochen.
– Das eingesparte Geld wurde dem obersten Management als Leistungsprämie ausgezahlt.

(Quelle unbekannt)

4. Weitere Möglichkeiten der Organisationsentwicklung

a) Das Mitarbeitergespräch

Das Mitarbeitergespräch ist **eine regelmäßig stattfindende Konversation zwischen Vorgesetztem und Mitarbeiter, in welchem spezifische, den Mitarbeiter betreffende, Themen besprochen werden.** In der Regel findet es einmal im Jahr statt, bei Bedarf des Öfteren. Ziele eines solchen Gespräches sind die Förderung der Entwicklung des Mitarbeiters, die Optimierung seiner Leistung und seines Einsatzes entsprechend seiner Eignung sowie die Stärkung seiner Motivation und seiner Eigenverantwortung. Themenbereiche sind die Arbeitssituation, die Arbeitsleistung und das Arbeitsverhalten des Mitarbeiters, seine Zusammenarbeit mit Führung und Kollegen sowie seine Fachkompetenz und seine Entwicklung (vgl. *Daigeler, 2008²*, *S. 41*). Im Zentrum des Mitarbeitergesprächs stehen nach *Elisabeth Kals* (*2009, S. 92*) das **Feedback** und **Zielvereinbarungen**. Das Feedback gibt dem Mitarbeiter Rückmeldung über sein Verhalten in der Organisation, seine Leistung, Kompetenzen und Eignungen, wobei seitens des Vorgesetzten bestimmte Regeln beachtet werden müssen (vgl. *Kals, 2009, S. 93*):

– Schaffung einer positiven, entspannten Gesprächsatmosphäre
– Vermittlung des persönlichen Eindrucks (Ich-Formulierung)
– Basieren der Rückmeldungen auf beobachtbares bzw. messbares Verhalten
– Auseinanderhalten von beschreibender und bewertender Rückmeldung
– Berücksichtigung von positiven und negativen Rückmeldungselementen
– Beachtung des „Vier-Augen-Prinzips", das heißt nur die Anwesenheit der Beteiligten
– Dialogische Gesprächsleitung, keine Monologe; Zuhören-Können
– Gemeinsame Auswertung und Einigung auf Optimierungsmöglichkeiten

Zielvereinbarungen sind gemeinsam getroffene Abmachungen über Ergebnisse im Entwicklungsprozess des Mitarbeiters; sie sollen klar und eindeutig formuliert, nachvollziehbar, ergebnisorientiert und beobachtbar bzw. messbar sein (vgl. *Kals, 2009, S. 92*).

b) Die Organisationsmediation

Mediation bedeutet **Konfliktbearbeitung unter Anleitung eines Vermittlers, dem Mediator.** Dabei steht die Suche nach einer Lösung des aufgetretenen Konfliktes mit all seinen Folgen für die Organisation im Mittelpunkt. Die Mediation hat als Verfahren der Konfliktsteuerung in jüngster Zeit deshalb sehr an Bedeutung gewonnen, da man erkannt hat, dass unbearbeitete Konflikte mit ihren Folgen viel Geld kosten und von der eigentlichen Arbeit viel Kraft und Energie abziehen. Im Extremfall bedeutet deshalb Konfliktregulierung, die Arbeitsfähigkeit der am Konflikt Beteiligten wieder herzustellen (vgl. *Kerntke, 2009², S. 52*).

> *„Konfliktmanagement in seiner einfachsten*
> *Form heißt: Das Gesamtgefüge aus Macht,*
> *Regeln und Vermittlung im Unternehmen be-*
> *schreiben und auf seine Funktionalität prü-*
> 5 *fen, und dann gegebenenfalls die erforderli-*
> *chen Änderungen anbringen. Und andererseits*
> *im Einzelfall jeweils einen klaren und kom-*
> *munizierbaren Plan entwickeln. …"*
>
> *(Kerntke, 2009², S. 54)*

10 Mediation ist also eine **Methode, um mithilfe
eines oder mehrerer Vermittler festgefahrene
Konflikte einer Lösung zu zuführen, die für die gesamte Organisation Vorteile bringt**. Auf diese
Weise werden nicht wieder gutzumachende Schä-
15 den und hohe Kosten vermieden. Ziel der Organi-
sationsmediation ist entsprechend die Wiederherstellung und zielführende Ausrichtung einer im
Konflikt verloren gegangenen Zusammenarbeit
und Kommunikation (*Kerntke, 2009², S. 174*).

20 Der Mediator ist ein „neutraler Dritter", der all-
parteilich die Konfliktparteien bei ihrer Lösungs-
arbeit unterstützt und steuert. Er ist zuständig für
den Prozess der Konfliktbearbeitung, nicht aber
für den Inhalt bzw. die Konfliktlösung als solche.
25 Hier liegt die Verantwortung bei den Beteiligten.
Angestrebt werden Konfliktlösungen, die den Anliegen und Interessen aller am Konflikt Beteiligten
möglichst gerecht werden und die zugleich zu

einer dauerhaft guten Beziehung zwischen diesen
führen. Es entstehen sogenannte **Win-win-Lösun-** 30
gen, bei denen es keine Verlierer gibt, sondern mit
denen alle Beteiligten „gut" leben können und
zufrieden sind. Dabei wird ein Konflikt aus verschiedenen Perspektiven betrachtet (Perspektiven-
wechsel), gegenseitiges Verständnis gefördert; 35
und es werden viele Lösungsmöglichkeiten entwickelt, die einer zufriedenstellenden Lösung für
alle am Konflikt beteiligten Parteien zugeführt
werden.

Mediation hat folgende Vorgehensweise: 40

– Festlegen von Gesprächsregeln – zum Beispiel
  das Einhalten der Reihenfolge, Verwendung
  von Ich-Formulierungen, Sprechen für sich
  selbst und nicht für andere usw.
– Darstellung, wie die Parteien den Konflikt erle- 45
  ben und was ihre Sicht der Dinge ist
– Erhellung der Konflikthintergründe
– Befähigung, die Interessen der anderen anzu-
  erkennen
– Formulierung der Wünsche der Konfliktpartei- 50
  en, die „positiv" formuliert werden
– Suchen von konstruktiven Lösungen, in denen
  die Interessen aller Konfliktparteien aufgehen
– Eventuell schriftliches Festhalten der Lösung
  bzw. Vereinbarungen   55

Aufgaben und Anregungen

Aufgaben

1. Bestimmen Sie den Begriff „Organisation" und weisen Sie anhand eines selbst gewählten Beispiels nach, dass es sich hierbei um eine Organisation handelt.
   (Abschnitt 24.1.1)

2. Bestimmen Sie den Begriff „Organisationspsychologie" und zeigen Sie an Beispielen ihren Gegenstand auf.
   (Abschnitt 24.1.1)

3. Stellen Sie das Organisationsmerkmal „Zielgerichtetheit" am Beispiel einer Organisation Ihrer Wahl dar.
   (Abschnitt 24.1.2)

4. Beschreiben Sie eine Organisation Ihrer Wahl unter dem Aspekt der Strukturiertheit. Arbeiten Sie dabei wesentliche Unterschiede zwischen formalen und informalen Organisationsstrukturen heraus.
   (Abschnitt 24.1.3)

5. *Ein altes Sprichwort lautet: „Wer glaubt, ein Abteilungsleiter leitet eine Abteilung, der glaubt auch, ein Zitronenfalter faltet Zitronen."*
   Zeigen Sie den Sinngehalt dieses Sprichworts auf im Zusammenhang mit dem Organisationsmerkmal der Strukturiertheit.
   (Abschnitt 24.1.3)

6. a) Erläutern Sie am Beispiel einer Organisation das Merkmal des Systemcharakters.
   b) Legen Sie an diesem Beispiel den Unterschied zwischen „geschlossenen System" und „offenen System" dar.
   (Abschnitt 24.1.4)

7. Beschreiben Sie am Beispiel einer Ihnen bekannten Organisation verschiedene Kommunikationsstrukturen.
   (Abschnitt 24.2.1)

8. Stellen Sie Entscheidungsstrukturen unter dem Aspekt der Zentralisierung bzw. Dezentralisierung am Beispiel einer Organisation Ihrer Wahl dar.
   (Abschnitt 24.2.2)

9. *„Ein Teil der charakteristischen Merkmale von Organisationen erweist sich für die Organisation häufig einerseits als Segen, andererseits als Fluch."*
   Erläutern Sie diese Behauptung am Beispiel einer Ihnen näher bekannten Organisation.
   (Abschnitt 24.1 und 24.2)

10. Verdeutlichen Sie auf der Grundlage einer Theorie (zum Beispiel Bedürfnistheorie nach *Maslow*), wann positive Auswirkungen von Entscheidungsstrukturen zu erwarten sind.
    (Abschnitt 24.3.2)

11. *„Erst kommt das Fressen, dann kommt die Moral!"* (Brecht, 2008[41], S. 70)
    Zeigen Sie den Sinngehalt dieses Sprichworts auf der Grundlage der Bedürfnis-
    theorie von *Maslow* auf.
    (Abschnitt 24.3.2)

12. Beschreiben Sie mögliche Auswirkungen von Kommunikationsstrukturen in Or-
    ganisationen auf Individuum, Gruppe und auf das Gesamtsystem.
    (Abschnitt 24.3.3)

13. Erläutern Sie mögliche Auswirkungen von Entscheidungsstrukturen in Organisa-
    tionen auf Individuum, Gruppe und auf das Gesamtsystem.
    (Abschnitt 24.3.4)

14. Zeigen Sie, weshalb es sehr schwierig ist, Auswirkungen von Kommunikations-
    und Entscheidungsstrukturen auf das Gesamtsystem mithilfe wissenschaftlicher
    Methoden zu erheben.
    (Abschnitt 24.3 und Kapitel 19)

15. Stellen Sie verschiedene Möglichkeiten zur Beeinflussung von Organisationspro-
    zessen dar.
    (Abschnitt 24.4.1 und 24.4.2)

Anregungen

16. *Die „Handelstheke"*
    – Finden Sie sich zu Fünfergruppen zusammen und entwerfen Sie auf je einem
      roten Zettel fünf Aufgaben zu dem Thema „Organisationspsychologie".
    – Auf je einen grünen Zettel schreiben Sie die Antworten dieser Aufgaben.
    – Die Aufgaben werden an einer „Theke" (Tisch, Bank etc.), die Antworten auf
      einer anderen „Theke" ausgelegt.
    – Jeder Schüler wählt eine Aufgabe aus, die nicht in seiner Gruppe entworfen
      wurde, und bearbeitet diese. Anschließend überprüft er seine Bearbeitung
      mit der Antwort auf der zweiten „Theke".
    – Nach erfolgreicher Überprüfung wählt er eine weitere Aufgabe usw.

17. Lassen Sie einen typischen Alltag gedanklich an Ihnen vorüberziehen. Notieren
    Sie anschließend Produkte und Dienstleistungen, die Sie an solchen Tagen nach-
    fragen und die von Organisationen zur Verfügung gestellt werden.

18. *„Mitarbeiter sind keine Kostenfaktoren, sondern Leistungsträger."* (Werner
    Götz[1]).
    Diskutieren Sie in der Klasse diese Aussage von Werner Götz.

---

[1] *W. Werner Götz (geb. 1944) ist Gründer, Gesellschafter und Aufsichtsratsmitglied einer Droge-
rie-Marktkette. Seit Oktober 2003 leitet er das Interfakultative Institut für Entrepreneur chip
an der Universität Karlsruhe. Er ist auch der Gründer der Initiative „Unternimm die Zukunft".*

19. *Traumreise*
    Machen Sie unter Anleitung Ihres Lehrers eine „Traumreise" zurück zu Ihrer ehemaligen Praktikums- bzw. Arbeitsstelle.
    - Gehen Sie im Geiste durch die Räume, treffen Sie ehemalige Kollegen, vergegenwärtigen Sie sich Ihre damaligen Tätigkeiten.
    - Rufen Sie sich ein besonders schönes Ereignis ins Gedächtnis, dann einen weniger erfreulichen Sachverhalt.
    - Kehren Sie mit beiden Erinnerungen ins Klassenzimmer zurück.
    - Notieren Sie jetzt auf ein rotes Kärtchen, was Sie an Ihrem zukünftigen Arbeitsplatz auf keinen Fall mehr erleben wollen, und auf ein grünes Kärtchen, worauf Sie auch in Zukunft im Beruf wieder viel Wert legen werden.
    - Heften Sie einzeln Ihre Kärtchen an die Tafel – geordnet nach Farben – und begründen Sie Ihre Wünsche.

20. Erarbeiten Sie in Kleingruppen, die sich aus Mitgliedern mit ehemals gleicher Berufstätigkeit bzw. gleicher Praktikumstätigkeit zusammensetzen, Möglichkeiten zur Verbesserung der Kommunikation an Ihrem ehemaligen Arbeitsplatz. Halten Sie Ihre Ergebnisse auf Plakaten fest.

21. *„Moderne Zeiten"*
    - Sehen Sie sich den Film „Moderne Zeiten" von Charlie Chaplin an.
    - Ergründen und beschreiben Sie die Sichtweise bzw. das Menschenbild, das in diesem Film von Arbeitnehmern gezeichnet wird.
    - Halten Sie dieses „Menschenbild" auf einem Plakat fest und sprechen Sie in der Klasse darüber.
    - Nehmen Sie kritisch zu diesem „Menschenbild" Stellung.

Pädagogische und psychologische Handlungsfelder

„Im Lehrplan für die Fachoberschule und die Berufsoberschule, Ausbildungsrichtung Sozialwesen, Unterrichtsfach Pädagogik/Psychologie heißt es: „Der Schüler soll Alltagssituationen, psychische Phänomene oder pädagogische Situationen mithilfe ausgewählter Theorien wissenschaftlich bearbeiten sowie Präventions- und Interventionsmöglichkeiten ableiten und typische Aussagen wissenschaftlicher Theorien erkennen und kontroverse Positionen aufzeigen können.“

Folgende Fragen werden in diesem Kapitel geklärt:

1. Welche Anforderungen werden an eine Prüfungsaufgabe für das Abitur gestellt?
   Welche Leistungsbereiche werden gefordert?

2. Wie ist eine Prüfungsaufgabe für das Abitur aufgebaut?
   Wie fertige ich sie an?
   Wie gliedere ich sie?

3. Wie wird eine Prüfungsarbeit bewertet?
   Was sind die Bewertungskriterien?

4. Wie sehen die Aufgaben zur Abiturprüfung konkret aus?

25.1 Leistungsbereiche der Abiturprüfung

Die Hinweise zur Erstellung von Prüfungsarbeiten im Unterrichtsfach „Pädagogik/ Psychologie" orientieren sich an der schriftlichen (und mündlichen) Abiturprüfung zum Erwerb der fachgebundenen und allgemeinen Hochschulreife an bayerischen Fachoberschulen und Berufsoberschulen, 13. Jahrgangsstufe, Ausbildungsrichtung Sozialwesen.

25.1.1 Anforderungen an eine Prüfungsaufgabe

Im Gegensatz zur Fachhochschulreifeprüfung soll der Schüler in der fachgebundenen und allgemeinen Hochschulreifeprüfung ein bestimmtes Thema **selbst vorstrukturieren und gliedern** sowie dieses **fundiert und gründlich bearbeiten**. Zudem kommen neben den Leistungsbereichen des **Beschreibens, Erklärens** und **Veränderns** neue Ansprüche hinzu, die den Schüler auffordern, auf wissenschaftlicher Basis Sachverhalte zu **vergleichen, zu bewerten bzw. beurteilen sowie zu analysieren.** Dabei zählt nicht das Entwickeln einer eigenen Meinung; die Ausführungen müssen wissenschaftlich begründet, theoretisch gestützt und schlüssig entwickelt sein.

Ausgehend von einem Fall, einem Zitat aus der (Fach-)Literatur, einem Ereignis des Zeitgeschehens, einem Fachbegriff, einer Alltags- oder Erziehungssituation u.a. muss der Schüler verschiedene Teilaufgaben beantworten, die er selbst vorstrukturieren und gliedern sowie fundiert und gründlich bearbeiten muss.

> Beispiele für Aufgabentypen der Abiturprüfung finden sich in *Abschnitt 25.3.*

Die Schule legt den Schülern zwei derartige Aufgaben zur Auswahl vor. Der Schüler muss eine der vorgegebenen Aufgaben in der Zeit von 180 Minuten bearbeiten.

25.1.2 Beschreibung, Erklärung und Veränderung

Die Leistungsbereiche Beschreibung, Erklärung und Veränderung finden auch in der Fachhochschulreifeprüfung Anwendung[1]. *Beschreiben* als Leistungsbereich in Prüfungsarbeiten bedeutet, die eindeutige und fundierte Wiedergabe eines geforderten Sachverhaltes mit eigenen Worten. *Erklären* meint das Klarlegen der Entstehung oder Änderung von Erlebens- und/oder Verhaltensweisen mithilfe einer Theorie. Eine Erklärung kann in zwei Schritten erfolgen:

1. Darstellung der relevanten Annahmen und Begriffe einer Theorie
2. Klarlegung der Entstehung bzw. Änderung des geforderten Sachverhaltes mithilfe der vorher dargestellten Aussagen und Begriffe dieser Theorie

Dabei sind bei der Vorgehensweise nicht unbedingt diese zwei Schritte erforderlich; der Schüler kann auch während der Klarlegung der Entstehung bzw. Änderung des geforderten Sachverhaltes die relevanten Aussagen und Begriffe der Theorie darstellen.

---

[1] *Diese drei Leistungsbereiche sind in Kapitel 17.1 ausführlich dargestellt*

Mit *Veränderung* ist die Anwendung von wissenschaftlichen Erkenntnissen in konkreten Situationen zum Zwecke der Lösung „praktischer Probleme" gemeint. Folgendes Vorgehen hat sich dabei bewährt:

1. Beschreibung der relevanten wissenschaftlichen Erkenntnisse bzw. Aussagen einer Theorie, von denen die geforderten Handlungsweisen abgeleitet bzw. mit denen diese begründet werden können
2. Je nach Aufgabenstellung „Ableitung" bzw. Darstellung der verlangten Handlungsweisen (zum Beispiel ein Konzept, Maßnahmen, Möglichkeiten oder Vorschläge und dergleichen) zur Änderung des Erlebens bzw. Verhaltens
3. Begründung dieser Handlungsweisen mithilfe der in 1. beschriebenen wissenschaftlichen Erkenntnisse bzw. Theorie

Die Schritte 2 und 3 können auch in einem Vorgang abgehandelt werden oder 1. und 3. Schritt werden zusammengenommen. Entscheidend ist, dass alle diese Antwortteile strukturiert vorhanden sind.

25.1.3 Das Vergleichen

Vergleichen bedeutet das **Gegenüberstellen von zwei oder mehreren Sachverhalten** – in Pädagogik/Psychologie von Theorien oder Therapiekonzepten **nach bestimmten Kriterien**. Dabei müssen *Gemeinsamkeiten und Unterschiede* herausgearbeitet werden.

Die Teilaufgabe *„Bei der Behandlung der Angststörung von Herrn Jüngster können verschiedene Therapieverfahren durchgeführt werden. Vergleichen Sie zwei therapeutische Vorgehensweisen hinsichtlich ihrer Anwendbarkeit."* ist ein Beispiel für diesen Aufgabentyp. Das Kriterium, nach dem verglichen werden soll, ist hier die „Anwendbarkeit".

Als **Theorien** kommen infrage

– eine *Konditionierungstheorie* wie das klassische oder das operante Konditionieren,
– eine *kognitive Theorie* – die sozial-kognitive Theorie von *Albert Bandura* –,
– eine *humanistische Theorie* – die personenzentrierte Theorie von *Carl Rogers*,
– eine *psychoanalytische Theorie* wie die klassische Psychoanalyse nach *Sigmund Freud*,
– eine *Kommunikationstheorie* – die Axiome der Kommunikation nach *Paul Watzlawick u. a.* oder das Kommunikationsmodell nach *Friedemann Schulz von Thun* – und
– eine *ökologische Theorie* wie das Life Model von *Carel B. Germain* und *Alex Gitterman*.

Die **Therapiekonzepte** beschränken sich auf

– ein *verhaltenstherapeutisches Konzept*,
– eine *kognitive Therapie* wie die von *Aaron T. Beck*,
– eine *psychoanalytische Therapie* wie die klassische psychoanalytische Therapie nach *Sigmund Freud* und
– ein *ökologisches Konzept* wie zum Beispiel das Unterstützungsmanagement.

Um einen Vergleich anstellen zu können, sind bestimmte **Kriterien** erforderlich. Diese können in der Aufgabenstellung vorgegeben sein, zum Teil müssen sie aber auch selbst festgelegt werden.

Bei der Teilaufgabe *„Vergleichen Sie zwei Therapierichtungen hinsichtlich ihrer Grundannahmen, Zielsetzungen und Vorgehensweisen."* sind die Kriterien (Grundannahmen, Zielsetzung, Vorgehensweisen) bereits in der Aufgabenstellung enthalten.

Folgende Kriterien können zu einem **Theorievergleich** herangezogen werden:

– *Menschenbild*
– *Basisannahmen*
– *Struktur*
– *Ausgangspunkt der Persönlichkeitsentwicklung*
– *Verlauf der Persönlichkeitsentwicklung*
– *Seelische Fehlentwicklung*

Als Beispiel für diese Kriterien nachfolgend ein Vergleich zwischen Psychoanalyse, personenzentrierter Theorie, operantem Konditionieren und sozial-kognitiver Theorie:

	Psychoanalyse	**Personenzentrierte Theorie**	**Operantes Konditionieren**	**Sozial-kognitive Theorie**
Menschenbild	Der Mensch ist ein dynamisches System, das von verschiedenen Energien gesteuert wird; mechanistisches Menschenbild. Der Mensch ist ein triebgesteuertes Wesen; pessimistisches Bild vom Menschen.	Der Mensch ist in seinem Kern „gut" und er strebt danach, eine gesunde und selbstbestimmte Persönlichkeit zu entwickeln. Kann er gemäß seinem Wesen handeln, so ist er ein positives und soziales Wesen, dem man vertrauen kann.	Der Mensch ist ein Wesen, das nahezu ausschließlich von Umweltreizen beherrscht wird; einseitige Betonung der Bedeutung von Umweltfaktoren für die Entwicklung.	Der Mensch ist ein leistungsorientiertes, aktives und problemlösendes Wesen, das überlegt handelt und sein Handeln gezielt einsetzen kann; dabei spielen kognitive Prozesse die entscheidende Rolle.
Basisannahmen	Bestimmte seelische Vorgänge und innere Kräfte sind unbewusst, wirken sich jedoch auf das individuelle Verhalten und die Entwicklung der Persönlichkeit nach ganz bestimmten Gesetzmäßigkeiten aus; es sind unverarbeitete Vorgänge und Konflikte, die krank machen.	Der Mensch besitzt von Natur aus die Tendenz zur Selbstverwirklichung im Sinne des Strebens nach Unabhängigkeit und Selbstbestimmung sowie nach Verwirklichung und Ausschöpfung seiner eigenen Möglichkeiten.	Alles Erleben und Verhalten, auch das unangepasste, ist erlernt und kann wieder verlernt werden.	Kognitive Prozesse und Strukturen eines Menschen üben einen erheblichen Einfluss auf das Verhalten und Erleben aus und entscheiden, wie ein Individuum erlebt und sich verhält.

	Psychoanalyse	Personenzent- rierte Theorie	Operantes Konditionieren	Sozial-kognitive Theorie
Struktur	Schichten des Bewusstseins, Persönlichkeitsins- tanzen: ES, ICH und ÜBER-ICH	Individuelles Wahrnehmungsfeld und Selbstkonzept, das aus dem Real- und Ideal-Selbst besteht	Beziehung zwischen dem gezeigten Verhalten und der nachfolgenden Konsequenz	Beziehung zwischen kognitiven Prozes- sen, Erwartungen, Kompetenzen, Zielen und Verhalten
Ausgangspunkt	Lebens- und Todestrieb, Libido und Destrudo als jeweilige Quellen der Triebenergie	Bestreben, die eigenen Entwick- lungsmöglichkeiten zu entfalten und zu verwirklichen	Vorliegen eines Bedürfnisses	Die Erwartung und Überzeugung, Verhalten zu beherrschen und damit Erfolg zu haben bzw. Miss- erfolg abwenden zu können
Verlauf	Abfuhr der Trieb- energie über die Phasen der Libido- entwicklung; Ausbildung eines starken ICH	Übereinstimmung von Selbstverwirk- lichung und Selbst- konzept (Kongruenz) bewirkt ein Verhal- ten, das sich am „wahren Selbst" orientiert	Die Darbietung bzw. der Entzug von angenehmen oder unange- nehmen Konsequen- zen bestimmt die Auftretenswahr- scheinlichkeit eines Verhaltens	Phasen und Pro- zesse der Aneignung und Ausführung von Verhalten und Handeln
Fehlentwicklung	Unzureichende bzw. exzessive Triebbe- friedigung führt zu Fixierung bzw. Regression in der Entwicklung; Un- gleichgewicht der einzelnen Persön- lichkeitsinstanzen zusammen mit der Realität, Ausbildung eines schwachen ICH; Auftreten von unangemessenen Ängsten, übertriebe- ner Einsatz von Abwehrmechanis- men; Leugnung, Verzerrung und Verfälschung der Realität, realitäts- unangepasstes Verhalten	Entwicklung von Bewertungsbedin- gungen; Diskrepanz zwischen Selbstver- wirklichung und Selbstkonzept (Inkongruenz); starres Selbstkon- zept, welches Erfahrungen ab- wehrt, die im Widerspruch zu ihm stehen. Auftreten von unangemesse- nen Ängsten; innerer Konflikt, welcher sich in bestimmten Symptomen äußert	Das unangepasste Verhalten – die Störung – wird durch entsprechen- de Verhaltenskonse- quenzen gelernt: Das Symptom ist die Störung	Unangemessene, nicht realitätsge- rechte, selbst- schädigende und nicht zielführende Gedanken und Annahmen eines Menschen führen zu einem unangepassten Verhalten

Dieses Beispiel veranschaulicht lediglich die Kriterien, die zu einem Theorievergleich herange- zogen werden können. Bei den Ausführungen ist es erforderlich, auf der Grundlage dieser Kriterien die Theorien gegenüberzustellen sowie Gemeinsamkeiten und Unterschiede heraus- zuarbeiten.

Andere bzw. weitere Kriterien können der **Beschreibungs- und Erklärungsumfang** der Theorie, ihre **Anwendbarkeit in der Praxis**, ihre **wissenschaftliche Fundierung** u. a. sein.

Bezüglich des Vergleiches von **Therapiekonzepten** haben sich als Kriterien bewährt:

– der *Theoriebezug*,
– das *Menschenbild*,
– die *Grundannahmen* der zugrunde liegenden Theorie,
– der *Gegenstand* der Therapie und
– ihr *Ziel*.

Ein Vergleich zwischen dem verhaltensorientierten und einem ökologischen Konzept befindet sich in *Kapitel 21.3.1*, zwischen psychoanalytischer und kognitiver Therapie in *Kapitel 23.3.1*.

> **Vergleichen als Leistungsbereich in Pädagogik/Psychologie bedeutet das Gegenüberstellen von zwei oder mehreren Theorien bzw. Therapiekonzepten nach einem bzw. mehreren bestimmten Kriterien.**

Nach Festlegung der Vergleichskriterien ist zunächst die Darstellung der zu vergleichenden Sachverhalte – also die entsprechenden Teile der Theorien oder der Therapiekonzepte – Voraussetzung, um dann in einem zweiten Schritt diese gegenüberzustellen und Gemeinsamkeiten und Unterschiede herauszuarbeiten.

Die Beantwortung der Teilaufgabe *„Bei der Behandlung der Angststörung von Herrn Jüngster können verschiedene Therapieverfahren durchgeführt werden. Vergleichen Sie zwei therapeutische Vorgehensweisen hinsichtlich ihrer Anwendbarkeit."* könnte folgendermaßen aufgebaut sein:
1. Darstellung der relevanten Konzeptteile der psychoanalytischen und der kognitiven Therapie
2. Vergleich dieser beiden therapeutischen Vorgehensweisen

Die Vorgehensweise beim Vergleichen:
1. **Festlegung der Vergleichskriterien (wenn sie nicht schon in der Teilaufgabe vorgegeben sind)**
2. **Darstellung der relevanten Aussagen und Begriffe der Theorien bzw. der Therapiekonzepte, die es zu vergleichen gilt**
3. **Gegenüberstellung dieser Theorien bzw. Therapiekonzepte, Herausstellen von Gemeinsamkeiten und Unterschieden nach den festgelegten Kriterien**

Es sind bei der Vorgehensweise nicht unbedingt diese Schritte erforderlich, der Schüler kann auch während des Vergleichens die entsprechenden Aussagenteile darstellen.

25.1.4 Die Bewertung und Beurteilung

Bewertung und Beurteilung als Leistungsbereich in der Abiturprüfung bedeutet, **einen Sachverhalt** – in Pädagogik/Psychologie eine Theorie oder ein Therapiekonzept – **hinsichtlich eines oder mehrerer Kriterien – sogenannte Beurteilungskriterien – einzuschätzen, zu begutachten, über ihn zu befinden, über ihn ein Urteil abzugeben**. Dabei geht es darum, Vor- und Nachteile, Schwächen und Stärken, Vorzüge und Widersprüche von pädagogischen und psychologischen Theorien und Therapiekonzepten herauszustellen.

> Ein Beispiel für diese Leistungskategorie ist die Teilaufgabe *„Stellen Sie auf der Grundlage einer Theorie Möglichkeiten zur Förderung der Kontaktfähigkeit dar und beurteilen Sie deren Umsetzbarkeit in der erzieherischen Praxis."* Das Beurteilungskriterium ist hier die Umsetzbarkeit einer Theorie in die erzieherische Praxis.
> Eine weitere Teilaufgabe: *„Beurteilen Sie eine therapeutische Vorgehensweise zur Behandlung einer Depression."*

> **Bewertung bzw. Beurteilung als Leistungsbereich in Pädagogik/Psychologie bedeutet die Einschätzung einer Theorie bzw. eines Therapiekonzeptes hinsichtlich bestimmter Kriterien.**

Solche Beurteilungskriterien für das Bewerten und Beurteilen können sein:

- die **Wissenschaftlichkeit** der zu beurteilenden Theorie bzw. des Therapiekonzeptes,
- der **Erklärungswert** bzw. -umfang der Theorie,
- die **Anwendbarkeit** der Theorie bzw. des Konzeptes in Erziehung und/oder in Therapie oder
- ihre **Wirksamkeit** in der Praxis.

Dabei geht es darum, hinsichtlich dieser Kriterien die Schwächen und Stärken der zu beurteilenden Theorie oder des zu bewertenden Therapiekonzeptes herauszustellen.

> Beispiele für eine Beurteilung von Therapiekonzepten befinden sich in *Kapitel 21.3.2* (verhaltensorientiertes Konzept), in *21.3.3* (ein ökologisches Konzept: das Unterstützungsmanagement), *23.3.2* (die klassische psychoanalytische Therapie) und in *Kapitel 23.3.3* (die kognitive Therapie nach *Aaron T. Beck*).

Auch zur Bewertung und Beurteilung von Theorien und Therapiekonzepten ist Voraussetzung, dass erst einmal zum einen die zu bewertenden Aussagen – die relevanten Teile einer Theorie oder eines Therapiekonzeptes -, dargestellt werden; zum anderen kann es erforderlich sein, die Beurteilungskriterien klarzulegen – zumindest zu nennen –, um dann in einem folgenden Schritt eine Einschätzung auf der Grundlage dieser Kriterien vorzunehmen.

> Bei der Beantwortung der Teilaufgabe *„Beurteilen Sie eine therapeutische Vorgehensweise zur Behandlung einer Depression."* könnte folgendermaßen vorgegangen werden:
> 1. Darstellung der relevanten Aussagen der kognitiven Therapie nach Beck
> 2. Nennung bzw. Klarlegung der erforderlichen Beurteilungskriterien
> 3. Beurteilung der kognitiven Therapie hinsichtlich der Behandlung einer Depression auf der Grundlage der beschriebenen Kriterien

Die Vorgehensweise bei einer Bewertung/Beurteilung:
1. Darstellung der zu bewertenden Aussagen einer Theorie bzw. eines Therapiekonzeptes (zielbezogene Auswahl der Theorie- bzw. Konzeptaussagen)
2. Klarlegung der Beurteilungskriterien
3. Einschätzung der in 1. dargestellten Aussagen auf der Grundlage dieser Beurteilungskriterien

Auch hier ist es natürlich wieder möglich, die Schritte in einem Vorgang zusammenzulegen.

25.1.5 Das Analysieren

Analysieren bedeutet, **einen Sachverhalt** – zum Beispiel eine Veröffentlichung, ein belletristischer Text, ein Ausschnitt aus einer Illustrierten, ein Zeitungsartikel, Ergebnisse von Untersuchungen – **auf einzelne Merkmale – sprich Kriterien – hin zu untersuchen, zu durchleuchten bzw. zu überprüfen**.

> So ist zum Beispiel in einer Teilaufgabe eine wissenschaftliche Untersuchung aus einer Zeitschrift zitiert. Die sich anschließende Aufgabenstellung lautet: *„Analysieren Sie die oben zitierte Untersuchung hinsichtlich der Wesenszüge einer wissenschaftlichen Pädagogik und Psychologie.“*

Analysieren als Leistungsbereich in Pädagogik/Psychologie bedeutet einen Sachverhalt auf einzelne Kriterien hin zu untersuchen, zu durchleuchten bzw. zu überprüfen.

Bezüglich des Vorgehens empfiehlt sich zunächst, die Kriterien, mit deren Hilfe analysiert werden soll, darzustellen.

> Bei der oben formulierten Teilaufgabe ist das Kriterium die Wesenszüge einer wissenschaftlichen Pädagogik und Psychologie.

In einem zweiten Schritt wird der zu analysierende Sachverhalt hinsichtlich der dargestellten Kriterien durchleuchtet bzw. überprüft.

> Bei der Beantwortung der Teilaufgabe „Analysieren Sie die oben zitierte Untersuchung hinsichtlich der Wesenszüge einer wissenschaftlichen Pädagogik und Psychologie." könnte folgendermaßen vorgegangen werden:
> 1. Darstellung der Wesenszüge der wissenschaftlichen Pädagogik und Psychologie (= Kriterien, nach denen analysiert wird)
> 2. Überprüfung der zitierten Untersuchung mithilfe der dargestellten Wesenszüge

Die Vorgehensweise bei einer Analyse:
1. Darstellung der geforderten Kriterien, nach denen analysiert werden soll
2. Untersuchung bzw. Überprüfung des Sachverhaltes hinsichtlich der dargestellten Kriterien

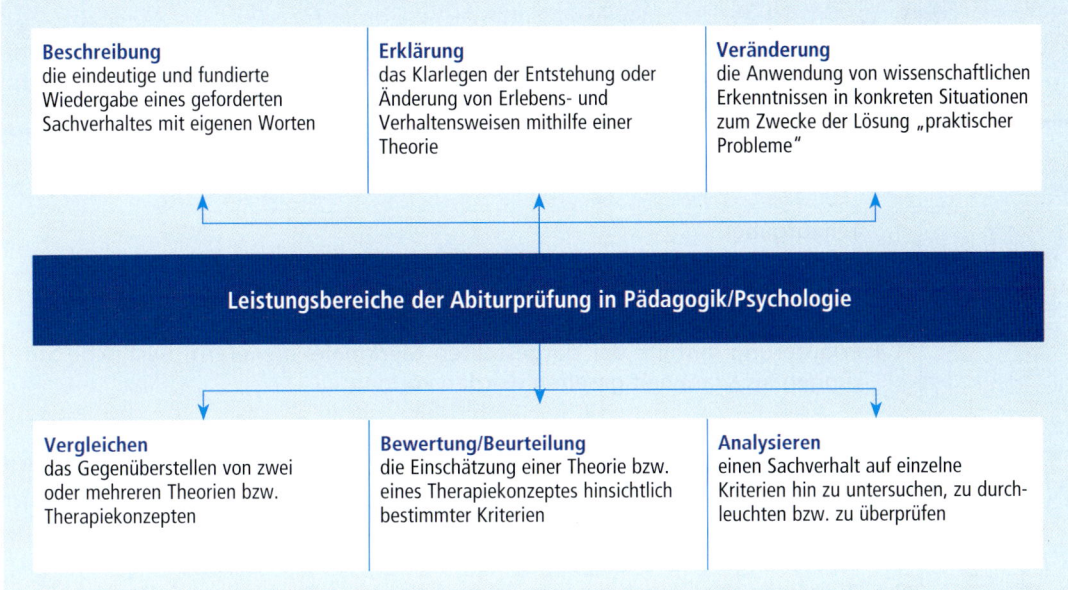

Beschreibung	Erklärung	Veränderung
die eindeutige und fundierte Wiedergabe eines geforderten Sachverhaltes mit eigenen Worten	das Klarlegen der Entstehung oder Änderung von Erlebens- und Verhaltensweisen mithilfe einer Theorie	die Anwendung von wissenschaftlichen Erkenntnissen in konkreten Situationen zum Zwecke der Lösung „praktischer Probleme"

Leistungsbereiche der Abiturprüfung in Pädagogik/Psychologie

Vergleichen	Bewertung/Beurteilung	Analysieren
das Gegenüberstellen von zwei oder mehreren Theorien bzw. Therapiekonzepten	die Einschätzung einer Theorie bzw. eines Therapiekonzeptes hinsichtlich bestimmter Kriterien	einen Sachverhalt auf einzelne Kriterien hin zu untersuchen, zu durchleuchten bzw. zu überprüfen

Diese Leistungsbereiche und ihre Vorgehensweise treffen in der Regel auch auf mündliche Prüfungen zu.

25.2 Die Anfertigung einer Prüfungsarbeit

Im Gegensatz zur Fachhochschulreifeprüfung soll der Schüler in der Abiturprüfung ein bestimmtes Thema selbst vorstrukturieren und gliedern sowie dieses fundiert und gründlich bearbeiten.

Die Ausführungen über die Anfertigung einer Prüfungsarbeit in Kapitel 17.2 treffen auf die Abiturprüfung ebenso zu.

25.2.1 Die Gliederung

In der Prüfungsarbeit für das Abitur ist in der Regel eine Gliederung erforderlich. **Bei den Überschriften der Gliederung wird mitgeteilt, was im jeweiligen Abschnitt ausgeführt wird.**

Beispiel einer möglichen Gliederung einer Aufgabe

Aufgabe

1. Beschreiben Sie ein Störungsbild einer Form der Depression oder der Angst und diskutieren Sie, inwiefern psychische Störungen aus der Perspektive der Klinischen Psychologie als Krankheit gesehen werden können.

2. Stellen Sie zwei psychotherapeutische Vorgehensweisen zur Behandlung der in Teilaufgabe 1 beschriebenen Störung dar und vergleichen Sie diese hinsichtlich ihrer Anwendbarkeit.

Gliederung

1. Teilaufgabe:
1.1 Begriffsbestimmung von psychischer Störung
1.2 Beschreibung des Störungsbildes einer Depression
1.3 Darstellung der Merkmale von Gesundheit und Krankheit
1.4 Erläuterung mithilfe der dargestellten Merkmale, inwiefern psychische Störungen als Krankheit gesehen werden können

2. Teilaufgabe:
2.1 Darstellung der Grundlagen des psychoanalytischen Therapiekonzeptes
2.2 Aufzeigen der Vorgehensweise in der psychoanalytischen Therapie am Beispiel der Depression
2.3 Darstellung der Grundlagen der kognitiven Therapiekonzepte
2.4 Aufzeigen der Vorgehensweise in der kognitiven Therapie nach Beck am Beispiel der Depression
2.5 Vergleich der psychoanalytischen und kognitiven Therapie hinsichtlich ihrer Anwendbarkeit

Dies ist eine Möglichkeit, wie eine Prüfungsaufgabe aufgebaut sein kann, es gibt auch andere sinnvolle Möglichkeiten der Gliederung.

25.2.2 Die Qualität der Ausführungen

In Pädagogik/Psychologie steht nur das Medium der Sprache zur Verfügung, und die Ausführungen haben die Information anderer Personen zum Ziel (vgl. *Seiffert, 2003[13], S. 97*). Aus diesem Grund müssen die Darstellungen einschließlich aller Begriffe, die verwendet werden, **klar, genau und eindeutig,** vor allem aber **differenziert, umfassend und fundiert** sein. Durch den Gebrauch von Fachbegriffen, die geklärt werden müssen, kann zudem eine größtmögliche Exaktheit erreicht werden. Zum anderen erfordert eine Prüfungsarbeit auch eine gewisse **Ordnung und Strukturierung der Ausführungen**: Das Wissen muss entsprechend der Aufgabenstellung *gezielt eingesetzt sowie richtig geordnet, gegliedert und gewichtet* werden.

Die Qualität *einer Prüfungsarbeit hängt von Art der Ausführungen ab*: **Sie müssen klar, genau und eindeutig, vor allem aber differenziert, umfassend und fundiert sowie gezielt eingesetzt, richtig geordnet, gegliedert und gewichtet sein. Diese Qualität bestimmt neben der Vollständigkeit die Bewertung im Unterrichtsfach Pädagogik/Psychologie.**

Achten Sie deshalb auch auf eine richtige ***Zeitplanung***, um nicht gegen Ende der Prüfungszeit aus Zeitgründen in einen verkürzten „Telegrammstil" mit unvollständigen Ausführungen verfallen zu müssen. Sie haben insgesamt 180 Minuten, also volle drei Zeitstunden, zur Verfügung. Berücksichtigen Sie dabei, dass eine Teilaufgabe umfangreicher sein kann als eine andere. Für das Entscheiden, welche Prüfungsaufgabe Sie wählen, sowie für das Clustern und Ordern[1] benötigen Sie vermutlich ca. 30 Minuten. Etwa 20 bis 30 Minuten sollten Ihnen am Ende zum Durchlesen und Überprüfen Ihrer Ausführungen bleiben, um noch eventuell Korrekturen und Verbesserungen anbringen zu können.

25.2.3 Einleitung und Schlussgedanke

An manchen Schulen ist es üblich, eine Einleitung und einen Schlussgedanken zu bringen. Einige Bemerkungen über das in der Prüfungsaufgabe angesprochene Thema, über die Bedeutung des Themenkreises innerhalb der Wissenschaft bzw. für die Praxis oder ein Problem eignen sich beispielsweise für eine Einleitung. Sie soll zum Thema führen und keine Beantwortung der Fragen vorwegnehmen. Durch einen kurzen Schlussgedanken kann die Arbeit abgerundet werden. Es kann sich dabei beispielsweise um eine Zusammenfassung, eine Wertung oder Stellungnahme zum Thema, um einen Ausblick, einen Wunsch, eine Anregung oder auch um eine Kritik handeln.

25.2.4 Die Bewertung der Prüfungsarbeit

Die Schulen verwenden bei der Korrektur der schriftlichen Abschlussprüfung einen Bewertungsbogen. Dabei gelten die gleichen Bewertungskriterien wie bei der Fachhochschulreifeprüfung. Es kommen lediglich bei der Anwendung der Kenntnisse die drei Leistungsbereiche des Vergleichens, Bewertens/Beurteilens und Analysierens hinzu. Zudem wird die eigenständige Vorstrukturierung und Gliederung sowie die fundierte und gründliche Bearbeitung noch stärker in den Vordergrund gestellt.

– **Qualität der Darstellung**
 Hier geht es um *Anforderungen formaler Art*:
 · Erfassen der Aufgabenstellung und des damit verbundenen Themabezuges
 · sinnvolle Gliederung, logischer Aufbau
 · sinnvolle Gewichtung (einzelner Teilbereiche), Auswahl relevanter Inhalte
 · Bezug zum Einleitungstext [Fallbeispiel, Zitat aus der (Fach-)Literatur, Artikel, Ereignis des Zeitgeschehens, Untersuchung, Alltags- oder Erziehungssituation und dergleichen]

– **Qualität der Reproduktion der Kenntnisse**
 Dieses Kriterium umfasst eine **korrekte, eindeutige und fundierte Wiedergabe von Fachkenntnissen**, wie richtige und genaue Begriffsbestimmungen, richtige und klare sowie nicht verkürzte Wiedergabe von Lehrmeinungen, wissenschaftlichen Erkenntnissen, Gesetzmäßigkeiten und/oder Theorien.

– **Qualität der Anwendung der Kenntnisse**
 Dieses Kriterium meint die **richtige, umfassende und zutreffende Ver- und Anwendung** von Fachkenntnissen. Dies umfasst folgende Fähigkeiten:
 · richtige und sinnvolle An- und Verwendung von Fachbegriffen;
 · richtige und korrekte Übertragung von Fachkenntnissen;
 · richtige Beschreibung an einem Text bzw. Beispiel: Art und Vorgehensweise;
 · richtige Anwendung von Kenntnissen zum Zwecke der Beschreibung, der Er-

---

[1] vgl. Kapitel 17.2.1

klärung, der Veränderung, des Vergleichens, der Bewertung/Beurteilung und des Analysierens: Art und Vorgehensweise;
· realistische Vorschläge, Handlungsweisen u. a. bei der Veränderung; Begründung von Sachverhalten mithilfe von wissenschaftlichen Erkenntnissen;
· korrekte Schlussfolgerungen, (un)zulässige Verallgemeinerungen;
· richtige Anwendung der Fachkenntnisse bei Bezug zum geforderten Sachverhalt; umfassende Beweisführung an diesem.

– **Relative Vollständigkeit**
Von Bedeutung ist hier, wie vollständig die Ausführungen sind, gemessen an den Lernzielen des Lehrplanes und den dazu im Unterricht behandelten Lerninhalten.

In der Benotung wird die Anwendung von Kenntnissen gegenüber ihrer Reproduktion wesentlich stärker gewichtet. Das Hauptaugenmerk liegt darauf, wie der Schüler mit den Kenntnissen umgehen und diese zutreffend und überzeugend anwenden kann. Dabei müssen auch Zusammenhänge deutlich werden.

Wenn auch an den Schulen unterschiedliche Bewertungsbögen zur Korrektur von Prüfungsaufgaben verwendet werden, so bleiben die Bewertungskriterien dieselben wie dargestellt. Die Schulen können und sollen jedoch bei den einzelnen Teilaufgaben bzw. den einzelnen Bewertungskriterien unterschiedlich gewichten.

Diese Kriterien treffen in der Regel auch auf mündliche Prüfungen zu.

25.3 Prüfungsaufgaben

Die folgenden Aufgaben sind als Übungsthemen zur Vorbereitung auf die schriftliche und mündliche Abiturprüfung zum Erwerb der fachgebundenen und allgemeinen Hochschulreife an Fachoberschulen und Berufsoberschulen gedacht.

1. Aufgabe

Privilegierte Migranten oder Risikogruppe?

Mit den Aussiedlerfamilien ist seit den achtziger Jahren eine „junge Population" nach Deutschland eingewandert. Wie die Integration der Kinder und Jugendlichen als „mitgenommene Generation" gelingt, hängt von vielfältigen Faktoren ab.
Studien haben gezeigt, dass die Freiwilligkeit, die Akzeptanz und eine bejahende Einstellung zur Ausreise günstige Auswirkungen auf die Befindlichkeit der Kinder und Jugendlichen nehmen. Positive Vorstellungen über das Leben in Deutschland, das Vorhandensein bereits ausgesiedelter Freunde und Familienmitglieder, klar umrissene Zukunftserwartungen begünstigen die Bereitschaft der Kinder und Jugendlichen, sich auf neue Verhältnisse einzulassen.
Eine andere Studie kam zu dem Ergebnis, dass drei Viertel der befragten Jugendlichen nach vier Jahren in Deutschland keine wesentlichen Probleme mehr hatten. Ein Viertel der Befragten konnte als problembelastet bezeichnet werden. Sie litten unter depressiven Stimmungen, hatten schlechte Noten und Verständnisprobleme in der Schule und tranken übermäßig viel Alkohol. Dauerhafte Schwierigkeiten zeigten Jugendliche, die nur ungern nach Deutschland kamen und denen die Kontaktaufnahme zu Einheimischen nicht gelang.

(M. Westphal, in: Pro Jugend, hrsg. von der Aktion Jugendschutz
Bayern und Schleswig-Holstein, Nr. 3/2002, gekürzt und überarbeitet)

1. Erläutern Sie ausgehend von Textaussagen die hier vertretene Auffassung von Wissenschaft und stellen Sie diese einer anderen Position gegenüber.

2. Zeigen Sie am Beispiel einer im Text aufgezeigten Problemstellung die Arbeitsschritte einer empirischen Untersuchung auf.

2. Aufgabe

Es war eine besondere, eine extreme Situation, welche Forschern die Bedeutung der ersten Lebensjahre für Kinder erneut deutlich machte: Als das Regime von Nicolae Ceausescu im Jahr 1989 zusammenbrach, gingen Fernsehbilder aus rumänischen Waisenhäusern um die Welt. Die Babys und Kinder waren verdreckt, verwahrlost und vereinsamt. Sie lebten hinter Gittern, in Schlamm und Kot, sie waren unterernährt, häufig krank und geistig zurückgeblieben. Zahlreiche Waisenkinder kamen nach Adoptionen in westeuropäische Länder. In Großbritannien untersuchte der Psychologe Michael Rutter später zweihundert dieser Kinder; dabei stellte er verblüffende Unterschiede fest: Jene, die in den allerersten Lebensmonaten in britische Familien kamen, konnten ihren Rückstand in der kognitiven Entwicklung fast vollständig aufholen. Doch den anderen, die bereits vier Jahre in einem rumänischen Waisenhaus gelebt hatten, gelang dies nicht. Wieder einmal wurde klar: Was ein Kind in den ersten Jahren verpasst, wird ihm zur lebenslangen Last.
So zeigen Neurowissenschaftler, dass im Gehirn eines Säuglings im Sekundentakt tausende Kontakte zwischen den Nervenzellen entstehen – das Baby macht erste Lernerfahrungen, wenn es durch Schreien oder Lächeln mit den Erwachsenen kommuniziert. Bleiben die Vernetzungen in den ersten Jahren jedoch aus, fehlt später das Material für die Präzisierung – das Gehirn bleibt unter seinen Möglichkeiten.

(Süddeutsche Zeitung vom 10. Juni 2008: Je früher, desto billiger, S. 2, gekürzt)

1. Erläutern Sie auf Grundlage des Textes Merkmale von Wissenschaft und verdeutlichen Sie die notwendigen Arbeitsschritte einer empirischen Untersuchung der geschilderten Entwicklungsunterschiede.

2. Der günstige oder ungünstige Verlauf eines Entwicklungsgeschehens hängt von den Wechselwirkungen der Entwicklungsbedingungen ab.
   Beurteilen Sie ausgehend vom Text kritisch die dort hervorgehobene Bedeutung der Umwelt als Entwicklungsbedingung und vergleichen Sie hierzu die Aussagen von zwei verschiedenen psychologischen Theorien.

3. Aufgabe

„Die Psychoanalyse, so forderte unlängst der Analytiker Johannes Cremerius, müsse mit gutem Beispiel vorangehen und endlich zu einer ‚normalen Wissenschaft' werden."

(„Wucherndes Dickicht"; in: Der Spiegel Nr. 25/1998)

1. Erläutern Sie, welche Merkmale die Psychoanalyse aufweisen muss, um als Wissenschaft zu gelten, und vergleichen Sie die unterschiedlichen Auffassungen von Wissenschaft, die der Psychoanalyse und der naturwissenschaftlich orientierten Psychologie zugrunde liegen.

2. Krankenkassen haben ein Interesse daran, Erkenntnisse über die Wirksamkeit verschiedener therapeutischer Vorgehensweisen zu gewinnen. Zeigen Sie Arbeitsschritte einer möglichen empirischen Untersuchung zu dieser Fragestellung auf.

4. Aufgabe

Abschlussbericht zum Forschungsprojekt „Einstellung betroffener Familien zum Down-Syndrom vor und nach Einführung der Pränataldiagnostik: Langzeitvergleich 1972–2003" – Interdisziplinäres Forschungsprojekt Medizin/Sonderpädagogik.

Ausgangspunkt war eine frühere Untersuchung im Jahr 1972 des Max Planck Instituts an mehreren hundert Kindern in Bayern über psychosoziale Probleme von Patienten mit … Chromosomenanomalie und ihrer Familien.

Mit einer neuen Untersuchung sollte geklärt werden, ob die inzwischen mögliche Vermeidbarkeit von Menschen mit Down-Syndrom zu einer verstärkten Ausgrenzung der Betroffenen und ihrer Familien führt. Sollte dies tatsächlich der Fall sein, dann sollten sich Eltern von Kindern mit Down-Syndrom nach Einführung der Pränataldiagnostik stärker ausgegrenzt fühlen als 1972. Die Eltern wurden mittels einer revidierten Form des ursprünglichen Fragebogens befragt, der über Förder- und Grundschulen verteilt wurde. Den Fragebögen lag ein Rückumschlag bei, und die Eltern schickten die Fragebögen anonym an das Forschungsprojekt zurück. Der Fragebogen bestand aus insgesamt 199 Fragen.
Im Vergleich zu 1972 fühlten sich betroffene Mütter gleichermaßen aus der Gesellschaft ausgegrenzt. Allerdings berichteten sie wesentlich häufiger von Unterstützung und Hilfsbereitschaft aus ihrem näheren sozialen Umfeld.
Pränataldiagnostik stellt eine Bedrohung für die gesellschaftliche Stellung für Eltern von Kindern mit Down-Syndrom dar, da sie wesentlich häufiger mit Schuldvorwürfen konfrontiert werden als andere Eltern. Dennoch scheint der Nutzen einer klaren Diagnose die potentiellen Risiken der Pränataldiagnostik zu überwiegen: Wesentlich verbessert hat sich die psychische Verfassung der Mütter: Die emotionale Anspannung, die Furcht etwas falsch zu machen und der Wunsch, dass das Kind nicht leben würde, nahmen deutlich ab; und das, obwohl erst durch die Pränataldiagnostik die Möglichkeit der gezielten Beendigung von Schwangerschaften bei Trisomie 21 geschaffen wurde. … Verstärkt werden muss die Aufklärung der Bevölkerung und die non-direktive Beratung schwangerer Frauen vor Inanspruchnahme von Untersuchungen, damit die freie Entscheidungsmöglichkeit der Frau für oder gegen ein Kind mit Behinderung gesichert ist.

(Erwin Breitenbach, auf: www.uni-wuerzburg.de/sopaed1/breitenbach/down/index.htm,
gekürzt und überarbeitet)

1. Der Abschlussbericht informiert über die Ergebnisse einer wissenschaftlichen Untersuchung zur gesellschaftlichen Situation von Menschen mit Down-Syndrom. Beschreiben Sie ausgehend vom vorliegenden Textauszug Arbeitsschritte einer empirischen Untersuchung.

2. Eltern von Kindern mit Down-Syndrom fühlen sich häufig von der Gesellschaft ausgegrenzt.
   Erläutern Sie mithilfe eines ökologischen Modells, wie dieser Problematik begegnet werden kann. Beziehen Sie sich hierbei auch auf die Wertgebundenheit sonderpädagogischen Handelns.

5. Aufgabe

„*Menschen bewerten sich gegenseitig nach der potentiellen Attraktivität sozialer Beziehungen, und diese Tendenz ist in modernen Leistungsgesellschaften besonders ausgeprägt. Behinderte haben nun wenig von dem anzubieten, was sozial hoch bewertet wird. Ihre soziale Attraktivität ist von daher gering, ihre Position gekennzeichnet durch Abhängigkeit und Machtlosigkeit. Die Überbetonung von Werten wie physische Integrität, Leistungsfähigkeit, Schönheit etc. in unserer Kultur fördert eine ungünstige, distanzierende Haltung gegenüber physisch abweichenden Personen. Unter dem genannten Aspekt vermeiden Nichtbehinderte soziale Interaktionen mit Behinderten, weil sich die Beziehung nicht ‚lohnt'. Auf der Seite des Behinderten trägt sie entscheidend zu dessen Stigmatisierung bei.*
Entstigmatisierung kann nur dann erfolgreich sein, wenn die betroffenen Behinderten mitarbeiten. Im Gegensatz zum Nichtbehinderten kann nämlich beim Behinderten das notwendige hohe Maß an Motivation vorausgesetzt werden.
Wichtigstes Ziel wäre daher zunächst die Vermittlung von Wissen über die Grundlagen der ablehnenden sozialen Reaktion, insbesondere über die Schwierigkeiten des Nichtbehinderten in gemischten Interaktionssituationen. Der Behinderte sollte in die Lage versetzt werden, die Steuerung der Interaktion zu übernehmen und damit den Nichtbehinderten von seiner Verhaltensunsicherheit zu befreien. Die Stärkung der Handlungskompetenz des Behinderten ist der erste Schritt zu einer Normalisierung der pathologischen Interaktion."

(Günther Cloerkes, 3., erweiterte Auflage von „Einstellung und Verhalten gegenüber Körperbehinderten. Eine kritische Bestandsaufnahme der Ergebnisse internationaler Forschung", Berlin 1985)

1. Problematisieren Sie ausgehend vom vorliegenden Textauszug den Begriff „Behinderung".
   Verdeutlichen Sie unter Beachtung von Einflussfaktoren auf die Wahrnehmung, wie es zu einer Stigmatisierung von Menschen mit Behinderung kommen kann.

2. Diskutieren Sie aus der Sichtweise eines ökologischen Konzepts, inwieweit die im Text konkret geforderte Stärkung der Handlungskompetenz bei Menschen mit Behinderung deren soziale Situation verbessern kann.

6. Aufgabe

Ziel des Behindertengleichstellungsgesetzes
Behinderte Menschen haben das Recht, in gleicher Weise wie nichtbehinderte am gesellschaftlichen Leben teilzuhaben und nicht auf die Fürsorge der Gesellschaft angewiesen zu sein. Neben dem Bestehen sozialrechtlicher Ansprüche ist es deshalb wichtig, ihre Bürgerrechte zu sichern. Dazu müssen alle Lebensbereiche so gestaltet werden, dass behinderte Menschen gleiche Chancen haben, am Leben in der Gesellschaft teilzunehmen. Das Gleichstellungsgesetz für behinderte Menschen wird im öffentlich-rechtlichen Bereich Gleichstellung und Barrierefreiheit verankern und Diskriminierungen vermeiden. Dabei geht es um die Möglichkeit zur Nutzung barrierefreier Verkehrsmittel, um zugängliche und behindertengerecht ausgestattete Gebäude, um barrierefreie Gaststätten sowie um die Verständigung in der eigenen Sprache mittels Gebärden oder die Übertragung mit geeigneten Kommunikationshilfen und um die Nutzbarkeit moderner Medien – wie das Internet – ohne durch grafische Oberflächen ausgeschlossen zu werden. Das Gesetz wird diskriminieren-

dem Verhalten, ausgrenzenden Bedingungen, baulichen und kommunikativen Barrieren entgegenwirken. Nur so haben behinderte Menschen eine gleiche Chance auf eine selbstbestimmte Lebensführung. Damit ist der Blick von der sozialpolitischen Kompensation von Nachteilen auf die Herstellung universeller und gleicher Bürgerrechte gelenkt.

(Bundesministerium für Gesundheit und Soziale Sicherung (Hrsg.):
Das Gesetz zur Gleichstellung behinderter Menschen. Bonn, S. 8)

1. Erläutern Sie auf der Basis des vorliegenden Textes zwei Aspekte der Wertgebundenheit sonderpädagogischen Handelns und zeigen Sie auf, inwieweit das Behindertengleichstellungsgesetz einen Beitrag zur Förderung der pädagogischen Mündigkeit von Menschen mit Behinderungen leisten kann.

2. Stellen Sie grundlegende Annahmen und Begriffe eines ökologischen Modells dar und analysieren Sie auf dessen Grundlage das Ziel des Behindertengleichstellungsgesetzes.

3. Nehmen Sie auf der Basis des in Teilaufgabe 2 dargestellten Modells und unter Berücksichtigung des Stigmabegriffes Stellung zum vorliegenden Text.

7. Aufgabe

Julia ist 15 Jahre alt und hat seit einigen Monaten stark abgenommen. Sie wiegt bei einer Größe von 168 cm nur noch 48 kg. Julia nimmt kaum noch an den gemeinsamen Mahlzeiten der Familie teil, sie bereitet sich ihr Essen nach einem strengen Diätplan selbst zu. Ihre Eltern machen sich große Sorgen und befürchten, dass Julia magersüchtig ist oder zumindest die Gefahr besteht, dass sie magersüchtig wird. Sie drängen Julia zu einem Gespräch mit dem Hausarzt, der die Bedenken der Eltern teilt. Aber Julia empfindet diese Sorge als übertrieben. Sie möchte nur noch ein paar Kilo abnehmen, weil sie ihre Hüften und ihren Po immer noch als zu dick empfindet.

1. Diskutieren Sie am Beispiel von Julia wesentliche Aspekte von Gesundheit und Krankheit unter besonderer Berücksichtigung der Normproblematik.

2. Sollte Julia aufgrund ihres Diätverhaltens weiter an Gewicht verlieren, könnte eine therapeutische Intervention zur Behandlung dieser Essstörung notwendig werden.
   Wählen Sie ein geeignetes therapeutisches Modell für die Behandlung von Essstörungen aus und begründen Sie Ihre Wahl. Stellen Sie dieses therapeutische Vorgehen und seine theoretische Fundierung am Beispiel der Behandlung von Essstörungen dar.

8. Aufgabe

Psychotherapeuten kämpfen seit Jahren darum, dass psychische Störungen als Krankheiten gelten. In der internationalen Klassifikation psychischer Störungen dagegen wird der Begriff „psychische Störung" in der gesamten Klassifikation verwendet, um den problematischen Gebrauch von Begriffen wie ‚Krankheit' oder ‚Erkrankung' weitgehend zu vermeiden.

1. Beschreiben Sie ein Störungsbild einer Form der Depression oder der Angst und diskutieren Sie, inwiefern psychische Störungen aus der Perspektive der Klinischen Psychologie als Krankheit gesehen werden können.

2. Psychische Störungen lassen sich mit verschiedenen Theorien erklären und mit unterschiedlichen therapeutischen Konzepten behandeln.
Stellen Sie – bezogen auf die in Teilaufgabe 1 gewählte Störung – ein geeignetes Behandlungsmodell dar. Bewerten Sie dieses hinsichtlich seiner Behandlungseignung und auch im Hinblick auf den Erklärungswert der dabei zugrunde gelegten Theorie.

9. Aufgabe

Verhaltenstherapie und Analyse erfolgreich
Psychoanalytische und verhaltenstherapeutische Langzeitbehandlungen haben in einer jetzt vorgelegten Vergleichsstudie ähnlich erfolgreich abgeschnitten. Der Frankfurter Psychoanalytiker Josef Brockmann, der Hamburger Verhaltenstherapeut Thomas Schlüter und Professor Jochen Eckert von der Universität Hamburg hatten dafür insgesamt 62 Patienten im Verlauf ihrer Behandlung und im Anschluss über einen Zeitraum von 3 ½ Jahren verglichen. Die an einer Angststörung oder einer Depression leidenden Patienten erzielten nicht nur hinsichtlich ihrer Leitsymptome deutliche Verbesserungen. Mindestens ebenso wichtig fanden sie selbst die Entwicklung ihrer zwischenmenschlichen Fähigkeiten, die allerdings mehr Behandlungszeit braucht als bloße Symptomreduktion.
Trotz gleicher Diagnosen gibt es bedeutende Unterschiede zwischen den Patientengruppen: Eine Verhaltenstherapie suchten Personen mit höherer Symptombelastung und häufigerem Gebrauch von Psychopharmaka auf. Demgegenüber besaßen Psychoanalyse-Patienten eine höhere Schulbildung.
Entgegen landläufiger Meinung ist Verhaltenstherapie nicht unbedingt kürzer als Psychoanalyse: Von den verhaltenstherapeutischen Behandlungen waren nach 3 ½ Jahren 16 noch nicht abgeschlossen, bei den psychoanalytischen Therapien waren es 42. Fazit der Autoren: „Auch wenn Psychoanalytiker und Verhaltenstherapeuten gleiche Störungsbilder behandeln, so handelt es sich doch um in vielfältiger Hinsicht unterschiedliche Menschen, auch wenn sie ähnliche Erwartungen an die Behandlung haben."

(Frankfurter Rundschau vom 06.01.2001)

1. Vergleichen Sie zwei Therapierichtungen hinsichtlich ihrer Grundannahmen, Zielsetzungen und Vorgehensweisen.

2. Weisen Sie die wissenschaftliche Fundierung der klinischen Psychologie nach. Gehen Sie dabei kritisch auf eine der von Ihnen verglichenen therapeutischen Vorgehensweisen und den Text des Zeitungsausschnittes ein.

10. Aufgabe

Als Nachreifungsvorgang ist der Therapieprozess ein relativ lang dauernder Weg kleiner Schritte; die Erwartung sensationeller Geschehnisse oder wunderbarer Blitzheilungen ist illusionär. Da das Ziel die Entfaltung der eigenen Kräfte, also ein emanzipatorisches ist, das letztlich den Analytiker überflüssig machen soll, besteht der Weg weder in einer Indoktrination des Patienten noch in einer stellvertretenden direkten Fürsorge; sie ist weder eine Anpassungs- noch eine Aufhetzungstherapie an oder gegen die Eltern und die herrschenden gesellschaftlichen Strukturen, sondern soll den Patienten befähigen, die Ziele und Freiheiten wirksam zu gestalten, die nach gewonnener größerer Klarheit über sich selbst und seine Motive ihm persönlich gültig erscheinen.

(Elhardt, Siegfried: Tiefenpsychologie – eine Einführung, Stuttgart 1998, S. 157 f.,
gekürzt und überarbeitet)

1. Erläutern Sie den Prozess einer psychoanalytischen Therapie und belegen Sie, inwiefern die im Text enthaltenen Aussagen mit diesem therapeutischen Konzept vereinbar sind.
   Prüfen Sie auch, ob diese Textaussagen auf einen kognitiven Therapieansatz zutreffen.

2. Geben Sie auf der Grundlage einer Theorie eine Erklärung für die Entstehung einer psychischen Störung (z. B. Angststörung).
   Setzen Sie sich mit dem Erklärungswert dieser Theorie kritisch auseinander.

11. Aufgabe

Krankheitsursache: Seele – Die Zahl der Atteste wegen psychischer Leiden wächst immens.

Die Deutsche Angestellten–Krankenkasse hat sämtliche Krankmeldungen ihrer 3,1 Millionen Mitglieder ausgewertet und dabei festgestellt, dass vor allem junge Menschen drastisch häufiger feststellen, dass mit ihrem Seelenleben etwas nicht in Ordnung ist: Zwischen 70 und 90 Prozent stiegen die psychischen Krankentage der 15- bis 29jährigen DAK-Mitglieder an. Drei Viertel von ihnen litten unter Depressionen. Auf Platz Zwei folgten neurotische Erkrankungen wie zum Beispiel Essstörungen, Angsterkrankungen, Zwangsstörungen oder auch psychosomatische Leiden. Und an dritter Stelle stehen die verschiedensten Formen von Suchterkrankungen.

Wissenschaftler führen die wachsenden Zahlen darauf zurück, dass seelisches Leid heute stärker wahrgenommen werde als noch vor wenigen Jahren. „Es gibt keinen Beleg dafür, dass psychische Erkrankungen zugenommen haben", sagt Klaus Liebertz vom Zentralinstitut für seelische Gesundheit in Mannheim. „Aber die Betroffenen werden weniger stigmatisiert und suchen deshalb eher Hilfe." Auch habe sich das Bewusstsein der Ärzte für diese Erkrankungen verbessert. „Insofern", sagt Liebertz, „ist der Anstieg der Diagnosen eigentlich ein positives Ergebnis."

Für eine verschärfte Wahrnehmung der seelischen Leiden spricht auch, dass die Erkrankungen im Westen wesentlich häufiger diagnostiziert werden als im Osten. In Brandenburg etwa, wo die Zahl der Krankheitstage insgesamt um 22 Prozent über dem Bundesdurchschnitt liegt, ist die Zahl der psychisch bedingten Ausfälle sogar um 23 Prozent niedriger.

„Unabhängig von Ort und Zeit halten wir schon seit Langem mindestens 25 Prozent der Menschen, die in Großstädten leben, für psychisch angeschlagen und behandlungsbedürftig", sagt Liebertz. „Entscheidend sind die sozialen Bindungen und die familiären Verhältnisse", meint der Arzt. Und an denen habe sich in den vergangenen Jahrzehnten kaum etwas geändert.

(Christina Berndt; in: Süddeutsche Zeitung vom 14.06.2002, gekürzt)

1. Setzen Sie sich auf der Basis geeigneter Textstellen kritisch mit den Merkmalen von Gesundheit und Krankheit auseinander.

2. Diskutieren Sie eine therapeutische Vorgehensweise zur Behandlung einer im Text erwähnten Störung.

12. Aufgabe

„Die Psychoanalyse behandelt psychische Störungen durch das Sprechen. Sie ist eine ‚Redekur', in der der Therapeut dem Betroffenen hilft, Einsichten in die Beziehungen zwischen den offen liegenden Symptomen und den ungelösten verborgenen Konflikten zu gewinnen. ... Die traditionelle Psychoanalyse ist ein Versuch zur Re-

konstruktion lange verdrängter Erinnerungen und zum Durcharbeiten schmerzlicher Gefühle auf eine wirksame Lösung hin. Deswegen braucht sie viel Zeit. ... Eine weitere Voraussetzung ist, dass die Klienten ...die nötige Sprachgewandtheit mitbringen."

(Zimbardo, Philip G.: Psychologie, Berlin, Springer 1992 S. 535 ff., stark gekürzt)

1. „Ungelöste verborgene Konflikte" können zu psychischen Störungen führen.
   Erläutern Sie anhand eines Störungsbildes einer Form der Depression oder der Angststörung Merkmale von Gesundheit und Krankheit.

2. Die Psychoanalyse behandelt psychische Störungen.
   Beschreiben Sie ausgehend von der Textgrundlage am Beispiel des in Aufgabe 1 gewählten Störungsbildes eine mögliche therapeutische Intervention auf der Basis einer psychoanalytischen Therapie und zeigen Sie zwei mögliche Kommunikationsstörungen auf, die im therapeutischen Prozess entstehen können. Erläutern Sie diese Störungen auf der Grundlage einer Kommunikationstheorie.

13. Aufgabe

In den vergangenen 200 Jahren waren Basisinnovationen wie die Dampfmaschine (bis 1840), die Eisenbahn (bis 1890), die Elektrizität (bis 1940) und das Auto (bis 1980) für längerfristige wirtschaftliche Wachstumswellen verantwortlich. In den letzten Jahrzehnten trug die Informationstechnik das Wirtschaftswachstum, zuerst mit Großrechnern, dann mit PCs (bis 2002).
Der künftige Wirtschaftsaufschwung wird sich vom derzeitigen Informationsmarkt deutlich unterscheiden. Künftig geht es nicht mehr um die Informationsströme zwischen Mensch und Technik, sondern um die Informationsströme zwischen Menschen. Um dieses Potential zu erschließen, bedarf es einer neuen Basisinnovation: der psychosozialen, ganzheitlichen Gesundheit. Sie erschließt die Produktivitätsreserven des Informationsarbeiters und bildet die für den wirtschaftlichen Erfolg in der Informationsgesellschaft entscheidenden Standortfaktoren: Motivation, Transparenz, Kreativität, Zusammenarbeit, also immaterielle Faktoren in einer zunehmend immateriellen Wirtschaftswelt. Nicht von ungefähr tauchen in der Managementliteratur immer häufiger Begriffe auf, die allesamt an einen menschlicheren und damit produktiveren Umgang im Business gemahnen.
Menschlichkeit wird in vielen Zweckgemeinschaften als neu zu erschließendes Wachstumsfeld entdeckt werden müssen. Doch von dieser Erkenntnis sind wir noch eine teure und schmerzliche Versuchsstrecke weit ‚entfernt', schreibt Händeler. Es wäre zu wünschen, dass sein erhellendes Buch weite Verbreitung findet, damit zumindest das Problembewusstsein für die schlummernden Produktivitätsreserven und damit für die Wachstumschancen von morgen wachsen kann.

(aus einer Besprechung des Buches Erik Händeler: Die Geschichte der Zukunft.
Sozialverhalten von heute und der Wohlstand von morgen.
Moers 2003 von Dagmar Deckstein; in: Süddeutsche Zeitung, Nr. 153 vom 07.07.2003, S. 10, gekürzt und überarbeitet)

1. Begründen Sie die Textaussagen zu den Bedingungen eines künftigen längerfristigen Wirtschaftswachstums mit wissenschaftlichen Erkenntnissen und Lehrmeinungen der Organisationspsychologie und der Klinischen Psychologie.

2. Entwickeln und begründen Sie ein Konzept zur Umsetzung von Erik Händelers Anliegen am Beispiel einer Organisation Ihrer Wahl.

14. Aufgabe

Die Industriegesellschaft wird zurzeit abgelöst durch eine Wissensgesellschaft. Wissen ist zum (vielleicht bedeutendsten) Produktionsfaktor dieses Jahrhunderts geworden, hochproduktiv am Wertschöpfungsprozess und am Reichtum vieler Unternehmen beteiligt. Genau hier liegen riesige ungenutzte Gewinn-Potentiale! Und es ist sinnvoll für Unternehmen jeder Größe zu überlegen, wie können wir diese Chance ganz praktisch für uns nutzen.

Die Herausforderung besteht darin, nicht verfügbares in verfügbares Wissen umzuwandeln. Denn nur etwa 10 Prozent unseres gesamten Wissenskapitals sind den Wirtschaftsunternehmen verfügbar. Dagegen bleiben 90 Prozent in der Regel ungenutzt.

Wenn diese lebendigen Kräfte für das Unternehmen brachliegen, ist nicht nur die Unternehmensenergie geringer, sondern diese Mitarbeiter tragen negative Gefühle ins Unternehmen: unwichtig zu sein, missachtet, nicht wertvoll genug zu sein. Heute ist Wissen zu einem wichtigen Produktionsfaktor geworden und die Macht der Führungskraft vergrößert sich erst im Erfolg der Firma, im Erfolg, der aus gemeinsamem Wissen entsteht.

(aus der Rede vor dem Marketingclub Bremen am 2. Juni 2003
von Walter Kauffmann von der Hohenbrunner Akademie, gekürzt und überarbeitet)

1. Erläutern Sie am Beispiel einer sozialen Organisation, wie Kommunikations- und Entscheidungsstrukturen so gestaltet werden können, dass der Produktionsfaktor Wissen in dieser Organisation besser ausgeschöpft werden kann.
   Beschreiben und begründen Sie, wie sich diese Veränderungen aus der Sicht der Organisationspsychologie auf das einzelne Organisationsmitglied (z.B. auf dessen Leistungsmotivation) auswirken könnten.

2. Der Erfolg einer Firma ist auch abhängig von der Qualität der Teamarbeit. Teamarbeit bedeutet, gemeinsam Ziele zu erreichen, indem man sich gegenseitig unterstützt und die Stärken und Schwächen jedes Einzelnen berücksichtigt.
   Zeigen Sie auf der Grundlage einer Theorie Ihrer Wahl drei Möglichkeiten auf, wie in der in Teilaufgabe 1 gewählten sozialen Organisation die Teamfähigkeit gefördert werden kann.

15. Aufgabe

Nach einer aktuellen wissenschaftlichen Studie ist jeder dritte Deutsche unzufrieden mit seinem Arbeitsplatz. Als Gründe dafür werden genannt: niedrige Bezahlung, wenig Anerkennung, fehlende Weiterbildungsmöglichkeiten, Angst vor Arbeitsplatzverlust und mangelhafter Führungsstil.

Organisationspsychologen weisen darauf hin, dass diese Unzufriedenheit nicht nur objektive Gründe hat: „Nicht nur viele deutsche Arbeitnehmer und Bürger, sondern auch die Führungseliten von Wirtschaft, Kultur und Politik leiden unter einer ‚mentalen Negativfokussierung': Sie denken zu sehr in nicht änderbaren Welten, sie denken in Problemen, Risiken und Barrieren, sie sehen überall, was nicht geht und warum es nicht geht, sie betonen vor allem Schwächen und Defizite. Unsere Forschungen zeigen, dass die Positivfokussierung Motivation, Identifikation, Verantwortungs- und Handlungspotential erhöht. Wir können im privaten wie im öffentlichen Bereich, in Universitäten ebenso wie in sozialen und kommerziellen Organisationen damit beginnen und Schritt für Schritt Verbesserungen umsetzen."

(Dieter Frey, in: Süddeutsche Zeitung 04.04.2005, S. 22)

1. Beschreiben Sie, wie die erwähnte „Negativfokussierung" in einer Organisation Ihrer Wahl aussehen könnte.
   Beziehen Sie sich dabei auf ein Merkmal dieser Organisation und diskutieren Sie unter Berücksichtigung organisationspsychologischer Erkenntnisse mögliche Auswirkungen der „Negativfokussierung" auf das Individuum und auf das Gesamtsystem.

2. Organisationsprozesse können auf verschiedene Weise gezielt beeinflusst werden.
   Erörtern Sie kritisch zwei unterschiedliche Möglichkeiten (z. B. Supervision, Organisationsberatung), die geeignet sein könnten, eine „Positivfokussierung" innerhalb einer Organisation zu erreichen. Begründen Sie die Wirksamkeit der Maßnahmen mithilfe lerntheoretischer Erkenntnisse.

16. Aufgabe

„Die Kinder werden zu allen Zeiten sozial, und nicht zuletzt politisch geprägt von der Kommunikation mit der Eltern- und Großelterngeneration. Keine Generation vor uns hat über solch effiziente und vielfältige Kommunikationsträger – also Medien – verfügt wie wir. Darin liegt die Chance einer unvergleichlichen Horizonterweiterung, aber auch das Risiko eines Verlustes an ‚hautnaher' Kommunikation, ein unersetzlicher Verlust vor allem für Kinder. … Es geht also darum, über die Faszination moderner Medien nicht den unmittelbaren Kontakt zum ‚Nächsten' zu verlieren, sondern diesen zu intensivieren. Dabei hat das Medienzeitalter inzwischen durchaus das Potenzial zur Schaffung von Ersatzwelten entwickelt, in denen der Verlust des ‚Nächsten' zunächst gar nicht auffällt. Manche Kinder und Jugendliche schotten sich durch intensive Kommunikation mit virtuellen Partnern von der realen Welt ab und mögen dabei zeitweise Erfolg oder sogar Erfüllung finden."

(Aus der Einführungsrede des Thüringer Kultusministers Dr. Michael Krapp zum 7. Thüringer Mediensymposium „Kinder und Medien – Medienkompetenz für die Zukunft" am 28. November 2002 in Erfurt)

1. Nehmen Sie aus der Sicht einer Kommunikationstheorie Stellung zu der Problematik, die in dem oben stehenden Zitat angesprochen wird.

2. Stellen Sie auf der Grundlage von zwei weiteren Theorien Möglichkeiten zur Förderung der Kontaktfähigkeit bei den im Zitat angesprochenen Kindern dar. Beurteilen Sie deren Umsetzbarkeit in der erzieherischen Praxis.

17. Aufgabe

Gesprächsforscher untersuchen, warum es in Firmen, Flugzeugcockpits und Operationssälen an der Kommunikation hapert.
Das eine Rezept für gute Kommunikation gibt es nicht. Gelungene Kommunikation ist abhängig von der Arbeits- und Gesprächssituation, von den beteiligten Menschen und ihrem Umfeld. Wie wichtig eine Individualisierung des Kommunikationstrainings ist, zeigt wiederum der Blick auf die Risikoberufe. Beispiel Flugverkehr: In Flugsimulator-Tests zeigte sich, dass vor allem jene Cockpitbesatzungen schwierige Momente erfolgreich meistern, die sich gegenseitig mehr fragen, zuhören und antworten. Und zwar ohne falsche Scheu vor der Autorität des Kapitäns und mit gesunder Skepsis gegenüber dem eigenen Informationsstand.
Ein solches kommunikatives Miteinander erreicht man nicht durch standardisierte Gesprächsleitfäden, dennoch wünschen sie sich immer mehr Unternehmer für ihre Mitarbeiter. Immerhin 45 Prozent der deutschen Führungskräfte, die das Meinungs-

forschungsinstitut Gallup im Jahr 2004 befragte, machten Kommunikationsmängel als größtes Produktionshindernis aus.

Allein weil erwartetes Lob und aufmunternde Bemerkungen ausbleiben, so Johannes Siegrist, Schweizer Professor für Medizinsoziologie, würden 10 bis 30 Prozent der Arbeitnehmer unter emotionalem Stress leiden. So wird Arbeitskraft vergeudet. Mehr als 10000 Beobachtungsstunden in Unternehmen hat die Kommunikationsforscherin Gisela Brünner von der Universität Dortmund hinter sich gebracht. Sie hat folgende Hauptprobleme ausgemacht: die Verwendung von Fachjargon statt einfacher, verständlicher Sprache, „Scheuklappenmentalität", unklar formulierte Unternehmensziele und fehlende Rückmeldung – ein Befund, den andere Forscher bestätigen. Den Begriff „Fachidiotie" meidend, diagnostizieren sie die mangelnde Fähigkeit zuzuhören sowie das automatisierte Abhandeln eingeübter Redeinhalte anstelle von personen- und situationsadäquater Gesprächsführung, was wiederum zu Unsicherheiten, zu falscher Wortwahl, falschem Tonfall und damit zu Missverständnissen führt.

(Stefan Brunner, in: DIE ZEIT vom 16. Oktober 2008: Was reden die da bloß?, Nr. 43, gekürzt)

1. Erläutern und begründen Sie, wie sich Kommunikationsstrukturen und die im Text beschriebenen Gesprächspraktiken auf das Individuum als Mitglied einer sozialen Organisation auswirken können.

2. Erfahrungen des Individuums als Mitglied einer sozialen Organisation wirken sich auf dessen Selbstkonzept aus.
   Erläutern Sie auf der Basis der personenzentrierten Theorie von C. Rogers, wie die Verarbeitung von aktuellen Erfahrungen im Arbeitsalltag eines Mitglieds einer sozialen Organisation dessen Selbstkonzept beeinflusst.
   Zeigen Sie auf, welche Rückwirkungen dieses Selbstkonzept auf den Umgang mit Kollegen haben könnte.

18. Aufgabe

„Ist Schweigen Gold?" fragt der ehemalige Direktor des Fachbereichs ‚Sprechkunde und Sprecherziehung' der Universität des Saarlandes und wissenschaftliche Leiter des ‚Instituts für Rhetorik und Methodik in der politischen Bildung' im Saarland, Dr. Hellmut Geißner.

(aus: Bernhard Badura u. a.: Reden und reden lassen, Wiesbaden, 1986, S. 183)

1. Nehmen Sie auf der Grundlage einer Kommunikationstheorie Stellung zu dieser Aussage von *Geißner*.

2. Erläutern und begründen Sie, wie sich Kommunikationsstrukturen und das Schweigen auf das Individuum und auf Gruppenprozesse in einer sozialen Organisation auswirken können.

Literaturverzeichnis

Arnade, Sigrid: Gewalt hat viele Gesichter. in: Frank Strickstrock (Hrsg.), Die Gesellschaft der Behinderer – Das Buch zur Aktion Grundgesetz, Reinbek, Rowohlt Taschenbuch Verlag, 1997, S. 29–33

Asendorpf, Jens B.: Psychologie der Persönlichkeit, 3. Auflage, Heidelberg, Springer Medizin Verlag, 2005

Bach, Heinz: Grundlagen der Sonderpädagogik. Bern, Verlag Paul Haupt, 1999

Bach, Heinz: Sonderpädagogik im Grundriss, 15. Auflage, Berlin, Wissenschaftsverlag Volker Spiess, 1997

Bastine, Rainer H. E: Klinische Psychologie. Band 1: Grundlegung der Allgemeinen Klinischen Psychologie, hrsg. von Theo W. Herrmann/Werner H. Tack/Franz E. Weinert, 3. Auflage, Stuttgart, Verlag W. Kohlhammer, 1998

Beck, Aaron T.: Kognitive Therapie der Depression. übersetzt von Gisela Bronder und Brigitte Stein, hrsg. von Martin Hautzinger, 2. Auflage, Weinheim, Beltz Verlag/PVU, 2001

Beck, Judith S.: Praxis der kognitiven Therapie, übersetzt von Elke Bretz, Weinheim, Beltz Verlag/PVU, 1999

Biermann, Benno/Bock-Rosenthal, Erika/Doehlemann, Martin/Grohall, Karl-Heinz/Kühn, Dietrich: Soziologie – Studienbuch für soziale Berufe. 5. Auflage, München/Basel, Ernst Reinhardt Verlag, 2006, S. 314–375

Blech, Jörg/Lakotta, Beate: Vom ersten Tag an anders – Spiegel-Gespräch mit Simon Baron-Cohen. in: Der Spiegel, 35/25.08.2003, S. 90 f.

Blech, Jörg/Traufetter, Gerald: Herrlich böse, Spiegel Online vom 01.09.2010

Bleidick, Ulrich: Pädagogik der Behinderten. 5. Auflage, Berlin, Verlag Carl Marhold, 1990

Bleidick, Ulrich/Hagemeister, Ursula/Rath, Waldtraut: Einführung in die Behindertenpädagogik II. 4. Auflage, Stuttgart, Verlag W. Kohlhammer, 1997

Brecht, Berthold.: Dreigroschenoper. 41. Auflage, Frankfurt a. M., Suhrkamp Verlag, 2008

Brodbeck, Felix C./Maier, Günter W./Frey, Dieter: Führungstheorien. in: Dieter Frey/Martin Irle (Hrsg): Theorien der Sozialpsychologie, Band II, 2. Auflage, Göttingen, Verlag Hans Huber, 2008, S. 329–365

Burkard, Christoph/Eikenbusch, Gerhard: Praxishandbuch Evaluation in der Schule. 6. Auflage, Berlin, Cornelsen Verlag Scriptor, 2007

Canli, Turhan: Der Charakter-Code. in: Gehirn & Geist, 09/2007, S. 52–57

Charpa, Ulrich: Grundprobleme der Wissenschaftsphilosophie, Paderborn, Schöningh Verlag, 1996

Cloerkes, Günther: Sozialpsychologische und soziologische Aspekte des Umgangs zwischen behinderten und nichtbehinderten Menschen. in: Psychomed, 04/2001, S. 196–202

Cloerkes, Günther: Soziologie der Behinderten – Eine Einführung, unter Mitwirkung von Kai Felkendorff und Reinhard Markowetz. 3. Auflage, Heidelberg, Verlag Winter GmbH, 2007

Daigeler, Thomas: Führungstechniken. 2. Auflage, Planegg, Rudolf Haufe Verlag, 2008

Davison, Gerald C./Neale, John M./Hautzinger, Martin: Klinische Psychologie – Ein Lehrbuch. 7. Auflage, Weinheim/Basel, Beltz Verlag/PVU, 2007

Diakonisches Werk der Evangelischen Kirche in Deutschland in Zusammenarbeit mit dem Verband Evangelischer Einrichtungen für geistig und seelisch Behinderte e.V.: geistigbehindert. Stuttgart 1978

Diekmann, Andreas: Empirische Sozialforschung – Grundlagen, Methoden, Anwendungen. 20. Auflage, Reinbek, Rowohlt Taschenbuch Verlag, 2009

Dilling, Horst/Mombour, Werner/Schmidt, Martin H. (Hrsg.): Internationale Klassifikation psychischer Störungen ICD 10 Kapitel V – Klinisch-diagnostische Leitlinien. 6. Auflage, Bern/Göttingen, Verlag Hans Huber, 2008

dpa: Google-Chefs wegen Video verurteilt. in: DonauKurier, Nr. 46 vom 25.02.2010, S. 6

dpa: Schwerbehinderter Sohn zu laut – Vermieter setzt Räumung durch. DonauKurier Nr. 166 vom 20./21.07.2002

dpa-Meldung: Neuer Forschungsskandal in Südkorea. in: DonauKurier, Nr. 55/05.03.2008, S. 6

Ebner-Eschenbach, Marie von: Aphorismen, Frankfurt a. M., Insel Verlag, 1986

Epiktet: Handbüchlein der Moral und Unterredungen. hrsg. von Heinrich Schmidt, neu bearbeitet von Karin Metzler, 11. Auflage, Stuttgart, Alfred Kröner Verlag 1984

Evers, Marco: Husten, Schwindel, Herzinfarkt. in: Der Spiegel, 26/26.06.2006, S. 28

Faltermaier, Toni: Gesundheitsbewusstsein und Gesundheitshandeln – Über den Umgang mit Gesundheit im Alltag, Weinheim, Beltz/Psychologie Verlags Union, 1994

Faltermaier, Toni: Gesundheitspsychologie. Stuttgart, Verlag W. Kohlhammer, 2005

Felfe, Jörg: Die Firma & ich. in: Gehirn & Geist, 05/2009, S. 18–23

Finke, Jobst: Empathie und Interaktion – Methodik und Praxis der Gesprächspsychotherapie. 3. Auflage, Stuttgart/New York, Georg Thieme Verlag, 2004

Fischer, Ernst P.: Die vierte Macht im Staat. in: Natur + Kosmos, 12/2004, S. 48 f.

Flammer, August: Entwicklungstheorien – Psychologische Theorien der menschlichen Entwicklung. 4. Auflage, Bern, Verlag Hans Huber, 2009

Freud, Sigmund: Gesammelte Werke. Studienausgabe, Band 2: Die Traumdeutung, Frankfurt a. M., Fischer Taschenbuch Verlag, 2000

Frey, Dieter/Irle, Martin (Hrsg): Theorien der Sozialpsychologie. Band II, 2. Auflage, Göttingen, Verlag Hans Huber, 2008

Gellert, Christian, F.: Das Land der Hinkenden. in: C. F. Gellerts sämmtliche Schriften, Erster Theil, bey M. G. Weidmanns Erben und Reich, Caspar Frisch, 1769

Goffman, Erving: Stigma – Über Techniken der Bewältigung beschädigter Identität. Frankfurt a. M., Suhrkamp Taschenbuch Verlag, 2008

Görlitz, Gudrun: Psychotherapie im Wandel – Therapieformen im wissenschaftlichen Vergleich. Vortrag an der Akademie für Lehrerfortbildung. Dillingen/Donau, gehalten am 20.02.1995

Grawe, Klaus/Donati, Ruth/Bernauer, Friederike: Psychotherapie im Wandel – Von der Konfession zur Profession. 5. Auflage, Göttingen, Hogrefe Verlag, 2001

Guss, Kurt: Und der Welt geht's immer schlechter … . in: Psychologie Verstehen, 15/2006, S. 5 ff.

Hampton-Turner, Charles: Modelle des Menschen – Dem Rätsel des Bewusstseins auf der Spur. 4. Auflage, Weinheim, Beltz Verlag, 2000

Hautzinger, Martin/Thies, Elisabeth: Klinische Psychologie – Psychische Störungen kompakt, Weinheim/Basel, Beltz Verlag, 2009

Hautzinger, Martin: Kognitive Verhaltenstherapie bei Depressionen – Behandlungsanleitungen und Materialien. 6. Auflage, Weinheim, Beltz Verlag/PVU, 2003

Heiden, Hans-Günter (Hrsg.): Niemand darf wegen seiner Behinderung benachteiligt werden – Grundrecht und Alltag, eine Bestandsaufnahme. Reinbek, Rowohlt Taschenbuch Verlag GmbH, 1996

Heiden, Hans-Günter: Behindert ist man nicht – behindert wird man. in: Frank Strickstrock (Hrsg.): Die Gesellschaft der Behinderer – Das Buch zur Aktion Grundgesetz. Reinbek, Rowohlt Taschenbuch Verlag, 1997, S. 13–18

Hertzer, Karin: Was ist gute Therapie? in: Psychologie Heute, 11/2002, S. 42

Hierdeis, Helmwart (Hrsg.): Taschenbuch der Pädagogik. Teil 1, Baltmannsweiler, Verlag Burgbücherei Schneider GmbH, 1986

Hobmair, Hermann (Hrsg.): Kompendium der Psychologie. Troisdorf, Bildungsverlag Eins, 2010

Hobmair, Hermann (Hrsg.): Pädagogik. 4. Auflage, Troisdorf, Bildungsverlag Eins, 2008

Hobmair, Hermann (Hrsg.): Psychologie. 4. Auflage, Troisdorf, Bildungsverlag Eins, 2008

Hobrecht, Jürgen: Du kannst mir nicht in die Augen sehen. Reinbek, Rowohlt Taschenbuch Verlag, 1990

Hugenschmidt, Bettina/Technau, Anne: Methoden schnell zur Hand – 66 schüler- und handlungsorientierte Unterrichtsmethoden. Leipzig, Ernst Klett Schulbuchverlag, 2009

Jäger, Reinhold, S./Petermann, Franz (Hrsg.): Psychologische Diagnostik – Ein Lehrbuch. 4. Auflage, Weinheim, Beltz Verlag/PVU, 1999

Kals, Elisabeth: Arbeits- und Organisationspsychologie. Weinheim/Basel, Beltz Verlag, 2009

Kanter, Gustav O.: Lernbehinderten- und Lerngestörtenpädagogik. in: Heinz Bach: Sonderpädagogik im Grundriss, 15. Auflage, Berlin, Wissenschaftsverlag Volker Spiess, 1997, S. 105–112

Kasten, Erich: Einführung Neuropsychologie. München/Basel, Ernst Reinhardt Verlag, 2007

Kerntke, Wilfried: Mediation als Organisationsentwicklung – Mit Konflikten arbeiten. Ein Leitfaden für Führungskräfte, 2. Auflage, Bern, Haupt Verlag, 2009

Klafki, Wolfgang (Hrsg.): Erziehungswissenschaft 3. Frankfurt a. M., Fischer Taschenbuch Verlag, 1986

Klee, Ernst: Behinderten – Report II – „Wir lassen uns nicht abschieben". Frankfurt a. M., Fischer Taschenbuch Verlag, 1992

Klein, Ferdinand/Meinertz Friedrich/Kausen Rudolf: Heilpädagogik – Ein pädagogisches Lehr- und Studienbuch. 10. Auflage, Bad Heilbrunn, Verlag Julius Klinkhardt, 1999

Köhler, Thomas: Psychische Störungen – Symptomatologie, Erklärungsansätze, Therapie. Stuttgart, Verlag W. Kohlhammer, 1998

König, Eckard: Erziehungswissenschaft; in: Helmwart Hierdeis (Hrsg.): Taschenbuch der Pädagogik, Teil 1, Baltmannsweiler, Verlag Burgbücherei Schneider GmbH, 1986, S. 180–189

Kriz, Jürgen: Grundkonzepte der Psychotherapie. 6. Auflage, Weinheim, Beltz Verlag/PVU, 2007

Kron, Friedrich W.: Wissenschaftstheorie für Pädagogen. München, Ernst Reinhardt Verlag, 1999

Krüger, Hein-Hermann/Helsper, Werner (Hrsg.): Einführung in Grundbegriffe und Grundfragen der Erziehungswissenschaft. 9. Auflage, Opladen/Farmington Hills, Barbara Budrich Verlag, 2007

Kühn, Dietrich: Organisationen sozialer Arbeit – Administrative Strukturen und Handlungsformen im Sozialwesen, in: Benno Biermann/Erika Bock-Rosenthal/Martin Doehlemann/Karl-Heinz Grohall/Dietrich Kühn: Soziologie – Studienbuch für soziale Berufe, 5. Auflage, München/Basel, Ernst Reinhardt Verlag, 2006, S. 314–375

Langer, Ellen J./Crum, Alia J.: Wer's glaubt, wird schlank. in: Gehirn & Geist, 04/2007, S. 12

Laucken, Uwe/Schick, August/Höge Holger: Einführung in das Studium der Psychologie. 7. Auflage, Stuttgart, Verlag Klett-Cotta, 1996

Lückert, Heinz-Rolf/Lückert, Inge: Einführung in die Kognitive Verhaltenstherapie. München/ Basel, Ernst Reinhard Verlag, 1994

Ludwig, Udo: Falsche Hoffnungen. in: Der Spiegel, 39/22.09.2008, S. 144 f.

Ludwig, Udo: Geheime Gesandte. in: Der Spiegel, 23/06.06.2005, S. 156 ff.

Maslow, Abraham H.: Motivation und Persönlichkeit. übersetzt von Paul Kruntorad, Reinbek, Rowohlt Taschenbuch Verlag, 1989

Meinhold, Marianne: Einzelfallhilfe/Case-Management; in: Otto, Hans-Uwe/ Thiersch, Hans (Hrsg.): Handbuch Sozialarbeit/Sozialpädagogik, 3. Auflage, München/Basel, Ernst Reinhardt Verlag, 2005, S. 361–372

Meinhold, Marianne: Über Einzelfallhilfe und Case Management; in: Thole, Werner (Hrsg.): Grundriss Soziale Arbeit – Ein einführendes Handbuch, 2. Auflage, Wiesbaden, Verlag für Sozialwissenschaften, 2005, S. 509–522

Metzger, Jochen: Kann man sich in seinen Job (neu) verlieben? in: Psychologie Heute, 07/2009, S. 72–77

Moor, P.: Heilpädagogik – ein pädagogisches Lehrbuch. 3. Auflage, Göttingen, Verlag Hans Huber, 1993

Müsseler, Jochen (Hrsg.): Allgemeine Psychologie. 2. Auflage, Berlin/Heidelberg, Springer Verlag, 2008

Myers, David G.: Psychologie. deutsche Bearbeitung von Christiane Grosser/Svenja Wahl, mit Beiträgen von Siegfried Hoppe-Graf/Barbara Keller; übersetzt von ÜTT – Übersetzungsteam Tübingen Sabine Mehl/Katrin Beckmann/Birgit Pfitzer. Heidelberg, Springer Medizin Verlag, 2005

Nolan, Christopher: Unter dem Auge der Uhr – Ein autobiographischer Bericht. München, Deutscher Taschenbuch Verlag, 1996

o. A.: Gendefekte – Weniger Abtreibungen bei Down-Syndrom. in: Der Spiegel, 49/01.12.2008, S. 162

o. A.: Gnadentod für Babys. in: Der Spiegel 46/13.11.2006, S. 167

o. A.: Medikamente: Eine furchtbare Sache – Interview mit Winfried Meißner. in: Der Spiegel 13/23.03.2009, S. 129

Otto, Hans-Uwe/Thiersch, Hans (Hrsg.): Handbuch Sozialarbeit/Sozialpädagogik. 3. Auflage, München/Basel, Ernst Reinhardt Verlag, 2005

Perrez, Meinrad/Baumann, Urs (Hrsg.): Klinische Psychologie – Psychotherapie: Klassifikation, Diagnostik, Ätiologie, Intervention. 3. Auflage, Bern, Verlag Hans Huber, 2005

Perrez, Meinrad: Wissenschaftstheoretische Grundbegriffe der klinisch-psychologischen Interventionsforschung. in: Meinrad Perrez/Urs Baumann (Hrsg.): Klinische Psychologie – Psychotherapie: Klassifikation, Diagnostik, Ätiologie, Intervention, 3. Auflage, Bern, Verlag Hans Huber, 2005, S. 68–86

Pervin, Lawrence, A./Cervone, Daniel/John, Oliver P.: Persönlichkeitstheorien. übersetzt von Anni Pott, 5. Auflage, München/Basel, Ernst Reinhardt Verlag, 2005

Prinz, Wolfgang/Müsseler, Jochen: Psychologie als Wissenschaft. in: Jochen Müsseler (Hrsg.): Allgemeine Psychologie, 2. Auflage, Berlin/Heidelberg, Springer Verlag, 2008, S. 1–11

Reuters: Schon der Gedanke lässt die Muskeln wachsen. in: DonauKurier, 30.03.1998, S. 16

Rogers, R. Carl: Eine Theorie der Psychotherapie, der Persönlichkeit und der zwischenmenschlichen Beziehungen. bearbeitet von der Gesellschaft für wissenschaftliche Gesprächspsychotherapie e. V., übersetzt von Gerd Höhner und Rolf Brüseke, München, Ernst Reinhardt Verlag, 2009

Rosenstiel, Lutz von/Molt, Walter/Rüttinger, Bruno: Organisationspsychologie. 9. Auflage, Stuttgart, Verlag W. Kohlhammer, 2005

Rosenstiel, Lutz von: Grundlagen der Organisationspsychologie – Basiswissen und Anwendungshinweise. 6. Auflage, Stuttgart, Schäffer-Poeschel Verlag, 2007

Sarris, Victor: Methodologische Grundlagen der Experimentalpsychologie, Band 1: Erkenntnisgewinnung und Methodik, München/Basel, Ernst Reinhardt Verlag, 1990

Schirmer, Dominique: Empirische Methoden der Sozialforschung – Grundlagen und Techniken, mit Beiträgen von Baldo Blinkert und Sylvia Buchen, unter Mitarbeit von Peter Brüstle, Paderborn, Verlag Wilhelm Fink, 2009

Schüle, Christian: Träum weiter; in: Die Zeit 1/2006; http://zeus.zeit.de/text/ wissen/mensch/zg_traumdeutung vom 20.04.2007

Seiffert, Helmut/Radnitzky, Gerard (Hrsg.): Handlexikon zur Wissenschaftstheorie. 2. Auflage, München, Ehrenwirth Verlag, 1992

Seiffert, Helmut: Dialektik. in: Seiffert, Helmut/Radnitzky, Gerard (Hrsg.): Handlexikon zur Wissenschaftstheorie, 2. Auflage, München, Ehrenwirth Verlag, 1992, S. 33–37

Seiffert, Helmut: Einführung in die Wissenschaftstheorie. Band 1: Sprachanalyse, Deduktion, Induktion in Natur- und Sozialwissenschaften, 13. Auflage, München, Verlag C. H. Beck, 2003

Seiffert, Helmut: Einführung in die Wissenschaftstheorie. Band 3: Handlungstheorie, Modallogik, Ethik, Systemtheorie, 3. Auflage, München, Verlag C. H. Beck, 2001

Speck, Otto: System Heilpädagogik – Eine ökologisch reflexive Grundlegung. 6. Auflage, München/Basel, Ernst Reinhardt Verlag, 2008

Spitzer, Manfred: Vorsicht Bildschirm! Elektronische Medien, Gehirnentwicklung, Gesundheit und Gesellschaft. 4. Auflage, Stuttgart, Ernst Klett Verlag, 2006

Statistisches Bundesamt: Statistik der schwerbehinderten Menschen 2007. www.destatis.de vom 31.12.2009

Stopp, Udo: Praktische Betriebspsychologie. 14. Auflage, Renningen-Malmsheim, Expert-Verlag, 2007

Strickstrock, Frank (Hrsg.): Die Gesellschaft der Behinderer – Das Buch zur Aktion Grundgesetz. Reinbek, Rowohlt Taschenbuch Verlag, 1997

Tausch, Reinhard./Tausch, Anne-Marie.: Erziehungspsychologie – Begegnung von Person zu Person, 11. Auflage, Göttingen, Hogrefe Verlag, 1998

Thole, Werner (Hrsg.): Grundriss Soziale Arbeit – Ein einführendes Handbuch. 2. Auflage, Wiesbaden, Verlag für Sozialwissenschaften, 2005

Timmermann, Dieter/Strikker, Frank: Organisation, Management, Planung. in: Hein-Hermann Krüger/Werner Helsper (Hrsg.): Einführung in Grundbegriffe und Grundfragen der Erziehungswissenschaft. 9. Auflage, Opladen/Farmington Hills, Barbara Budrich Verlag, 2007, S. 151–170

Traxel, Werner: Grundlagen und Methoden der Psychologie – Eine Einführung in die psychologische Forschung. 2. Auflage, Bern, Verlag Hans Huber, 1974

Tschamler, Herbert: Wissenschaftstheorie – Eine Einführung für Pädagogen. 3. Auflage, Bad Heilbrunn, Verlag Julius Klinkhardt, 1996

Ulich, Dieter/Bösel, Rainer M: Einführung in die Psychologie. 4. Auflage, Stuttgart, Verlag W. Kohlhammer, 2005

Weinert, Ansfried B.: Organisationspsychologie – Ein Lehrbuch. 4. Auflage, Weinheim, Beltz Verlag/PVU, 1998

Weinert, Ansfried B.: Lehrbuch der Organisationspsychologie – Menschliches Verhalten in Organisationen. 2. Auflage, München, Beltz Verlag/PVU, 1987

Wendt, Wolf R. (Hrsg.): Unterstützung fallweise – Case Management in der Sozialarbeit. 2. Auflage, Freiburg, Lambertus Verlag, 1995

Wendt, Wolf Rainer: Case Management im Sozial- und Gesundheitswesen – Eine Einführung. 4. Auflage, Freiburg, Lambertus Verlag, 2008

Wendt, Wolf Rainer: Ökosozial denken und handeln – Grundlagen und Anwendungen in der Sozialarbeit. Freiburg, Lambertus Verlag, 1995

Wilken, Beate: Methoden der kognitiven Umstrukturierung – Ein Leitfaden für die psychotherapeutische Praxis. 4. Auflage, Stuttgart, Verlag W. Kohlhammer, 2008

Bildquellenverzeichnis

Stichwortverzeichnis